天津城市文化简史

（1404—1945）

A Brief History of Tianjin Urban Culture

张 畅 刘 悦 / 著

天津出版传媒集团

百花文艺出版社

图书在版编目（ＣＩＰ）数据

天津城市文化简史：1404—1945 / 张畅，刘悦著
. —— 天津：百花文艺出版社，2024.1
ISBN 978-7-5306-8235-7

Ⅰ . ①天 … Ⅱ . ①张 … ②刘 … Ⅲ . ①城市文化－文
化史－研究－天津－1404—1945 Ⅳ . ①K292.1

中国国家版本馆 CIP 数据核字 (2023) 第 195418 号

天津城市文化简史：1404—1945
TIANJIN CHENGSHI WENHUA JIANSHI :1404—1945
张畅 刘悦 著

出 版 人：薛印胜
责任编辑：李 莹 装帧设计：安 红
出版发行：百花文艺出版社
地址：天津市和平区西康路 35 号 邮编：300051
电话传真：+86-22-23332651（发行部）
　　　　　+86-22-23332656（总编室）
　　　　　+86-22-23332478（邮购部）

网址：http://www.baihuawenyi.com
印刷：天津海顺印业包装有限公司
开本：787 毫米×1092 毫米 1/16
字数：370 千字
印张：26
版次：2024 年 1 月第 1 版
印次：2024 年 1 月第 1 次印刷
定价：86.00 元

如有印装质量问题，请与天津海顺印业包装有限公司联系调换
地址：天津市东丽区五纬路 62 号
电话：(022) 84840016
邮编：300300

作者简介

张 畅

1973年生于天津，南开大学社会学本科、硕士，历史学博士，天津大学马克思主义学院副教授。长期从事天津城市史研究以及近代来华外国侨民口述史资料的搜集整理工作。主要作品有《李鸿章的洋顾问：德璀琳与汉纳根》《比利时在天津的历史遗迹》。另有译著《比利时—中国：昔日之路（1870—1930）》。参与撰写的《近代中国看天津：百项中国第一》一书获2008年度天津市社会科学优秀成果二等奖，合作撰写的项目研究报告获2015年度天津市政府决策咨询优秀建议奖，发表论文十余篇。

刘 悦

1971年生于天津，毕业于天津外国语学院、天津大学，公共管理硕士。天津社会科学发展研究中心主任。长期从事英文翻译工作。主要作品有《李鸿章的洋顾问：德璀琳与汉纳根》《李鸿章的军事顾问：汉纳根传》《近代中国看天津：百项中国第一》《天津的桥》《清宫的门缝儿》《比利时在天津的历史遗迹》《胡佛的天梯》《翻译手记》。另有译著《扛龙旗的美国大兵：美国第十五步兵团在中国（1912—1938）》《比利时—中国：昔日之路（1870—1930）》。

序 言

所谓城市文化,通俗地讲就是指人们在城市长期的生活过程中,共同创造的物质和精神产品,是城市生活环境、生活方式和生活习俗的总和。其中物质产品包括城市中的居住、宗教、实业建筑、教育文化娱乐设施、道路与交通工具等;精神产品则是指政治、经济、金融、宗教、新闻媒体以及城市居民的生活方式、习俗等。本书就是从空间和时间两个维度,将上述的物质、精神产品做了一个系统的梳理和介绍,给读者全面呈现出天津的近代城市文化、建设成就和发展脉络。

天津是一个既有文化又有历史的城市。相对于我国五千年文明而言,距今只有六百多年的建城历史虽然是非常短暂的,但其中蕴含的文化内涵却异常丰富。天津是我国近代洋务运动、清末新政的策源地,也是第二次鸦片战争、八国联军侵华战争的重灾区,更是世界上绝无仅有的拥有九国租界的城市。正所谓中国"近代百年历史看天津",我国近代史中的政治、经济、军事、科教、文化以及城市建设、生活方式等方面的近代化转型与现代化发展,都丰富多彩而又淋漓尽致地反映在天津城市文化之中。

从历史角度看天津城市文化发展,大致可以分为四个时期:1404 年以前为城市产生的萌芽期,天津所在地区出现了聚居的村落,但还没形成城市级规模;1404—1860 年,天津古代城市建设和本土文化的发展期。1404 年 12 月 23 日（明永乐二年十一月二十一日）天津正式筑城。在以后的 450 多年间，三岔河口、老城厢、天后宫、河北大街、大胡同一带成为当时天津人的主要聚集地；1860—1937 年，是近代天津快速发展时期，也是近代天津城市文化的成熟期。1860 年第二次鸦片战争以后，中英、中法签署《北京条约》，增开天津为商埠。在这个时期天津的城市建设和中心转向租界地，形成九国租界的城市格局。中西文化在此碰撞、交融并积淀而成近代天津城市文化特色；1937—1949 年，是近代天津建设停滞时期。七七事变后日军占领天津，寓津的商贾、侨民、名流以及金融、实业、高校等纷纷南渡或西迁，撤离天津，窒碍了天津城市的发展。1945 年抗战胜利，尤其 1949 年之后，天津进入了发展的新时期。

　　天津近代城市建设和文化发展，孕育出丰富的物质和非物质文化遗产。这些遗产既是城市文化的重要载体，也是城市文化保护的主要对象。1986 年，天津被国务院列为以近代史迹为特色的第二批历史文化名城。天津市委、市政府高度重视历史风貌建筑和风貌街区的保护工作。1998 年，市政府成立了"天津市保护风貌建筑领导小组"。2003 年，成立了"天津市保护风貌建筑办公室"，负责历史风貌建筑保护管理。2005 年 2 月，成立了"天津市历史风貌建筑保护委员会"。3 月，成立了"天津市历史风貌建筑保护专家咨询委员会"。7 月，天津市人大常委会通过了《天津市历史风貌建筑保护条例》。按照《条例》的规定，经专家咨询委员会审查，天津市政府于 2005—2013 年分六批确认了天津历史风貌建筑 877 幢、126 万平方米；2006 年 3 月，国务院批准的天津市城市总体规划的历史文化名城规划中，确定了 14 片历史文化风貌保护区，大部分历史风貌建筑就坐落在这些历史文化风貌保护区内；2006—2021 年，国务院批准命名了五批国家级非物质文化遗产代表性项目和扩展项目，天津有 49 项入选。2007—2022 年间，天津市也公布了五批 357 项市级非遗项目，区级项目更是不胜枚举。纵观之，可以说2005 年是天津市文化遗产保护的转折之年，自此以后，天津市对于城市文化遗产保护的意识和力度都得到了很大提升。

文化遗产保护工作离不开学者们对文化遗产的挖掘整理。从事天津历史和文化研究的团队包括天津大学、南开大学、天津师范大学、天津市社会科学院、天津博物馆、档案馆等高等院校和科研院所中的专家学者，还有一大批民间志愿者也发挥了重要的作用。张畅老师现执教于天津大学马克思主义学院，我曾邀请她到建筑学院讲授党课。在交流中得知她是我所属意的《中国近代第一所大学——北洋大学（天津大学）历史档案珍藏图录》一书的主要执笔人和文献挖掘者。同时也了解到她长期深耕于天津城市史研究领域，与我所从事的天津近代城市与建筑等物质文化遗产研究与保护工作具有很大程度的交汇叠合，因此她的新著《天津城市文化简史（1404—1945）》邀请我作序，大致就是出自这个原因。正如作者所言，这是一本行文流畅、图文并茂的普及性读物，但也不乏新的叙事角度和观点考证。希望此书对不同类型的读者都能有所裨益，对传播天津城市文化发挥一定的作用。

天津大学建筑学院院长

2023 年 8 月

目 录

第二章　中西碰撞与城市空间的扩张

第三章　交通、贸易与城市的发展

第四章　技术革新与城市的变革

第五章 人口、阶层与城市的族群

第六章　国际政治与城市里的革命

第七章　国际战争与城市的沦陷

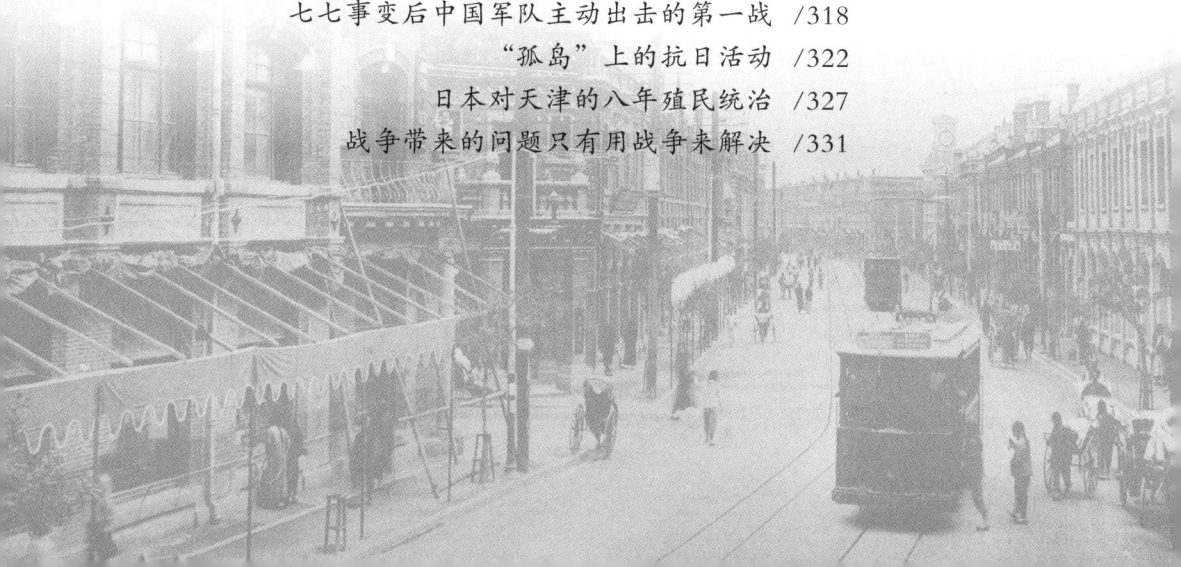

第八章 中西合璧的近代天津城市文化

第一章

城市的起源与早期历史

- ·天津的沧海桑田
- ·天津的早期繁荣
- ·早期与外界的接触

第一章　城市的起源与早期历史

　　城市，在中国历史上占有非常重要的地位。中国古代一直存在相当大的城池，它们一般都是一个政权的首都或者一个区域的行政中心，同时有大量军队驻防，比如长安、洛阳、邯郸、南京等。隋唐以来的城市兴起，则与防卫和贸易有关。中国历朝历代几乎都面临北方少数民族的骚扰和威胁，自秦、汉、三国乃至唐、宋、明等朝代，均在北方屯以重兵，甚至不惜耗费大量人力物力修筑长城和大运河，特别是运河，对中古城市的发展意义重大。隋朝结束了南北朝的长期分裂状态之后，开始兴修大运河，以使军粮北运，运河沿岸的城镇随之发展起来，比如今杭州、扬州、开封、北京等。在近代，两次鸦片战争之后，沿海和沿江的大量小城镇由于重要的地理位置而被迫开放为通商口岸，进而壮大为近代城市，如香港、上海、天津、汉口等。

　　晚清以来，中国的城市不仅数量逐渐增加，规模也日益扩大。近代的中国城市，不断接受着欧风美雨的侵袭和浸润，成为工业化产生的摇篮、新观念传播的温床、各种新事物发展的试验场。它是如此令人耳目一新，强烈地冲击并改变着以农耕文明为传统的中国社会。快速的工业化、城市化进程，与农村的长期停滞形成了强烈对比，农民不断涌入城市成为新的市民阶层，进而演化出复杂的社会结构和城市体系，一系列变化令人意识到一个崭新时代的到来。到了这个阶段，中国的城市开始迈向了现代化的发展轨道。

———— 天津的沧海桑田 ————

　　从地质学理论上讲，天津既是一片退海之地，又是黄河、海河等水系所形成的冲积平原。五六千年以前，大海最后一次后退，构成天津市区的

天津贝壳堤与美国圣路易斯安纳州贝壳堤、南美苏里南贝壳堤并称世界三大古贝壳堤。其中所含贝壳达数十种，按层序分布排列，绵延数十公里。张焘在《津门杂记》中曾说："咸水沽在城东南五十里，该处旧有蚌壳满地，深阔无涯，至今不朽，想昔日之海滩即在此地无疑也。"（光绪十年印）张畅摄于2021年

陆地渐渐地从海底露出。来自内陆高原的黄河三次改道天津入海，带来成千上万吨泥沙，淤积在这片海底。而华北平原上的其他许多河流也纷纷辗转流经这里，在最后东流入海之前，将它们带来的泥沙留下来，贡献于这片土地。一进一退之间，自然地理意义上的天津诞生了。

从大禹治水到天津建城

天津这片土地，从诞生之日起，就形成了其"河海要冲"的得天独厚的地理位置，这为它日后的发展奠定了基础。天津的重要性在于它是南北物资集散和军粮转运的重要港口。

传说中，大禹治水成功后，天津地区舟船经黄河入冀州的水运活动就已经开始了。中国古代几位开疆拓土的著名帝王将相为了建立不朽霸业，都在天津留下过他们的印迹。

第一位是秦始皇。公元前215年，秦始皇命蒙恬将军发兵30万北击匈奴，收复黄河以南河套地区之后驻军当地。为了解决北方粮饷，秦始皇又开辟北方航路，以今山东省境内的黄、腄、琅琊为后勤港，征调船只入渤海，自天津进入古黄河，然后溯河而上，将粮草源源不断地运抵蒙恬大军驻地。

第二位是汉武帝。公元前110年，汉武帝为打通东渡日本的航线，首次东巡海上，由山东东莱海边起航，沿渤海巡行一直到碣石，然后又向东巡察辽西后返回。他派出的船队则继续向东寻找通往日本的水路。之后，汉武帝派军队水陆并进攻击朝鲜，最终打通渡日航线。为了航线的畅通，他还在今天津区划内的渤海湾西岸设立了四座城池。每座城池相距约50

公里，规模近 25 万平方米。

第三位是曹操。为了统一北方的战争需要，自公元 206 年开始，曹操征集军民开凿一系列运河，将华北平原上本来自成体系、单独入海的几条河流勾连在一起汇入海河，初步形成了今天呈扇面形的海河水系。这使天津附近的水路同四面八方连在一起，便利了水运交通，天津作为北方航运枢纽的重要地位孕育成形。

第四位是隋炀帝。隋朝统一中国后，为沟通南北、转运军需物资，隋炀帝于公元 605 年、608 年先后开通两条运河，打通今日南至杭州北达北京全长 2400 多公里的京杭大运河。这样，长江、淮河、黄河、海河四大水系的船舶均可直达天津，由此转输北京。

第五位是元世祖忽必烈。忽必烈定北京为大都，进而统一中国，建立了一个融合欧亚的大帝国。为了满足大都日常的庞大需要，银钱谷米、盐茶丝绢等源源不断地从南方运来。初期只是依靠京杭大运河的河运，之后又增加了由今上海至天津的海运。无论河运、海运，均须汇聚于天津的直沽港再行转运大都。这样，天津在沟通南北经济、满足朝廷所需、繁荣首都商业以及转运军需物资方面发挥了极大的作用。

第六位是明成祖朱棣。"天津"这个城市的正式建立，就是由他开始。公元 1403 年，朱棣将北平改称北京，下令把首都从南京迁到他的"龙兴之地"北京。美其名曰：天子戍边，即皇帝亲自防卫来自北方蒙古的威胁。公元 1406 年，朱棣着手筹备北京城的营造工程，直至 1420 年方告完工；1421 年，正式迁都北京。与此同时，公元 1404 年（永乐二年），朱棣下旨在直沽筑城设卫，并赐名"天津"，这就是天津正式建城的开始。①

"天津"名字的由来

关于这个名字的涵义，有三种说法。第一种是意为"天子车驾渡河处"：公元 1400 年，长期驻守北方的燕王朱棣起兵，与自己的侄子建文帝争夺皇位。他率兵由直沽渡河南下，一路势如破竹，直至 1402 年夺取政权，因此命名"天津"以纪念南下的胜利。第二种是指"通向天子京城的津梁"：

---

① 《明太宗实录》卷三六，P.0628（六）。

从元朝开始，凡是外国使臣去往觐见皇帝的途中，必须在天津等候皇帝的召见，而其他传教士、商人、旅游者等沿水路进出北京时，也须经过天津，"天津"由此得名。第三种说法是，天津之名来源于天上星宿的名字。在《史记》《汉书》《晋书》《隋书》《宋史》等史书的天文志部分都有关于"天津"这个星宿名称的记载，由此清乾隆年间的《天津县志》以此作为天津地名由来的解释。

自 1404 年起，天津开始修筑土城，至 1425 年完成。自此，天津成为一个屏障京城、保卫粮仓的卫戍重镇，负责保障北京的物资供应。明朝政府先后设天津左卫、武清卫、天津右卫共三卫，驻兵 16800 人，兼有屯田守卫之责，管辖海河以南沿南运河至德州以东地区。在 1564 年以前，天津只设武官，没有文官，这说明了天津早期的城市性质，即保卫首都的军镇。

——— 天津的早期繁荣 ———

有明一代，天津的卫制都保持不变。直到清初的顺治九年（1652 年），裁"天津左卫、右卫归并天津卫"。雍正三年（1725 年）"改天津卫为州"，隶属于河间府，雍正九年（1731 年），天津升州为府，下辖六县一州，即天津县、青县、静海县、南皮县、盐山县、庆云县及沧州。天津这一建制上的变化主要是由于其城市经济发展和人口增长所导致的。

财富从何而来？

天津的早期繁荣是由于漕运和盐业。它是北方最重要的水路运输枢纽，承担着军粮转运和仓储等物资保障任务。天津原是名副其实的北国水乡，"九河下梢"是对天津自然地理位置最直观的总结。古代汉语里，"九"就是多的意思，并不是固定的数目。因水而兴的天津城，曾经河道纵横、洼淀遍布，随处可见蒲柳纤枝、马莲水草。仲夏时，水光波影，绿草莹莹；冬日里，河面结冰，光洁如镜。子牙河、南运河、北运河三河在三岔河口处交汇，汇聚为华北地区最大的河流——海河，由此一直向东流入大海，成为天津的母亲河。

天津的漕粮水运，不仅依靠曹操和隋炀帝下令开挖的运河，在很长一

《天津城厢保甲全图》　本图大致以北为上方；全图以俯瞰天津城厢保甲的形式绘制；图中不注比例，方位亦不甚讲究。图面主要以天津旧城内、外为范围，描绘境内海河、南北大运河沿岸的街巷、建筑景观；另绘出官衙、寺庙、工厂、租界、洋房、桥梁等建筑物以及河道分布。环城南、北运河均为京杭运河的北段，为沟通山东、北京的河道，运河中商帆络绎，突显天津之商务繁忙

图中东北方的津卢铁路［天津至北京西郊卢沟桥；光绪二十一年（1895年）建，两年后通车。该路段是向英国贷款四十万英镑兴建，开了借洋债筑路的先例］、津榆铁路［在唐胥铁路的基础上进行扩展，南至津沽铁路上的林西镇，北至山海关（又称榆关）；光绪十六年（1890年）动工，二十年（1894年）春通车，全长127公里，后为京奉铁路的一段；是清朝最早修建的铁路之一］刻意放大，而不拘实际比例。全图反映天津开埠后城市的发展变化，是近代中国城市景观地图的代表作。左方落款"光绪二十五年（1899年）岁次己亥仲春 总理天津保甲事宜延津李荫梧敬题 山阴冯启鬻谨绘"

段时间里还依靠沿海海运。北方冬季河水结冰，不利于漕粮的冬季运输；另外，运河水浅，也不利于粮船的大型化。因此，早在秦朝时期，秦始皇就曾经征调粮船从山东的海港入渤海，再经天津的古黄河河道入河为北方的蒙恬大军运输军粮。到了唐宋时期，航海和造船技术又有了极大的进步，居于当时世界领先行列。客观环境和技术进步为国内的漕粮海运奠定了重要基础。因此，在唐代，海运的繁盛与河运的并用使天津的军粮城成为当时重要的海运港湾和军用粮饷的集散地。至元朝统一中国、迁都北京，天津的直沽又成为水运枢纽，河运、海运并行。明清两代，一方面疏浚了大运河，河道重新畅通；另一方面，海盗、倭寇横行导致海运衰落，于是天津港的河漕转运再度日益繁盛，人口也不断增加。大的粮商、船户以及各类工匠开始移民天津，他们的商业活动繁荣了天津的商品市场，直沽的漕运也在清代达到了鼎盛时期。

三岔河口曾是天津最早的居民点，是天津城市的发祥地。元朝改直沽寨为海津镇，三岔河口成为海运、漕运的南粮船队的必经之路，运河和海河的船只大多在这里停泊，各种商品在这里装卸，商业贸易也非常繁荣。元代诗人张翥有诗云："晓日三岔口，连樯集万艘"。明朝设卫筑城，将这里选为城址，但天津城里只有负责行政事务的衙署、钟鼓楼、馆驿、同乡会会馆等公共建筑，一些庙宇以及居民住宅。为了满足城市的消费功能，各种进行商品交换的集市、店铺与城市一起壮大，它们不但数量增多，而且规模扩大，以至于狭窄的城区逐渐容纳不下。因此，商店、票号、货栈及专门收税的钞关、盐关等逐渐云集于城外三岔河口一带。

由于商业的繁荣，商店的专业化和等级化也在不断发展。天津的老城厢地区有一些非常有意思的地名，如估衣街、针市街、粮店街、锅店街、布店胡同、肉店、鱼市、菜市等。顾名思义，可知原来那里是专门售卖某一类商品的市场。市场的专门化在世界各主要城市的发展进程中都有所体现。比如，同一时期的法国城市图卢兹（Toulouse）在市区里有小麦市场、葡萄酒商场、皮革商场、皮鞋商场、毛皮商场；16 世纪的英格兰城镇往往由当地富商慷慨出资筹建许多名称不一的市集。[1] 特别要指出的是，当时专

---

① （法）费尔南·布罗代尔著，顾良等译，《15 至 18 世纪的物质文明、经济和资本主义》第二卷，生活·读书·新知三联书店，2002 年，第 11 页。

盐坨和盐关

清乾隆年间江萱所绘《潞河督运图》描绘了18世纪天津三岔河口一带舳舻相衔、两岸商铺林立的繁荣景象。从1901年至1923年，海河先后进行了6次裁弯取直，其中1918年第三次的"天主堂裁弯"工程就是针对三岔河口进行的。经过这次裁弯取直，三水交会之处向北推移，形成了大家今天见到的新三岔河口

水西庄　据说是《红楼梦》大观园的原型，著名武侠小说家金庸（原名查良镛）即为水西庄盐商查家后代

估衣街（今大胡同商业中心附近）照片由刘悦提供

外国人所绘三岔河口众多船只"连樯排比"的景象

门买卖二手衣服的估衣店在不太富裕的市民生活中占有重要地位，所以天津史书上有踪迹可循的最古老的商业街之一，就被命名为估衣街。清代崔旭在道光四年（1824年）写有《估衣街竹枝词》一首："衣裳颠倒半非新，挈领提襟唱卖频；夏葛冬装随意买，不知初制是何人。"最后一句令人莫名生出酸楚之情。不过，当时底层民众的生活，无论中国还是欧洲，其实都是差不多的——1716年法国里尔（Lille）一地就有1000多家估衣店。①

---

①　（法）费尔南·布罗代尔著，顾良等译，《15至18世纪的物质文明、经济和资本主义》第二卷，生活·读书·新知三联书店，2002年，第50页。

伴随各类专门化商店的兴起，各种服务类的特殊商店，如当铺、银号、钱庄、货栈、脚行、镖局等，也应运而生。商人的经营活动最需要的是确保资金和货物运输的安全和便捷。据《天津通志》记载：嘉庆二年（1797年）山西商人雷履泰在天津经营的日升昌颜料铺，首创汇兑业务，并于道光二年（1822年）改组为票号，是为中国最早出现的汇兑业。早期金融业的发展，加上港口航道、码头和仓储设施的建设，使天津进入了一个相当长的人口持续增长和经济活动繁盛的阶段。

漕运的发展为天津带来了繁茂的人口和丰富的物资，而盐业则带来了巨大的财富。早在西汉时期，即此时"天津"还没有出现，这里的渔民就已"煮海为盐"，从事食盐的生产。当时的汉王朝在全国38个地方设置了盐官，天津就占了两处。此后，天津的盐业生产绵延不绝，至北魏政府开始在这里设立长芦盐运使，专门负责征收盐税。漫长的时间里，河滩上的盐田一望无际，白河两岸处处可见巨大的盐堆。每个盐堆约6米见方，7米高，每一堆约有500吨到1270吨的盐，绵延两岸达3公里之长，足够供应三千万人口一年之用。[①] 一座座盐坨给城市的一部分人带来了巨额财富。天津有一些大盐商，他们拥有非常壮观的私人花园，如盐商查家的水西庄，乾隆皇帝来津时就曾住在他家。漕运与盐业成为推动天津向近代城市迈进的两台发动机。

广东会馆与新型城市组织

在交通并不发达的时代，相对隔绝于世界各个大小城市的人们，通过各地区小本经营的生产者、运输者和销售者的活动，使大城市的市场供应源源不断。例如，老城附近针市街的定名，是因闽粤商人带来的手工业产品特别是缝衣针销量最大，于是专门售卖缝衣针的店铺集中的地方就取名为针市街。由此可见外地商人对天津城市形成和发展的重要贡献。到清朝中期，天津已形成了若干个大商帮，如浙商、徽商、晋商等，尤其是闽粤一带的商人，影响力更为巨大。

---

① 根据马戛尔尼使团成员司当东记录计算而得。（英）司当东著，叶笃义译，《英使谒见乾隆纪实》，三联书店（香港）有限公司，1994年，第229—230页。

300年前，广东商人就与福建商人结成船队到天津经商。他们勇于冒险，富有开拓意识，世代经商，实力雄厚。他们的商船也是最大的，船头油成红色，上面画有大眼鸡，被称作"红头船"或"大眼鸡船"。每年春天，当季风刮起的时候，他们便满载货物，浩浩荡荡，沿海北上，经渤海湾，顺海河进入天津。《津门保甲图说》中说："及到郡城停泊，连檣排比，以每船五十人计之，舵、水人等约在一万上下。"乾隆年间，清朝严格执行"禁海令"，当时只剩广州一地允许对外贸易。而开辟了通往东方航线的欧洲商人却不远万里踏海而来，往后的80年时间里，往来商船络绎不绝，竟高达5000余艘，贸易额不减反增。闽粤商人将那些洋货以及南方的木料、蔗糖等特产源源不断运往北方，又从北方运回棉花、染色土布、人参、豆类及其他土特产，获利丰厚。[①]

日久天长，天南地北汇聚于津门的各地客商，为了有一个会商、休息、娱乐的地方，自发组织集资修建了各自的同乡会馆。鸦片战争前天津最主要的几处会馆有：1739年闽粤商人建的"闽粤会馆"，这是天津最早的会馆；1753年江西商人建"江西会馆"；1761年山西商人建了第一所"山西会馆"，1823年山西商人建了第二所会馆，以后又在杨柳青镇建立了第三所山西会馆。这一时期的会馆多设于商业繁华区，虽然数量不多，却已反映出天津的繁荣程度。

第二次鸦片战争后天津被迫开辟为通商口岸，不仅有外省商人，更有许多外国商人络绎而来，进出口贸易大幅增加。中国商人、买办与洋行、洋商共同操作着这个大市场，华商与外商之间，国内不同省份及同行业的商人之间，形成了日益激烈的市场竞争，而且来自同一省份的同乡经常从事相近的行业，彼此联合起来无疑有助于其争取商贸中的优势地位，甚至垄断地位。因此，这一时期天津的经济日益得到发展，会馆数量随之大增。

除了原来的闽粤会馆、江西会馆、山西会馆之外，还有由山东济宁府州官商共同出资建的济宁会馆，河南商人集资建的怀庆会馆、中州会馆，安徽籍直隶总督李鸿章倡建的吴楚公所，以及由在津为官的原籍各省官员发起集资兴建的庐阳公所、浙江会馆、江苏会馆、广东会馆、安徽会馆和

---

① 刘正刚，《清代以来广东人在天津的经济活动》，《中国经济史研究》2002年第3期，第94—103页。

广东会馆规模宏大，建筑面积 1461 平方米，建筑设计上既体现了我国岭南的建筑风格，又融合了北方四合院的特点，是中国罕见的木结构建筑艺术珍品。会馆大门的瓦顶和墙体为青砖灰瓦的厚重北方风格，没有采用南方黛瓦粉墙的做法，与

广东会馆　安红摄于 2006 年

周围建筑相融合而不显突兀。但是进入大门之后，满目岭南风格的设计，令同乡们回家的感觉油然而生。建设会馆的砖瓦木料大多从广东购买，以保证岭南特色的原汁原味。会馆主要由门厅、正房、配房、回廊及戏楼组成，各个厅堂之间都有廊厦相通，使馆内交通风雨无阻。会馆周围还建造了铺房、住房 300 多间，并且在会馆东南面修建了"南园"，栽花种树，设立医药房，供广东同乡休息养病。刘悦摄于 2006 年。

云贵会馆等。会馆在短短几十年间如雨后春笋般出现，说明天津外地移民数量的增加以及天津作为工商业城市的进一步繁荣发展。[1]

　　会馆是提供给同乡们的一个联络感情、互通声气、共议商务、休闲娱乐的社会活动场所，所以一般建筑规模较之普通民居为大。财力雄厚的一些大会馆，建筑宏伟，有的甚至还有装修精致的戏楼。例如落成于 1907 年的广东会馆，它位于旧城鼓楼南，是目前天津保存最完整、规模最大的清代会馆建筑（现为天津市戏剧博物馆）。

　　开埠后，广东人在天津的商号达到 200 多家，广州和香港的买办也随着商船来津。同时一大批广东籍留学生也陆续学成回国，云集于天津，广帮的势力逐渐壮大。1903 年，时任津海关道的旅津广东人、幼年留美的唐绍仪，为了联络乡情，发展巩固广帮势力，联合了几位粤籍大商人，倡议集资筹建广帮会馆。会馆由天津英商怡和洋行买办梁炎卿主办，购置了鼓楼南大街原盐运使署旧址的土地为馆址，计 23 亩，于 1904 年 2 月 12 日动工。1907 年正月十四日落成，取名广东会馆。据民国《天津志略》"会社篇"

[1]　刘莉萍，《社会变迁中的天津会馆》，《聊城大学学报（社会科学版）》2008 年第 4 期，第 14—17 页。

戏楼是该馆的主要建筑，它利用四合院的天井围成闭合空间，南北向用两根21米长的平行枋，东西向用19米长的额枋，形成大跨度空间。戏楼最多可容纳六、七百人，楼上是包间，楼下是散座。舞台是戏楼的核心，深10米，宽11米，采用伸出式舞台，即台在前、幕在后，三面敞开，不设角柱，可使舞台三面接触观众，视野更加开阔，并且深入到观众席中，拉近演员与观众的距离，融洽了观众与演员的情感交流，从而创造出最佳的演出氛围。舞台正上方藻井造型外方内圆，斗拱接榫，螺旋向上，据说这种构造可以把声音传到

广东会馆里的戏台　刘悦摄于2023年

戏园的各个角落。藻井重约10吨，采用的是悬臂吊挂式结构。在舞台顶部东西两侧各有一根斜向的钢拉杆，与戏楼顶部的主梁相连，而斜向钢拉杆又被巧妙地隐藏在拱形镂空花罩后面，可谓天衣无缝。同时，舞台顶部有数根纵向钢拉杆和复杂的榫架结构与主梁相连，却被雕刻精美的悬空式垂花门楼所遮盖，从而完成了重量的层层分解。戏台木雕的雕花工艺精美，前台横眉以透雕技法刻成狮子滚绣球图案，两角雕成荷花含苞欲放状的垂花柱，舞台正面镶嵌着巨幅《天官赐福》木雕，天官、童子、猿猴、松柏、云气和四角的蝙蝠，构成活泼、协调的画面。戏楼的门窗也雕有狮、凤、牡丹等传统纹饰。

民国时期在广东会馆戏台上进行的演讲　照片由刘悦提供

载："广东会馆地址在城内鼓楼南大街。始于光绪甲辰之秋，成立于丙午之冬。发起者为唐绍仪、陈子珍、梁炎卿、冯商盘诸君。时唐氏任津海关道，捐出巨款，首为之倡，继向同乡劝募。时梁公充任怡和洋行进口船务买办，所有砖瓦木料多自粤购来，得怡和助以半价运费所省不少。"[①]

清末民初，会馆逐渐向具有现代性的公民团体转变。商人们不仅将资金和注意力投向家乡，而且投资于新兴工厂。同时，他们对慈善救济活动的关注大大增加，慈善的范围不限于同乡之间的救济，也支持所在城市乃至于全国性的慈善救济活动，以此获得官员的庇护和社会地位的提升。随着民主运动风起云涌，会馆的成员开始关心政治，他们将舞台提供给进步人士，宣传新思想新生活。1911 年，革命新剧在这里上演。1912 年孙中山先生两次来到广东会馆并发表著名演讲。1919 年"五四"运动期间，这里经常举行群众集会或演出；邓颖超与所在的天津爱国女界同志会为募集救灾款在此演出话剧。1925 年天津总工会也在此成立。会馆舞台成为社会大舞台，上演了近代中国的风云变幻。

北方妈祖庙与求子的娘娘宫

在元代，天津成为海运漕粮的终点，大直沽是转入内河装卸漕粮的码头。在三岔河口一带，不仅有来自上海、浙江、福建、广东的商船运来大批南货集散，甚至还有专卖洋货的"洋货街"。海运的盛行，使天津的船民也供奉起在中国南方沿海地区香火旺盛的妈祖。民间的水工、船夫甚至官员，在出海前或漕粮到达时，都要先祭妈祖，祈求或感谢妈祖保佑顺风和安全，船夫还在船上立妈祖神位供奉。1326 年元朝皇帝下令建天妃宫于三岔河口码头附近，供奉的其实就是妈祖，称为北派妈祖。天津的天后宫是全国最北的一座妈祖庙，除了天津以外其他北方港口均未见妈祖遗迹。由此可见，天津几乎是当时北方唯一的海港城市。

天后宫也是中国现存年代最早的妈祖庙之一，因其早于天津建城设卫，是城市形成和发展的历史见证，故津门素有"先有天后宫，后有天津卫"

[①] 转引自刘正刚《清代以来广东人在天津的经济活动》，《中国经济史研究》2002 年第 3 期，第 94—103 页。

天津天后宫　安红摄于2006年

之说。位于三岔河口的这座天后宫以及依天后宫而形成的宫南宫北大街等天津早期街市，折射和见证了天津人早期物质和精神生活的演变。

　　天津的天后宫，原称天妃宫，后改为天后宫，天津人俗称娘娘宫。历经多次重修，建筑群坐西朝东，面向海河，由戏楼、天后宫广场、幡杆、

天后宫大殿　安红摄于2006年

正门、牌坊、前殿、大殿、凤尾殿、左右配殿等组成，属典型的中国传统
庙宇式建筑。戏楼、广场和幡杆均在天后宫正门之外，为过去祭祀天后的
场所。广场在过年时会有大量卖吊钱窗花的摊位聚集，非常热闹，戏楼有
时也会启用。每年天后诞辰（农历三月廿三），以天后宫为中心举行大型
民间酬神庙会活动，沿河船户、周边信众亦纷纷到来，各地商贾云集，造
就了天津著名的商业街之一——宫南宫北大街（今古文化街）的繁荣。

妈祖信仰是中国沿海地区传统的民间宗教信仰之一。妈祖文化肇于宋、
成于元、兴于明、盛于清、繁荣于近现代。作为一种民间宗教信仰，它的
兴起不是偶然的，而是因其具有正面的社会功能与作用——在社会生产力
水平低下的古代，人们既要下海谋生，又无法克服对惊涛骇浪的恐惧，不
得不求助于超自然的神力。一种宗教的兴盛或神祇的被崇拜，必须依靠不
断显现神迹来证明自己的功能，即"有用"。

天津天后宫不同于南方和世界其他地方宗教建筑的特点在于，它是一
座集各种"有用"的民间信仰为一体的"综合性"寺庙。在正殿和配殿中，
不仅供奉了天后（妈祖），还有民间道教和神话传说中的王灵官、千里眼、
顺风耳、加善和加恶，以及佛教里的净瓶观音、滴水观音和渡海观音。为
了配齐所有功能，诸如保佑病人安康的药王、祈雨的四海龙王、求财的财
神爷、正义化身的关羽、祈祷长寿的北斗星君等，都被供奉在各个配殿当

天后宫牌楼　安红摄于 2006 年

配殿内供奉的各路神仙　安红摄于 2006 年

娃娃大哥　安红摄于 2006 年

中。甚至天津本地的民间信仰，如王三奶奶、白老太太、挑水哥哥、马王爷、土地、魁星等等，也得享香火。

由于功能齐全，娘娘宫的香火一直很盛，不仅船户来往必定祭祀祈祷，就连远近的农民也多来祈福求安。既然是经官方认证的神仙，平民百姓认为"天后"就应当是神通广大、法力无边的。所以不管是没钱还是有病都前来上香祈求，甚至没有儿子的也来求子。大概因为"灵验"，后来天津天后宫的主要"业务"就演变为求子。妈祖娘娘从海神变成了"送子观音"，这说明了民间信仰的功能性和灵活性。信众有什么需要就立刻满足这种需要，这样信仰才能扎根在人们心中。虽然没有正式宗教的组织性、动员力，但它更具有生机勃勃的活力。

谈到"信仰"，中国人本来就是奉行"实用主义"的。百姓烧香上供，是为求心愿得偿。林语堂说：中国人得意时信儒教，失意时信道教、佛教。一个人总有得意、失意的时候，因此就有了对"儒、释、道"都信的"民间信仰"。天津天后宫里供奉的既有道教的神仙，也有佛教的菩萨，还有本地的土著神仙，实际上就是这种"实用主义"民间信仰的具体体现。虔诚与否，最主要的还是看"灵"和"不灵"这个"硬指标"。只要是"灵"的神仙，就会引来无数的善男信女。由妈祖到送子娘娘，这是中国民间信仰传承实用主义的最好例证。

—————— **早期与外界的接触** ——————

由于特殊的地理位置和商业的繁荣，天津很早就与世界结缘。元朝时期，天津是所有进贡国去北京觐见皇帝的必经之路。马可·波罗还在游记中提到过"长芦"。那么，他真的到过天津吗？

马可·波罗到过天津吗？

世界上大概没有一本游记能够像马可·波罗的《马可·波罗游记》那样引发历经几百年的争论，争论的焦点就是：他真的到过中国吗？

马可·波罗像

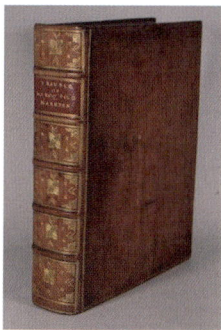

《马可·波罗游记》

根据马可·波罗记述，在元帝国生活的 10 多年里，他得到了皇帝的赏识，被任命为官员，最高做到扬州总督；他还曾奉忽必烈之命出使越南、爪哇、苏门答腊等地；他在游记中提到的亚洲城市超过 100 个；他还说看到了喷油的泉（巴库的油田）、可燃烧的石头（煤）、用轻巧的纸张来做货币（钞票）……可是，还是不断有人质疑："如果马可·波罗真到过中国，为什么最重要的事物如长城、茶、筷子、方块汉字、女人缠小脚……全给漏掉了？"不过，这些怀疑改变不了马可·波罗确实到过中国的中外学界正统看法。参加 1793 年英国使团和后来的阿美士德使团的司当东认为，马可·波罗写书时，有可能因笔记不全而漏掉了一些事物；而且，威尼斯的档案馆里保存的马可·波罗访华路线图显示，他不是通过蒙古人控制的西伯利亚地区到达北京的，而是乘船到印度后沿西藏山脉之南绕道陕西，然后经过山西到达北京的，所以应当没有穿越长城线。[①] 学界还认为，在元代，由西方东迁、旅居在中国的西方人数目是相当多的，总称为"色目人"。作为其中之一，马可·波罗极少与处于被统治地位的汉族人接触，因此不了解上述代表汉文化符号的事物不足为奇。

不管怎样，马可·波罗是世界上第一个将中国介绍给欧洲的人。在他之前，威尼斯人认为他们是地中海乃至整个基督教世界的中心。但这位大旅行家却指出，在东方还有一个更伟大的文明和权力中心。他的游记激发了欧洲人此后几个世纪的东方情结。

马可·波罗笔下的天津（游记中称之为 Cianglu，即长芦），在当时已是一个比较大的富庶城市，以制盐业和渔业为主，是元大都"向南之一大城"。其所产之盐"粒细而色白"，"运贩于附近诸州，因获大利"；"此地产鱼甚众，其味佳，其体巨"。他甚至清楚地记叙说，每条鱼长约750公分。[②] 如果马可·波罗没到过天津，他怎么知道得这么详细？！

滞留在天津的利玛窦

蒙古帝国走向衰亡后，中欧之间的交通中断了有两百年的时间。西班牙、葡萄牙人在海上找到新航线之前，中西之间变得彼此隔膜和充满神秘感。在东方，中国的封建社会逐渐发展到它的顶峰，国力强大，罕有其匹，依然是万邦来朝的盛景。之后新航路开辟，欧洲的传教士随商船来到中国，在东西两种文化间架起了一座桥梁。在桥的这一边，16、17 和 18 世纪中国人对欧洲的了解归功于来自欧洲的传教士。他们中的许多人不仅是宗教信仰的传播者，还是科学家、医生、工程师和艺术家。通过与中国学者的密切合作，他们为中国的科学技术发展做出了一定贡献。在桥的另一头，欧洲人从利玛窦和其他传教士的著作、信件及绘制的地图中增加了对中国的认识，使欧洲人对东方文化充满向往。

最早的桥梁架设者当属利玛窦（Matteo Ricci，1552—1610）。他生

---

① （英）司当东著，叶笃义译，《英使谒见乾隆纪实》，三联书店（香港）有限公司，1994 年，第 296—297 页。

② （意）马可·波罗著，冯秉钧译，《马可·波罗游记》，上海书店出版社，2001 年，第 319 页。

于意大利马切拉塔城（Macerata），卒于北京，是基督教中国传教事业的创始人。1583 年利玛窦和他的同伴启程赴华，途经澳门、广州和南京，于 1601 年到达北京并定居下来。利玛窦用一生的时间开启了欧洲和中国之间文化交流的大门。

带着西学而来的利玛窦开启了晚明士大夫学习西学的风气。明末清初，一共有 150 余种的西方书籍被翻译成汉语。利玛窦撰写的《天主实录》以及和徐光启等人翻译的欧几里得《几何原本》等书带给中国许多欧洲的哲学思想和先进的科学知识，许多几何词汇，如点、线、面、平面、曲线、曲面、直角、钝角、锐角、垂线、

利玛窦（左）与徐光启

平行线、对角线、三角形、四边形、多边形、圆、圆心、外切、几何等以及汉语的"星期""欧"就是由他们创造并沿用下来的。

利玛窦是一位科学全才，他还绘制了《坤舆万国全图》，这是中国历史上第一张世界地图，在中国先后被 12 次刻印。问世后不久，这张世界地图又被介绍到江户时代的日本，使得日本人传统的崇拜中国的"慕夏"观念发生了根本性的变化。对日本地理学的发展，亦有重要影响。北极、南极、地中海、日本海等词汇皆出于此地图。

利玛窦的第一次北京之行适逢明朝援朝抗倭，没有成功。1600 年他第二次启程赴京，原本一路顺风的利玛窦在山东临清遭到天津税监宦官马堂的阻拦，随后被遣往天津，并在那里滞留半年。在津期间，利玛窦先是住在船上，随着冬季的临近，为了避寒，马堂让利玛窦等人带着他们的全部行李搬进一座庙宇，

利玛窦在北京的墓　照片由刘悦提供

并安排 4 名士兵看守。后来，利玛窦于 1601 年 1 月离开天津，抵达北京，受到了皇帝的召见。①

历经磨难的利玛窦，在北京成功地觐见了皇帝，并且在士大夫阶层中建立起良好的声誉和关系，开启了日后其他传教士进入中国之门。作为传播天主教的第一人，他也开创了日后 200 多年传教士在中国的活动方式：一方面用汉语传播基督教；另一方面用自然科学知识来接近和博取中国人的好感。为了融入当地社会，利玛窦对中国传统习俗保持宽容的态度。他容许中国教徒继续传统的祭天、祭祖和敬孔。他认为，这些只属尊敬祖先的仪式，只要不掺入祈求、崇拜等迷信成分，本质上并没有违反天主教教义。他主张以"天主"称呼天主教的"神"；但他亦认为天主教的"神"早已存在于中国的思想，因为中国传统的"天"和"天帝"本质上与天主教所说的"唯一真神"没有分别。利玛窦本人更学习汉语，穿戴中国士人服饰。其后来华的传教士，一直遵循他的传教策略和方式，这被称为"利玛窦规矩"。

《荷兰东印度公司出使中国人事记》

传教士不是 17、18 世纪来到东亚的仅有的欧洲人，同时来的还有商人和掠夺者。大约 17 世纪中期，被称为"海上马车夫"的荷兰人把之前的海上霸主葡萄牙人几乎彻底地赶出了东南亚。他们在世界各地建立殖民地和贸易据点，于 1641 年占领了马六甲，由此控制了通往南中国海的大门。但是当时进出中国的门户澳门还掌握在葡萄牙人手中，荷兰人必须通过其他方式打开与中国通商的大门。于是，1655 年、1662 年和 1664 年荷兰东印度贸易公司相继三次派出使团携带大批贡品到北京，要求与建立不久的清朝通商，但均未能达成使命。

使团的主要目的虽未达成，但这些使团却对推动欧洲人认识中国做出了重大贡献。第一个荷兰使团的一个成员约翰·纽霍夫（John Nievhoff）在《荷使初访中国记》（中译名）一书中详尽地报道了 1655 年的中国之行，包括这个国家和她的人民、在北京进行的谈判和礼物的呈送等。其中，他还记述了当时天津的繁荣：

---

① 《明神宗实录》卷三五四，P.6619；卷三五六，P.6647—6648（五九）。

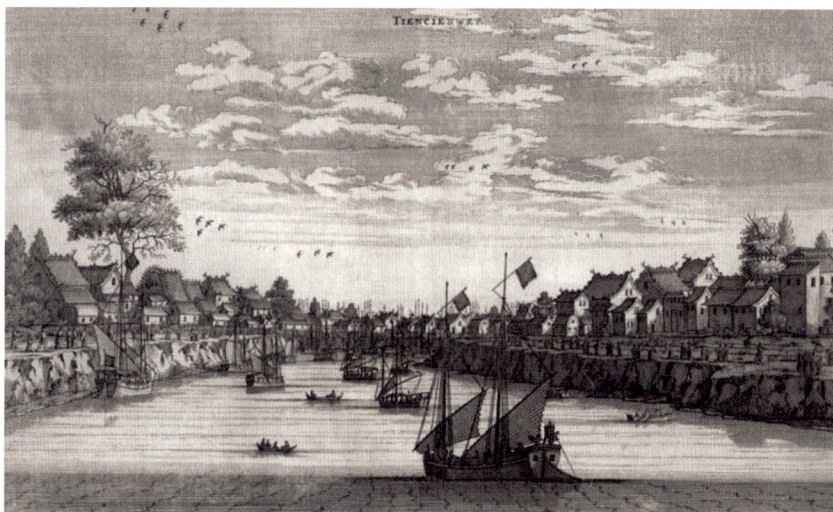

书中所绘"天津卫"

　　同一天（七月五日），我们到达了天津卫的港口，这个地方被认为是中国最著名的沿海城市。当时中国的主要港口有三个：第一个是广东省的主要城市广州；第二个是南京府的镇江县；第三个是位于顺天府东部边缘地区的天津卫，在靠近"沧海"（Sea Cang）的港湾处。该地区的三条河流在天津汇合，那里耸立着坚固的要塞，周围的村庄除了沼泽地以外就是低洼地。天津卫城在距"新镇"约30英里处，也建有25英尺高的坚固的城墙，城墙上布满了守望塔和防御工事。这个地方到处是庙宇，人烟稠密，交易频繁，繁荣的商业景象实为中国其他各地所罕见，这是因为从中国各地驶往北京的船只必须通过此处，这促进了漕运非同寻常的发展，一艘又一艘的船只接连不断地驶过这个城市。这里也成为各种商品的集散地，因为是自由港，无论进口或出口的货物都不必纳税。三岔河口耸立着要塞，高高的墙上筑有守望塔，这对于保卫这个城市和邻近地区已经是足够了。我们整夜地躺在靠近高墙的船上，准备继续完成到北京的航程。城里的总督和知县们到船上来欢迎我们，并接见了使节。①

————————

① 　（荷）约翰·纽霍夫，《荷兰联邦东印度公司使节哥页和开泽阁下在北京紫禁城晋谒大鞑靼可汗（顺治）》，1669年。转引自（英）雷穆森（O. D. Rasmussen）著，许逸凡等译，《天津租界史：插图本》，天津人民出版社，2008年，第10—11页。

医生达泊尔（Olfert Dapper）于1676
年在他的《荷兰东印度公司出使中国大事
记》一书中则描述了使团的第二和第三次
访华。这两部作品引起了欧洲人对中国的
强烈兴趣并被翻译成多种文字。书中的插
图描绘了中国的生活景象，其中主要是中
国城市和各地风光。尽管这些图片不是很
详尽，但是荷兰画家和铜版雕刻家的高
超艺术在欧洲刻画了直观的视觉中国形
象——一片陌生而又魅力无限、几近世外
桃源的土地。

《荷兰东印度公司出使中国大事记》

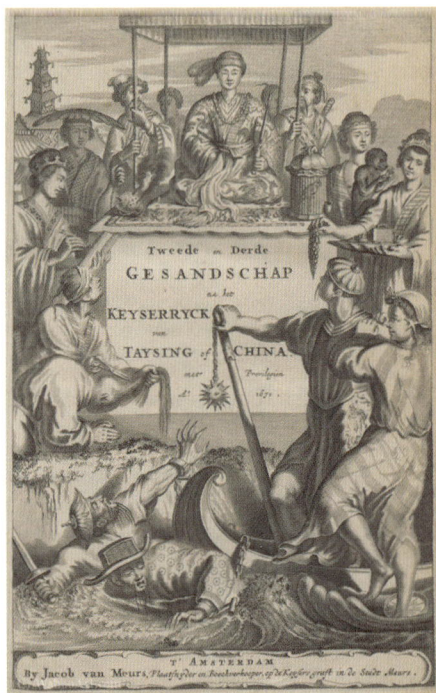

书中插图

　　今天在欧洲所能见到巴洛克和洛可可时代无数关于中国人物形象、动植物、建筑、船舶、桥梁、宝塔、风景和水域的艺术作品，都植根于纽霍夫和达泊尔无比美丽的铜版画作品。

荷兰画家坐在天津城墙上绘制的天津东门里附近的城市景观　由刘悦提供

25

马戛尔尼使团与阿美士德使团

马戛尔尼画像

在中央集权统治下日益趋向保守的中国，荷兰人并不是唯一吃到闭门羹的外国人。在欧洲，英国凭借日益富强的国力和强大的海军，先后在16、17世纪击败西班牙、荷兰、法国，成为所向无敌的海上霸主。它也将目光投向遥远富庶的东方，继荷兰使团之后，1793年的马戛尔尼（Lord Macartney）使团和1816年的阿美士德（Lord Amherst）使团都曾在天津短暂逗留，然后分别奉诏前往觐见清朝的乾隆皇帝和嘉庆皇帝。可想而知，他们的使命同样没有完成。

1793年8月11日早晨，马戛尔尼使团到达天津，第二天就沿白河继续前进到通州去了。在短暂的逗留中，使团随行人员记述了官员接待的过程：

> 我们的船队停泊在几乎位于城市中间的总督府前。对面紧靠河边的码头上，为了欢迎我们搭建了一个非常华丽而又宽大的戏台，台上挂着光彩夺目的中国式的装饰和布景，一群演员正表演着各种不同的戏剧和舞蹈，一连几个小时几乎没有间断。河的两岸站满了身着军装的守卫部队，大约长达一英里，队伍中无数镶有垂饰的旗帜迎风招展，时时传来各种乐器演奏军乐的咚咚当当的声音。①

大约在中午时分，马戛尔尼率部下官员及仆从、卫队等全体登岸，直隶总督和钦差大臣在岸边迎接，邀至总督行辕。双方讨论了之后赴北京的安排之后，英使一行回船。总督大人送上丰盛的筵宴和丝、茶、棉布等礼物，以示友好。之后，天津地方官员也都登船问好参观，"眉目间颇露惊异之色，盖见所未见，自不得不尔也"。马戛尔尼认为这些地方官员"大都活泼率真，长于言语，工于应酬，而又沉静有毅力"，代表了中国上流社会官员的部

---

① （英）海伦·罗宾斯（Helen M. Robbins），《我们的第一个赴华使节》（Our First Ambassador to China），1908年。转引自（英）雷穆森（O. D. Rasmussen）著，许逸凡等译，《天津租界史：插图本》，天津人民出版社，2008年，第11—12页。

天津附近的炮台　英国画家 W. 亚历山大绘于 1797 年

分品格。①

　　两次随团来访的司当东（George Staunton）对天津作了如下评述，第一次他写道：

　　"天津"二字可以解释为天上境界，据称此地气候适宜，土地肥沃，空气干燥，阳光充足。它位置在两河的汇流，是中国北方几省的商业中心。……这样的地理条件使天津自从中国建成为大一统帝国以来就成为一个交通要地。……虽然在十三世纪天津已是一个大城市了，但天津的老名字叫"天津卫"。按照中国的字义，"卫"只代表一个小的市镇。一个古老市镇延续发展下来，在发展过程中，旧建筑由新建筑所代替，新建筑系在旧建筑的废墟上盖起来的。……天津很多房子是两层的，这同中国其他地方只建一层平房的习惯有所不同。大多数中国人还是喜欢按照各种建筑的原来式样，只建一层。……天津是一个靠海的商埠码头，这可能是建造两层楼房的一个原因。②

　　1816 年 8 月 12 日，司当东再次随阿美士德使团来华并在天津逗留。尽管这一次他们没有见到皇帝（嘉庆帝）就被驱逐，由大沽口出境，却因此在天津待了两三个星期。这次他写道：

　　我们来到了这座大城市（天津），就发现它增添了许多花园——偶尔也能看到葡萄架——以及一排排秀美、高大的柳树和其他一些树木交杂在一起。我们也发现一些穿着华丽的本地人在河岸策马而行。这儿的房屋看上去比广州附近的房屋更为美观、宽敞。我们也看见几

---

① （英）马戛尔尼著，刘半农译，《1793 年乾隆英使觐见记》，天津人民出版社，2005，第 31—35 页。

② （英）司当东著，叶笃义译，《英使谒见乾隆纪实》，三联书店（香港）有限公司，1994 年，第 237—238 页。

司当东书中所绘为迎接英国使团而搭建的戏台

头驴子和一些牡牛……河岸上，人群熙熙攘攘，他们大都穿着很好，举止文雅——比我们在海边上看到的人要整洁、好看得多——他们也确实比广州人高傲。他们不说下流话，也没有任何不满的表示——只是他们的面容上都流露出善意的惊讶和好奇的表情而已。大约下午两点时，我们到达了那不寻常的一排排盐坨的起点，关于这些盐坨的情况，前任使节也提到过。……无数的人群紧紧地挤在成排士兵行列后面的空地上，不仅平地上挤满了人，就是一些盐坨上也站着不少人。这样，在两三英里左右的地带上，几乎形成了一堵连绵不断的人墙，此种景象实为世界各地所罕见。①

盛世繁华下的贫富差距

受马可·波罗的影响，在西方人的印象中，中国一直是富裕文明的象征。传教士关于中国的大量著作促进了欧洲对中华文化的了解，欧洲因此掀起了"中国热"。当时欧洲的思想界普遍将中国视为完美的国度，如法国启蒙运动三杰对中国文化思想都有各自不同的观点。伏尔泰认为，中国是推行开明君主制的成功典范，在他的诸多作品中，尤其是《中国孤儿》（L'Orphelin de la Chine）中，他向其他法国人宣传介绍这一遥远而强大的东方古国，将其作为法国学习的榜样。但是另两位启蒙思想家对此表示质疑。孟德斯鸠认为中国只是个毫无美德，人民皆为奴仆的专制国家。在其代表作《论法的精神》（De l'esprit des lois）中，他多次提及中国，从方方面面论述了中国的各种弊病，希望诸位同胞能够引以为戒。而卢梭则认为，中国作为一个千年文明古国，离开"纯真自然状态"已久，因而也和堕落了的欧洲文明一样，充满了压迫和不平等，到处是堕落和伪善。他还把清军入关推翻明朝这一历史事件解释为古老的中国因物质文明的进步而变得奢侈和堕落，终于被周边的落后民族所消灭，就如高度文明的古罗马被蛮族日耳曼人所摧毁那样。因此他反对欧洲向中国学习，走中国的道路。

究竟哪一派的观点是正确的呢？前者的观点主要来自在中国长期居住

---

① （英）司当东，《英国派往北京的使节》（British Embassy to Pekin），1824年个人刊行本。转引自（英）雷穆森（O. D. Rasmussen）著，许逸凡等译，《天津租界史：插图本》，天津人民出版社，2008年，第13页。

的传教士的观察所得，后者则主要来自外交使节和商人。传教士在传教过程中接触的主要是中国上层知识分子，大都教养良好、品格高尚。而外交官和商人在中国一般只作短暂停留，且因语言不通等原因易与本土居民产生矛盾，因此对中国批评指责的声音较多。对于马戛尔尼使团来说，此行的结果决定了他们对中国的印象是比较负面的。他们显然更赞同后一派的观点，认为清朝只是一个毫无美德的专制国家，盛世繁华的表象之下是广大民众生活在极度贫穷之中。

在马戛尔尼使团和阿美士德使团成员所写的出使记录中，有大量对中国社会民众的细致观察和描述。在一路北上觐见的过程中，他们日常所接触到的主要是中国各地官员、仆役和底层民众。接待他们的官员因人而异，一般地方官员态度恭谨谦虚，仆役们也非常热情真诚，但1793年的钦差则性格刚愎，"处处暴露出忌妒外人、蔑视外人的心理""既没有科学常识，又不通达事理"。底层劳动者服务殷勤，体格强健，行动敏捷。他们"外表非常拘谨，这是他们长期处在铁的政权统治之下自然产生出来的。在他们的私下生活中，他们也是非常活泼愉快的，但一见了官，就马上变成另外一个人了。"[1] 高等官员对于下级官员和仆役态度异常严苛，稍有过错就要行笞责。这种辱人尊严的惩罚让英国人瞠目结舌，"甚骇其所用刑罚之不当"。另一随行人员记录说，"余来中国，几无日不见华官笞责小民"，就好像这是他们每日必有的功课。[2] 这些现象让英国人认为，清朝完全是一个专制国家，它是依靠高压和暴力才逼迫臣民如此驯服，而这样的国家不值得羡慕。

使团成员无不惊叹于中国人口之多，令人难以想象，如船行在天津运河上他所看到的，连绵不断的围观民众组成的人墙。而且，中国北方的人口还少于南方，越往南行，人口越多。大量人口必然造成激烈的人地矛盾。由于人口过多，供牛羊生活的土地必须用来养活人，中国人不养或很少饲养牛羊，全部土地主要是种植人吃的粮食。所有耕地从不休耕，因此出产不高。"中国的人工非常低廉，只挣仅足糊口的工资。……他们的

---

① （英）司当东著，叶笃义译，《英使谒见乾隆纪实》，三联书店（香港）有限公司，1994年，第233、227页。

② （英）马戛尔尼著，刘半农译，《1793年乾隆英使觐见记》，天津人民出版社，2005，第37—38页。

中国人群聚

生活水平还是很低，整天吃素食，很少有肉吃。"① 与之形成鲜明对照的是，皇帝赏赐使团的食物非常丰盛，根本吃不完。清帝第一次给予的赏赐有"牛二十头、羊一百三十头、猪一百二十头、鸡一百只、鸭一百头、粉一百六十袋、米一百六十袋、满洲面包十四箱、茶叶十箱、小米一箱、红米十箱、白米十箱"，南瓜一千个、西瓜一千个、甜瓜三千个以及各种干鲜果品七十六箱，腌制蔬菜四十四箱和新鲜蔬菜四十捆，豌豆荚二十担，蜡烛十箱、陶器三篓。② 后面，每天还都会源源不断地供给食物酒水，而整个使团加上水手士兵甚至黑奴，总共也不过 700 多人。供过于求，最后扔了近一半。很多猪和家禽在路上碰撞而死，于是英国人就将这些已经发臭的动物从船上扔了下去，此时岸上的穷人们就疯了一样跳下海，马上把这些死动物捞起来，洗干净用盐腌好。③

马戛尔尼、司当东等人还注意到，中国社会由于实行"分产制"，所有男性直系后代都有继承权，所以一般"富不过三代"。财富无法积累，"很少有人能坐享其成，而不必再努力从事增产"。而且中国没有英国所谓的中等阶层，他们要么是穷人，要么是富人。从住宅上可以看出贫富之间的巨大差距。"大多数房子都是土墙草顶的草舍，也有很少一些高大的、

① （英）司当东著，叶笃义译，《英使谒见乾隆纪实》，三联书店（香港）有限公司，1994 年，第 283 页。

② （英）马戛尔尼著，刘半农译，《1793 年乾隆英使觐见记》，天津人民出版社，2005，第 16 页。

③ （英）马戛尔尼著，刘半农译，《1793 年乾隆英使觐见记》，天津人民出版社，2005，第 16 页。

乾隆赴热河的行幄御营

受笞责的中国人

以上图画由英国画家 W. 亚历山大绘于 1797 年

油漆装饰的房子，可能是富有者的住所。"农民只能住在由晒干的泥巴做的房子里，而当地的地主则住在豪华的庄园里，庄园大门就有三座，庄园之内有好几所房子，许多树木，许多羊和马，"非常类似于英国绅士的家庭花园"。城市里的贫富差距可以一目了然地从房屋所用砖瓦的颜色分辨出来，富人的房子用红色的烧过的砖瓦，穷人房子所用的则是土坯，而"天津的房子大半是铅灰砖瓦盖的，少数是红色砖瓦盖的"[①]。

在北京等待皇帝接见的时日，使团成员听当地传教士讲，在堂堂帝都北京，"穷人因为养活不起而弃婴的事经常发生"[②]。步军统领衙

① （英）司当东著，叶笃义译，《英使谒见乾隆纪实》，三联书店（香港）有限公司，1994 年，第 282、221、228—229、237 页。

② （英）司当东著，叶笃义译，《英使谒见乾隆纪实》，三联书店（香港）有限公司，1994 年，第 284 页。

门专门准备了一辆大车，用于每天巡视街道，捡拾已死或将死的弃婴，拉到城外义冢掩埋或者直接扔到沟里。北京的传教士就捡走尚有气息的弃婴，救活后在教堂中抚养，待长成后洗礼成为教徒。沿途所见平民百姓的困苦与皇帝的奢侈形成了鲜明对比，对使团的丰厚赏赐并没有得到使团成员的感激，再加上乾隆皇帝断然拒绝了使团的通商要求，更增加了经历了资产阶级革命的马戛尔尼等人的轻视和厌恶。

外交使团历来承担的使命除了表示友好之外，总是离不开充当间谍、搜集情报。马戛尔尼使团和阿美士德使团的首要使命（请求与中国通商）虽然没有达成，但还是得到了许多关于中国这个古老帝国方方面面的信息，这为他们日后发动殖民侵略战争提供了重要的情报。比如说，因为从未有西方人航行到过大沽口，所以马戛尔尼使团在中国南方请地方官员帮助寻找领航员，最后好不容易才找到两个到过大沽口的人。在向北航行中，这两个人一遇到有风浪的天气或者稍稍看不到海岸就惊慌失措、大呼小叫，让英国人头痛不已。不过，使团由此了解到，中国人的航海水平自宋朝以后大大下降，已丧失了远洋航行的能力，仅仅停留在近海范围，而且中国的海防也几乎不堪一击。在北京，使团卫队的军人还对长城及北京附近的防卫建筑进行了详细的测量，对清军的军事技术做了细致的调查，其精细程度令人惊叹。

马戛尔尼目睹了清朝武力的孱弱，但最让他们震惊的，还是幻想的破灭。原来，清朝统治下的中国不是马可·波罗说的那样社会繁荣、人民富庶，而是一个采取高压手段的专制国家，底层百姓生活困顿，君主富人奢靡无度，普通人毫无尊严。如果只是武器比英国弱，英国人还不会视清帝国为野蛮国家，如此残忍对待自己国家的百姓，才是真正让马戛尔尼等人鄙夷的一点。随着使团成员的大量笔记陆续出版，中国在欧洲的高大形象彻底坍塌，从一个曾被一些欧洲思想家推崇的文明典范，变成了受殖民主义者调侃鄙夷的野蛮之国，由是埋下了之后一系列欧洲对中国蚕食侵略的祸根。"康乾盛世"后不到短短的五十年，鸦片战争就开始了，清政府不堪一击，从此忍受百年屈辱。

第二章

中西碰撞与城市空间的扩张

· 第一次鸦片战争与天津
· 第二次鸦片战争与天津
· 城市空间的扩大与天津租界

第二章　中西碰撞与城市空间的扩张

———— 第一次鸦片战争与天津 ————

"哥伦比亚麦德林可卡因垄断集团成功地发动一起对美国的军事袭击，迫使美国允许该垄断组织将毒品出口到美国五个主要城市，不受美国监督并免予征税；美国政府还被迫同意贩卖毒品的官员管理在这些城市活动的所有哥伦比亚人。此外，美国还必须支付战争赔偿 1000 亿美元——这是哥伦比亚向美国输出可卡因所发动战争的花费。"[1] 这幅场景就是美国一位历史学家在论及鸦片战争时所联想到的一幅场景。然而这样令人看来明显荒谬、不可思议的事件在 19 世纪的中国确曾发生过，而且不止一次，这就是两次鸦片战争。

战争是各种矛盾冲突到不可调和地步之后的集中爆发。在此之前，让我们回看事情是怎样一步一步地演进成为难以挽回的危机。中国方面，鸦片问题以及由此产生的白银大量外流几乎是唯一的焦点；而在通过新航路扬帆而至的外国商人心目中，除了巨额利润，还有一些比鸦片贸易更重要的问题，这也引起了外国政府及其本国人民的关注。

工业革命与禁海令

在欧亚大陆的西部，15 至 18 世纪，西欧商业资本主义蓬勃发展。为了追求最大利润，一方面资产阶级在全世界奔走，积极发展海外贸易，进行殖民统治，积累了丰富的资本，打开了广阔的海外市场和廉价的原料供

---

① （美）特拉维斯·黑尼斯三世 / 弗兰克·萨奈罗著，周辉荣译，《鸦片战争》，北京：
　　三联书店，2008 年，序，第 1 页。

应地；另一方面，他们在本国压榨农民，获得了大量廉价劳动力，为提高劳动生产率，大机器生产开始取代工厂手工业，生产力得到突飞猛进的发展，历史上把这一过程称为"工业革命"。孤悬海外的英国因为较少受到外国侵略而拥有更好的外部条件，率先完成了资产阶级革命，也最先开始工业革命。1765 年"珍妮纺织机"的发明揭开了工业革命的序幕。不久，在采煤、冶金等许多工业部门，都陆续有了机器生产。随着机器生产越来越多，1785 年瓦特制成的改良型蒸汽机的投入使用，提供了更加强劲的动力，人类社会由此进入了"蒸汽时代"。

15 世纪到 17 世纪，欧亚大陆的东边，中国经常不断地受到侵略者的攻击侵扰。虽然摧毁了蒙古帝国建立了明王朝，可是明朝统治者还是不得不提防来自北方蒙古人的骚扰，永乐皇帝朱棣也把首都由南京迁往北京，美其名曰"天子守国门"。由于集中注意力应对北方陆上敌人，中央政府对那些"小"事情——到达中国南方边陲口岸的少数欧洲商船——就只能给予微小的注意，采取对自己麻烦最少的方法来解决，那就是颁布"禁海令"。明朝时期国内所萌生的资本主义萌芽过于弱小，更不要说为工业革命提供土壤。明王朝在后期不断被内部的农民起义和新兴的满族人打击，最后被打败，中国再次改朝换代。新的清朝统治者，以夷狄身份而据有华夏，内心深处始终不安。他们不仅对汉人的反抗一直抱着警惕的态度，而且对不断叩关而来的西方人，因深恐其与汉人联手对付自己，而对其贸易要求也是能拒绝就拒绝，马戛尔尼使团和阿美士德使团因此吃了闭门羹。

即便如此，清朝统治者也不可能完全禁绝对外贸易，特别是它还能带来丰厚的收益。1757 年乾隆皇帝下谕，仅留粤海关一口对外通商。清政府指定广州十三家牙行（中介机构，赚差价的中间商）专做对外贸易，称之为"十三行"。广州十三行所在区域成为清帝国唯一合法的外贸特区，中国对世界的贸易全部聚集于此。直至鸦片战争为止，这些洋货行垄断中国外贸长达 85 年。依靠垄断地位，广州十三行给那里的行商们带来了巨额收入。十三行的潘、伍、卢、叶四大行商号称"广州四大富豪"，其家产总和比当时的国库收入还要多，是货真价实的"富可敌国"。

然而，对于那些不远万里踏浪而来、与中国行商打交道的外国商人来说，十三行的设置却不是那么令人愉快了。本身就是依靠垄断本国市场来获取远程贸易高额利润的各国东印度公司，自然不甘心忍受十三行商人的限制和盘剥。首先，所有贸易往来的规则，必须由这些中间商来制定并从中赚取巨大利润，而且外商船只进出广州内河还需缴纳不菲的费用以及各种不定额的关税，实际征收往往是公布税则所核定税率的5—10倍。① 不仅如此，对那些在华经商的外国商人，清政府还制定了种种章程，其中有许多限制人身自由的苛刻条件，比如：不允许外国妇女进入商馆；不允许住在行商商馆的外商自由出入；不允许外国人在江中划船娱乐；不允许外国人乘轿，只许徒步行走；贸易季节之后，不允许外国人逗留广州，只能回国或前往澳门。清政府还不允许中国行商借贷或赊欠货物给外国人，不允许外国商人雇用中国籍仆役。这些章程不仅阻碍了商业的发展，也打击了本国的服务业和底层民众的生计。遇有纠纷，外国人也不得直接向官府提出申诉请求，必须由行商转呈。② 在广州的外国商人被限制在很小的一片区域里，十三行装饰华丽的商馆成为实际上的镀金鸟笼。

不过，外国商人在中国面临的最大问题，其实是赚不到钱。他们在中国购买了大量的茶叶、丝织品，而他们带来的商品，除了钟表等少数奢侈品能卖给中国富人之外，并没有什么市场。不甘心的外国商人们很快找到利润更为丰厚的替代商品——鸦片。最早向中国输入鸦片的是荷兰人和葡萄牙人，后来英国的东印度公司赶走了其他竞争者，把这项获利丰厚的贸易垄断在自己手中。

18世纪印度沦为英国殖民地之后，英国商人从本土把机器大工业生产出来的棉纺织品装船运往印度卖掉，用卖棉纺织品的钱购买在印度种植的鸦片，再运往中国售出。回程中，他们用卖鸦片的钱在中国购买茶叶、丝织品并在印度购买棉花，然后一起装船运回国或销往世界各地。鸦片贸易的存在，使中国、英国和英属殖民地印度之间存在着一种利润丰厚的三角贸易关系，其中鸦片走私成为重要的环节。1834年英国东印度公司对英国贸易的垄断被取消，自由贸易开始，英国商人的鸦片贸易日益高涨，而且被置于英国政府及其军队的直接保护之下。

鸦片贸易使中国的白银储备大量外流。意识到问题严重性的清政府，

---

① （美）马士著，张汇文等译，《中华帝国对外关系史》第一卷，上海书店出版社，2006年，第86—89页。

② （美）马士著，张汇文等译，《中华帝国对外关系史》第一卷，上海书店出版社，2006年，第76—78页。

1805 年的广州十三行，威廉·丹尼尔绘制。收藏于英国国家航海博物馆

这片小广场是在广州的洋人唯一可以自由行走的地方，画者不详。收藏于香港历史博物馆

自 1800 年开始下令禁止鸦片贸易、禁止在国内种植罂粟。但是走私鸦片的行为却并没有减少，甚至在 1821 年之后还增长了一倍以上。从中受益的当然不止英国商人，还有贪婪的中国官吏。对于是否坚决对鸦片贸易说不，清政府内部有不同意见，但在 1836 年清政府最终下定决心要禁绝鸦片，并严禁银锭出口，以杜绝白银外流。以英商为首的外籍商人一开始心存侥幸，拒不执行，而广东的一些官员对查禁鸦片的命令也三心二意。直到 1839 年，被誉为"近代中国开眼看世界第一人"的林则徐，在广州缉拿烟贩、销毁鸦片，之后中国参加的第一场近代战争——第一次鸦片战争爆发。

白河投书

天津是首都北京的门户，战略位置的重要性不言而喻。1404 年设卫建城伊始，它最主要的职能就是拱卫京师。荷兰使团和马戛尔尼使团都曾坐船来到天津，并在这里短暂逗留，在夜色笼罩下海河静谧的涟漪里，做着打开中国市场大门的美梦。那也是自工业革命开始后中西交流最后的和平时期。

之后，虽然美梦破碎，通商请求遭到乾隆帝的拒绝，不过殖民主义时代侵略成性的东印度公司早就做好了两手准备，能让清政府主动打开国门最好，清政府不允的话就诉诸武力。传教士和东印度公司对中国沿海各港口的政治、经济、军事情报的刺探工作早就在进行。通商请求被拒绝后，这种情报搜集就更加目标明确。天津成为殖民者武力压服北京的首要目标。

穿着中国服饰的郭士腊

1831 年 6 月普鲁士籍传教士郭士腊（Karl F. A. Gutzlaff）搭载一艘福建商人的货船，从泰国曼谷出发前往中国沿海考察，此行终点即为天津。为了方便在中国活动，他给自己取了中国名字"郭士立"，穿上中国服装冒充中国人，随身带着航海图、测绘仪器，混在水手的船舱里，通过聊天了解中国沿海情况。他一路沿海北上，抵达天津后，四处搜集天津城的情

报。原本，他还打算潜入北京城，但苦于不会说北方话，只得作罢。第二年，他再受东印度公司聘请，乘坐该公司走私鸦片的"阿美士德号"船到中国沿海航行侦察。他们此行的目的更为明确，即探明中国沿海港口的航道，测绘较为准确的海域图，侦察港口及沿海地带清政府的防务和兵力布置，调查各地出产、商业状况、风土人情以及沿海走私鸦片的可能性等。

根据这些情报，1835年东印度公司向英国外交大臣建议，可以在未来的战争中单独对广州、厦门、上海、天津四座主要沿海港口附近进行封锁，各驻以小型舰队，即可达到封锁中国沿海的目的；尤其是天津，虽然"天津商务不及福建的繁盛，但天津距北京不足五十英里，我们在天津所造成的惊恐大可逼迫清政府早日结束战争。"[①] 这便是后来挑起两次鸦片战争时英军入侵大沽口行动计划的原始依据。

果不其然，当虎门销烟的烈火熊熊燃起，利益受损的鸦片商们督促英国驻华商务监督义律（Charles Elliot）多次向英国政府呼吁，发出战争叫嚣：封锁白河[②]，威胁天津，压服北京。于是，英国政府制定了武装封锁大沽口、强行向清政府递交照会的战略决策。第一次鸦片战争中，由于林则徐认真备战，英军未能在广州得逞，侵略军遂按照既定方针，留下一部分兵力封锁珠江口，其余北上进犯厦门、定海、宁波，封锁沿海主要港口和长江口后，径直驶向大沽口。

1840年8月7日，在堂兄弟懿律（George Elliot）与义律（Charles Elliot）二人率领下，由"威里士厘号"（Wellesley）战列舰等八艘军舰组成的英国舰队驶入大沽口海域。尽管"威里士厘号"并不是非常强大的战舰，但对于长期隔绝于世界之外的道光皇帝与驻天津的大臣琦善来说，英军的炮舰确实产生了很大的震慑力。琦善派人到英国船上借交涉之名进行了一番"知己知彼"的调查，发现英国人的船坚炮利远在中国之上。在呈送给道光皇帝的奏折中，他说，英国的汽船"无风无潮，顺水逆水，皆能飞渡"。他们的炮位之下，"设有石磨盘，中具机轴，只需移转磨盘，炮即随其所向"。回想中国的军备，山海关的大炮尚是"前明之物，勉强

---

① 列岛编，《鸦片战争史论文专集》，三联书店，1958年，第40、41页。

② 白河即海河。也有一说，白河为北运河，因岸上多有白沙，少生草木，所以叫白河。不过，根据外国地图所标"Peiho"位置，这里应指海河。

蒸洗备用"[1]；而天津的防卫更是空虚，大沽口要塞自清朝实行海禁后炮台久已倾圮，大炮要从外地临时调运。最要命的是，天津竟然没有水师军舰。对比敌我双方力量之后，琦善决定屈服，采取"抚夷"策略。本来还有点底气的道光皇帝也没了主意。8月30日，琦善和义律在大沽口的帐篷里进行正式谈判。在琦善的一味妥协之下，懿律闻知清朝下旨查办林则徐，且北方天气渐冷，英国水手中又发生流行疾病，遂答应清朝政府离开大沽口南下继续谈判。至此，在大沽口海域盘踞了近40天的英国舰队离开了天津，鸦片战争的形势急转直下。这次事件史称"白河投书"。

白河投书，是外国侵略者第一次武力威胁天津。清政府的妥协证明，在天津动用武力对北京的清政府施加压力的尝试，确实能奏效。一个参加此次行动的英国军官指出，"天津——位于运粮河和白河的交叉点的大商业城市。……我知道，聚集在那里的漕船的火焰，如果需要的话，再加上该城的火焰，就会唤醒皇帝的恐惧感，而我们自己的条件就可以达到。"[2]在南方的谈判并不顺利，每逢不能满足英国侵略者的要求时，他们就祭出"北上天津"的法宝，压迫清政府屈服，直至1842年英军进入南京，签订了中国近代史上第一个不平等条约——《南京条约》。

以鸦片贸易为由而起的战争，在战后缔结的条约中，其实并不是主要关注点。《南京条约》共十三款，其中要求中国：（1）割让香港岛；（2）向英国赔偿鸦片烟价、商欠、军费共2100万银元；（3）五口通商，开放广州、福州、厦门、宁波、上海五处为通商口岸，允许英人居住并设派领事；（4）协定关税，英商应纳进出口货税、饷费，中国海关无权自主；（5）废除公行制度，准许英商在华自由贸易等。此外，也规定双方官吏平等往来、释放对方军民以及英国撤军等事宜。

天津的战略地位是如此重要，外国侵略者既欲通过天津进入北京以胁迫清政府，同时又迫切希望打开这个口岸通商，以获得更为广阔的市场。之后，美国和法国也都以"驶往天津白河口""同往天津"等话语相要挟，要求"利益均沾"。而清朝皇帝除了表示愤怒之外，却没什么有效的措施。1850年6月，英国军舰"雷纳德号"（Reynow）再次投书白河口，

---

① 转引自蒋廷黻《中国近代史》，中国华侨出版社，2015年，第18页。

② 中国史学会主编，《鸦片战争》第五册，神州国光社，1954年，第89页。

皇帝谕旨给大臣说："迩者夷人在天津之行径，实属桀骜侮慢已极，乃竟恬不知耻，径自投函枢臣。爰经叠降谕旨，饬毋庸予以复文，全然等闲视之……"[①] 声嘶力竭的呵斥除了暴露自己的无能，根本无法阻止外国人来津。天津不仅变成近代列强挟制清政府的命门，而且很快真正成为列强在中国的演兵场。

———— 第二次鸦片战争与天津 ————

《南京条约》仅仅是一个开始

鸦片战争虽由鸦片问题而起，实际上是为了解决中国与西方国家的政治经济外交关系。在《南京条约》签订之后，中国又在 1844 年和美国人签订了《望厦条约》，和法国人签订了《黄埔条约》。这些条约是近代国际关系的主要形式，奠定了中国与列强之间外交和商务关系的原则基础。这一新的条约关系，一方面从形式上给中国带来了近代国际关系的新模式，另一方面在内容上又使中国的主权受到侵害，蒙受着不平等的耻辱。

《南京条约》仅仅是一个开始，它带来的问题远比解决的问题多。条约的签订是中国在战败压力之下被迫接受的，所以清政府内部并不打算要认真遵守这些条约。订约之时，清朝君臣打的如意算盘是"暂事羁縻""徐图控驭"。之后，清统治集团内部普遍"拒绝接受这次战争的结局，继续批评这个条约并且敌视条约中的各项规定"，"试图尽量缩小并抗拒它们"。许多人试图运用中国传统的"权术"来与此周旋，"利用解释条约的办法来收回在谈判中失掉的东西"。由于已经领教了英国人的"船坚炮利"，所以他们不敢明里违背条约，只能暗地阻止条约履行，或者以"信守"条约来阻止列强的进一步行动。[②]

本就是在武力胁迫下签订的条约，不仅清朝君臣不打算认真遵守，西方列强也不想就此收手。英国人总以胜利者的傲慢，试图扩大自己的战果。英国商人从东印度公司垄断的取消到《南京条约》的签订，已经等待了八

---

① （美）马士著，张汇文等译，《中华帝国对外关系史》第一卷，上海书店出版社，2006 年，第 435 页。

② 李育民，《中国废约史》，中华书局，2005 年，第 36 页。

年多。虽然条约的签订改变了他们过去的卑微地位，然而人性贪婪、得陇望蜀，他们希望获得更多利益，因而屡屡将手伸向条约外的领域，这不免要遭到清政府的抵制。

1854 年，英、美、法三国试图修约，扩大在华权益，被清政府拒绝。1856 年 10 月，英国借口"亚罗号事件"，出兵进攻广州，第二次鸦片战争爆发。1857 年，法国借口"马神甫事件"加入其中。美国、俄国为了扩大在华权益，决定与英、法两国采取一致行动。1857 年 12 月，广州陷落之后，年轻的咸丰皇帝仍然无视外国人要求，认为南方的战事仅是地方性事件。为了打破清政府的大国迷梦，四个国家决定把战事范围

咸丰皇帝

僧格林沁（1811—1865），晚清名将，蒙古科尔沁旗贵族，是晚清最能打的武将之一，被清廷称为"国之柱石"，颇得道光、咸丰两帝宠信。咸丰、同治年间，僧格林沁参与对太平天国、英法联军等战争，在历史上留下蒙古骑兵的最后辉煌

大沽口北塘炮台　出自《西洋镜：一个英国战地摄影师镜头下的第二次鸦片战争》（台海出版社，2017）

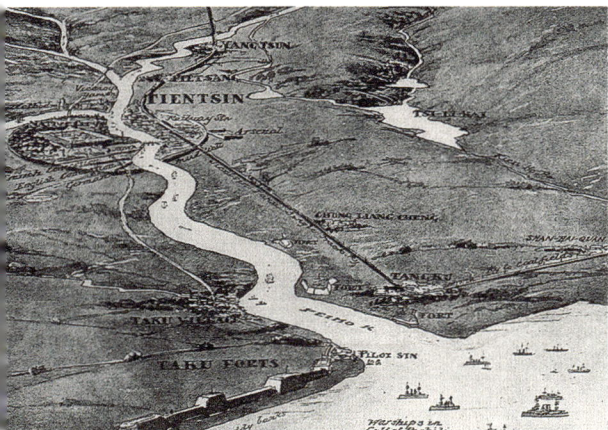

大沽口地图，可见上方为天津城，河流为白河，即海河，而白河口两侧即为大沽炮台。大沽口是明、清两代的海防要塞。它位于海河的入海口处，东临渤海，地形险要，有京津门户、海陆咽喉之称。大沽炮台最早建于明代，只不过那时是为了防御来自日本倭寇的侵扰。到了清代，英国人的船坚炮利比倭寇的滋扰要厉害得多。第一次鸦片战争中，为防敌军北上入侵海口，清政府在"白河投书"后亡羊补牢，于1841年、1858年增建大沽南北炮台和北塘炮台，并安置炮位、增加大炮。同时，在河道上只留一条航道，其他地方在水底暗插木桩、装石沉船、堆设障碍以御敌船，这样就构成了大沽要塞防御体系。然而，坚固如此的要塞，也无法阻挡列强一次又一次的侵略

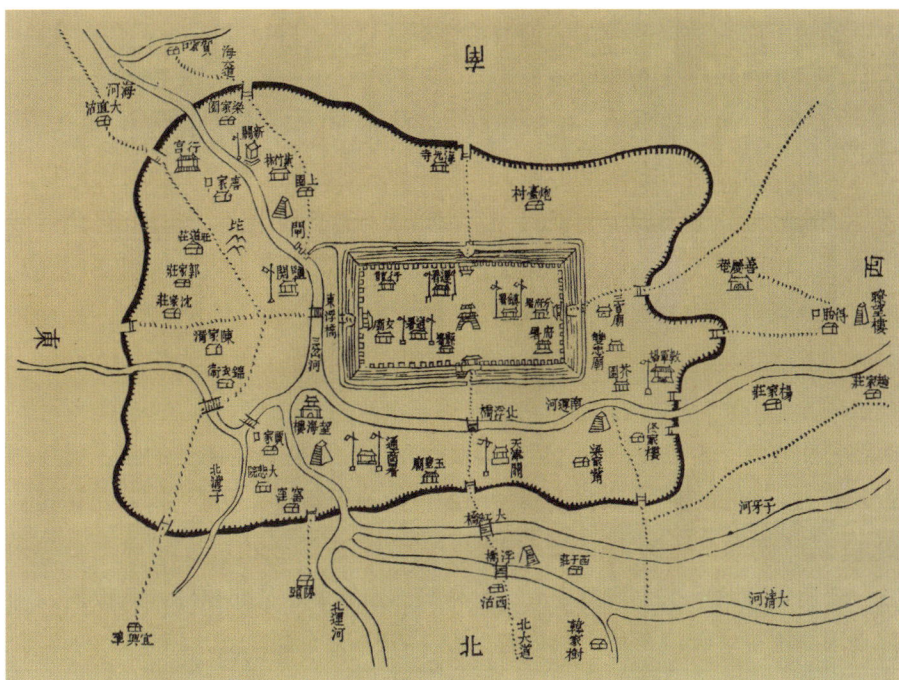

第二次大沽口之战前，清政府任命蒙古亲王僧格林沁为钦差大臣组织大沽和京东防务。僧格林沁立即整顿军队，添设大沽口水师，并在大沽口新建防御设施，严阵以待。不仅如此，他还仅用了18天时间在天津城以南修建了一条长约13英里的高高的土围墙（上图中最外面的一圈黑线），以弥补天津在军事防御上的不足。城墙上安装有火炮，并设立了11座营门。此外，城墙的外围还有护城河，后被称为"墙子河"（如今墙子河已经被南京路以及地下呼啸而过的地铁1号线所取代）。不过，这个被英国兵称为"僧格林沁墙"的地方，后来只不过阻挡了联军两分钟的时间。一名英国士兵从城壕游了过去，爬过土围墙，打开了大门。其无用程度，大概只有二战中的法国马其顿防线，堪与之相提并论　出自《天津城市历史地图集》（天津古籍出版社，2004）

英法联军　外国画家所绘铜版画

转移到北方。1858 年 4 月，英国公使额尔金（Lord Elgin）、法国公使葛罗（Baron Gros）、美国公使列维廉（William B. Reed）率舰船北上，与先期到达天津大沽口的俄国公使普提雅廷（Count Poutiatine）汇合，这里才是第二次鸦片战争的主战场。

在第二次鸦片战争中，清朝军队与英法联军进行了著名的三次大沽口之战。第一次，英法联军 3000 余人、舰船 26 艘于 1858 年 4 月攻打大沽口，一支部队登陆，溯河而上，侵入三岔河口，兵临天津城下，迫使清廷签订了城下之盟的《天津条约》。第二次，英法联军 2000 余人、舰船 20 余艘于翌年 7 月再次闯入大沽海口，炮轰炮台，派兵登岸；大沽守军击毁敌船多艘，击杀敌兵数百，敌军不得不狼狈撤出战斗。为了报复清朝，1860 年，英法联军 25000 余人、舰船 200 余艘第三次攻打大沽口，大沽失守。英法联军长驱直入，占领天津。之后，英法联军击败僧格林沁率领的蒙古骑兵，攻入北京。被圆明园熊熊烈火吓破胆的清政府最终完全接受了英法两国的要求，分别于 10 月 24 日、25 日签订了中英、中法《北京条约》。

之所以会有三次大沽口之战，天津城被占领，以及北京圆明园被焚毁，都是因为围绕《天津条约》的内容，双方产生了严重分歧。

万难接受的《天津条约》

1858 年 5 月 20 日第一次大沽口之战拉开大幕。上午 8 时，联军对清政府发出最后通牒，限定 2 小时内交出大沽口，被拒绝。10 时，英法联军舰队发出作战信号，2 小时后约 12 时左右，沿河两岸炮台就陷落在联军手里，联军舰队闯进大沽口。在肃清河道之后，英法美俄四国使节搭小火轮于 30 日抵达天津，与清政府代表桂良、花沙纳在海光寺举行谈判。6 月，四国代表分别与清政府代表签订了《天津条约》。

《天津条约》的主要内容为：增开牛庄（今营口）、登州（今烟台）、台湾（今台南）、淡水、潮州（今汕头）、琼州、南京、镇江、汉口、九江为通商口岸；允许英法人士在内地游历及传教；外国公使常驻北京；扩大领事裁判权；协定关税，修改税则；赔偿英国 400 万两、法国 200 万两白银等，并规定第二年在北京换约。

《天津条约》签订后，清政府对条约中的苛刻条款相当不满，咸丰帝认为"万难允准"。对于清朝统治者的心理，作为当事者之一的额尔金伯爵有着这样的看法："在中国政府看来，这些特权的让与等于一种革命，它涉及在帝国传统政策上的某些最宝贵的原则的放弃。因此，这些让与的权利乃是从中国的恐惧中强取来的。"①

那么，中国统治者视为"最宝贵的原则"是什么呢？

对于自居为中原上国的清朝君主们，从来没有接见过一个要求平等而被承认的任何国家的代表，也不愿轻易承认对外关系所需的任何变更。"中国的政策，一向把它的外交事务，看作纯粹商务性质的，并且把它们的规定和处理委之于在广州的总督，……想与帝国政府发生直接关系是一向不准的"。英国人想要自己的使节常驻北京，"对于这点，中国人提出了他们最坚强的和最长期的反对"。② 清政府批准了《天津条约》就意味着承认西方列强国家与中国的平等地位，而这正是让咸丰帝"万难允准"的。所以，翌年，外国公使前来交换批准书的时候，清政府又反悔了。

不仅清政府，英、法等国政府对从《天津条约》获得的权益也并不满足，认为应当借换约的机会再次挑起战争，向清政府索取更多的利益。但是，骄横的英法联军在第二次大沽口之战中惨败，使本来想教训清朝的英法政府相当愤怒。英国内阁连开 4 次紧急会议，与法国协商，最终一致决定对中国增兵至 2 万，并把攻入北京作为目标。

---

① 1858 年 7 月 12 日额尔金伯爵致曼兹柏立勋爵函。转引自（美）马士著，张汇文等译，《中华帝国对外关系史》第一卷，上海书店出版社，2006 年，第 607 页。

② （美）马士著，张汇文等译，《中华帝国对外关系史》第一卷，上海书店出版社，2006 年，第 608、609 页。

北京被占领之后，英法两国如愿以偿分别与清政府签订了《北京条约》，并互换了《天津条约》。中英、中法《北京条约》的主要内容有：承认《天津条约》完全有效；辟天津为商埠；准许外国人在中国招聘人口出洋做苦工；割让广东新安县（今香港界限街以南）的九龙半岛（九龙司）给英国；交还以前没收的天主教堂，法国传教士在内地任意各省租买土地，建筑教堂；赔偿英、法的军费各增加到800万两。《北京条约》最主要的目的就是增辟天津为通商口岸。至此，由马戛尔尼使团开始，西方殖民者梦寐以求的将天津开放为商埠的要求终于靠武力得以实现。

城市空间的扩大与天津租界

天津城市空间的扩大与外国租界的划定有直接关系。近代史上，天津曾有九国租界先后存在了85年，这是中国其他城市都没有经历过的。一座城市被迫背负着九个"国中之国"，堪称中国首例乃至世界唯一，那段悲怆历史是天津人也是中国人永远无法忘记的耻辱和负重前行的动力。

九国租界

天津是首都的门户，河海通津的重要地理位置意味着巨大的政治、军事和商业价值。因此在天津被迫开放为通商口岸的当年，英、法、美三国即在靠近天津老城厢的海河西岸开辟了租界。所谓租界，是指外国人在中国的居留地，自古有之，但都是受中国政府的直接管辖，没有任何特权。而通过鸦片战争之后，外国人想要开辟的租界，就不满足于仅在各通商口岸建立一小块居留区，而是冲破广州十三行商馆制度，"自由居住，不受限制"甚至享有治外法权的"国中之国"了。

天津租界的设立及其每一次扩张都与近代中国的政治形势紧密相关，都是列强攻占天津的兵刃产物。列强倚仗武器优势推行炮舰政策，其军队每一次入侵天津均以其占领区为既成事实，迫使清政府认可其设立租界。第二次鸦片战争后，英、法、美三国在天津划定了租界。1894年中日甲午战争以后，德国借口"调停"有"功"，在天津划定了德租界；日本则以"战胜国"的淫威，在天津划定了日租界。1900年八国联军入侵天津，

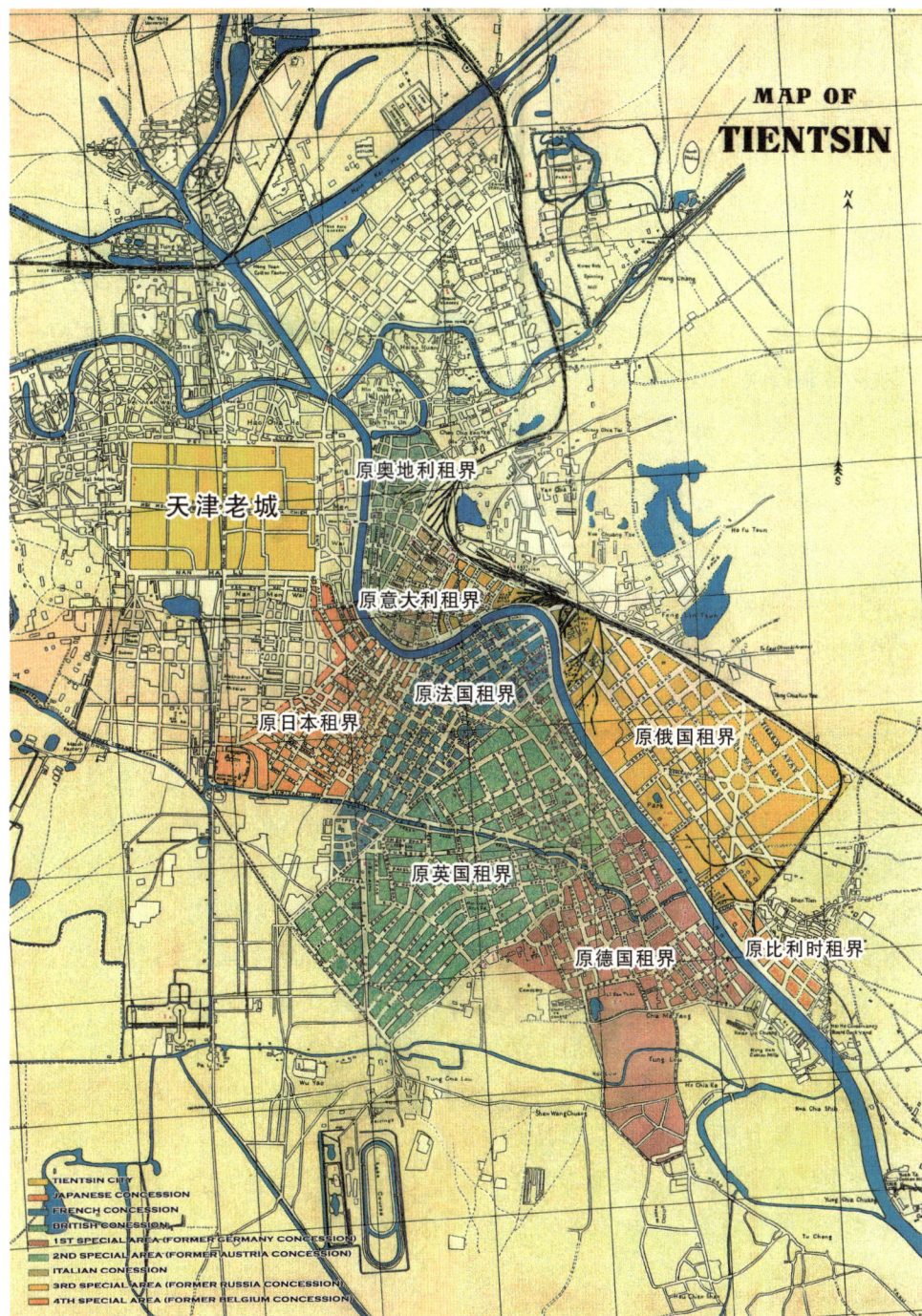

MAP OF
TIENTSIN

天津老城

原奥地利租界

原意大利租界

原法国租界

原日本租界

原俄国租界

原英国租界

原德国租界

原比利时租界

TIENTSIN CITY
JAPANESE CONCESSION
FRENCH CONCESSION
BRITISH CONCESSION
1ST SPECIAL AREA (FORMER GERMANY CONCESSION)
2ND SPECIAL AREA (FORMER AUSTRIA CONCESSION)
ITALIAN CONESSION
3RD SPECIAL AREA (FORMER RUSSIA CONCESSION)
4TH SPECIAL AREA (FORMER BELGIUM CONCESSION)

天津九国租界示意图　图片由刘悦提供

在天津设有租界的英、法、德、日等国，擅自对租界进行扩张；没有租界
的俄、意、奥等国，即以本国军队占领的地盘划定租界；比利时虽未参加
八国联军，却也乘机在天津强租了比租界。1902 年，美租界并入英租界，
天津形成八国租界并立的局面。这些租界的总面积相当于当时天津老城的
八倍多，这在全国设有租界的城市中是独一无二的，天津成为帝国主义瓜
分中国的一个缩影。

最早设立的英、法租界选址在天津城南大约 2 英里的一处叫作紫竹林
的地段。清政府官员于战败之下而接受天津开放为通商口岸，内心仍然
不愿意与非我族类的外国人打交道。租界的划定虽为无奈之举，但是如果
能让当时占据天津城的外国人赶紧离开住到城外的租界去，达到"中外界
清""华洋分居"的目的，他们也乐见其成。而且依照中国传统城市的建
设规划思想，租界所在地并不是理想的建造城市的所在——这里河汊水洼
众多、整块平地甚少，且多为河边、海边的盐碱地、泥地，疫病横生。而
各国租界却都特意选择在海河边的荒地和沼泽上设立，"这个地区内尽是
一些帆船码头、小菜园、土堆，以及渔民、水手等居住的茅屋，而这些破
烂不堪的肮脏茅屋彼此之间被一道道狭窄的通潮沟渠隔开，⋯⋯沼泽四围
干燥一些的地方分布着无数座好几代人的坟墓"①。

英国人和法国人看中的不是这块地本身，而是它的位置。欧美人重商
图利，勘定租界的标准主要看是否交通便利。当时没有火车，以水运为主。
南北运河与白河在三岔河口汇合后形成海河，从紫竹林这段开始，水势大
增，河道变宽，有利于大型商船的进出和停泊，轮船可以直接驶入并停靠
在租界码头，使运输条件更为便利。这里很早便是商货往来水陆交通的要
道，而它下游对岸的大直沽更是清代大型漕船转运驳卸和海路商船停泊之
所。所以，紫竹林一段的海河航道是漕船、商船、渔船从海上进入三岔河
口的必经之路，是扼守天津城的门户。英法两国将这里划为租界，就占据
了海河河道最有利的位置。以后其他国家的租界也是沿海河两岸设立，形
成了一个从天津城厢东部的繁华区以南，沿着海河向下游延伸的"东西窄
而南北长"的租界区，逐渐发展成为天津的航运中心。

---

① （英）雷穆森（O. D. Rasmussen）著，许逸凡等译，《天津租界史（插图本）》，天
　津人民出版社，2008 年，第 34 页。

英租界招商局码头

太古洋行码头，今保定桥和平区一侧

英、法、美三国租界建立的初期，由于这一地段地势低洼，需要大量土方填埋地基，花费甚巨，因此一开始旅居天津的外国商人大多不愿住在租界，而是在天津老城内外租地买房。"在1860年到1870年这10年间，大部分新来的外国商人继续在天津城里开业，甚至于那些已在租界内营建房屋的，也还在城郊保持着经理人和货栈。"[①]1867年天津有洋行17家，其中英商9家、俄商4家、德商2家、美商1家、意商1家，行址多设于天后宫南北的商业街上。然而，1870年天津教案的发生改变了外国侨民的态度。教案中，包括法国领事丰大业在内的20名法国人和俄国人被杀，在租界的侨民中造成了极大的恐慌。事后，他们认为入住租界要比在天津城内外与中国人杂居安全得多，于是纷纷迁入租界租地造屋，因而促进了租界的发展。

天津城区从老城厢向租界的扩展，标志着天津从古代城市向现代城市的跃进。一个近代化的崭新城市把时代的变迁形象清晰地呈现在中国人面前，冲击着他们的视野、洗刷着他们的观念。天津土著张焘在他那本著名的《津门杂记》中写道："（租界）街道宽平，洋房齐整，路旁树木，葱郁成林。行人蚁集蜂屯，货物如山堆垒，车驴轿马，辄（彻）夜不休。电线联（连）成蛛网，路灯列若繁星，制甚得法，清雅可观，亦俨如一小沪渎焉。"[②]而清朝权贵们由沉浸式体验而获得的观感更强烈得多。1897年夏季，当朝宰辅、军机大臣那桐与朋友们乘坐一年前刚刚通行不久的火车抵达天津游览。三天里，他们住在紫竹林租界的洋房里，在西餐馆"饮洋酒、餐洋馔"，感觉别具风味；白日，乘西式双马车至英法租界观光，"往来驰骋，道平如砥，车行若飞，眼界胸襟为之一敞"；"至日本棉花公司及法国洋行购买零物"；夜游法租界，但见"洋楼林立，灯火辉映，与星斗争光，俨然一幅洋画，恍如身在太西"；到戏园观戏，见园中煤气灯照明装置，叹道："明如白昼，一大观也"。及至回到北京，那桐在日记中总结："此行仅三日，行程五百余里，见所未见，闻所未闻，诚为壮游。"[③]

---

① （英）雷穆森（O. D. Rasmussen）著，许逸凡等译，《天津租界史（插图本）》，天津人民出版社，2008年，第37—38页。

② 张焘，《津门杂记》卷下，天津古籍出版社，1986年，第121—122页。

③ 见那桐在光绪二十三年（1897年）八月十七日、十八日、十九日日记。北京市档案馆编，《那桐日记》上册，新华出版社，2006年，第251—252页。

何谓"国中之国"?

历史上的租界，是由外国人治理的中国领土，因其以下特征，被称为"国中之国"。

土地权：外国人取得中国土地权，分为收买、永租、无偿占有等方式。天津英、法、美、德租界为永租；1900年八国联军入侵天津，俄、意、奥租界三国趁机无偿占有；比利时为出银收买。

权力机构：董事会作为租界的权力机构具有立法权、司法权与行政管理权。董事会成员大多是具有经济实力的外国洋行经理、银行家、高级职员等，他们依照西方城市自治的方式来管理租界，同时也要将重大事情，比如租界的管理章程等，向本国领事汇报得到批准。后来增加少数华人董事。

各国在津设立租界后，基本上是按照西方的城市自治制度对租界进行管理。由此，租界成为侨民为维护共同利益、依照西方民主制度、采用地方自治的方式进行管理、处理涉及"公共领域"事务的社区。在这里，"国家"虽然以领事馆和驻军的形式发挥着重要作用，但是不分国籍的租界居民在涉及一般利益问题上的所谓"公共意见"却在日常活动中发挥着更大、更直接的影响。租界内的最高统治机构是董事会，由具有一定资产的纳税人召开会议选举产生，其执行机构是工部局。工部局在董事会的授权下，负责日常行政管理。这充分体现了各租界当局的地方自治特征。

行政管理机构：租界的管理机构称为工部局或公议局，即市政厅，对租界内的一切中外居民实行行政管理，中国地方政府甚至不能管理进入租界的中国人。工部局或公议局全面负责租界内的行政、财务、工程、公用事业等各方面的管理工作。

立法制度、司法管辖权：租界当局拥有立法权，可以设立本国领事法庭、高等法院等、巡捕房（警察局）及监狱，行使司法管辖权。

驻兵权：租界当局拥有驻兵权，可以在租界内长期驻兵。中国军队不仅不能入驻租界，甚至不能自由地穿越租界。

课税权：租界内中外居民必须向租界当局交纳各种捐税。除了关税、地税等项捐税以外，中国政府无权向租界内的中外居民征收应该征收的各种国税。

外交权：各国租界均享有独立的外交权。在中国国内发生战乱或在中国与其他国家发生战争时，租界多成为"中立"地区。各国租界当局凭借其兵力实行"武装中立"。

由于海河两岸地势低洼，到处都是水坑泥地，没有平整的土地。外国侨民想要在英租界或法租界建造房屋，首先必须让承建商买来好多车的土来填平和垫高地基，因此花费甚巨且耗时费力。后来，他们则发明了"吹泥填地"这种就地取材的方式，即"采取围埝筑池的方法，在某一划定的区域四周筑起土埝，其高度高出规划所要求的地平面，中间形成池状，然后向池内泵入海河工程局的戽斗式挖泥船从海河挖掘的河泥"。这些来自海河的淤泥通过埋设在规划好的租界道路下面的管道，用水泵抽送到需要填垫的地区，在池内沉淀，水分经过蒸发和渗透而消失，一块平坦的地基也就出现了。运用这种方法，大片的沼泽以每年20万至25万土方的速度被填平变成可以建房的平地。[①]天津也终于有了适合建房的土地，地价在十年间就增长到以前的10倍。"这些土地很快就被外国商行和投机家认购，刻着多少有些神秘的姓名首字母的界石，如雨后春笋般到处钻了出来。……使那些被葬于地下的居民的墓地消逝，取而代之的是居住舒适而愉快地生活在世的家庭"[②]。

20世纪初，八国联军占领天津后下令拆毁老城城墙，天津八国租界设定，构成今日天津城市面貌的主城区基本形成。由旧城墙上拆下来的砖石被用来铺砌环城道路，侨民还修建了一条由天津旧城西南角经炮台庄，出僧格林沁围墙之海光门，在德租界同大沽路相接的道路，将老城与日、法、英、德四个海河西岸的租界相连。同时新建的还有有轨电车系统，这种价廉快捷的公共交通系统将老城、日、法租界与海河东岸的城区连为一体。畅通的交通网络将老城与租界区混为一体，加上后来的政治局势、商业发展等方面的因素影响，近代天津的城市中心区逐渐转移到华界以外的英法租界的今和平路和解放北路一带。

---

① （英）雷穆森（O. D. Rasmussen）著，许逸凡等译，《天津租界史（插图本）》，天津人民出版社，2008年，第289页。

② （英）雷穆森（O. D. Rasmussen）著，许逸凡等译，《天津租界史（插图本）》，天津人民出版社，2008年，第51、57页。

他乡明月

天津被迫开放后，外国侨民开始大量涌入，他们不仅带来了资本主义生产方式，而且也第一次导入了西方城市自治和市政建设的理念，改变了中国城市的功能和风貌。可以说，近代天津的城市建设源自租界的建设。租界建设的内驱力来自侨民对便利生活的现实需要和对故土的思念，外在因素则是列强之间的角力。来自欧洲、美国和日本的侨民在遥远的异乡试图重建他们的故乡，再造自己熟悉且舒适的生活模式，借以了却思乡之情。同时，在一个八国租界并存的城市，租界就不仅是各国侨民居住和进行商业贸易等活动的环境，也是展示自身实力的国际政治舞台。

在租界设立之初，各国领事馆都对各自租界的社区建设进行了系统的土地规划和市政建设。不过，由于这些租界分属不同国家，他们的规划又存在各自为政的特征。这一点，在天津与上海这样同样拥有多国租界的城市是比较一致的。与大连、青岛等外国独占的新建城市相比，后者的统一性更为现代学者所称赞。

从整体城市布局来看，天津称得上是混乱不堪的。既有老城厢，又有皆沿海河走向而划定、相互毗连的八国租界并立。各国租界发展状况不一。举例来说，海河西岸的租界以居住区和商业区为主，人口密集、商业繁华，各种公用设施齐全；而海河东岸的租界建设相对滞后，俄租界是宽阔的林荫大道、公园和绿化带，比利时租界基本没有开发。各个租界的道路系统自成一体，主要道路沿海河蜿蜒而建，极少有北京、西安等古城那般横平竖直、南北东西纵横的大街；地名更是异彩纷呈，每个租界都以各自国家的地名或者名人的名字来命名，许多贯穿多个租界的道路不同路段有不同的名字，比如一条贯穿法、英、德租界的街道就有三个名字——法租界段称大法国路、英租界段称维多利亚路、德租界段称威廉路。初到天津的外地人很难不被搞得晕头转向。

不过，如果从单一的每块租界来看，天津的租界社区规划是相当统一和明晰的。租

法国电灯房　照片由刘悦提供

戈登堂夜景
照片由刘悦提供

界设立之初，一般由各国驻天津的领事馆直接管辖，待到侨民增多，各国即把租界里的行政管理权全部或部分移交给本国的侨民。由侨民选举产生的董事会（日租界称为居留民团）对租界进行自治管理。租界作为社区，除了大量的住宅和商业建筑之外，还有许多公共建筑和公用设施以满足社区不同的功能，即经济生活功能、社会化功能、社会控制功能、社会参与功能和社会保障功能。例如，在工部局大楼、领事馆、俱乐部、教堂和公墓举行的公共活动可以增强社区的凝聚力、提高社会整合程度，满足社会控制以及社会参与的功能；学校、公共图书馆满足社会化的功能；商店、饭店、菜场、花园等满足社会经济生活功能；医院、兵营则提供社会保障和安全保障。不过，一些投资较大的公用设施则无须重复建设。例如海河西岸租界的自来水都由英租界的"天津自来水有限公司（Tientsin water-works Co, LTD.）"供给；供电则有四个电厂，即英租界发电厂、法租界电灯房、日租界发电厂和德租界电灯公司。

除了各自进行社区规划和建设以外，后来建立的租界往往也会参考先建租界已有的规划而进行相应调整。比如，德租界规划其土地主要用来建设住宅，而不用作商业用途，商店、影院等使用英租界和法租界的相关场所，因而德国人在津开设的银行和洋行都建立在英租界的金融和商业区。大致上，工厂、仓库和码头集中在海河两岸沿河一带，洋行集中在英租界的海大道和中街附近，金融区集中在法租界的大法国路和英租界的维多利亚路，商店、影院、饭店等娱乐休闲场所集中在法租界的杜总领事路和日租界旭街附近，英租界推广界、德租界、意租界兴建的都是比较高档的住宅区，而日本人商业活动和日常生活的主要场所则集中在酷似日本本土的密度较高的日租界社区。由此，各国租界具有既彼此独立又相互融合的特征。

在早期的天津各国租界中，由于英国商人和洋行占据优势地位且有良好的规划，所以英租界是所有租界中建设最早和最好的。按照欧洲城市的规划，英租界被一条条笔直宽阔、铺砌整齐的街道划分为一个个矩形街区。租界内的外国居民只要付出一定的租金即可获得土地，建筑自己梦想的房屋（主要依照自己的家乡式样），并缴纳各项捐税给作为侨民自治组织的工部局，诸如道路、路灯、排水、各种公共建筑设施、娱乐场所等的建设以及社会治安等均由后者负责。1887年在英租界的中心，维多利亚花园落成。同年，天津历史上的第一条碎石子路铺成，随后在租界的道路两旁还种植了树木。1889年紫竹林油气灯公司开始为租界提供公共道路照明，从此油气灯逐步取代煤油灯成为更安全的道路照明系统。1890年5月侨民自行设计的国内各通商口岸中的第一座市政大厅——戈登堂建成，到20世纪20年代，戈登堂正式成为英租界的民政总部。它还长期作为天津旧租界标志性建筑，被印制到明信片上发往世界各地。

法租界内的商业街　照片由刘悦提供

从殖民地式建筑风格到"万国建筑博览会"

由于各国租界管理当局严格规定租界内的建筑必须采用外国式样，因此西方近代的建筑风格都曾出现在天津。从早期的殖民地式建筑到复古主义建筑，从折衷主义建筑再到现代主义的摩天大楼，各种建筑风格一应俱全，所以天津租界素有"万国建筑博览会"的美誉。

西洋建筑的出现，猛烈冲击了数千年来形成的中国传统建筑体系。无论在建筑功能和艺术形式上，还是在建筑结构、技术材料及施工工艺上，都产生了深刻的影响。作为通商口岸，当时西方建筑设计中流行的各种建筑思潮、建筑形式，都理所当然地反映到天津近代建筑中来。在日常生活中，它们与本地的自然条件、文化环境、使用者喜好等各种因素融合在一起，使近代天津的建筑以一种特有的方式发展起来，形成了独特的城市风貌。

早期的租界建筑大都带有殖民地的烙印，即一种周边作拱券回廊的一、二层砖木混合结构的房屋形式，是欧洲建筑传入印度、东南亚殖民地后，为适应当地炎热气候而形成的一种建筑风格。但是这种风格显然不太适应中国北方这种四季分明的气候条件，尤其是春季漫天的黄沙和冬季凛冽的寒风。"结果常常是，宽敞的房屋摆满了家具，宜于夏天居住，但一到冬天，却使人一看到就感到寒意"。[1] 这类殖民式风格后来逐渐消失，代之以更加符合本地的气候条件的建筑式样。

随着各国租界的开发建设，租界内的各种功能性建筑，如领事馆、教堂、洋行、银行、工厂、仓库等先后出现，高大漂亮，形式各样。建筑家阿尔多·罗西（Aldo Rossi）尝试从心理学层面引入"相似性"原则，去揭示建筑的永恒性和城市的相似性，从而还原了一种潜藏于人们记忆深处的对场所的群体认知的情感。在对天津的各处租界建设中，都可以看到这种将本国建筑还原到租界的现象。比如各国租界内的教堂、原英租界内的先农大院，原德租界的德式房子，原法租界内的中心花园，原日租界内的两层小楼，原俄租界的俄式建筑，一眼望去即可辨别其本国特色。

不过，租界内最主要的建筑风格大都以折衷主义为主，通俗说就是"大

---

[1] （英）雷穆森（O. D. Rasmussen）著，许逸凡等译，《天津租界史（插图本）》，天津人民出版社，2008年，第51页。

殖民式风格的代表性作品是利顺德饭店　安红摄于 2023 年

利顺德饭店始建于 1890 年，是当时天津市最高大的建筑，亦是内外装饰最讲究、设备最完善的高级旅馆。主楼三层，沿街而建，突出于主楼之外的半地下室形成整个建筑物的基座和首层的凉台，二层和三层均有长外廊。主楼转交部位有古城堡式的瞭望塔楼。一楼有大堂、餐厅、厨房、台球室、卫生间等，二、三层有高级公寓和客房，每套公寓均设有卧室、客厅、图书室、餐厅、备餐厅、厨房、卫生间和凉台。半地下室有水泵、锅炉、动力设备、冷库、贮藏以及服务人员用房。饭店里还有天津最早的电梯。

照抄英国牛津大学建筑风格的新学书院

新学书院是英国人赫立德于 1902 年创办的一所学校。建筑本身仿牛津大学青灰色校园建筑，由中外资深教员任教。书院是大学制，学制四年，有格致、博学、化学等科目；分南北两楼，楼内设施完备，包括礼堂、会议室、机械实验室、化学实验室、理化室、阅览室、体操房、篮球场、饭厅、学生宿舍、淋浴室、博物院等。校长上设董事会，董事们均为社会贤达，如顾维钧、林语堂、张伯苓等。

原俄租界内的纪念碑

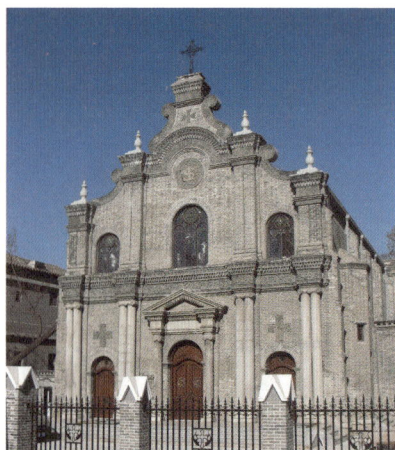

紫竹林教堂

原德租界的德式房子

● 原法租界的中心公园

原意租界的意式建筑（佛罗伦萨式）

原英租界内的先农大院

原东莱银行大楼

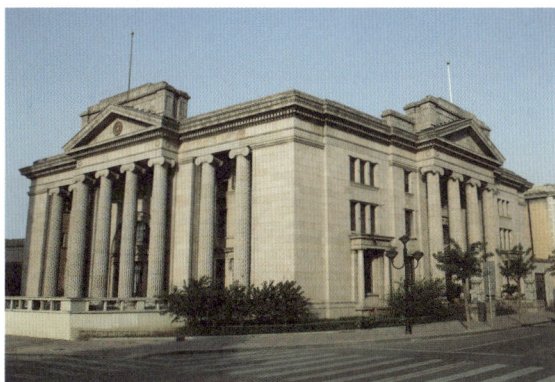

原汇丰银行

原日租界的二层小楼

原日租界内的日式建筑

杂烩"。可以是对各种历史风格的模仿，比如直接地全盘模仿照搬（原新学书院）；也可以是把西洋古典建筑中某些元素符号拿来作为装饰，比如古典建筑中常用的宏伟柱子，不管是希腊式的还是罗马式的，都放在银行的外立面加以装饰（原汇丰银行）；还可以是在同一个建筑中集中多种形式，成为众多风格的集仿（原东莱银行大楼）；甚至还可以是中西合璧式的，建筑师完全按照业主的审美和需要来设计（吴颂平公馆）。在建筑学家看来，这种中西合璧的折衷主义建筑形式非常符合通商口岸的"暴发户"们的口味，他们综合所有自己中意的建筑装饰构思于一体，异常繁复、奢华，却对于这些构思的内在联系并不在意。[①] 在历史研究者眼中，折衷主义建筑代表的其实是一种文化变迁：中西合璧的建筑风格，从形式上已经突破了"中学为体，西学为用"的窠臼，走上了兼容并蓄、开拓创新的思路。

鲍贵卿旧居

　　鲍贵卿为北洋军高级将领，曾任北洋政府陆军总长、黑龙江督军、吉林督军。在天津有大量房产和土地，并投资实业和银行，集军阀、财阀和大地主于一身。1921年在津购买并自己设计了两所楼房，占地7.941亩，建筑面积2400平方米。主楼三层南面大平台有三个亭子，分别为中式、西洋古典式和近代西式，是一所中西合璧、别具一格的建筑。院内还有假山、凉亭、养鱼池、花圃等。所谓"中西合璧"，其实就是"老子有的是钱，老子喜欢的样式都给老子弄上去！"类似的建筑在上海租界也可见到。

---

① 王受之，《世界现代建筑史》，中国建筑工业出版社，1999年，第9页。

吴颂平公馆

吴颂平为天津早期四大买办吴调卿之长子。1904年毕业于北洋巡警学堂，捐候补知府街，后赴美学习军事，回国后任山西教育厅长。天津沦陷后，曾任日资大华煤油公司常务董事。此处故居建于1934年，占地约700平方米，由奥地利建筑师盖苓设计建造。

黑白老照片由 Franz Geyling 提供。彩色照片由航鹰摄于 2003 年

李吉甫故居

　　李吉甫是英国仁记洋行买办之子，其父去世后接任天津英商仁记洋行买办。借英租界扩充之机买卖地皮、投机获利，并置有多处房产。此处故居位于和平区花园路12号，占地5429平方米，由乐利工程司瑞士建筑师陆甫设计，是一座仿英古典主义庭院式楼群，建于1918年。

以上照片由张畅摄于2021年

消失不见的城墙

城池，是源于古代的军事防御建筑，后来也成了古代城市的代名词。为生命财产安全计，筑城几乎是古代所有国家的传统。不仅中国有城池，东亚的日本、韩国有，欧洲国家也有城堡，功能是一样的。

德国于利希市中心的要塞，建于16世纪中期　张畅摄于2011年

日本大阪城模型　张畅摄于2013年

比较起来，东亚的城郭规模一般比欧洲要大。《礼记·礼运》记载："城郭沟池以为固。"因此，城池包括了城墙和护城河，其中"城"指的是城墙及城墙上的门楼、角楼等，"池"指的是护城河。自明代以来，城池变得特别的高大雄伟。当西方人最初来到中国的时候，他们往往惊叹城墙的高大和城门的雄伟。城墙体现了国家的权力和威严，城池保护了代表皇权的官府衙门和其子民，彰显着一个城市的特殊地位。

1404年天津设卫筑城，两年后建成。当时，这座"卫城"只不过是土围子罢了。城周长1626丈（合5420米），东西长504丈（合1680米），南北长324丈（合1080米）；城墙高1.98丈（合6.6米），墙垛高0.42丈（合1.4米），共高2.4丈（合8米），是比较典型的中国传统筑城模式。又用了大约90年，到1494年才砌成砖城，拥有东、西、南、北四个城门的城楼和四处城角的角楼，城中心修建了鼓楼（鼓楼是东亚古代城池或传统寺庙中放置大鼓的建筑，一般以"晨钟暮鼓"的方式与钟楼配对建设，即东面修钟楼，西面修鼓楼，两栋建筑以建筑群的中轴线对立，称为钟鼓楼，多用以报时或庆典。）名为鼓楼，实为钟楼，因为天津卫初设

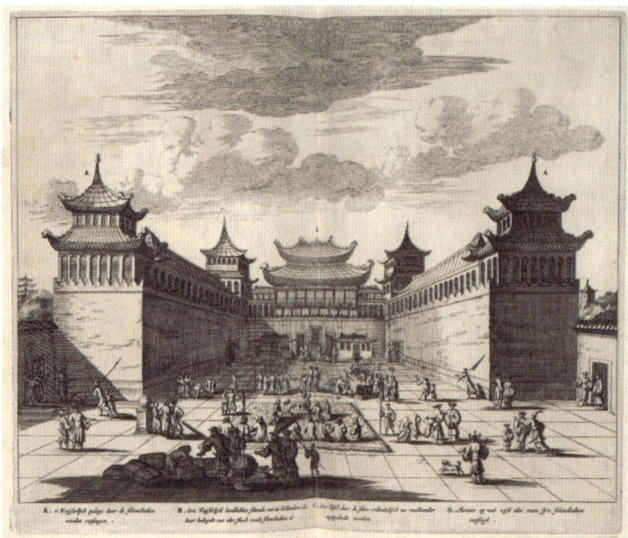

荷兰画家描绘
的北京紫禁城

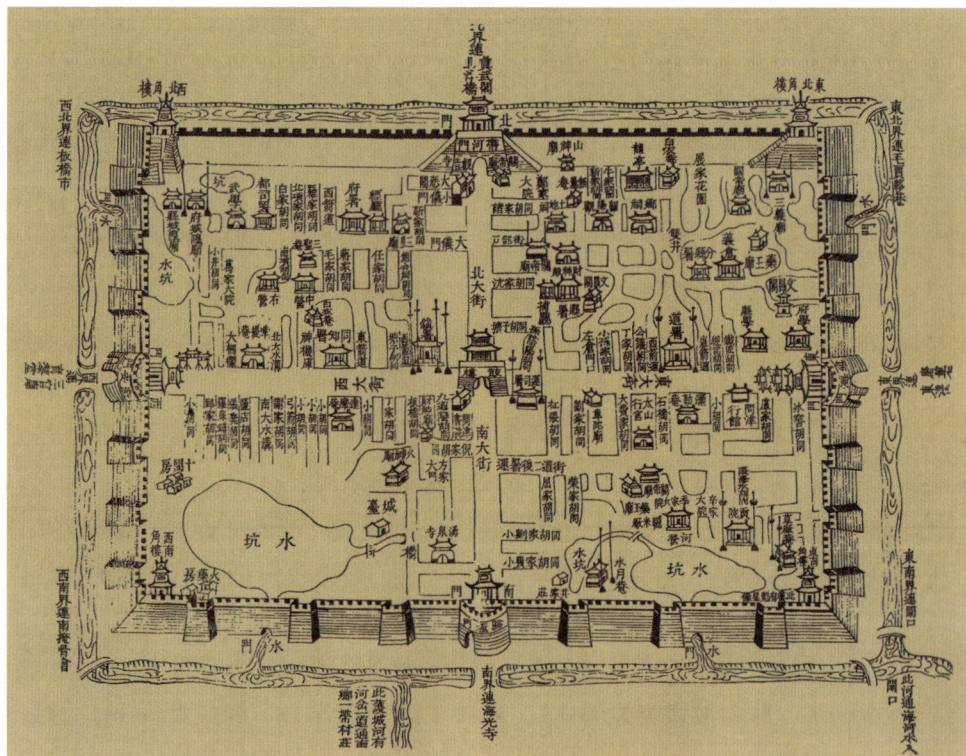

清代天津城内图　出自《天津城市历史地图集》（天津古籍出版社，2004年）

义和团运动后饱经战火的鼓楼，
摄于 1900 年　照片由刘悦提供

之时，只有卫戍京畿、转运漕粮的职责，并不需要按照一个城市的规模来进行规划和建造，所以只有一座鼓楼。

原来的天津鼓楼高三层，砖城木楼，楼基是砖砌的方形城墩台，下宽上窄，四面设拱形穿心门洞，分别与东西南北四个城门相对应。在这座台子上，修建了两层木结构重层歇山顶楼阁。第一层供奉观音大士、天后圣母、关羽、岳飞等。楼的第二层，内悬一口大钟，直径1.4米，高2.3米，为唐宋制式铁铸大钟，铸工精细，造型古朴。大钟初用以报时，以司晨昏，启闭城门，早晚共敲钟108响。清代天津诗人梅小树在鼓楼中撰写了一副抱柱联："高敞快登临，看七十二沽往来帆影；繁华谁唤醒，听一百八杵早晚钟声。"鼓楼因此被称为"天津卫三宗宝，鼓楼，炮台，铃铛阁"之首。

在城墙被拆毁的大规模运动下，很多城市的鼓楼被幸运地保留了下来。天津鼓楼先是为消防队占用，作为瞭望台。1921 年，民国政府重建鼓楼，楼顶大梁上改复绿瓦，较前更为美观。重建后，把鼓楼四个城门的名称"镇东""定南""安西""拱北"，由天津书法家华世奎镌于鼓楼四门。1952 年鼓楼再遭拆除。2001 年，天津老城厢地区改造，鼓楼重建。一座鼓楼的拆建，是人们对于城市建设理念更迭的真实写照。

重建之后的鼓楼　照片由刘悦提供

天津老城墙东南角
照片由刘悦提供

　　到了近代，城墙越来越被视为阻碍贸易流通和人们出行的历史遗物，尤其是当城门在日落时关闭、拂晓时开启的时候，大批的商人小贩带着他们的商品，聚集在城门口，常常造成严重的交通阻塞。到清末，随着贸易的发展，在大部分通商口岸，比如大津、上海和广州等城市，具有相当规模的商业中心已出现在城墙之外。在这些城市，繁华热闹的外国租界都在城外，华界都在城内，而大多数商业活动也都在城外进行。在天津，帝国主义列强在义和团运动爆发后占领了天津市，并且拆毁了城墙。同样的事情发生在上海、广州，并且波及其他许多城市。旧城墙消失后，取而代之的往往是环城马路和有轨电车。在每一项改造的背后，理由都是相同的：为了促进商贸和方便货物流通，必须拆除造成交通阻塞的旧城门。

1900 年 12 月正在拆除的
天津老城墙　照片由刘悦
提供

1906 年 2 月 16 日，中国内地第一条有轨电车线路，由中国和比利时合建的 5.16 公里围城环行线路正式运营　照片由刘悦提供

　　旧城墙的拆除虽然是被迫的和令人感到耻辱的，但是也没有让普通民众感到十分不舍。显然，在联军的大炮面前，传统城墙能够提供的保护太微不足道了。既然不能提供应有的安全和威严，那不如为交通方便和商业利益让位。在炮火的腥风血雨中，民众比一般时候更能体会到由严复翻译引进的《天演论》中"优胜劣汰"这一观念的深刻含义，新的"进步"的社会价值观产生，城墙就成为保守闭塞的象征符号，理应被淘汰了。当然，面对普通盗匪，城墙还是有效的，所以，许多小城镇和村庄保留了城墙。总的来说，在沿海的通商口岸城市，商业和经济发展成为城市居民的要求，流动性的需求压倒了城墙带来的安全感。

　　城墙被拆掉之后，城市建设得到快速发展，人口也快速增长。道路被修建和拓宽，有利于商业流通。新铺设的街道还配有排水沟和下水道，实现了城市的清洁环境。道路变宽了，随地便溺的现象消失了，警察巡逻街头。在 20 世纪上半期，城市的人口增长速度急剧加快，大多数城市的人口扩大了一倍到三倍。城市人口的增长主要来自农村人口迁入城市，要么为了逃难以寻求救济，要么为了寻找就业机会。所以在中国，大多数的城市人口实际上是由农村而来的移民构成的。

　　大量原农村人口进入城市后，影响着城市的发展，更被城市生活所影响和改造。在中国的传统农村，农民只有在固定时间的集市上，才能购买或者交换一些日常所需物品，人与人之间的交往互动有限。而在大城市里，便利的现代交通和城市商业中心区的形成，使市民可以在位于商业中心区的商店和新式百货公司里购物，一种新的消费文化出现了。同样，在有轨电车上、在百货公司里或者在电影院等公共场所，与陌生人的互动，无疑是一个新的普遍体验，这需要新的社交规则，并由此产生了不同于传统社会生活的公共秩序和城市文化。比如，看电影要排队，观影时不能大声喧哗，这都迥异于在传统的嘈杂戏园听戏的感受。由此可见，作为物质基础的城市空间的拓展和变化，实实在在地改变了作为上层建筑的人们的精神世界。

总之，城墙保护的是古代城市，而城墙被拆除以利交通贸易，则意味着近代城市的崛起。

第三章

交通、贸易与城市的发展

第三章　交通、贸易与城市的发展

—— 道路与市内交通工具 ——

交通对一个城市的兴起及其经济社会发展具有十分重要的影响。尤其是在近代，交通技术的发展，早已将世界经济更为紧密地联系在一起，呈现出一个统一的市场——它的商品种类更加丰富，贸易吞吐量更大，交换频率更快。人们的行为习惯因而发生改变。

城市里的交通出行方式往往决定了一个社会的人际交流的方式、频率和范围。城市里的交通主要包含三个方面：一为道路桥梁系统等基础设施，二为交通工具，三为运营系统。以上三者的发展演进亦可视为衡量一个城市发展的重要指标之一，并潜移默化地影响着人们的日常生活。

碎石子路和林荫道

"地当九河津要，路通各省舟车"。天津从一个小渔村发展成为近代大都市，与它地处交通要道密切相关。在天津城外，不仅有运河连接南北，还有若干条通衢大道，向北连通北京，往东直抵大沽口，过海河径奔山海关，向南通往沧州。然而，在19世纪中期，天津市内的交通条件却非常糟糕。本地人习以为常，往往是初到天津的外国人对出行的不便深有所感，由此留下生动细致的描述。

1879年，一位德国侨民初次到访时，形容天津城的道路说："整个天津只有四五条石板铺成的路。其他的五六百条路都是肮脏的淤泥堆积的路。……这些道路大都不过十步宽，非常的狭窄。有时为了躲避马车或者轿子，整个人就会被挤得贴到路边房子的墙上"；路上不仅有人和车，"路

租界区的街道（今建设路与曲阜道交口） 摄于 1914 年 照片由刘悦提供

清朝末年天津老城街道
照片由刘悦提供

边居民家的猪经常跑到路上，所以有时你不小心还会被猪绊倒"[1]。不仅没有道路，卫生环境也很恶劣。一位四处旅行经过这里的日本人描述："行走在路上，便会觉得臭气冲鼻，一堆堆污秽的垃圾让你见了眼睛生疾"；城内地基很低，一旦下雨，"路面积水，深处没腰"；夏天，"各处污水沟臭气冲天，热气引发多种流行病，致使丧命无数"[2]。当然，他们也都承认，并不是只有天津的城市建设状况如此糟糕，当时整个中国乃至世界的城市大都如此。

1887 年侨民在天津铺设了第一条碎石子路。这是在 19 世纪 20 年代才开始在伦敦使用的路面铺设技术，最早只在伦敦特权阶级的生活区使用。碎石路是把小颗粒（5 厘米左右）花岗岩铺在清理过的路面上，然后需要十几个工人推动巨大的铁碌或石碌碾平。到 20 世纪初，混合了柏油和木焦油的柏油碎石路出现，提高了碎石路的使用寿命。很快这项铺路技术就传到天津的租界区。1905 年初到天津的一位比利时工程师在日记中写道：

---

[1] 摘译自 Constantin von Hanneken, Briefe aus China: 1879—1886; als deutscher Offizier im Reich der Mitte。转引自张畅、刘悦，《李鸿章的洋顾问：德璀琳与汉纳根》，传记文学出版社，2012 年，第 277、278 页。

[2] （日）曾根俊虎，《北中国纪行：清国漫游志》，中华书局，2007 年，第 6 页。

"欧洲租界非常干净,宽阔的街道铺着柏油。"[1]侨民还在道路两旁种植树木,成为林荫道,在夏季给马路遮上一片浓荫。并且,因为大部分别墅都带有前院,这些前院使街道变得格外敞亮。行走在这样的街区,有谁不愿意到这样的环境来居住呢?!

受到租界建设的示范影响,天津地方政府下属的工程局也铺设了很多碎石路,大大方便了市民出行。"曾经满处是深沟大洞、充满淤泥和垃圾的水坑,使人恶心和可怕的道路……被垫平、取直、铺筑、加宽,并设置了路灯,使人畜都感到便利"。[2]1900年八国联军占领天津后,旧城墙被拆除,在城墙遗址上铺设了环老城的四条碎石马路,加上原有的横穿东西和纵贯南北的两条大道,很大程度上改善了老城的交通状况。老城外,沿海河西岸连结外国租界地的道路也新建成功,沟通了老城和租界,使近代天津城区初见规模。

"骆驼祥子"和洋马车

道路状况的改善使交通工具也得到了更新,最突出的变化是速度和乘坐舒适程度的提高。因为路况问题,原本中国的中间阶层和上流社会人士外出时,只有乘轿子或者乘马车,有急务的话就骑马。1879年,那位初到天津的德国人,在去直隶总督府拜见李鸿章时,记述道:"我们雇了两顶轿子。前面有一个人骑马开道,后面还有一个人保护。每顶轿子都有四个轿夫,另外还有两个人在轿子旁边跟随。总共有十四个人随着我们俩赶往总督府。"[3]这倒并非为了排场,而是这一路行来确实不容易。在天津居住一段时间后,侨民们出行时就跟本地人一样改为骑马,这样不仅更为快捷,且马匹的价格和饲养它们的费用并不昂贵。

由于占用的马路面积大、人力多、速度还慢,传统的轿子开始逐渐消失。从20世纪初只被妇女乘用、轿夫也减为两人,到后来随着妇女越来

---

[1] (比)约翰·麦特勒等著,刘悦等译,《比利时—中国:昔日之路(1870—1930)》,社会科学文献出版社,2021年,第215页。

[2] 转引自(英)雷穆森著,许逸凡译,《天津租界史(插图本)》,天津人民出版社,2008年,第66页。

[3] 张畅、刘悦,《李鸿章的洋顾问:德璀琳与汉纳根》,传记文学出版社,2012年,第325页。

骑马　照片出自比利时根特大学档案馆

乘轿　照片出自比利时根特大学档案馆

人力车　照片出自比利时根特大学档案馆

中式马车　照片出自比利时根特大学档案馆

西式马车　照片出自比利时根特大学档案馆

民国早期天津街头用来迎亲的西式马车
照片由刘悦提供

越被允许"抛头露面"，轿子就被人力车（也叫黄包车或东洋车，橡胶轮胎出现后，天津人称其为"胶皮"）彻底取代了。人力车大约在 1882 年由日本经上海引进到天津，逐渐占领了北京、天津、上海、汉口等大城市的大街小巷。它比以往的各种车辆更为轻便，价格便宜，于是有些中国的和欧洲的家庭

大车和大车店　照片出自比利时根特大学档案馆

会自行购置这种车辆并雇用车夫，有的则向车行长期租用。车夫多为年轻人，仿佛不知疲倦地奔跑在城市的街头巷尾，即使在夏天也能匀速小跑 10 公里。[①] 不过，随着人力车数量增加，竞争日益激烈，即使吃苦耐劳如"骆驼祥子"[②] 一般，也只能挣扎在社会底层，"甚或终日街头不得一饱者"。[③]

中国式马车原来为城中富人外出必备，但是一般只有一匹马来牵引，车厢逼仄，仅能稍稍遮风挡雨，并且不像欧洲马车那样装有弹簧，车轴为硬木制成，既慢且颠簸，长途旅行极其辛苦。20 世纪初西式马车的使用日渐增多，1906 年天津已有西式马车 500 余辆，洋马 800 余匹。[④] 这种马车装饰豪华，有大玻璃车窗和两盏车灯，四个轮子（少数两个轮子）和两匹马，且马匹也为重金购买的西洋高头大马而非原来矮小的蒙古马。虽然价格昂贵，但富人们往往在每天中午前包租马车以便下午和晚上出去交游，喜欢炫富的富豪人家甚至自行购买，而特意来津看"西洋景"的外地有钱人也会特意租上一辆享受不一样的乘车体验，时髦的年轻人还会租马车作为迎亲车辆。

---

① （比）约翰·麦特勒等著，刘悦等译，《比利时—中国：昔日之路（1870—1930）》，社会科学文献出版社，2021 年，第 223 页。

② 《骆驼祥子》是老舍的名著，是一部描写城市底层劳动人民悲惨命运的长篇小说，主人公为人力车夫"祥子"，绰号"骆驼祥子"，意为吃苦耐劳。

③ 《直报》1895 年 2 月 4 日。转引自刘海岩，《空间与社会：近代天津城市的演变》，天津社会科学院出版社，2003 年，第 68 页。

④ 天津市地方史志编修委员会总编辑室编，《二十世纪初的天津概况》，内部发行，1986 年，第 97—100 页。

小车（手推车）　照片出
自比利时根特大学档案馆

原来的中式马车在载运远方旅客或者运输货物时仍然使用，称之为"大车"。这种马车只有两个车轮，为了使马的牵引力或耐久力加强，在马之外会增加两头到三头骡子或驴，运货的话就不需要车厢了，称之为"敞车"。使用这种马车的便利之处在于，在近郊的各处村落或通往陕西、山东、河南及蒙古等地沿途各个驿站或大车店，可以住宿休息并调换骡马。与"大车"相对的是"小车"。

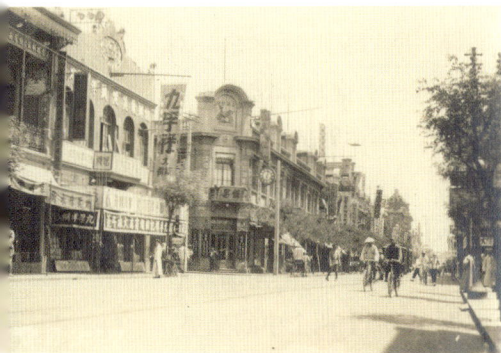

天津街头的自行车

天津街头的汽车

天津街头的电车和人力车

20世纪20年代天津德国侨民家里的老式汽车

以上照片由刘悦提供

77

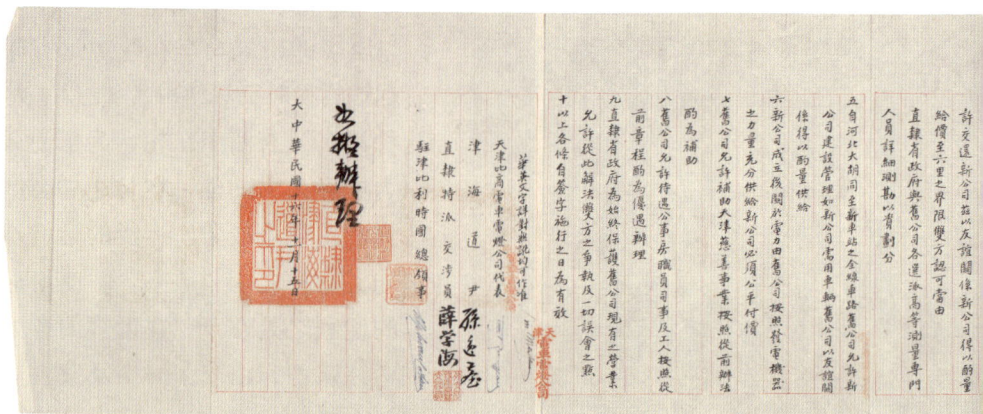

有搬运货物的推货小车、运水用的水车、搬运米面等袋装品的布车和卖食品的小车，只有一个车轮，由车夫一人向前方推行，所以又叫手推车。对于狭窄弯曲的老城道路或者崎岖难行的田间小道，这种手推车非常适用。1906 年天津的大车和小车加起来有近 3000 辆，经营大车运输的有 385 人，大车夫和小车夫加起来有 2000 余人。[①]

还有一种季节性的交通工具是雪橇。冬季里，天津的各处河道都会结上厚实的冰层，船运暂停，这时河道就变成平坦的街道，雪橇就派上用场。他们通常由两个条状滑行木梁制成，上面铺上一块木板，再加上两个中间坐垫，其上覆着棉垫和山羊皮。乘客坐在山羊皮垫子上，雪橇夫在后面，拿着一端装有铁尖的棍子。车夫推动雪橇后，用棍子撑冰面，速度甚至快过黄包车。

除了西式马车，自行车和汽车也都是纯粹的舶来品。18 世纪末法国人发明了世界上第一辆自行车，19 世纪中后期自行车漂洋过海来到中国。天津的租界里自然也少不了这个新奇玩意儿，不仅有德式、日式、英式等因不同国家生产而制成的不同样式，而且有男车和坤车（女车）之分。男车有横梁，骑乘者须像骑马一样，从车座后跨上跨下；坤车是弯梁，为的是穿旗袍、裙子的女士方便从车座前上下。1886 年德国工程师卡尔·本茨发明了世界上第一辆汽车。到 20 世纪 20、30 年代，汽车开始在天津租界

---

① 天津市地方史志编修委员会总编辑室编，《二十世纪初的天津概况》，内部发行，1986 年，第 98—100 页。

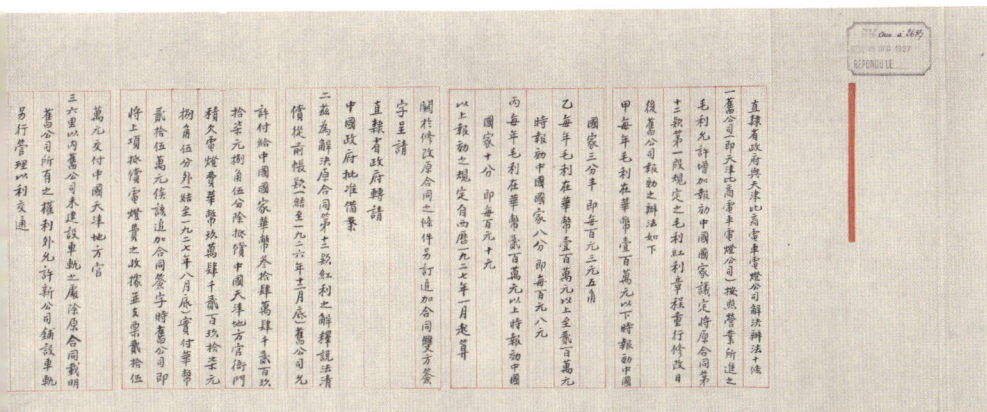

民国时期直隶省政府与比商天津电车电灯公司的条款　出自比利时外交部档案馆

内大量出现，销售汽车的经销商 14 家，而汽车修理厂也有 14 家之多。[1]

划时代的有轨电车

在近代城市中，真正称得上公共交通方式的，应该是有轨电车。1879年，使用电力带动轨道车辆的有轨电车由德国工程师西门子在柏林的博览会上首先展出。此后有轨电车在 20 世纪初的欧洲、美洲、大洋洲和亚洲的一些城市风行一时。对于这种新鲜事物，天津的外国侨民们马上意识到其中商机无限，遂于八国联军占领天津时，成立了天津电车电灯公司（英语：The Tientsin Tramways & Lighting Co., Ltd.，法语：Compagnie de Tramways et D'éclairage de Tientsin）。天津是第一个建起有轨电车系统的中国城市。这里要强调的是，第一条有轨电车路线并非诞生于天津，但是同时拥有多条线路形成城市公共交通系统的却是天津。

1900 年八国联军成立"天津都统衙门"对天津进行城市管理和市政建设。很快就有日本和欧洲侨民分别向"都统衙门"提出申请，要求获得老城与租界间有轨电车的特许经营权。作为一项已经在欧美国家发展起来的公用事业，它虽"钱"景可观，但前期所需投资巨大。最终都统衙门将天津城区部分（但不包括租界）的电车特许经营权授予了有多国财团背景的

---

[1] *Tientsin Hong–List*, published by the N. C. Advertising Co., printed by the Tientsin Press, 1928 , p.204.

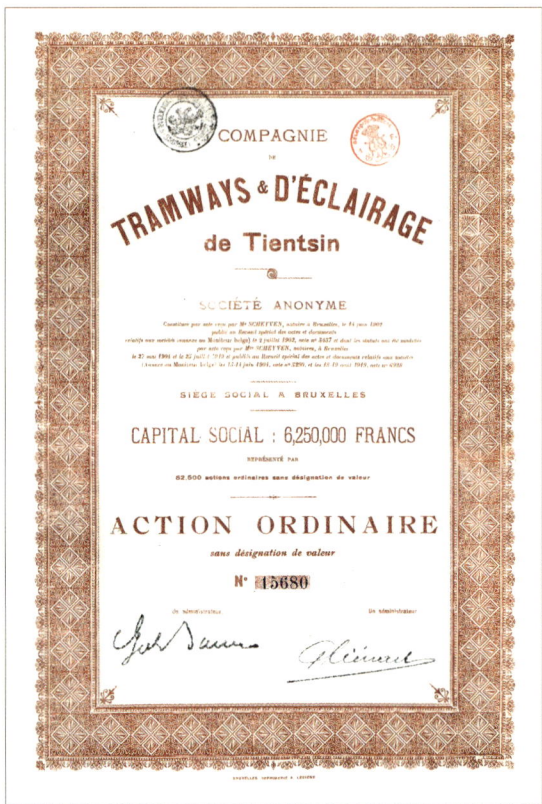

德璀琳家族后代保存的"比商天津电车电灯公司"股票

比利时天津电车电灯公司。1904 年 4 月 26 日合同正式签署。合同规定，以天津老城的鼓楼为中心，方圆 3 公里内的电车、电灯兴建与运行事业，由比公司专权承办，期限 50 年。

比商天津电车电灯公司的总部设在比利时布鲁塞尔，注册资金为 25 万法郎，这是当时天津外商中投资最大的企业。天津的公司大楼设在原意租界三马路（今河北区进步道 29 号）。天津公司有两个部门：管理部和工程部。管理部设有总经理、副经理、秘书、华务主任、会计。工程部员工包括发电厂（300 余人）、外线管理部（约 60 人）、电车部（1200 余人）、修理部（150 余人）、电灯部（约 60 人）、电表修理部（40 余人），总计约 1800 多人，可谓规模庞大。

电车运行需要直流电，电灯照明需要交流电。为了电力供应，必须保

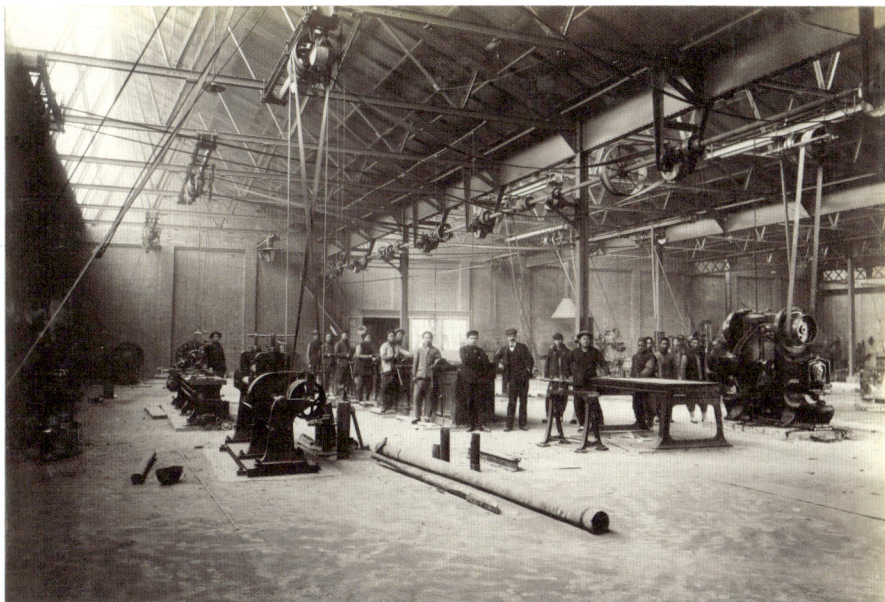

比商天津电车电灯公司厂房，修车厂设备完备，除钢轮外，全部车辆皆可自行制造。厂内共分为：机务段、机工班、电工班、驾车班、铆工班、木工班、钳工班、铁工班、油工班、检车班、洗车班等部门

比商天津电车电灯公司员工在厂房前合影

以上照片出自比利时根特大学档案馆

比商天津电车电灯公司员
工检修电车线路

1906 年 2 月第一条环城线路通车试运营

以上照片出自比利时根特大学档案馆

证水源充足，比商天津电车电灯公司先是在前临海河、后凭金钟河的望海楼后金家窑村购买了一块土地，用以修建发电厂。其后，又在海河东浮桥东口沿河马路处（今河东区）购置楼房一处，作为公司办事处。还在老城西南角的南开中学北侧购买了另一块土地，修建电车的车库及修理厂。所有电车电灯以及一切应需的机件器材，大至发电机、小至螺丝钉，皆由比利时布鲁塞尔买进运抵天津。

1905 年开始电车轨道的铺设工程。1906 年 2 月 16 日沿旧城墙遗址马路行驶的第一条环线电车开始试运营，共有 18 辆电车投入低速行驶，第一天共载客约 10000 名。1 个月后，电车通车仪式正式举行，场面非常隆重。1906 年 2 月 28 日《中国时报》对这一事件做了如下报道："在远东地区，其他地方的电车建设工程都比不上天津，也没有哪座城市的电车运营如同这里一般成功。"[①]

然而，人们对于不了解的新鲜事物的态度，往往融合了好奇、恐惧和抵触等多种心态。即便是火车已经建造通行了若干年，电车还是被视为洪水猛兽，引来了不小的反对声音。其中最主要的阻碍来自人力车夫。人力车处于鼎盛时，在天津登记的"骆驼祥子"有 8800 余人，加上造车者、经营者等相关人员共 10000 余人，占天津当时人口约 3%。[②]眼看如此众多从业者的生计即将受到影响，从电车公司铺设轨道之始，黄包车协会秘密组织了长达几个月时间的激烈抵制活动。天津商会也向地方政府提出请求，要求禁止修筑。不过天津本地官员不少人为留洋归来者，如唐绍仪、蔡绍基、梁敦彦、梁如浩等人，均为袁世凯网罗任用的留美生，他们指出："电车一项，各国殷盛冲要之区，无不安设，辙迹愈密，商务愈兴，需用人力亦愈广。天津风气早开，绅商多身历外洋，当有真知灼见者。"[③]在地方政府的坚决支持下，来自人力车夫的抵制逐渐式微。

但困难不止于此，环城路线初始运营时，大多只是吸引乘车取乐的

① 转引自（比）约翰·麦特勒等著，刘悦等译，《比利时—中国：昔日之路（1870—1930）》，社会科学文献出版社，2021 年，第 163 页。

② 天津市地方史志编修委员会总编辑室编，《二十世纪初的天津概况》，内部发行，1986 年，第 100、16 页。

③ 天津市档案馆等编，《天津商会档案汇编（1903—1911）》（下），天津人民出版社，1988 年，第 2261 页。

有轨电车通过金汤桥进入奥租界　摄于 1906 年

为有轨电车线路专门修建的金汤桥　摄于 1906 年

以上照片出自比利时根特大学档案馆

人。最严重的是，有些诋毁者甚至声称电车是苦力和妓女常使用的工具，这使得本地男学生不敢坐电车。电车公司只得采取免费试乘和低廉票价等营销手段吸引乘客。另外不幸的是，1906 年 3 月 3 日，一个 6 岁女孩成为新电车系统的首位受害者。司机辩解说，在事故当天他接到指示说要首次使用电车驱动电机的并联挡位，目的是将环绕老城一周的时间从 45 分钟缩减到 33 分钟。虽经公司协调，这名司机免于被绞刑处死，但仍需要接受竹棍鞭打 50 次的惩罚和 3 年刑期。事故发生后，电车司机士气大受打击。后来，通过重金拉拢警察并向受害者或其亲属提供慷慨赔偿的政策，司机们才得以在发生类似悲剧时免于受到刑罚。

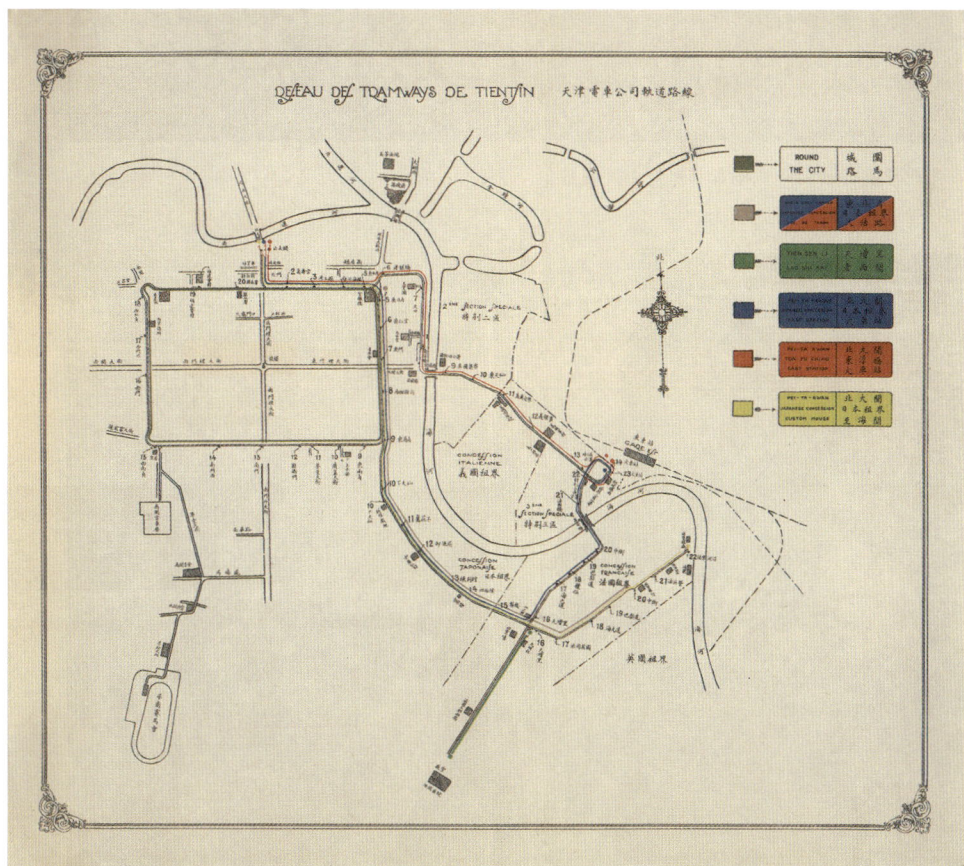

天津有轨电车路线图　图片出自比利时根特大学档案馆

西开教堂前行驶的有轨电车　照片由刘悦提供

和平路上行驶的有轨电车，马路上空密如蛛网的有轨电车输电线　照片出自比利时根特大学档案馆

有轨电车通过日租界，电车顶上放置了广告牌。照片出自比利时根特大学档案馆

在老城建成环城路线仅仅是迈出的第一步。为了让它成为整座城市名副其实的交通系统，也更加具有商业价值，电车线路需要形成网络，并延伸至繁荣的外国租界内。通过艰难的谈判，先是奥匈帝国、意大利和俄国三国同意有轨电车路线穿过各自租界，最终法国和日本也同意线路经过其租界。[①] 为了连通海河东西两岸，天津地方政府与奥租界和意租界还共同出资修建了金汤桥（连接老城与奥租界和意租界），加上此前都统衙门出资修建的万国桥（连接法租界与俄租界内老龙头火车站，今解放桥）。这样，"白牌""红牌""黄牌""蓝牌"四条电车线路全部开通，并且几乎全部为双轨线路，一个覆盖天津市区大部分地域、运营总长 13.5 公里的城市公交系统终于建成。

市民很快感受到这种交通工具所带来的便捷。两年之后，第一批比利时修建者结束工作离开天津时，"有轨电车运营得已经如火如荼。这导致黄包车价格降低。中国人已经非常熟悉不同颜色的电车目的地标牌，也能

---

① 英国人认为这项电车计划过于宏大，不愿参与此项计划。这种态度意味着有轨电车无法扩展到位于英租界以南、与法租界不相邻的德租界。

够区分不同线路的信号灯。乘客们对各种票价已经了如指掌，票价因距离远近而有所不同。"[1] 在那个时代的天津，电车已经成为社会中下层日常生活不可或缺的交通工具。据统计，在天津、上海和北京三大城市，市民每年平均乘坐电车频次分别为：52、38 和 17。[2] 这直接体现了三个城市有轨电车经营发展的状况。据档案记载，到民国初年，比利时电车电灯公司就收回了之前的全部投资。从 1916 年至 1927 年的 12 年期间，公司共使用 130 辆电车，年运送乘客达 900 万人次。[3] 靠经营电车电灯两项，共获利 25729800 银元，截至 1942 年被日本军队强制接管，共获利至少达五六千万之巨。据说比利时一国的教育经费皆来源于此公司税项。

比商天津电车电灯公司在天津的"美好时代"一直持续到 20 世纪 20 年代。1927 年 1 月 17 日，比利时驻华公使洛恩宣布，比利时愿将天津比租界交还中国，同时比利时财团在天津电车业权也全部交还。1941 年太平洋战争爆发，日本人开始干涉公司行政。1943 年，日方辞退所有比利时员工，并将他们作为敌国侨民送进集中营，用武力强行接收了比商天津电车电灯股份有限公司的产业，后将其归入日本人经营的"天津交通公司"。1945 年，日本投降后，民国政府出面接收。1949 年 1 月 15 日，天津解放，比商天津电车电灯公司更名为"天津市公共汽车公司"。

有轨电车的出现是工业革命后世界城市发展历程中的一个重要里程碑。从城市发展角度来说，电车大大加快了城市的空间扩展和功能分区，将人们的居住区、工作区与商业区区分开来，也促进了天津商业中心由老城厢到和平路一带的转移。从人与社会的现代化角度来说，有轨电车以其便捷和票价低廉，成为最平民化的交通工具。它扩大了人们的活动范围，缩短了路程时间，降低了交通成本，提高了人们的社交欲望和社交频次，提供给人们更多的行动自由。无论是穷苦工人，还是普通学生，或者是晚间去租界享受夜生活的都市男女，他们都是电车的乘客，这实现了某种程

---

① 转引自（比）约翰·麦特勒等著，刘悦等译，《比利时—中国：昔日之路（1870—1930）》，社会科学文献出版社，2021 年，第 165 页。

② H.O. 昆，《上海、天津和北平的电车》，《远东评论》1937 年 2 月号，第 58 页。转引自刘海岩，《空间与社会：近代天津城市的演变》，天津社会科学院出版社，2003 年，第 76 页。

③ （比）约翰·麦特勒等著，刘悦等译，《比利时—中国：昔日之路（1870—1930）》，社会科学文献出版社，2021 年，第 171 页。

度上的平等。在城市的夜晚，"电车载着疲惫的工人从东方（指租界）驶来，东去的电车挤满了'洋气'的城市男女，向灯光之塔下的夜中的白日里（也指租界）去寻乐"。[①]

海河与水上交通运输

天津是一个因水而生的城市，海河水系沟通了河运与海运，在古代它连接了中国南北，在近代它连通了中国与世界。因河而兴的天津，地近首都、辐射三北（东北、华北和西北），天然具备宜于贸易发展的优越区位和便利条件。在近代开放为通商口岸后，天津经济发展迅速，成为北方最大的经济中心和国际化港口城市、亚洲最大的原材料出口中心之一。

天津贸易的生命线

怡和洋行码头　照片由刘悦提供

海河是中国华北地区最大的河流，但在中国的大江大河中，海河却是最短的。海河干流全长 73 公里，从南北运河与海河相接的三岔河口算起，到大沽口入海，实际直线距离只有不到 50 公里，因此它是沟通天津河海运输的大动脉。铁路修建以后，陆海衔接，它就更加成为天津贸易的生命线。

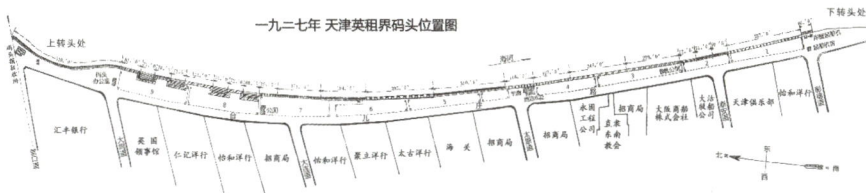

英租界码头位置示意图

---

① 莎蒂，《天津交响乐》，《大公报》1933 年 4 月 22 日。

码头上的吊车　照片由刘悦提供

日租界码头　照片由刘悦提供

20 世纪 40 年代海河工程局报告中所附海河淤塞状况照片　收藏于德国"东亚之友"协会图书馆

天津在开埠后很快成为洋货进口大户，按其需求量足可以与原产国直接通商。但是这项在外国商人看来"前途远大"的计划竟至失败，就是因为远航的船舶必须足够大，载货量才更高、航行稳妥且利润更丰，而这样的大船却无法逾越大沽口的拦沙坝和海河的淤泥浅滩。所以，天津的对外贸易仍然不得不以上海作为中转站，然后再以小吨位的驳船运往天津租界码头。以上航运方面的种种不利因素制约了天津对外贸易的发展。情况在19世纪末最后几年发展到极其恶劣的程度，1898年全年没有一艘轮船可以抵达租界河坝，1899年仅有两艘轮船抵达租界。[①]

为了发展与天津的通商贸易，海河两岸的各国租界当局，竞相整理河道、加宽河面、整修堤岸、填平沼泽、构筑道路和建设仓库，以利于航运发展。八国联军占领天津后，为防止再次发生类似义和团运动事件，使华北一旦有事，大型兵船能停泊在天津租界码头迅速加以援助，联军统帅瓦德西决定将疏浚治理海河的工程纳入都统衙门的管辖范围之内。1901年海河工程局委员会成立，并开始进行裁弯取直和清理河道的工程。经过整治，由于河道曲折所造成的淤沙和航道拥堵问题得到极大改善，进入海河的海轮增加。1902年秋海轮经七八小时的航程即可畅行至紫竹林码头，1903年经海河至紫竹林码头的商船计有333只，1904年有374只。海河航道普遍加宽至80米以上，最宽处至100米。河道加宽，为大船转头创造了条件。1905年，到达租界码头最长的轮船——宜昌号，长约84米，吃水约2.93米。海河整治工程至此获得成功，天津保持住了中国北方最重要港口的地位。

码头和仓储设施随着天津对外贸易的发展而日益增多和完善。在1922年前已有招商局码头、开滦矿务局码头、日本游船会社码头、美最时洋行码头、亨宝洋行码头、大阪商船会社码头、怡和码头等重要码头。在各码头中，英租界码头的设施和设计是最为完善的。从1861年设立英租界后，英国工部局就不断地修筑和改建码头。英租界码头在今天的营口道至开封道段。码头捐办公处就设在怡和码头，此外，还有多处机械房、消防水箱、公共厕所及岸壁起重器，实现了完整的码头功能。当时的英租界码头沿岸，聚集了中英两国最有实力的工商企业和机关，从北至南顺序大致为汇丰银

① 《1892—1901年津海关十年报告》。天津海关译编委员会编，《津海关史要览》，中国海关出版社，2004年，第43页。

行、英国领事馆、仁记洋行、怡和北栈、怡和洋行、招商北栈、聚立洋行、太古洋行、海关署、招商南栈、永固工程公司、直隶东南教区献县教会（产权）、大阪商船、大沽驳船公司、英国俱乐部、怡和南栈等。而一战前也有许多德商洋行在英国河坝建有货栈码头，如礼和、世昌、瑞记、德华银行等，这些产业战后均被英国大洋行和招商局接收并翻建。如怡和北栈（今台儿庄路"六号院"建筑）原址在一战前是世昌洋行的货栈，其建筑在怡和时期进行了大规模的拆除翻盖，最终形成了著名的"怡和码头"。

海河上大船掉头处（今在营口道海河边）。随着船舶吨位日渐增大，为了更好地让大船转头，在英国河沿的上下游两端各设有一处人工的宽敞锚位用于船舶转头，上游宽敞锚位紧邻英法交界处（今营口道至大同道），下游设在英德交界处（今大光明桥）张畅摄于2022年

海河上大船掉头
照片由刘悦提供

充满异国风情的还是危险的海上旅行？

天津的海运分为沿海航线和远洋航线。沿海航线在元代就已发展成熟，主要在运河淤塞时转运漕粮。天津开埠以后，新的沿海航线和远洋航线很快开辟出来，经营海外运输的轮船公司也不断增加。

在西伯利亚铁路修建以前，中国与欧美日国家的往来几乎全部通过海路，船舶是进行国际旅行的唯一交通工具。最初，马戛尔尼使团从英国到中国在海上航行了 9 个月；之后绕过好望角的航线使航程缩短到 4 个月；1869 年苏伊士运河的通航使得欧洲至中国的航程缩短至两三个月。[①] 蒸汽机船的使用进一步使 19 世纪 70 年代欧洲各种商船兵船能够"不畏风浪行四十余日抵华"。[②] 20 世纪初，前往中国的远洋客运航线主要由法国的法兰西火轮船公司（Messageries Maritimes）、英国的铁行渣华船运公司（P&O）以及德国的北德意志劳埃德船运公司（Norddeutscher Lloyd）三家公司经营，当然还有一些其他船运公司。邮轮从各自国家的港口出发，进入地中海，经苏伊士运河、红海、锡兰（今斯里兰卡）、印度支那（今越南）到达中国，路程分别用时 33、41 和 44 天。[③] 甲午战争后，1896 年日本邮船公司、大阪商船株式会社、日本汽船公司等日本公司在中国相继开辟了多条远洋航线。在中国成立的怡和、太古两家英资公司也开辟了一些远洋航线。中国自己的轮船招商局则开辟了往返于日本的国际客运航线。20 世纪初期，随着天津同欧美各地的直接航线逐渐增加，来往于天津的外国旅客也逐年增多：1890 年，乘坐轮船来津的外国旅客约有 400 多人，离津的则有 300 多人；1899 年，来津外国旅客 1300 人，离津 1100 人。[④]

1912 年以后，经营天津与沿海各商埠间的航运公司和航线均明显增加。到日本占领天津以前，天津经营海运的有 21 家轮船公司：规模最大的是英商太古、怡和轮船公司以及中国自己的轮船招商局；其次是中国民营的

---

① （美）费正清、刘广京，《剑桥中国晚清史（1800—1911）》，上卷，第 252 页。

② 《李鸿章全集》，译稿，第 10 卷，第 6—7 页。

③ （比）约翰·麦特勒等著，刘悦等译，《比利时—中国：昔日之路（1870—1930）》，社会科学文献出版社，2021 年，第 182 页。

④ 天津社会科学院历史所，《津海关年报档案汇编（1865—1911）》，下册，内部发行，1993 年，第 17、90 页。

轮船公司，如北方航业公司、政记轮船分公司、天津航业公司等 12 家；第三类是日商轮船会社，包括大阪、大连、日清等 6 家。航线所达，几乎遍及中国沿海各口岸。最繁忙的航线是天津至上海线和天津至香港及广东线，每周两班；其余航线则无一定班期。

刚开埠时，天津与外国的运输全部以上海为中转站。第一次世界大战中，列强自顾厮杀，无暇东顾，中国民族资本主义获得难得的发展黄金期，甚至本地的洋行生意也未受大的影响。自 1915 年以后，天津逐渐由转口贸易转向直接贸易，经由天津的远洋航线不断增多，进出口船只总数及吨数也不断增长。从 1911 年到 1937 年，20 世纪 10 年代年平均到港船舶 1000 艘，其中外轮占比 80% 以上；20 世纪 20 年代年平均到港 1500 艘，外轮占比 70% 左右；1930—1937 年，年平均到港 2000 艘，而因国际局势动荡，外轮到港数极不稳定。[①]

海上航行，特别是远洋航行，虽能体验到众多异域风情，仍然是一场真正的冒险。船上生活大多数时候是单调乏味的，有计划在中国长期居住的旅客会在船上学习语言、了解目的地国家的风土民俗，以提前适应自己未来要扮演的角色。在漫长的旅途中，他们时常经历危险，有时是遇上恶劣的天气变化和大洋里的惊涛骇浪，有时是中途停靠上岸时遭遇的意外，还有战争时期的种种危险。20 世纪初比利时铁路总局派往天津的工程师内恩斯，于 1905 年 6 月 24 日离开根特，坐火车到法国马赛港，由此出发，经苏伊士运河，过红海，于 7 月 24 日抵达香港，一路行来基本上顺风顺水，偶尔上岸会遇到当地人制造的小麻烦。然而从香港到天津的近海航行，却遭遇了很多不测：先是在台风的漩涡中船只剧烈颠簸摇晃，人随之从床头被晃到床尾，并被从打破的酒瓶里挥发出的酒精熏得头晕眼花；然后遭遇了日俄战争中从北方漂来的水雷，幸运的是水雷被船上的机枪击沉且没有爆炸，否则后果不堪设想。

对于经历了海上长达一个多月令人身心疲惫的旅行的来津旅客来说，船舶抵达塘沽港，并不意味着行程的终止。在塘沽港被建成深水港之前，如果是吨位较大的海轮或者遇到海河淤塞加剧的情况，乘客和货物都必须在那里下船，转乘汽艇或运货的驳船。汽艇在潮水很低时，很容易搁浅在

---

① 根据天津市地方志编修委员会编著《天津通志·港口志》第 303 页数据计算而得。

轮船抵达塘沽　由刘悦提供

塘沽火车站　照片由刘悦提供

大沽口到塘沽市区一段的浅滩上，有时不得不等上几个小时后才能趁潮水上涨而重获自由。然后，旅客们将抵达塘沽火车站，再从那里乘半个小时的火车最终抵达天津。

提到火车，陆上交通的发展使侨民远行有了更为快速、经济的交通工具。当1905年西伯利亚铁路的一期工程完成后，由欧洲至天津的行程大大缩短。旅客和邮件，由欧洲最远端的伦敦到天津用时 22 天，柏林及圣彼得堡到津需 18 天，后来伦敦至天津的邮件又缩短至仅有 17 日。[1] 铁路成为欧洲人往来中国旅行的一个交通选项。比利时电车电灯公司工程师内恩斯在完成天津的全部工作后，于 1907 年携妻带子搭乘火车经由中东铁路转西伯利亚铁路回到欧洲，这一路除了带着大小行李包换乘火车略嫌不便之外，相比乘船少了许多危险，也节省了很多时间。内恩斯一家的旅程，见证了当时人们旅行方式的不断变化。正是因为有了轮船和铁路等交通工具的不断改进、升级，资本主义才能畅行无阻地进行遍及全球的经济扩张和财富掠夺。

铁路与煤矿

铁路对世界近代史的发展影响巨大。以前只有沿海各地的民众领教过资本主义的"船坚炮利"，而火车这个钢铁巨兽呼啸着将一场技术革命和一个崭新时代迅猛地带到中国人面前，也第一次将中国内陆东西南北与沿

---

① 天津社会科学院历史所、天津市档案馆，《津海关年报档案汇编（1865—1911）》下册，内部发行，1993 年，131、172 页。

海口岸联结在一起，将其混合为一个统一的中国市场，进而与世界资本主义体系联系起来。

中国第一条铁路与开平煤矿

第二次鸦片战争后签订的《天津条约》使英美法俄获得在中国内陆长江流域的通商贸易权，欧美资本主义得以更加靠近原材料产地和商品行销地。预期中贸易量的增长，使列强将铁路引入中国的欲望陡然升腾起来。铁路不仅是近代最重要的交通运输方式，是资本最重要的投资对象，而且其本身就是大宗商品，包括了机车车辆和铁轨等系列工业品[1]。所以，条约签订后的 1863 年，英国铁路工程师斯蒂芬森（Sir M. Stephenson）向中国提出了第一个铁路建设方案，劝清政府修建铁路。他还擅自设计了几条干线：以长江上的重镇汉口为中心，从汉口往西经川、滇到缅甸，从汉口往东到上海，从汉口往南到广州南部；以长江口为另一起点，从镇江往北到天津、北京，从上海到宁波；在南方，从福州到内地。[2] 而在此次条约中获得驻节北京权利的各国"公使们、领事们以及一切有机会跟任何中国官员说上话的外国人，总是利用各种时机赞颂铁路在军事上和经济上的优越性"[3]。

然而这一切努力的效果却适得其反，修筑铁路这项计划披上了令人憎恶的帝国主义侵略色彩，由此引发了中国人对它采取消极抵抗的普遍情绪。甚至于清政府在 1877 年将一年前怡和洋行在上海与吴淞之间修筑的轻便铁路以近三十万两的代价收回、加以拆毁。清政府之所以不愿兴建铁路，并不仅仅是出于守旧落后的观念，还出于对列强侵略野心的警惕。一些中国官员认识到，铁路的修建与列强入侵和对中国利权的掠夺紧密相连，因此即使是赞同修建铁路的洋务派官员也不得不谨慎从事。1874 年李鸿章曾经向掌握实权的开明派恭亲王奕䜣力陈铁路之利。然而，慑于保守派的

---

[1]　例如，唐胥铁路的塘沽与天津段，其铁轨购自比利时，枕木来自日本，大部分机车则来自英国和美国。

[2]　中国社会科学院近代史研究所翻译室，《近代来华外国人名辞典》，中国社会科学出版社，1981 年，第 457 页。

[3]　（英）雷穆森著，许逸凡译，《天津租界史（插图本）》，天津人民出版社，2008 年，第 61 页。

中国火箭号　照片由刘悦提供

压力，奕䜣告诉李鸿章，即便"两宫太后亦不能定此大计"。[①]

尽管如此，螳臂不足以挡车，铁路已成为世界潮流。"铁路是资本主义工业的最主要的部门即煤炭和钢铁工业的总结，是世界贸易发展与资产阶级文明的总结和最显著的指标。"[②]中国想要发展近代工业、赶上世界文明发展的脚步，就必须引入铁路、开发煤铁矿，因此中国铁路的创办是作为煤矿生产的重要配套设施而被提出的。1876年在创办开平煤矿时，李鸿章同意唐廷枢为降低煤炭的运输成本秘密修筑一条运煤铁路。但迫于当时情势，只能铺设一条从唐山到胥各庄的一条长11公里的轨道，并且暂时只能用骡马拉车在轨道上运煤。不过唐廷枢深谋远虑地令英国工程师金达（Claude William Kinder）将铁轨设计为国际标准轨幅，而且将轨道通过的桥梁建造得特别坚固，以便火车将来可以在上面行驶。金达还奉命秘密研制了一个火车头，命名为"中国火箭号"，并且这辆机车很快被投入到矿山的日常铁路运输中。1882年"中国火箭号"载着一批官员以每小时13.5公里的速度走完了全程，证实机车确比骡马劲头更大、速度更快。到1883年，开平矿务局已拥有三辆客车和由"中国火箭号"牵引的50辆

---

① 李守孔，《李鸿章传》，台湾学生书局，1978年，第162—163页。

② 列宁，《帝国主义是资本主义的最高阶段》，《列宁全集》第27卷，人民出版社，1990年，第326页。

1888 年唐胥铁路通车时李鸿章率幕僚乘车视察　照片由刘悦提供

运煤火车。[①]

　　开平煤矿铁路被称为"唐胥铁路"，继续秘密运行达五年之久。1886 年清政府批准在天津组建开平铁路公司，并收购唐胥线。这是中国铁路独立经营的开端。1887 年，李鸿章得到清政府新贵醇亲王奕譞的支持，以加强海防为名，醇亲王向清廷上奏，请求将这条铁路延伸到天津。之后为募集资金，李鸿章指示开平铁路局公开招股白银一百万两，在各地报纸上刊载招商章程。这是中国第一份企业招股章程。有了资金来源之后，铁路修建进展很快，1888 年 8 月，轨道线通到了天津，是为津榆铁路，全长约 55 公里，火车运行时速可达 30 公里。当年海关年度报告指出，铁路的开通，将使之前束缚天津地区经济发展的交通条件大大改善，"有关天津贸易前程似锦之预言，即可认为信而有征矣"，因此"可将 1888 年视为天津编年史上开纪元之时期"。这一年也被当时在华外国人誉为"中国铁路世纪的正式开始"。[②]

---

①　熊性美、阎光华主编，《开滦煤矿矿权史料》，南开大学出版社，2004 年，第 21 页。

②　天津社会科学院历史所，《津海关年报档案汇编（1865—1911）》，上册，内部发行，1993 年，第 253—254 页。

天津站

天津北站

天津西站

以上照片由刘悦提供

　　1895 年甲午战争后，中国士民觉醒，奋发图强，发展实业。开平铁路
公司于 1896 年被正式命名为中国铁路总公司，总部设在天津，负责以公
司形式办理铁路借款及修路事务，后更名为"天津铁路公司"。以天津为
总指挥部，先后修成京张铁路、津浦铁路等。天津成为华北地区的重要铁
路枢纽，中国铁路总公司也设在天津，管理铁路事务。

　　1905 年直隶总督袁世凯与会办大臣胡燏棻上奏清政府，获准修建京张
铁路，在天津设立京张铁路总局，并任命詹天佑为总工程师，负责从勘测、
设计到施工的全部工作。历时四年，于 1909 年 8 月 11 日全部工程竣工，
10 月 2 日京张铁路全线通车。在詹天佑的艰苦努力下，京张铁路平均每公
里造价仅为 3.45 万两，为当时全国平均造价最低铁路，[①] 同时这也是清朝
年间唯一一条由中国人自行设计建造并制定规章的铁路。1908 年 1 月 13
日清政府与英德两国公司签订《天津浦口铁路借款合同》，借款筑路。由

---

① 北京市地方志编纂委员会，《北京志·市政卷·铁路运输志》，北京出版社，2003 年，
第 40、423 页。

于吸取了京汉铁路的经验教训，[1] 中国保留了津浦铁路的几乎全部管理权。1909 年开工典礼在天津举行，三年后，1912 年津浦线全线通车。

有铁路必有车站，天津仅市区内就有三座火车站。1888 年建成天津火车站，又称老龙头车站、东站、老站。1903 年因天津东站前的主要地段被各国列强瓜分为租界，清政府上层官员出入车站极为不便，又建天津北站。1908—1911 年，为津浦铁路所需又建天津西站。由此，天津成为中国第一座拥有铁路"两干线三车站"的城市。

铁路改变了什么？

从坚决抵制到主动筑路、与列强争夺路权，中国人对于火车这一钢铁巨兽的态度发生了彻底的转变。那么，铁路究竟给中国社会带来了什么、改变了什么呢？

首先，火车改变了远途旅行的方式，扩大了人们的视野，带来社会风气的日趋开放。天津城外原来有一条大道直通北京，骑马寄送邮件，中间有驿站换马，可以在 12 小时内，由海河边的津海关快马加鞭赶到北京的海关总税务司署，但从天津出发的商旅行人则需要两三天才能赶到北京。京津之间火车通行之后，6 个小时即可完成全部旅程。为吸引普通民众乘坐，铁路公司定出了较为适中的票价：头等票三元，二等票减半，对于普通民众来说不是问题。铁路通到天津后不过两年，搭乘旅客在一年内（自 1890 年 12 月至 1891 年 11 月）达到 537000 余人次。[2] 在天津火车东站，"华人近皆在东站票房左右，异常拥挤，火车通到北京，乘车之人数更多，虽乘运货之车犹欣欣然有喜色，盖风气已开，如火车头之喷气然"。最初修造火车原以战时运兵、平时运货为主要目的，但关内外铁路通行之后，运货与载客所得收入竟不相上下。[3] 就连清朝最高统治者慈禧太后，在《辛

---

[1] 京汉铁路是连结华北和华中的铁路。中国投资 1500 万两，其余由比利时辛迪加供给并主管修建。有关营业方面的权利几乎全部为比利时辛迪加所掌握，名义上是中国官营，实际上则是法国和比利时两国的事业。

[2] 天津社会科学院历史所、天津市档案馆，《津海关年报档案汇编（1865—1911）》下册，内部发行，1993 年，第 28—29 页。

[3] 天津社会科学院历史所、天津市档案馆，《津海关年报档案汇编（1865—1911）》下册，内部发行，1993 年，第 117、141 页。

《辛丑条约》签订后，1902 年慈禧太后自西安回北京，由保定搭乘的皇家特等客车
照片由总工程师沙多的孙子 Jean Jadot 提供

丑条约》签订后，于 1902 年自西安回北京，在保定也坐上了袁世凯特意
安排的皇家特等客车，一路舒舒服服地回到北京。由于清皇室每年一次去
西陵祭奠祖先要耗费很多时间经费，又下令专门修建了西陵线，作为皇室
专用线。可见，物质享受是新鲜事物中最让人乐于接受的。"它没有大炮
那么可怕，但比大炮更有力量；它不像思想那么感染人心，但比思想更广
泛地走到每一个人的生活里去。"[①]

其次，铁路改变了运输方式和货运的内容，进而改变了水运一家独
大的局面，京杭大运河作为昔日"南北生命线"的意义从此不复存在。
铁路线正式开始修建不到十年，铁路就占到内地贸易全部货运量近一半
（1905—1906 年）。[②] 在进口货物方面，工业制造品占据大半，其中最主
要的是来自日、美、英三国的洋纱洋布从天津港进口，经铁路转运长驱直
入北方内陆市场，冲击了传统土纱土布市场，而内地市场对石油、军火、
砂糖、面粉、纸张和燃料的需求也增长迅速。在出口货物方面，农产品占
据大半，主要是棉花、羊毛、家畜、皮货、猪鬃、果蔬、蚕茧和茶等，制
成品只有陶瓷器、药材、丝绸、草帽辫等，入超现象严重。京汉铁路和津
浦铁路开通后，日益成为联系南北贸易的新生命线。在铁路强大运力的蚕
食之下，内河运输日益萎缩。本就因河沙淤积、干旱水少、冬季结冰等原
因而受到严重影响的京杭大运河淮河以北段，渐渐失去了它的航运价值，

① 陈旭麓，《近代中国社会的新陈代谢》，上海人民出版社，1992 年，第 218 页。
② 天津市地方史志编修委员会总编辑室编，《二十世纪初的天津概况》，内部发行，1986 年，
第 283 页。

1901 年铁轨穿过北京城墙。1896 年"唐胥铁路"终于延伸至北京城外的卢沟桥，1897 年铁路进一步延伸至丰台，并与津榆铁路合并，更名为"关内外铁路"，意为"连接长城内外的铁路"。义和团运动期间，团民将京津之间的铁路线拆毁，天津站（老龙头火车站）和北京站也被捣毁。1900 年，八国联军占领北京，英国人炸毁一段北京外城墙，终于将铁路修进了城内。这一举动具有巨大的标志性意义，象征着自马戛尔尼使团开始不断叩关而来的西方人终于攻破了清政府统治下的这座封建堡垒，中国彻底沦为半殖民地半封建社会

火车修进北京城

以上照片由总工程师沙多的孙子 Jean Jadot 提供

空中俯瞰天津东站铁路　照片由刘悦提供

昔日运河三岔口上"连樯集万艘"的盛景一去不返。

第三，铁路改变了近代中国的经济格局，它唤醒了中国人民的权利意识，进而引发了终结帝制的资产阶级革命。铁路打破了中国传统社会的"小农经济"，将广阔的内陆与东部沿海口岸联结在一起，混合为一个统一的中国市场，使进出口贸易大幅增长，改变了中国的经济格局。清朝末年帝国主义列强对中国铁路和矿山投资开采权的争夺，推动了民众尤其是士绅阶层民族意识和权利意识的觉醒，使民众开始热衷于投资商业企业，振兴民族工业。1878 年开平矿务局的股票在天津、上海、武汉、南京、宁波等地销售，引起各地巨商争相买入，在很短的时间内即募集到巨额资金。甲午战后中国铁路发展大大加快，民间也掀起集股修筑铁路的热潮，直至1911 年 5 月，由于清政府将已归商办的川汉、粤汉铁路收归国有而导致"保路运动"的爆发，进而引发辛亥革命，终结了中国封建王朝几千年的统治。经济基础决定上层建筑。铁路属于基础设施建设，堪称基础的基础。基础变了，清政府岂能不倒？！

最后，不得不提的是，铁路的出现改变了战争的规模和进程，却也为自身的发展带来了阻碍。最早倡议修筑铁路的李鸿章等洋务大臣，提出的理由是军事方面的需要，"如有铁路相通，遇警则朝发夕至，屯一路之兵能抵数路之用"[1]。不过后来，火车的神速没能挽救清王朝的覆亡，却在之后的北洋军阀混战中得到了充分的运用。军阀士兵几乎从来不付车费，司令官更是霸占铁路车辆、货车，有时甚至将整列火车据为己用，影响列车按时运行。战争亦导致铁路时行时断，铁路收入没有任何保障，更不用说修建新的线路了。

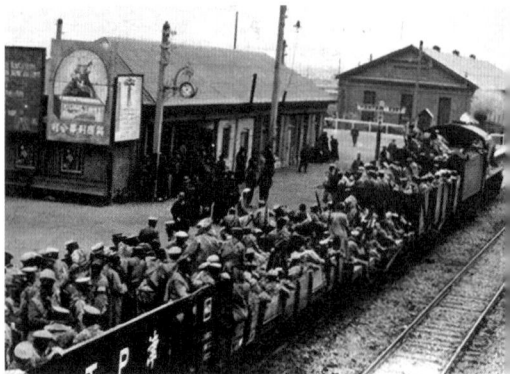

军阀占用铁路运兵　照片由刘悦提供

----------— **洋行与买办** —----------

在开放成为通商口岸后，随着交通运输业的发展，天津日益成为北方的经济中心。天津口岸将华北、西北和东北三个地区的市场与国际资本主义市场连结在一起，"华北传统农业生产的商品价值体系开始与代表西方大机器生产的商品价值体系对接"[2]。20 世纪 30 年代初，天津港的进出口总额已占到华北地区的 60%，占全国的 25%，成为中国北方最大的进出口贸易港、仅次于上海的全国第二大外贸中心。可以说，天津在开埠前仅仅是区域性的经济中心，开埠后则成为世界资本主义市场的一部分，沦为资本主义的原料供应地和产品倾销地，其中各个洋行发挥了巨大作用。

天津的洋行

所谓洋行，一般是指由外国资本投资在中国设立的贸易公司。后来随着外国资本在华投资办厂日益增多，各种外国人设立的和中外合资的制造业企业，也被称作洋行。

----

[1] 宓汝成，《中国近代铁路史资料：1863—1911》（第一册），中华书局，1963 年，第 131 页。

[2] 天津市档案馆编，《近代以来天津城市化进程实录》，天津人民出版社，2005 年，第 96 页。

原怡和洋行　张畅摄于 2022 年

明信片上的怡和洋行仓库和码头，今六号院创意产业园　照片由刘悦提供

怡和洋行是最著名的一家老牌英资洋行，远东最大的英资财团，清朝时即从事与中国贸易，主要从事鸦片及茶叶的买卖。1832 年 7 月 1 日成立，由两名苏格兰裔英国人威廉·渣甸（William Jardine，1784—1843）及詹姆士·马地臣（James Matheson，1796—1878）在中国广州创办。怡和洋行对香港早年的发展有举足轻重的作用，有"未有香港，先有怡和"之称。也是首家在上海开设的欧洲公司和首家在日本成立的外国公司。1843 年上海怡和洋行成立。1872 年以后怡和洋行放弃对华鸦片贸易，之后怡和的投资业务逐渐多元化，除了贸易外，还在中国大陆及香港投资兴建铁路、船坞、各式工厂、矿务；经营船务、银行等各行业。

　　天津成为通商口岸后，外国商人开始在天津设立洋行。1875 年前后已发展到近 30 家，其中包括号称英国"四大洋行"的怡和、太古、仁记、新泰兴洋行和汇丰银行、屈臣氏大药房等 14 家在天津开设的分支机构；俄国的阜通、顺丰（又称萨宝石）等 7 家；德国的世昌、信远、增茂等 6 家；法国的启昌、亨达利；美国的丰昌等。[①]这些大洋行垄断了天津的进出口贸易，到 1890 年天津洋行仅增加到 47 家。随着帝国主义势力的进一步入侵和天津的城市化进程发展，据海关统计，1906 年天津的洋行总数迅速扩张到 232 家，1926 年则达到 900 余家。1936 年，各国在津总共开设了各类洋行达 982 家，其中日本 689 家，美国 96 家，英国 68 家，德国 43 家，

---

① 天津市政协文史资料研究委员会编，《天津的洋行与买办》，天津人民出版社，1987 年，第 2—3 页。

原仁记洋行　张畅摄于 2022 年

仁记洋行后楼　张畅摄于 2022 年

　　仁记洋行于鸦片战争前夕在上海成立，天津开埠后即来天津开设分行，行址在英租界河坝路（今台儿庄路），由威廉·傅博斯（William Forbes）等人经营。八国联军侵华期间，该行遭到义和团和清军炮火破坏。后依《辛丑条约》，得到一笔赔偿费，遂在英租界中街 45 号（今解放北路 129—135 号）修建了新行址。该行营业范围极广，进口商品包括轮船、火车、废报纸；出口商品包括古玩玉器、皮毛、头发并代理各项代销业务，以及保险、海陆运输、招募华工等，从中收取佣金。

　　新泰兴洋行旧址位于和平区解放北路 100 号，属于一般保护级别的历史风貌建筑。新泰兴洋行创立于1876 年，是天津开埠后早期来津的英国"皇家四大行"之一。"皇家四大行"在进入中国的最初都曾参与军火交易和鸦片买卖，后来随着时间的推移，四大行逐渐把主要业务转向了正当行业，怡和、太古两大行在航运、食糖等方面独占鳌头，仁记和新泰兴则主要在土特产品的出口方面大发横财。新泰兴在中国内地设有外庄多处，主营羊毛和农副土特产品，当时基本垄断了中国西北的羊毛生意，另外还逐步接触金融行业，涉足国外保险公司的财险、火险等业务代理。起用熟悉草帽缏业务的中国商人宁星普为经理，新泰兴洋行还投资房地产业，盖有新泰兴大楼。

新泰兴洋行　安红摄于 2023 年

天津太古洋行　照片由刘悦提供

太古洋行1816年由约翰·施怀雅〔John Swire（1793—1847）〕在英国利物浦创立。1861年太古集团开始通过代理商与中国进行贸易。太古洋行是近代中国影响力仅次于怡和洋行的商贸机构。太古洋行主营航运业，1867年组织中国航业公司，1872年在上海设太古轮船公司，1904年设天津驳船公司，经营天津——塘沽之间的浮船拖驳事业，附设船舶修理工厂，成为与怡和轮船公司、旗昌轮船公司并驾齐驱的三大航运公司。除航运业外，太古洋行还涉足其他领域。19世纪太古的糖厂成为全球规模最大和最先进的糖业基地。

原太古洋行　张畅摄于2022年

俄国 26 家，法国 22 家，其他国家 38 家。① 由此也可以看出，早期是英国的商人在天津的贸易中占优势地位。一战后，德、法、俄等国势力衰竭，美国与日本趁欧洲各国无暇东顾，乘机夺取中国市场，与力图保持原有优势的英国商人，成为在津外国三大势力，而野心勃勃想要吞并中国的日本商人有军界和外交力量做后盾，更是后来者居上。北洋军阀统治时期，日、美、英三国在不同时期各自支持某一派系军阀，它们的洋行在天津租界里的活动正好反映了当时各派军阀势力的此消彼长。所以，尽管天津的洋行经营范围广阔，包括进口洋货、出口中国土产、经营房地产、保险、运输以及电车电灯、自来水等公用事业，但最赚钱的除了鸦片，始终是军火交易。

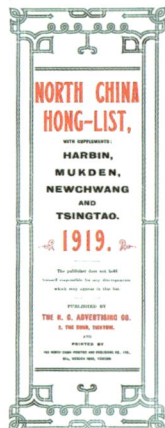

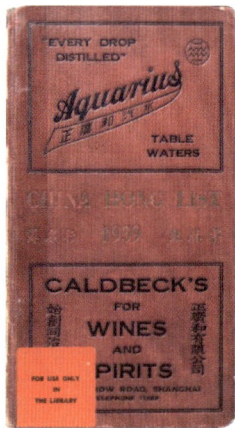

《1919 年中国北方行名录》［由 *The North China Advertising Co.*（中国北方广告公司）出版的中国北方商业机构名录，包括天津、北京、哈尔滨、沈阳、营口、秦皇岛和青岛 7 个北方城市］和《1939 年字林报行名录》［由 The Offices of the North-China Daily News & Herald Ltd（字林洋行）出版的中国主要港口和城市中所有外国人与重要中国人开办的商行、企业、机构名录。1939 年的名录包括 45 个主要城市和港口］

洋行的数量，往往说明了一个城市的经济社会发展状况。除了各通商口岸的海关数据之外，最能直观体现洋行数量和发展规模乃至经营范围的是当时的一种公开出版物——类似于后来的电话黄页簿——Hong-List（行名簿）。这里的 Hong，不仅指贸易公司性质的洋行，还包括了工厂、银行、医院、教会、学校、各种批发和零售商店甚至使领馆等机构，统称为 Hong（行）。以《1928 年中国北方行名录》和《1939 年字林报行名录》两本行名录进行比较，1928 年出版的 Hong-List 中包括天津、北京、大连、哈尔滨、青岛等在内的 14 座北方重要城市，1939 年的字林报的行名录则包括天津、上海、广州、汉口、北京等全国 45 个主要城市。粗略统计，天津的洋行数量在北方城市中首屈一指，占到北方城市所有洋行数量的一半左右，北京约占五分之一。放眼全国的话（不包括香港），上海的洋行数量一骑绝尘，占全国首位，达到近 64%；天津居第二位，约占 12%；汉口居第三位，约占 4%；北京居第四位，约占 3.8%。② 由此可知，天津是中国北方的经济中心，在全国则居于第二位，仅次于上海。

① 天津市地方志编修委员会编，《天津通志·附志·租界》，天津社会科学院出版社，1996 年，第 209 页。

② 本文所用统计方法，是将 Hong-List 中各个城市所占篇幅与总篇幅占比进行粗略统计，从这个角度对各个城市的经济体量进行对比。

20 世纪初，天津的各个洋行主要从事进出口贸易。天津洋行对外输出一直主要以毛皮、农副产品为主，进口则从早期的鸦片、军火开始逐渐增加了药品、日用五金、玻璃、机械、棉毛制品、糖、碱、烟酒、电器、化妆品等日用消费品。他们凭借技术优势和不平等条约所获得的税收优惠政策，向中国市场进行倾销，垄断市场。以下为根据行名录整理的洋行大致分类，括号中为经营此类的洋行数量：

第一是进出口贸易类，包括铁路矿山物资供应（14）、煤炭（10）、烟草（17）、棉花和羊毛（18）、军火（2）、颜料（16）、橡胶（2）、机械设备（28）、纺纱机床（1）、锅炉（6）、精密仪器（6）、文具与办公用品（14）、自行车（3）、汽车（14）、家具（6）、取暖卫生用品供应（16）、旅行用品（8）、食品乳品（2）、葡萄酒与矿泉水（27）、服装衣帽和鞋靴（11）、手表珠宝（8）、眼镜（4）、花边刺绣（10）、皮货（43）等；

第二是建筑类，包括房地产商和仓储公司（25）、施工承包商（37）、建筑师事务所（19）、工程咨询师事务所（4）、建筑材料进口商（10）、水泥厂（5）、砖厂（2）、石棉厂（1）、木材商（3）、装饰木板（1）、玻璃厂（1）、大理石厂（1）等；

第三是制造业工厂，包括地毯制造（12）、制盐（1）、制碱（2）、肥皂（1）、面粉（1）、火柴（3）、家具（6）、墨水（2）、钢琴（2）、印刷（12）、制革（2）、钢铁（1）、打包（6）等；

第四是金融服务类，包括银行（40）、保险寿险代理商（76）、股票证券商（7）、会计师事务所（5）、火灾鉴定公司（2）等；

第五是交通运输业和公共服务业，包括轮船公司（58）、驳船公司（2）、船运和货运代理公司（14）、石油公司（13）、电厂（27）、水厂（2）等；

第六是本地生活服务类，包括律师（11）、公证人（1）、拍卖师（3）、广告代理（1）、汽车修理厂（14）、百货零售（22）、旅馆饭店（11）、照相（2）、影剧院（8）、菜市场（2）、面包烘焙（5）、乳品店（3）、干洗店（3）、制冰厂（4）、金银首饰加工（11）、殡葬服务（1）、刻字师（5）等；

第七是医疗和文化教育类，包括医院（18）、诊所（34）、牙医（13）、兽医（2）、药店（13）、报纸（11）、学校（54）、商会（8）等。

其中值得注意的有几点：

首先，虽然天津洋行主要经营的是进出口贸易，但从 19 世纪 70 年代开始，世界资本主义向垄断资本主义过渡，开始资本输出直接投资设厂，所以洋行不再仅仅是贸易公司的代名词，那些从事生产加工然后对外出口的制造业企业也称自己为"洋行"。天津原有的近代工业在 1900 年的八国联军侵华战争中几乎全部遭到破坏，经过 20 世纪初期的重建，迅速得到恢复。特别是第一次世界大战中，由于各交战国家无暇东顾，无法满足中国的市场需求，而且少了外来的竞争，在中国的国内外资本家正好可以发展工业生产填补中国乃至世界市场的空白。20 世纪 10、20 年代，无论是民族工业还是外资工业都欣欣向荣地发展起来，到"七七事变"前，天津已经形成比较完整的工业体系，并发展到前所未有的高度，工业投资总额仅低于上海，居全国第二位。

其次，作为工商企业发展辅助的银行、保险公司等金融服务业，几乎是与商贸洋行同时来到天津的，并且发展的速度快、数量多。1928 年的天津行名录里，有中外银行共 40 家（不包括银号），有 76 家商行代理了190 余家中外保险公司，而同期的各种商行总数不过 900 余家。商业资本与金融资本交织在一起，共同垄断了在华的商业利益，是近代中国遭受的另一种形式的侵略。

再次，天津洋行的经营内容是与时俱进的。随着各国租界社区建设的繁荣发展，本地人口与外国侨民人口日益增长，洋行不仅在数量上成倍增长，而且所从事的经营范围也不断扩张，几乎涵盖了人们生产生活中的各个方面。早期进口的洋货主要是钟表、仪器、火器等，这些奇技淫巧和火炮兵器带来的震撼吸引了上流社会的兴趣，是各洋行经营的重要货品。汽车、汽油等在欧美发明后不久很快被引进到中国。洋行不仅为天津城中上阶层市民提供了完善而舒适的生活，而且推动了天津的城市化进程，使城市社区成为中外居民共同的家园。

洋行里的中国人

洋行里的中国人，最重要的就是买办。20 世纪 20 年代以前，洋行一般都是通过买办进行商品贸易买卖，他们协助将产品销往内地，从内地购买羊毛、茶叶、生丝等原材料。可以说，买办是进出口贸易的中间人或金融活动的经纪人，是外国商业资本在中国进行渗透和扩张的必不可少的工具。随着外国资本主义对华经济侵略日益加深，到 20 世纪 20 年代买办的职责不断扩大，其贸易中间人的地位越来越重要。但是随着外资在华直接投资设厂，降低成本的需要最终使买办制度走向消亡，经理人和高级职员逐渐取代买办。

鸦片战争之后，《南京条约》的签订虽然为外国资本进入中国扫清了制度障碍，外国商人终于摆脱十三行中国商人的垄断可以自由经商了，然而他们仍旧面临语言不通、国情不熟、货币及度量衡制度混乱、市场信息不灵等诸多难题。而买办则拥有相对全面的信息，可以充分利用自身的地缘、业缘和血缘关系建立起复杂的商业网络，为外商从事将产品销往内地、从内地购买原材料的进出口贸易或者作为金融活动的帮手。当然，内地的中国商人、农民与外国人做生意，遇到的麻烦也是同样的。这种文化类别和经济发展上的差异和差距所造成的中西交流障碍，就成为买办广阔的活动空间和利润空间。

通常情况下，洋行给买办一个商品的价格和标准，买办按照这个价格买进或者卖出。这个价格是洋行在计算好自己预期的利润之后给出的。不管买办从中得到多少佣金或者其他好处，只要洋行预期的利润能够达到就可以了。所以买办是外国洋行的实际供货人，有时还负责按照出口商要求安排好一切出口业务。洋行只对商品的种类、质量和价格感兴趣，对买办与中国商人之间的关系、买办的花销和得到的利润则漠不关心。这种体制对洋行来说避免了许多不确定的因素，确保了利润的稳定性和连续性；而且，依靠买办做业务简化了外国商人的职责，省下来大把的时间和精力可以花在"打网球、乘马、游猎、赛马等竞技游戏"[①]。

当世界资本主义开始过渡到垄断资本主义阶段，资本输出成为资本主义向全球扩张的另一种主要手段。中国在这一时期成为一个诱人的场所。首先，当资本主义在西方国家得到一定发展后，利润率开始下降，资本过剩，资本家必然将眼光转向能够为自己带来更大利润、资本少的地方进行

---

① 天津市地方史志编修委员会总编辑室编，《二十世纪初的天津概况》，内部发行，1986 年，第 253 页。

投资，特别是经济不发达地区。中国廉价的劳动力、地价和原料以及较少的竞争使资本家更有可能获得高额利润，因此吸引力巨大。已经来到中国的各国商人常常向本国商人宣传说中国原料富、工资低、利润厚，号召他们到中国来经营企业。[①] 其次，19 世纪 30 至 50 年代，在最早进行工业化的英国，反对工业资本家压迫工人的运动开始显现成果，通过了一系列立法保护工人利益。例如，1847 年英国通过 10 小时工作日提案，1850 年和 1853 年又通过两项工厂立法，限制纺织工厂每天最多开工 12 小时等。之后，其他工业化国家也相继出台了保护工人利益的法律。对资本家来说，本国工人阶级的觉醒、工人运动的崛起和对工人保护的立法使得中国没有法律保护的劳动力市场变得更为诱人。第三，中国不仅拥有廉价的原料市场和劳动力市场，更拥有广阔的消费市场。这是外国商人从开辟新航路和进行工业革命之后就一直急于打开的市场。第四，近代中国半封建半殖民地的地位，有它优于完全殖民地（如印度）的好处：侨民在通商口岸和租界投资办厂，既可充分享受不平等条约所规定的对侨民的种种优惠政策（主要是关税上的自由和领事裁判权），同时，又可逃避英国本土和殖民地的税收，不受法律约束，尤其不受英国本土和殖民地的税法和工厂法的约束。因为租界里的工部局（相当于市议会）是由侨民自治，并不完全听命于本国政府。这就是中国的通商口岸被称作"资本家的乐园"的由来。

基于以上优越条件的考虑，外国在华设立企业大大增多。除了采矿工业和进出口商附设的小工场以及日本工厂以外，1895 年以前，外商在华仅设立了 10 余家工厂。但从那以后到 1936 年，不计日本占领下的东北，各国在华设立各种类型的工厂不下 820 多家，其中大部分是在二十年代和三十年代设立的。从 1902 年到 1914 年，外国在华资本增加了近一半；从 1914 年到 1930 年，增加了一半以上；从 1930 年到 1936 年，增加了近 23%。[②]

不过随着工厂的设立，买办制度的弊端也逐渐暴露出来。以当时中国乃至世界最大的地毯生产厂天津美古绅洋行为例，美古绅洋行大约设立于

---

① 《北华捷报》，1879 年上卷，第 45 页。转引自《中国近代经济史论文选集（二）》，第 671 页。

② 以上数据摘自吴承明《帝国主义在旧中国资本的扩张》，《中国近代经济史论文选集（二）》第 754—756 页。

美古绅厂房　照片由刘悦提供

20 世纪 20 年代，其前身为达绅洋行，创办者为波斯籍亚美尼亚人。他们因逃避奥斯曼土耳其政府于 1915 年至 1917 年间发动的亚美尼亚人的种族屠杀而来到天津。美古绅洋行建立起大规模机器纺毛厂的时间大约在 1927 年，正值一次大战结束不久。由于战争，原本国际市场上的主要地毯生产国土耳其、伊朗出口受阻，天津大小地毯生产厂家乘机设立，出口量锐增。从 20 世纪 20 年代开始，天津地毯出口额逐年增长：二十年代到三十年代间，常年保持在约 400 万海关两；1941 年太平洋战争爆发，美古绅等英美地毯厂作为"敌产"被日本没收之前，出口额更达到最高峰的 821 万海关两，是天津对外出口的大宗商品。[①] 天津地毯 90% 出口国外，销往美国的地毯占天津出口总量的 66%。[②]

美古绅洋行在津开办地毯厂的鼎盛期，仅天津的工厂即拥有织机 1250 架，工人 6350 人，地毯生产能力达 120 万平方尺。[③] 它不仅生产地毯，还

[①] 姚洪卓：《近代天津对外贸易（1861—1948）》，天津社会科学院出版社，1993 年、第 154 页。

[②] 1929 年《津海关贸易报告》。吴弘明编译，《津海关贸易年报（1865—1946）》，天津社会科学院出版社，2006 年，第 486 页。

[③] 据 H. Shabas 编写的小册子《The Chinese Carpet Industry》中数据。

工人织毯

工人剪毯

以上照片由刘悦提供

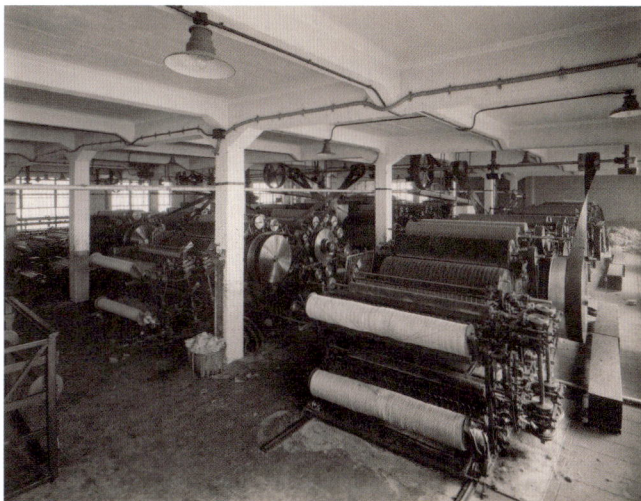

美古绅的纺毛机器

经营机器洗毛、纺纱。其羊毛清洗部门年产能约为 27216 担，粗纺毛纱产能约为 11340 担，染毛产能约为 7258 担。[1] 加工的羊毛、毛纱等，除供应本公司外，还供应国内其他地毯厂，并远销美国。因此，美古绅洋行对羊毛的需求量极大。由于特殊的地理位置和优越的交通条件，天津港成为三北地区羊毛出口的最大口岸。据海关统计，从天津出口的三北羊毛年均出口量 1885—1894 年为 76907 担；1895—1904 年增至 149998 担；1905—1920 年达 250000 担；1920—1935 年为 256804 担。[2] 美古绅在天津设厂，自然是为了就地取材，方便快捷地获取最廉价、最充足的原材料。

然而，买办制度下，买办只关心自己的佣金，不愿意操心羊毛的质量。在买办的经营下，所有运往海港的羊毛，不是未清洗的，就是在天津经过清洗后损失 50%—60% 的重量，而且每包货物至少掺杂 50% 的次等羊毛。从内地运往天津每担羊毛运费是 30 元（鹰洋），算起来就有 18 元钱白白浪费掉了。[3] 出口的羊毛，如果掺杂泥沙和次等羊毛，会大大降低价格；而作为地毯的原料，无疑又会提高羊毛处理的成本。而且，买办常常通过囤积羊毛而抬高价格。这些因素对美古绅这样的羊毛出口商和大型地毯生

---

① 据 H. Shabas 编写的小册子《The Chinese Carpet Industry》中数据。

② 天津海关译编委员会编译，《津海关史要览》。中国海关出版社，2004 年，第104—136 页。

③ 摘译自俄国商人 S. Viazigin1934 年写给 H. Shabas 的一封信。

产商来说，都是刀刀致命的。因此，美古绅洋行为了获得稳定、廉价且优质的羊毛，同时将管理成本降到最低，进而得到高额利润回报，是不可能与买办结成利益同盟的。

随着外国资本主义对中国商品输出和原材料的掠夺的需要日益增高、中外贸易量不断上涨、中外交流日益增多，进入垄断阶段的外商已不甘心再让买办分一杯羹了。他们要求直接与中国内地商人做生意，从而直接占有和垄断原材料和市场。因此，买办制度必然走向衰落。

20 世纪初，高级职员制和代理制逐渐取代了原先的买办制度。高级职员制：买办只领薪金，取消或部分取消佣金，代之以销售提成。代理人制：买办不再固定受雇于某一行，洋行与华商订立经销、包销、代销合同。但这些变化主要是在部分日、美、德企业，英、法的许多老企业照旧。到了日本全面侵华时期，特别是太平洋战争爆发后，欧美籍外商相继歇业或产业被没收，日商不再雇用买办。近代买办制度终于消失了，而原来的部分买办转型成为真正的商人，自己直接做生意了。

——— 银行与华尔街 ———

银行保险业属于第三产业，是为商业和工业发展提供服务的。在资本主义由商品输出发展到资本输出的阶段，外资银行更是充当了列强进行经济侵略的急先锋。天津的外国银行紧随洋行而来，比邻而建，生意上相互扶持，建筑上相映生辉。近代银行业的兴起为天津迅速成为新兴的商贸和工业城市提供了强大助力，再加上 20 世纪初不断崛起的华商银行，它们与早期繁盛的银号业一起，构筑了天津作为中国北方工商业和金融中心的雄厚基础。

银行与赔款、外债、借款

19 世纪末 20 世纪初，随着列强不断扩大在华势力，各国银行纷纷来津设立分行。20 世纪初期，天津的中街上一座座恢宏壮观的建筑拔地而起，其中最早的一批是英国的汇丰银行（Hongkong & Shanghai Banking Corp.）、麦加利银行（the Chartered Bank of India, Australia & China）、

沙俄的华俄道胜银行（Русско-Китайский банк）、德国的德华银行
（Deutsche–Asiatische Bank）、法国的东方汇理银行（Banque de l'Indo-
chine）和中法实业银行（Banque Industrielle de Chine）、日本的横滨正
金银行（Yokohama Specie Bank, Ltd.）和朝鲜银行（Bank of Chosen）、
比利时的华比银行（Banque Belge pour l'Étranger）、美国的花旗银行（the
National City Bank of New York）等。

这些外国银行大都为殖民地银行。所谓殖民地银行，是殖民主义时代
英国、法国、比利时、葡萄牙、荷兰等老牌资本主义国家，专门为扶植殖
民贸易而在其殖民地或海外设立的银行，其主要职能是办理国际贸易中商
业汇票的承兑、外汇业务和提供对外贸易信贷，甚至发行铸造殖民地的当
地货币、承揽政府借款等，从而达到控制海外贸易和对殖民地经济进行资
本输出的目的。

各国海外银行的一般性特点，是具有程度不一的政府支持。比如麦加
利银行（今为渣打银行）是 1853 年由维多利亚女皇特许设立的银行，主
营业务是为在当时其殖民地印度、澳大利亚、中国香港、新加坡、南非等
地的各种贸易提供资金帮助，后来将业务延伸至中国大陆。法国东方汇理
银行成立于 1875 年，总部位于法国巴黎，主要帮助法国政府管理在东南
亚的殖民地的资产，并发行货币。1889 年该行业务重心由印度支那转移
至中国，此后从 1900 年至 1941 年，该行代表法国政府处理庚子赔款以及法、
中之间的国际贸易结算和信贷。1912 年新成立的中华民国政府财政拮据，
遂由东方汇理银行提出合资成立中法实业银行（后改组为中法工商银行），
借此输入资本，法国亦将退还中国庚款余额用于该行运营。1889 年成立
的德华银行总部设在柏林，属德国海外银行系统，是德国资本在华活动的
中心机构，参与借款给中国的活动，支持铁路、码头工厂、开矿的建设，
其在中国的势力不亚于英国汇丰等银行。1880 年成立的横滨正金银行亦
具有半官方性质，享受日本政府的特殊优惠和保护。成立于 1895 年的华
俄道胜银行，干脆就是中俄两国政府出资（法国也有出资，但支配权在俄
国手中）的合资银行，甚至享有在中国北方代收关税、盐税、经营铁路建筑、
发行货币等各项特权。

清朝末年，清政府连连在战争中败给列强，不得不割地赔款，导致外
债激增。1895 年后，为支付甲午赔款，清政府举借了俄法借款、英德借

汇丰银行于 1865 年 3 月在香港成立。汇丰银行的发起人，都来自于当时在对华贸易中占据统治地位的英国洋行或英裔印度洋行，还有挪威、德国和美国洋行。1882 年在天津开设代办处，为天津最早、最大的外资银行。首任买办为吴调卿，为天津四大买办之首　张畅摄于 2022 年

花旗银行，主要前身是 1812 年成立的"纽约城市银行"，总部设在华尔街，是美国第一家成立国际部的银行。1902 年开始向海外扩张，同年在上海和香港开设分行（这时花旗在美国不可跨州开展业务，却跨国开设分行）。1916 年在天津设立分行　张畅摄于 2022 年

横滨正金银行为东京银行前身，1880 年成立于横滨，1899 年在天津设立分行。20 世纪初天津的日本洋行数达到 60 家、侨民人口达到近两千人，在所有外国洋行和侨民中所占比例最高，横滨正金银行的设立主要是为本国洋行和侨民提供汇兑业务　张畅摄于 2021 年

华俄道胜银行 1895 年成立，资本来自法、俄、大清帝国三国，总部在圣彼得堡。1896 年设立天津分行。享有在华发放贷款、发行货币、税收、经营、筑路、开矿等特权。1917 年十月革命后，总行和 85 处分行被苏维埃俄国收归国有，即改以巴黎分行为总行，但实力受到严重削弱。1926 年 9 月 25 日因巴黎总行外汇投机失败而清理停业　张畅摄于 2021 年

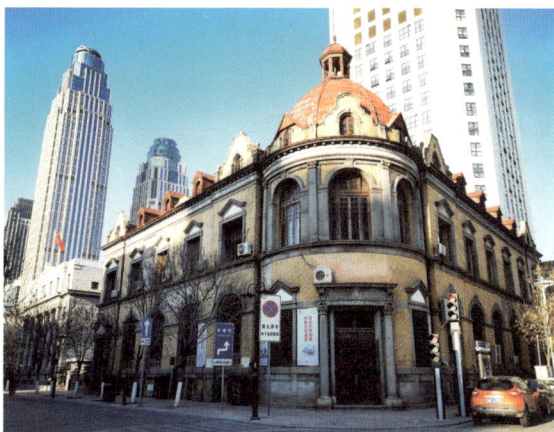

德华银行于 1889 年在柏林成立，董事会也设在柏林。属德国海外银行系统，是德国资本在华活动的中心机构。1890 年在天津设立分行。参与借款给中国的活动，支持铁路、码头工厂、开矿的建设。其在中国的势力不亚于英国汇丰等银行。一战结束后，1922 年德华银行曾经在天津大沽路复业，但实力已不可与以前同日而语。1936 年 7 月迁至法租界中街。1945 年由中国银行天津分行接收清理　张畅摄于 2022 年

华比银行于 1902 年成立，总部设在布鲁塞尔。华比银行的母公司是由国王利奥波德二世担任董事长的比利时通用公司。天津分行成立于 1906 年。除经营存款、放款、汇兑等一般银行业务外，更专注于承揽大宗长期贷款。我国历次所借由比利时承建铁路的贷款，如京汉铁路、陇海铁路，均由该行经理。1908 年华比银行在天津开始发行纸币，还于 1921 年修建了银行大楼。中华人民共和国成立后，华比银行曾被批准为经营外汇的指定银行，后于 1956 年停业清理　张畅摄于 2021 年

东方汇理银行于 1888 年将业务扩展到中国，1907 年在天津法租界大法国路开设天津分行。1949 年中华人民共和国成立后，上海东方汇理银行被中华人民共和国政府批准为外汇业务"指定银行"。后由于外商企业撤出上海，业务清淡，1955 年向中国政府提出申请，被批准停业清理　张畅摄于 2022 年

中法工商银行初名中法实业银行，是 20 世纪上半叶的中法合资银行。前身中法实业银行是第一家中外合资银行，1913 年 7 月开业，在法国注册，总行设在巴黎，1919 年在天津开设分行，在中国经营发行纸币、借款等业务。在第一次世界大战期间，该行遭受重大损失，亏损严重，到 1921 年 7 月 2 日停业。1925 年，中法实业银行改组为中法工商银行。中法工商银行天津分行于 1925 年开业，1948 年歇业张畅摄于 2022 年

麦加利银行，为渣打银行前身，是维多利亚女皇特许设立的银行。1853 年成立于伦敦，1858 年在上海成立分行。早期的渣打银行在中国的银行业务主要经营外汇、兑换外国币券及旅行支票、吸收存款、活存透支、发放贷款、国内汇兑等项。1895 年，渣打银行天津分行成立　安红摄于 2023 年

款和英德续借款等大借款。1900 年《辛丑条约》签订后，清政府因无力偿还赔款，遂将赔款直接、间接转成外债，占这一阶段外债的三分之一以上；同时，列强为达到瓜分中国的目的，竞相向中国提供建筑铁路之类的借款，也占当时债务的三分之一。在数十家外资银行中，汇丰银行是在近代中国影响力最大的，它不仅垄断国际汇兑控制中国对外贸易，而且为中国政府募集外债，甚至自己投资和经营铁路、矿山或者各种垄断企业，早已超出了普通贸易银行的经营范围，成为英帝国主义对中国进行资本输出的急先锋。

　　汇丰银行于 1864 年在香港成立，开始设立的目的是为与中国进行贸易的公司提供更有效率的融资服务，其股东几乎全部为以中国为其主要基地的通商口岸各大洋行的老板。1865 年开始营业，同年在上海设立分行。之后主要在广州、汉口、福州等南方口岸设立分支机构。1880 年汇丰银行准备拓展北方业务，1882 年在天津开设代办处（这也是天津首家外资银行）。它在天津的客户首先就是津海关。当时直隶总督李鸿章的同乡吴调卿被派到天津任汇丰银行天津分行的首任买办（后他担任此职 25 年）。借由同乡关系，李鸿章创办北洋水师所需的海防经费由津海关直接存入汇丰银行天津代办处，之后再从汇丰银行支取费用。同时汇丰银行还搭上了海关总税务司英国人赫德（Robert Hart）的关系，借由他的关照游说，汇丰得到清政府的信任。1884 年赫德在汇丰银行开立账户，将海关各种经营类款项都存入该账户。赫德甚至向清政府建议，汇丰银行理应成为中国的

"政府银行"，由它来经理中国所有的借款事务。[①] 在赫德主持海关的后期，就连解入国库的海关税收也开始部分地由海关官银号转存汇丰银行。要知道，当时海关关税占清政府财政收入的四分之一。汇丰银行在天津开业，标志其在中国所有外资银行对华进行金融侵略的竞争中力拔头筹。

此后，从 1874 年到 1890 年，清政府共借外债 26 笔，总额 4136 万两，汇丰银行一家贷了 17 笔，金额 2897 万两，占 70.04%。1894 年后，西方列强把借款优先权的争夺作为瓜分中国的主要手段，而汇丰银行在承贷的外国银行中独占鳌头，并在每一笔对华贷款中，附加苛刻的条件，如"英德续借款"合同中规定，中国海关总税务司职位在借款偿清前一直由英国人担任。辛亥革命之后，列强以保障债权为借口，夺取了关税支配权，中国关税归汇丰、德华、华俄道胜三家银行存储保管，但汇总和收支拨解的总枢纽为汇丰银行上海分行。1913 年的"善后大借款"是以中国全部盐税收入为担保，所有盐税收入都必须解入汇丰等五家外国银行存储。至此，两大中央税收的存管权都被汇丰等外资银行攫取，汇丰银行成了事实上的中央银行。

"东方华尔街"

20 世纪初，天津的中国银行也开始发展起来，而且中外银行差不多都开设在毗邻海河的中街（今名解放北路）。因为各大银行云集，这两条路今日被称为"东方华尔街"或"金融街"，直至新中国成立很长一段时间，这里都是天津的金融中心。

各外国银行除了前面所述具有代表本国经济利权的借款、赔款等特殊业务之外，主营方向还是作为各国对华贸易机构的汇兑银行，经营汇兑业务。为此，它们在世界各地主要商贸城市和港口都设有分行、代理机构或交易所，成为本国对外贸易的有力帮手。同时，在各通商口岸，为了服务本国侨民，它们也兼营普通银行业务，如储蓄、贷款、贴现、金银买卖等。而早期的中国银行，大都脱胎于传统的银号，沿袭传统方法经营，且均为

---

① 1878 年 1 月 3 日赫德致金登干第 411 号函件。陈霞飞，《中国海关密档——赫德、金登干函电汇编（1874—1907）》，第二卷，中华书局，1995 年，第 1—2 页。

官办、半官半民或官吏们合资而办，虽然能得到官方保护，但保密性不够。而外国银行是不允许中国政府查账的，这样存在外国银行的存款就能被隐蔽起来，不被当权者没收。因此自民国初年以来，特别是北洋军阀混战最激烈的时候，为了躲避战乱，迁居到天津租界居住的清朝遗老遗少、北洋军阀、政客们都喜欢把大笔现钞存在外国银行，因此这个时代也是租界最繁荣的时代。外国银行同其本国的洋行互为一体，它们彼此互为股东、交换董事，例如汇丰银行和怡和洋行等老牌英国洋行血肉相连，因此那些存入外国银行的钱款又被放贷给其洋行，更是支持了外国工商业者在天津的商业发展。

外国银行通过本行的买办，与中国人打交道，从中国封建地主、军阀、官僚、政客们身上吸收了巨额资金。银行为了揽储，纷纷在中街上建起壮观的银行建筑。各大银行之所以集中在一起，不光是为了彼此之间的业务联系和资金上的互通有无，也是因为要"同台竞技"！前文所述，各国银行都有程度不同的政府背景，因此在这里的银行不仅代表了各自背后的财团实力，也是各国在华利益的事实上的代表。中街上的银行建筑，外形宏大雄伟，内部富丽堂皇，建筑质量非常高，在近代天津城市的公共建筑中十分突出。这当中既有国与国之间的国力竞争，也有银行之间资本雄厚与否的财力竞争。总之，就是要让已有的和潜在的客户觉得这家银行实力非凡，从而放心地把钱交给自己打理。一直保留到现在的这些银行建筑，实际上大都建于 20 世纪 20 年代近代天津经济最为繁荣的时期。对比上海外滩的恢宏建筑，后者虽体量更大，但一般建于 20 世纪 30 年代，比天津晚

东方华尔街　李敏摄于 2022 年

了近 10 年。由此可见，当时各大银行天津分行和上海分行的资金状况和来源的差异。

为了保证建筑质量，这些银行进行项目建设时，对各大建筑设计所和承建商广发英雄帖进行招标，重金礼聘中标者，然后大量进口贵重的建筑石材和其他高级装修材料。因此银行的建筑设计经典，建筑质量很高，历经百年风雨，无论是洪灾地震，还是战争洗礼，屹立至今。在建筑风格的选择上，银行不仅要炫耀财富，还要体现出稳健可靠的经营手段，所以倾向于比较传统保守的风格。表现出来就是：墙面外沿上的装饰性的古希腊古罗马各种样式的柱子、拱门和穹顶，内部装饰则金碧辉煌，大理石或黑白相间的马赛克地面，高大的穹顶下是五彩缤纷的彩色玻璃和低调奢华的吊灯。这些繁复、奢华的形式，目的无他，就是为了显示它们的财富和权力之巨大。

银行聚集的金融街上，其实不止有壮观恢宏的中外银行，还有洋行、领事馆、工部局、公议局、俱乐部等风格不一、各具形态的公共建筑，因此这条中文名为"中街"①的街道是英法两国租界的核心区域，不仅是经济中心，也是政治中心。英、法两国租界在天津划定最早、建设最好、人口众多，临近街区既有外国侨民居住，也迁入了许多非富即贵的中国居民。这条街的繁荣，反映出天津作为工商业和港口城市财富、人口和经济实力的集中，也反映出天津作为中国北方经济和政治中心的特定地位随着这条街的建设完成而形成。

---

① 中街在英租界段名为维多利亚路，法租界段名为大法国路。后德租界划定之后，修筑威廉路（一战后改称威尔逊路）与中街相接。新中国成立后，中街改名为解放北路，威廉路改名为解放南路。

第四章

技术革新与城市的变革

· 洋务运动是一项系统工程

· 培育人才与设立学堂

· 实业家与民族工业

第四章　技术革新与城市的变革

—— 洋务运动是一项系统工程 ——

近代城市发展处于一个产生了大量技术进步的时代，这些技术进步是财富积累和社会开放的结果。技术方面的爆炸性发展，不仅推动了城市工商业的发展，也引发了城市自身组织结构的演进。

北方的洋务中心

鸦片战争结束了中国与世隔绝的状态，中国同西方的接触日益频繁。一部分先进的中国知识分子开始睁开眼睛看世界。林则徐、魏源提出了向西方学习、"师夷长技以制夷"的观点。第二次鸦片战争后，先后增开了11个通商口岸，帝国主义势力由此开始深入中国内陆。面对此"数千年来未有之变局"，如何抵御那些"数千年来未有之强敌"？清朝统治阶层打出了"自强"的旗帜，着手办理各项所谓洋务，自此开始了中国第一次对内改革、对外开放、引进西方先进科学技术的现代化尝试。在

直隶总督衙门　照片出自比利时根特大学档案馆

这场改革中，居于领导地位的，在中央是负责一切对外事务的"总理各国事务衙门"，在地方则是一批思想较为开放的实权派督抚大臣，其中李鸿章办理"洋务"数量最多、时间最长。而天津作为其驻在地，成为洋务运

动的策源地。

1870 年李鸿章来津，任直隶总督兼北洋通商大臣，并被授予钦差大臣关防。凡是华北地区范围内的洋务、海防、海关，涉及全国范围的给外国人颁发内地通行护照外交以及轮船招商局和各煤铁矿招商局、铺设电报等事务均归北洋大臣全权负责管理。这样，李鸿章一身兼二任，避免了职权分散和互相掣肘的情况。而直隶总督府所在的天津，自然成为北方的洋务中心。

《天津城厢保甲全图》中的北洋机器局（西局，又称"南局"）

洋务运动由军工业开始，然后逐渐扩展到民用工业。之所以遵循这样的发展次序，是由于李鸿章以镇压太平天国运动起家，培养了一支富有战斗力并且效忠于他本人的武装力量——淮军。在与外国雇佣军并肩作战对付太平军的过程中，李鸿章见识了西方洋枪洋炮和军舰的厉害。此后，在洋务运动中，为了武装自己的军队、扩充个人实力，李鸿章开始大力发展近代军工企业，并大量向国外购买军火，用国外的先进军事技术武装淮军，使其成为清朝战斗力最强、装备最好、最精锐的一支武装力量，后来更一手创建了在当时世界海军中吨位排名第四的北洋水师。

北洋机器局西局　照片由刘悦提供

明信片上的北洋机器局（东局）

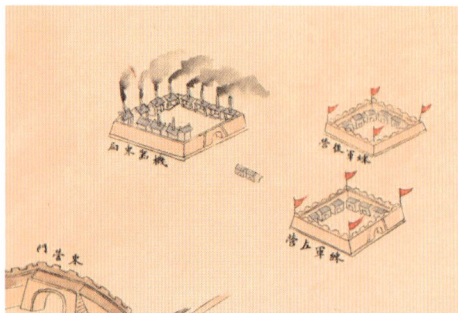

《天津城厢保甲全图》中的北洋机器东局

　　1870 年，李鸿章抵津后，即继续他在南方业已展开的洋务活动。先是接办天津（北洋）机器局（分为东局和西局），经过先后 5 次扩充，使其成为包括机器制造、基本化学、金属冶炼、铸造、热加工、船舶修造等门类齐全、产量巨大的北方规模最大的工业企业（当然，此时北方其他地区的工业基础基本为零）。机器东局的火药年产量达 100 万磅，西局制造子弹年产 400 万颗。据外国记者报道，东局火药厂是"以最新式的机器制造最新式的火药"，"将成为世界上最大最好的火药厂"[①]。除生产军火之外，天津机器局还具备一定的研发能力。如，它曾试制一艘机械挖泥船，还曾制造出一艘可以在水底行驶的"水底机船"，这是有史可考的我国自行制造的第一艘潜水艇。[②]

　　1875 年清政府命令李鸿章督办北洋海防，开始筹建北洋海军。天津海防有水无师。当第二次鸦片战争中"威里士厘号"停泊在大沽口外的拦江沙水域时，天津守军却无法派战舰出海迎敌。1879 年李鸿章在天津设立海军营务处，负责主持筹建海军事宜。至 1880 年北洋海军已初具规模，拥有从英国、德国购买的各类舰船 25 艘，并雇用英国和德国的军官来训

① 1887 年 10 月 27 日《北华捷报》。

② 《益文录》1880 年（清光绪六年）6 月 20 日记载了试制过程："现于津厂后面缭以周垣，开工设造，雇用工匠十余人""均设严禁，不准窥视"。同年《益文录》10 月 30 日记载了演示情况："兹已造成，盖驶行水底机船也。式如橄榄，入水半游水面，上有水标及吸气机，可于水底暗送水雷，置于敌船之下，其水标缩水一尺，船即入水一尺。中秋节下水试行，灵捷异常，颇为合用。因为河水不甚深，水标仍浮出水面尺许，若涉大洋，能令水面一无所见，而布置无不如志，洵擢敌之利器也。"海军司令部编辑部编著的《近代中国海军》（海潮出版社 1994 年初版）一书认定为中国最早研制的潜水艇。

1880 年建成的北洋水师大沽造船厂
照片收藏于北京故宫博物院

练海军。为了使日益庞大的北洋海军的舰船能够就近修理，1880 年李鸿章于大沽海口选购民地 110 亩，建起一座船坞，命名为"北洋水师大沽船坞"，也称海神庙船坞。它是我国北方最早的船舶修造厂和重要的军火基地。因李鸿章坐镇天津，北洋海军的指挥总部及各附属机构均设在天津，如海军营务处（相当于后来的海军总参谋部和总后勤部）、海防支应局、海军储药施医总医院等。

在兴办军事工业的过程中，李鸿章及其身边洋务派官僚开始认识到洋务事业是一项系统工程，打一场现代化战争不仅需要军工，而且需要采矿、冶炼、铁路、航运、电讯等多方面的配合。这些若没有相当的财富基础不可能实现，仅仅依靠农耕文明的税收远远无法满足需要。欧美国家的工业革命更让洋务派认识到举办实业以"求富"的重要性。所以，洋务运动从 19 世纪 70 年代开始转向民用工业，着手兴办各项企业，天津从此在近代成为一座得风气之先、引领现代文明潮流的城市。

邮政、电报和电话

蒸汽机、煤、铁和钢是促成工业革命技术加速发展的四项主要因素，洋务派发展工业亦从引入铁路和开发矿山开始，这在前面一章中的"中国第一条铁路与开平煤矿"已经提及。与技术创新、市场拓展相辅相成密不可分的，还有通信技术的不断发展。在现代信息技术发展成熟之前，邮政在近代工商业发展中占有极其重要的地位，信息畅通才能使物流畅通，全球化市场因而形成。

中国自古即有驿站，负责传递官方文书，但并不用于民间信件传递。明朝随着商业发展，才有了专门为商民寄递信件的民办信局，然而并不能完全满足人们需要。近代中国被迫开放通商口岸后，外国侨民大批涌入，他们之间以及他们同各自国家的通信联络，既不能通过中国官方的驿站也

大龙邮票。该套邮票有一分银、三分银、五分银三种面值，1878 年 6 月由上海海关造册处设计和印制。邮票是由一个国家或地区的邮政机关发行，作为交寄邮件的缴费标志。它也是一个国家或地区主权的象征，因此中国印制发行邮票意义重大

不能通过民间的信局，于是纷纷自行设立邮政机关，各自为政，这无疑侵犯了中国的主权。1866 年开始，海关内部设海关书信馆，通过外国邮轮和轮船招商局寄递各处通商口岸海关之间以及使馆的往来邮件，逐渐形成海关内部的邮政体系和章程制度。1877 年在总理衙门和李鸿章的支持下，决定先以天津为中心在北京、天津、烟台、营口、上海五处海关试办邮政。天津的海关书信馆率先对中外公众开放。为解决邮资付费问题，津海关还发行了中国第一套邮票——大龙邮票。

海关书信馆于 1878 年 3 月 23 日对公众开放，收寄一般民众邮件，不论中文或外文，一律照收。海关书信馆设在英租界，起初主要仍为外侨所使用，中国人还不习惯，"民间用之者尚鲜"。后通过大昌商行在北京、牛庄、天津、烟台和上海开办邮务代理机构，命名为华洋书信馆，收到的邮件由海关连同海关邮件通过轮船或信差免费运送。

在李鸿章的支持下，华洋书信馆的信件委托轮船招商局和太古轮船公司的船只免费代运，甚至北洋水师各军舰亦协助在天津和营口之间托带邮件。陆上邮路则有三条：一条是京津陆上邮路，每日由天津和北京发送邮件各一次；北方冬季封冻期间，则开辟了天津——山海关——营口和营口——小平岛——烟台两条陆上邮路，以便往来于天津和上海之间的信差交换邮件。

在海关书信馆对公众开放一年零三个月后，海关邮政初见成效。仅津海关书信馆即收到来

海关书信馆，后改为中国大清邮政总局　照片出自比利时外交部档案馆

自北京、营口、烟台、上海和镇江的邮件共 1028 袋（每袋约重 3 市斤），发寄以上各地邮件共 1396 袋。津海关售出邮票 418.39 两（关平银），各地总共售出邮票 1986.67 两。[①] 试办期间没有发生过任何丢失邮件的事故。海关书信馆对公众开放一年零九个月之后，因津海关的出色表现，总税务司将负责邮政推广的总办事处暂设在天津，还要求各关对于邮递业务要尽力予以推广。之后 1879 年，又有新建的四条陆上邮路在冬季开放：天津——北京线、天津——牛庄线、天津——镇江线和齐河——烟台线。到 20 世纪初，中国邮政体系已基本建立起来。

中国近代邮政事业的创办符合时代发展的需要。它不仅方便了中国国内的通信往来，而且增强了中国与世界的信息往来，是中国引进西方先进制度走向现代化的又一项重大进步。而且，中国邮政创办并发展壮大后，同海关一样，成为清政府财政收入的一项重要来源。然而，不可回避的是，随着邮政事业的发展，外国势力进一步渗透进而控制了清政府的财政。而且，在创办海关邮政的过程中，外国人控制下的海关一方面极力打压中国的民办信局、争夺它们的业务，另一方面却努力与外国的客局进行密切合作，这充分暴露了海关作为外国势力在华代言人的本来面目。

除了邮政之外，随着电力的发明，电报电话也开始在中国得到应用。1839 年首条真正投入营运的电报线路出现在英国。1866 年跨大西洋电缆铺设成功，几年后海底电缆通到香港和日本。李鸿章等洋务派官员深知通信对于商务发展和国防安全的重要性。特别是当他升任直隶总督兼北洋大臣、移驻天津后，日常需要处理大量军事、外交等事务，书信往来频繁，而驿递迟缓，容易贻误时机。李鸿章筹办北洋水师时，早期曾通过赫德等人购买英国船舰，期间也必得通过德璀琳和赫德向欧洲发电报联系，甚至与清政府驻外使节进行通讯往来时，也须经海关的转达，几乎毫无国家机密可言。因此，李鸿章深刻认识到建设中国自己的电报线路的必要性。1877 年，他尝试在自己的总督衙门至天津机器局间架设电报线，并收发电报成功。1879 年这条电报线延伸至大沽炮台和北塘兵营，成为中国第一条军用电报线。1880 年，清政府终于批准上海、镇江、南京与天津之

---

① 中国近代经济史资料丛刊编辑委员会，《中国海关与邮政》，中华书局，1983 年，第10—15 页。

总督衙门门口的电话线　摄于20世纪初

用电话谈生意的外国商人　摄于20世纪初

以上照片由刘悦提供

间架设电报线，并同意海底电缆在上海登陆。李鸿章在天津成立中国电报总局，派盛宣怀为总办，指挥全国各地架设电报线的工作。由天津到上海的电报线路，于1881年12月24日建成开通并正式对外营业，此为中国民用电报通讯之肇始。至1895年，十数年间，中国境内业已建立起四通八达的电报网。

电报事业开创后，电话的发展就顺理成章了。电话传入中国时，被称作德律风，是英文名 telephone 的译音。如电报的创设一样，李鸿章先是在自己的行辕做试验。1884年，李鸿章在天津总督衙门架设了至津海关、北塘、大沽以及保定等处的电话线。这是近代中国人自行架设的最早的长途电话线。据当时的报纸报道说："德律风之设，虽数百里不殊面谈。……事为李傅相闻知，亦饬匠竖杆设线，就督辕接至津海新关等处，文报传递，诸形便捷。"[①] 为了使电话能为天津的贸易发展服务，主办此事的电报局将电话线接到天津各个洋行。除电话设备由这些洋行自行购备之外，它们还将每年支付一定费用，这样一来，电报局每年也有一笔可观的收入。

很多保守的中国人本来很讨厌在他们的田地里架设电线，他们认为架设电线会损坏土地的元气，而落在坟地的电线杆的影子会玷污祖先之灵。义和团运动期间，电报电话线路与铁路轨道被团民全部破坏，很大程度上

---

① 王述祖、航鹰，《近代中国看天津：百项中国第一》，天津人民出版社，2007年，第81—82页。

阻碍了八国联军的侵犯行动。义和团运动之后，少了很多掣肘的时任直隶总督兼电政大臣袁世凯，立即下令架设天津至北京的长途电话线，翌年竣工，天津电话局亦正式成立，从电报局中分离出来，这是中国自办长途电话之开端。不久，连结北京与天津的两条复线式长途电话线也架设成功。由于业务发展顺利，天津电话局还从外国人手中收回了电话业务，此后，电话业务的主权一直掌握在自己手中。

—— 培育人才与设立学堂 ——

李鸿章在架设电报线的同时，即于1880年奏请朝廷批准，在天津创办北洋电报学堂，由此近代洋务教育肇始于天津。天津近代教育发展经历了三个阶段：第一阶段是洋务教育时期，初创各种专门学堂，其集大成者是北洋大学堂的创办；第二阶段是"新政"时期，这一时期建立起从基础教育、精英教育到职业技术培训的比较完备的近代教育体系；第三阶段是受五四新文化运动影响的民国时期，教育进一步迈向现代化，教育救国的思想深入人心。

洋务学堂与中国第一所大学

中国的各级人才教育和选拔，基本上来自传承千年的科举考试，所教所学皆为被奉为封建统治圭臬的八股文章和所谓经世学问，对于工业革命性质的各项洋务基本上一窍不通，师承无门。所以李鸿章、张之洞这样的洋务派大臣，在身边组建了庞大的幕府，聘用了许多外国人帮助与列强打交道，同时充当其了解西方世界的有用知识的洋顾问。然而那些不远万里来到中国的外国人，在为中国雇主服务的同时，除了获得丰厚回报之外，还充当了各自国家在华利益的代言人。因此，为了能确保"权自我操"，李鸿章等人一直注意培养中国自己的各类实用型人才，以便在将来替代洋人洋匠，并收回利权。而"自强之道，以作育人才为本；求才之道，尤宜以设立学堂为先"，所以开设学堂以培育人才是洋务运动其中一项重要内容，也是李鸿章、盛宣怀乃至袁世凯等洋务派官员多年来从事洋务活动得出的经验总结。

　　李鸿章作为直隶总督在天津25年间，开办了一系列洋务学堂。从1876年至1894年，李鸿章奏请朝廷批准，先后在天津创办了附设于天津机器局东局的电气水雷学堂、北洋电报学堂、北洋水师学堂、北洋水师轮机学堂（又称水师驾驶学堂）、北洋武备学堂、北洋西医学堂。这些学校均教学正规、授课严谨，在后来的20年间培育出大批人才。例如，北洋电报学堂通过大北公司聘请两个丹麦人为教习，招募学生学习电报技术，共培育出300余名毕业生，他们成为中国电信事业的先驱者。由留英归来的严复任总教习的北洋水师学堂，为北洋海军培养了大批新式实用型军官人才，张伯苓、黎元洪、郑汝成、王劭廉、温世霖等均为该校毕业生。令人惋惜的是，1900年义和团运动期间这些学校被迫停办。而当时北洋武备学堂更是在八国联军入侵天津时，有留校的六七十名学员顽强抵抗，最后全部壮烈牺牲。

北洋水师学生操枪图　收藏于北京故宫博物院

北洋水师学生习用测仪器图
摄于19世纪80年代。收藏
于北京故宫博物院

北洋水师学生习练上桅图　摄于 19 世纪
80 年代。收藏于北京故宫博物院

北洋水师驾驶学生伏案图　摄于 19 世纪 80 年代。
收藏于北京故宫博物院

　　洋务教育的顶峰是北洋大学堂的创办。李鸿章及其身边幕僚推动洋务
事业多年，逐渐认识到，能够使中国走向富强的绝不是只掌握发电报或者
驾驶舰船的一般技术人员，而是受到系统教育的高级复合型人才，也就是
受过高等教育的大学毕业生。这不仅是洋务运动的需要，也是世界潮流发
展趋势。因此，洋务教育不应当是急功近利的，而应当从储备人才和国家
发展的长远立场出发。甲午战败，举国皆呼"自强"，洋务官员以此为契
机指出："日本援照西法，广开学堂书院，不特陆军海军将弁取材于学堂，
即外部出使诸员及制造开矿等工，亦皆取材于学堂"[①]。1895 年，盛宣怀
禀时任直隶总督北洋大臣的王文韶为创办西学学堂事进折光绪皇帝，拟请
设立大学堂，以资造就人才。以往阻碍大学堂设置的种种阻碍（尤其是经
费问题）此时亦不复存在，中国近代第一所大学——天津北洋西学学堂（即
北洋大学）正式创立。

　　从 1895 年北洋大学开办至 1947 年于抗战胜利后再次复校，已有理、

---

① 　中国第一历史档案馆、天津大学，《中国近代第一所大学——北洋大学（天津大学）历
史档案珍藏图录》，天津大学出版社，2005 年，第 6 页。

明信片上的北洋大学第一处校址

工两学院，分设数学、物理、化学、地质和建筑、土木、水利、采矿、冶金、机械、航空、电机、化工、纺织14个系，并恢复和建立了土木工程、水利工程、采矿工程、冶金工程和化学工程5个研究所，成为全国学术重镇，推动了近代科学技术的创造革新。

学堂不仅育才，亦为学术研究重镇。1895年天津武备学堂在其院内（位于大直沽）升起中国第一只载人气球，引起全国轰动。当时，上海《点石斋画报》特别以图文并茂的报道，记载了这一科学技术新闻。该画报刊登了一幅纪实绘画：一只硕大的气球冉冉升起，球体缆于巨索，索下悬挂藤篮。篮内坐有两人，一人仰首观察空中情况，一人俯首挥动令旗和地面联络。武备学堂校舍阳台上坐着两位清朝官员和两位洋人。院子里有众多观众，官民相杂，众人皆翘首以望。这只载人气球是中国科学家华衡芳督工自制的。勇敢地乘上气球升空的两个人，是北洋水师著名将领丁汝昌和刘步蟾。

1909年中国第一个研究地理的学术团体——"中国地学会"在天津创办，得到了全国地学界响应。1910年中国地理学会首任会长张相文与其同仁们在天津创办了中国第一家地理学术期刊《地学杂志》。该杂志的诞生，使中国的地理学从传统的纯经验描述，迈向了探讨地理事物和现象的因果关系及其发展规律的科学进程，奠定了中国近代地理学的研究基础。1932年，由北洋工学院[①]院长李书田发起，在天津开始筹建中国第一个水工试验所，

① 1917年，国民政府教育部对北洋大学与北京大学进行科系调整，北洋大学改为专办工科，法科移并北京大学。从此，北洋大学进入专办工科时代，称"北洋工学院"。1945年抗战胜利，教育部正式下令恢复北洋大学。

1934年6月在今河北区黄纬路南侧河北工学院内奠基，1935年11月建成。我国有史以来第一个水利试验机构"中国第一水工试验所"诞生，闻名国内外的天津大学水利工程科学，即是在此基础上发展起来的。

中国近代第一所大学——北洋大学

北洋大学在中国第一次完全引进了近代西方的大学制度，以美国哈佛、耶鲁和康奈尔等大学为蓝本进行专业设置、课程安排和学制规划。分为头等学堂（本科四年）和二等学堂（预科四年）。任课教授除了中文为我国著名学者外，其他学科皆为聘自海外知名大学的学者。初创法律、土木、矿冶、机械四科，均为国家现代化建设所急需科目。

北洋初设时，法科为四大学门之一，后于1917年并入北京大学。"此一变动，影响北洋非细，论者惜之。"北洋法科开办二十余年中，培养了大批民国时期的重要人物，如王宠惠、王正廷、金问泗、赵天麟等人，为维护国家主权、完善民国法律制度以及发展各项公益事业等做出了积极的贡献。

我国早期从事水利工作的人大都从北洋大学土木和水利系毕业。近代以来基于治理华北水系、黄河下游和淮河流域灾害的需要，相继成立治理机构，北洋大学毕业生在其中发挥了重大作用，如李书田、徐世大、张含英、李荣梦等人，曾分别担任黄河水利委员会副主任、

中国第一所大学——北洋大学　照片由天津大学档案馆提供

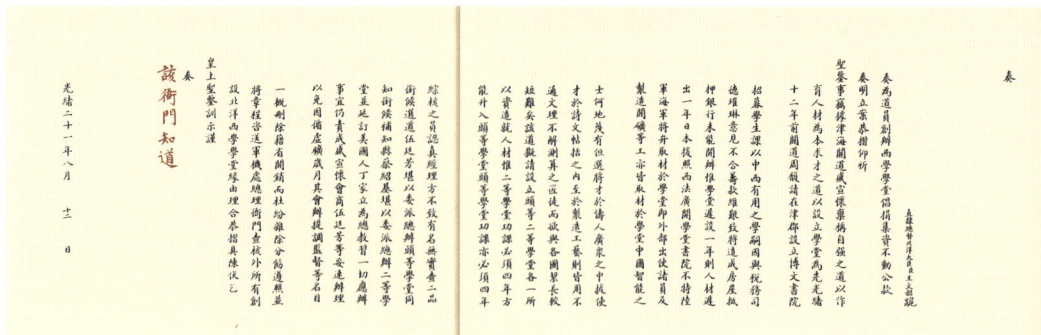

1895年《津海关道盛宣怀禀明创办西学学堂事》奏折，光绪皇帝朱批："该衙门知道"

华北水利委员会总工程师、海河工程局局长、钱塘江工程局总工程师、长江水利科学研究院副总工程师等职。李书田还在北洋大学成立了中国第一水工试验所。

北洋大学机械系不仅在国内高校中创建最早，而且师资、设备实力雄厚。因此，1935年北洋大学被民国教育部选中成立中国第一个航空系。成立不久，即制造出中国第一台飞机发动机。北洋大学航空系还培养出我国"两弹一星"元勋吴自良。

北洋大学最初设置的四个学门中以矿冶最为著称。许多校友在国内矿冶界和铁道工程方面卓有贡献。如创建中国第一座炼锑厂之王宠佑、铁路名宿刘景山、勘察到世界上储量最大菱镁矿的王正黼、北京大学工科教务长温宗禹、上海钢铁厂厂长周志宏等人。北洋大学矿冶系还为我国石油工业的发展培养了大批人才。矿冶系亦为后来北京地质学院、钢铁学院等校的前身。

北洋大学团城　照片由天津大学档案馆提供

新政与天津近代教育体系的建立

1900 年八国联军入侵，胁迫清政府签订了丧权辱国的《辛丑条约》。在民族危机如此深重的局势下，清政府为保住自己的阶级统治，于 1902 年宣布实行"新政"并推行了一系列新措施，内容之一就是改革科举制度。1905 年直隶总督袁世凯等以科举"阻碍学堂，妨碍人才"为由，强烈奏请立刻停科举，以广学堂。同年，清政府接受了袁世凯等人的吁请，正式下令停止科举，推广学堂。并于 1906 年设立了学部，负责教学教务、修建工程、职官、留学、财经等事务。至此，从隋文帝杨坚创始，前后沿用近一千三百年的科举制度终于寿终正寝。

在庚子大乱后，创巨痛深的天津士绅与地方政府一道，痛定思痛，共谋创办地方学堂、开启民智，一时掀起兴学高潮。不仅各种小学堂、中学堂、女学等如雨后春笋般创立起来，各种专业学堂、师范学堂乃至私立大学亦皆创办。"新政"期间，天津先后创办了中国历史上第一所警察学校——"天津警务学堂"，中国第一所中医学校——天津私立中国医学传习所，中国第一所法政专科大学——北洋法政学堂（中国共产党的创始人之一李大钊是该校首届毕业生），中国第一所女子师范学校——北洋女师学堂（无产阶级革命家邓颖超同志是其中佼佼者），中国第一所公立护士学校——北洋女子医学校，中国第一所培养音乐、体育教师的专科学校——天津音乐体操传习所，中国第一所水产学校——直隶水产讲习所，以及第一套包含综合性大学、中学、女中、小学系列学校的私立教育体系——南开系列学校（后于抗战期间改为公立学校）。

"新政"时期的近代教育不仅重视基础教育（中小学）、专业教育（专科学校）和精英教育（大学），亦传承了洋务教育的务实传统，举办了各种职业技术培训学校，为天津民族工商业的发展培养各方面、多层次的人才。1903 年天津知府受袁世凯委托创办了"直隶高等工艺学堂"，学堂设化学、机器、化工、绘图等科目，聘英、日教员授课，培养能进行技术培训、操作并能在工业上有所发明创造的专业技师。袁世凯还下令在津设立教养局、习艺所、实习工场，在天津监狱附设游民习艺所，专门收容并教授没有生活来源的贫困者和流民产业技能，学习织布、织带、铁工、搓绳、印刷等项技艺。这样做不仅为底层民众提供求生技能、维护了社会秩序，并且为工厂企业提供了具备一定技能的劳动力，客观上推动了天津工业的发展。举例来说，教养局专设织布、地毯、染色三科，招收官费工徒100名在两年内学习。这些学徒聪明勤奋，"仅仅在两年的短时期内，各项科目都达到了熟练的技术工人的程度"[1]。毕业学徒大部分作为地方上的技术员，从事织布、染色、地毯、织造等工业。作为中国最大的羊毛出口港，第一次世界大战期间至1929年，天津的地毯工人已达到10000多人，[2]地毯也成为天津对外出口的大宗商品。

据《天津县新志》统计，新政时期（1900—1911年），天津县范围内，有大学校1所、高等学堂3所、中学堂7所、男小学堂89所、女学堂23所、其他各类学堂24所、外国人创办的学堂6所、蒙养院3所，共计156所。据《天津政俗沿革记》记载，截至辛亥革命前，民办小学堂和初等小学堂已达67所，公立小学堂及初等小学堂11所，民办女子小学堂5所，此外有民办艺徒学堂、商务半夜学堂、广育半夜学堂、民办半日学堂等。[3]这些学堂学校的创设使近代天津教育形成多种办学形式和多类型、多层次的教育体系。

天津初级师范学堂学生合影　摄于20世纪初。收藏于北京故宫博物院

---

① 天津市地方史志编修委员会总编辑室编，《二十世纪初的天津概况》，内部发行，1986年，第256页。

② 1929年《天津海关贸易报告》。吴弘明编译，《津海关贸易年报（1865—1946）》，天津社会科学院出版社，2006年，第478—489页。

③ 张大民主编，《天津近代教育史》，天津人民出版社，1993年，第135页。

天津公立女学堂教习学生合影　摄于 20 世纪初。收藏于北京故宫博物院

天津两等官小学堂学生合影　摄于 20 世纪初。收藏于北京故宫博物院

民国时期教育与民族工业发展

1912 年民国建立之后，孙中山为首的临时政府在对政治、经济、社会等方面进行变革的同时，也对教育进行了改革，设教育部，任命蔡元培为首任教育总长。蔡元培对当时的教育制度进行了革命性的变革，颁行了一系列改革教育的法令，先后颁布了 1912 年制定的"壬子学制"和 1913 年制定的"癸丑学制"。通过这些改革措施，推进天津教育摆脱封建桎梏，逐渐走向近代化。

这一时期，天津新建包括小学、中学和大学在内的学校约 20 余所。在教育内容上，废止了读经讲经课，彻底废除了束缚思想和科技进步的封建教育；在学制上，缩短了学业年限，加快了人才培养速度。鉴于天津教育在北方的重要地位，1915 年在天津成立了全国教育联合会，并召开了第一次会议。会议中总结了已经在天津推行的一些新教育思想，准备向全国推广。例如，在全国推行曾以天津为试点的义务教育；在大中小学教育内容中增加军事训练课，培养国民尚武精神和军事素质等。

天津亦为近代社会教育的发祥地。天津近代社会教育从洋务运动开始发展，一直延续到新文化运动时期。洋务运动及新政时期的主力是洋务派官员如李鸿章、袁世凯等，而后来的中坚力量则变为地方士绅，如严修、林墨青、卢木斋和张伯苓等。他们广泛动员社会力量，不仅为贫苦家庭学生和民众开办了许多小学堂、半日学堂和夜校等教以知识和技能，而且创办了报纸进行社会道德教育，推行白话文和拼音字母，还相继创办图书馆、博物馆、体育场等社会教育场所等，使民国初年的社会教育取得可观成效，并为后来的平民教育运动打下基础。

平民教育是社会教育的组成部分。新文化运动时期，南开学校、直隶第一女子师范学校、北洋法政专门学校等，成为天津新文化运动的传播中心。这些学校相继出版了许多进步刊物，宣传了民主、科学的新思想，有力反击了尊孔复辟的逆流。李大钊、陈独秀、胡适、陶孟和、李石曾等一大批在新文化运动中熠熠生辉的倡导者和引领者，纷纷来到天津宣讲新思想，大大开拓了青年学生的思想和文化视野。在他们的影响下，很多知识青年走向社会，参与到平民教育活动中去。

平民教育运动领导者认为，中国社会当时的主要问题为贫、愚、弱、私。

严修与张伯苓（右）

针对此四大病症，主张以文艺教育救愚，生计教育救贫，公民教育治私，卫生教育救弱。又因这四者具有连带性，所以这四大教育任何一方面的解决办法，都必须和其他方面取得密切联系，任何一方面的成绩都必须依赖其他方面的协助。他们还认为实施平民教育，必须深切了解人民的心理和需要。南开大学的校长张伯苓强调教育要为社会谋进步、要适应社会之需要，首先要使学生了解社会真正情况。早在1916年陶孟知先生在南开任教时，就结合课堂教学带领学生深入天津社会开展社会调查。后来几经改革，这种形式的社会调查形成了制度。1921年暑期，张伯苓要求学生将进行社会调查作为暑期作业的一项重要内容。1926年张伯苓将"社会视察"作为高中必修课之一，到工商企业、司法、教育、交通、救济、新闻、卫生等机关去参观，然后进行座谈讨论，写出调查报告。之后，他还进一步完善了南开学校教育教学中加强社会调查工作的目的和组织的改革。"五四运动"中，天津各高校大学生成立天津学生联合会，组织成立了许多支演讲小分队，走上街头、深入厂矿，向广大群众宣讲时事，推动了全市人民的爱国斗争，实现了罢工、罢课、罢市，造成了强大的社会压力，使北洋政府最终不得不罢免了曹汝霖、陆宗舆、章宗祥，并拒绝在《巴黎和约》上签字。可以说，这一时期，天津教育方面的最大亮点是开展平民教育运动。

社会是一个不可分割的整体，社会进步是农业、人口、教育、对外贸易、工业技术、金融信贷等各个部门相互依赖、相互解放的结果。民国初年民族工业的发展，是中国社会精英试图重走欧美日工业化老路的尝试。这个过程需要社会各个方面的彻底变革，包括经济、社会、政治、文化从结构到体制的彻底改变。而生产力的诸要素中，人（即劳动者）是最活跃的能动的要素。因为科学技术是由人发现和发明的，科学技术只有被人在生产中加以运用，才能转化为现实的生产力。所以，教育的改革是社会变革的重要基础和前提。

中华民国成立之后，天津的工业企业与社会教育的发展是相辅相成的。

民族工业的发展提供了教育发展所需的经济基础，也对教育发展提出了要求，即要求后者为其培养与之相适应的科学技术人才，既包括具有相当科学文化知识的高级人才，也包括具备一定生产技能和组织性纪律性的普通劳工。而天津近代教育体系的建立与完善，特别是社会教育的成就，为天津发展民族工业、民族经济，进而成为北方经济中心奠定了重要基础。

—————— 实业家与民族工业 ——————

古代天津的发展依赖漕运和盐业，而民族工业的发展则有力推动了近代天津的经济增长，为之后的一系列社会结构的演进夯实基础。

从官督商办、官商合办到民族工业

天津的工业家和民族工业不是凭空而生的，他们经历了从清末洋务运动、"新政"到中华民国时期的奖励实业发展，亲身体验了西方资本主义的物质文明，在追求利润的过程中发展出强烈的民族自尊心和社会责任感，坚强地在帝国主义列强的经济侵略中挣扎图存。

在近代成为通商口岸后，西方资本主义在天津开辟租界、开设洋行。一船船欧美工业产品涌入天津口岸的同时，有关工业革命的各项新技术也都借由洋行引入。比如开矿所需的巷道、通风系统、抽水泵、提升装置，运输所需的船舶和修理厂、铁路的铁轨和机车，打造枪炮的机床和锅炉等。一旦引入这些能产生极高利润的新技术，就需要创办一系列规模庞大的近代工业，所需厂房高大宽敞，工人人数众多。毫无疑问，建厂投资需要巨额资金，不仅固定资产投资巨大，流动资金亦大，动辄以几十万乃至百万两白银计。很多情况下，流动资本方面的困难更大于固定资本方面，因此大型工厂经常出现银根短缺状况。

在资金短缺的情况下，1876 年李鸿章为筹办开平矿务局，批准总办唐廷枢拟定的招股章程十二条，集资 80 万两白银。1878 年 10 月 2 日，开平煤矿正式开凿第一眼钻井。几个月内，井架、厂房、绞车房、工棚、供技术员居住的房子及办公用房等平地而起，招募工人 3000 人。后开平矿务局历年扩充设备、建设运煤铁路、购买运输煤轮、修建专用码头和堆栈

盛宣怀

唐廷枢

等，先后共集资约 160 万两白银。到 19 世纪末，总资产已近白银 600 万两。这种投资规模，无论是政府还是单独的商人个体都无力承担，所以只能通过集资入股、官督商办的方式来兴办企业。"官督商办"企业是一种由商人出资认股、政府派官员管理的商业组织方式，但官督商办企业的政策决定权大都掌握在由政府委任的洋务派官员手中。这类企业中的总办、会办、帮办、提调等职位的官员成分大于商人成分，虽有唐廷枢、盛宣怀、张謇、周学熙等出色人物，但更多人则根本不懂企业经营、贪腐无能，把企业办成了官僚衙门，而商民"虽经入股，不啻路人"，无权过问企业经营情况。这类企业由于经营不善，最终大多改为官商合办，或直接变成商办。

天津早期的官办企业主要是李鸿章创办的两个机器局，制造军火、铸造硬币以及制造小批量的硫酸等，还有就是官督商办的开平煤矿和曾任英商天津汇丰银行买办的吴懋鼎自筹资本创办的一家机器纺绒厂。这些企业基本在八国联军入侵天津期间被全部摧毁或者盗卖。袁世凯接任直隶总督后，奖励工业发展，任命周学熙担任工艺总办，设立教养局、实习工场、考工厂、教育品陈列馆以及高等工业学堂等，奠定了近代天津工业发展的基础。与此同时，一批民营企业也发展起来，从事简单机械制造及修理、制革、清洗羊毛、制作服装鞋帽、制造纸烟、制作玻璃、肥皂以及规模较小的地毯厂等。这些工厂一般有工人几十到一百多人，资金有几万到十几万两，而一名熟练的缝纫工月工资只

145

展示天津工业工艺品的劝业会场　照片由刘悦提供

在 3 元以内（学徒 3 年内供给饭费和 50 分津贴）。[①]

辛亥革命推翻了清王朝的统治，建立了中华民国临时政府，颁布了若干新的政策法令，如《临时约法》规定，"人民有财产及营业的自由"。北洋军阀掌政后，资本主义的发展已成大势所趋，1914 年颁布了民国以来第一个保护民族工商业者的法令，同年又以天津造币厂铸造的"袁大头"来统一新币制，为资本主义发展提供便利条件。接下来，第一次世界大战爆发，战争进行的这一时期可以说是中国民族资本主义发展的"黄金时期"。几个主要帝国主义国家卷入重新瓜分世界的战争中，外国资本主义势力相对减弱，洋货输入额明显下降，为中国民族工业发展提供了机会。天津作为一个重要的工业城市亦是如此，如开战前后进入天津港的洋船吨位，英国由 1912 年的 916005 吨减至 1918 年 555972 吨，美国由 1912 年的 45606 吨减至 1918 年的 10390 吨。[②]他们空下来的市场即被本土民

俗称"袁大头"的银元

[①]　天津市地方志编修委员会总编辑室编，《二十世纪初的天津概况》，内部发行，1986 年，第 260—265 页。

[②]　津海关十年报告（1912—1921）。天津海关译编委员会编译，《津海关史要览》。中国海关出版社，2004 年，第 108 页。

族工业所占领。据 1912—1920 年在北洋政府工商部注册的天津的工厂数字说明，万元以上的工厂达 23 家，资本总额达 12115000 元，主要行业包括纺织、面粉、化学、制革等，其中较为突出的是：居全国第二位的棉纺织工业和居全国前列的面粉工业。而精盐纯碱的研制和生产，更填补了我国化学工业的一个空白，打破了列强的垄断。

欧战虽令列强无暇东顾，但此时的国内政局也并不稳定，从 1916 年 6 月袁世凯去世、北洋军阀分裂，到 1926 年 7 月国共合作、国民革命军北伐，再到 1929 年国民政府宣布统一全国。十余年的分裂与争战状态，出乎意料地没有对天津的工业发展造成破坏性影响。究其原因，主要是军阀打仗要购买军火、发放兵饷，所以他们必须将聚敛的财富变为资本进行再投资，以使"财源广进"。天津是北洋军阀争夺的地盘，租界是各派军阀势力盘踞的地方。他们开始只投资于房地产、金融、当铺、粮店等。由于看到欧战后工厂企业利润大大超过其他行业，这些大小军阀便纷纷投资工业。如 1916—1922 年建立的华新、裕元、恒源、北洋、裕大、定成六大纱厂中，除北洋、宝成外，都有军阀投资。资料显示，1914—1925 年天津新建 26 家工厂，资本总额 2926 万元，其中有 11 家工厂、资本总额 1572 万元属

坐落在天津法租界内的一家毛呢纺织工厂　照片保存于法国外交部档案馆

于军阀投资，分别占建厂数的 42.2%，投资总额的 53.7%。如 1918 年开业的裕元纱厂实际上就是安福系军阀官僚所办，该厂董事会的主要成员有：国务总理段祺瑞、安徽督军倪嗣冲、陆军次长徐树铮、外交总长曹汝霖、交通总长朱启钤、众院议长王揖唐、督理奉天军务段芝贵和安福议员王郅隆等。全部股本 200 万元，仅倪嗣冲一人就占有 110 万元。[①] 天津的工厂企业成了军阀政客们敛财的工具，他们自然不愿破坏天津平安的投资环境，也不敢骚扰外国势力盘踞的租界。

随着城市经济发展和城市化进程，天津的市民阶层力量也随之壮大起来，支持和推动近代一次又一次的反帝爱国民主运动，促进了民族工业的发展。1905 年因美国提出排华法案，遭到爱国工商界抵制，包括天津在内的全国 20 多个大城市市民、学生、工商业者抵制美货；抵制活动持续约一年多，在此期间，美国对中国的贸易量减少 40%，中国的工业生产量也相应提高。1915 年日本向袁世凯提出灭亡中国的"二十一条"，天津人民又与全国人民一起掀起抵制日货运动。1916 年天津人民反对法国侵占老西开，做出"抵制法货"的决定，同时提出"爱用国货"的号召，既开辟和扩大了国货的国内市场，也鼓舞了民族资本家办工业的积极性。

东亚毛纺厂的"抵羊牌"毛线是国货精品、国际知名品牌

天津东亚毛纺厂

以上照片由刘悦提供

---

① 来新夏，《天津早期民族近代工业发展简况及黄金时期资本来源的特点》，天津市政协文史资料未刊稿。

北方商业巨子周学熙与其北方工业集团

说到天津乃至整个华北地区的工业发展，不得不提的一个重要人物就是中国近代著名实业家——周学熙。他最为人熟知的身份虽然是实业家、资本家，但其实他最初的身份是官员。周学熙和他的父亲周馥是由李鸿章创立、袁世凯继承的北洋集团的重要成员。

封建社会，父亲是家庭中最重要的角色。周学熙的父亲对其影响极大。周馥是李鸿章所有幕友中追随其时间最长的。他从 1861 年开始服务于李鸿章，终其一生都对幕主忠心耿耿，并在建立电报局、北洋水师学堂、北洋武备学堂及其他工作中给予李鸿章宝贵的帮助。李鸿章死后，他官至山东巡抚、四川总督和两广总督等。可以说，周馥是一个非常有能力的人，虽没有取得过任何科举功名，却受过大约十年的正规学校教育，且实际工作能力强。周馥在李鸿章幕府服务期间，一直对那些虽然拿着中国俸禄却巧取豪夺、侵害中国利权的洋顾问非常痛恨，甚至经常与对方拍着桌子对骂。他的爱国主义精神和高尚品质赢得了李鸿章身边其他正直的外国人的敬重：北洋大学的掌校人丁家立称周馥是一位"著名的儒家学者"；而津海关税务司庆丕（Paul King）则评价他是"伟大的人"。[①]

周学熙幼承庭训，从父亲那里所接受的都是"师夷长技以制夷""自强""求富"的思想，并且耳濡目染皆为具体运作方式方法而非空谈大道理。父亲的人脉关系和政治地位，还为科举失利的周学熙铺就了另一条事业发展道路。他先是于 1897 年进入开平矿务局，负责在上海推销煤炭；翌年升任开平矿务局会办，后又升任总办。八国联军入侵时，开平矿务局矿权被盗卖给英国商人，周学熙看破阴谋，不顾威胁，拒绝在卖矿契

北洋实业巨子周学熙
（1866—1947）

---

① 张畅、刘悦，《李鸿章的洋顾问：德璀琳与汉纳根》，社会科学文献出版社，2022 年，第 69—71 页。

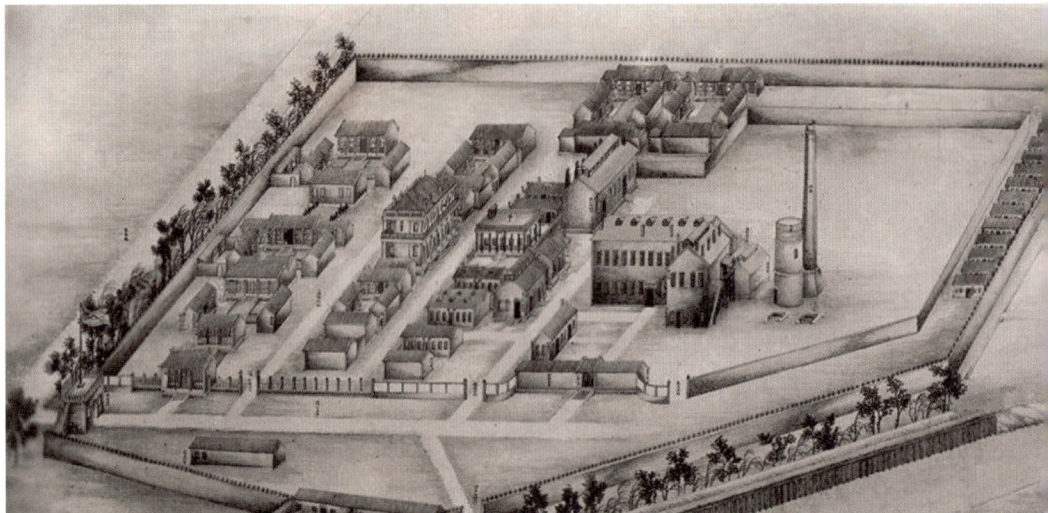

义和团运动后周学熙奉命恢复重建的"北洋银元局"（即户部造币总厂）示意图
收藏于北京故宫博物院

天津户部造币总厂　摄于1909—1911年。照片收藏于北京故宫博物院

天津户部造币总厂的马力蒸汽机　摄于 1909—1911 年。照片收藏于北京故宫博物院

约上签字，并愤而辞去总办职务，表现了一个正直的中国人的民族气节。此后，与周馥曾同为李鸿章幕僚、关系密切的袁世凯担任山东巡抚后，即将周学熙带到济南，推荐其任山东大学堂的校长。办学过程中，周学熙采取中外结合的教育方法，取得了实效。李鸿章去世后，袁世凯接任直隶总督兼北洋大臣，接手了前任的班底和发展的实业思想。周学熙跟随来津，成为袁世凯在直隶实行新政最为得力的助手。从此，他以天津为基地，开始创办北洋实业。

八国联军占领天津期间，天津经济遭受巨大损失，大批银钱被抢走，当务之急就是造币。袁世凯当即委派周学熙为北洋银元局总办，尽快恢复造币厂，铸出铜元。周学熙临危受命，仅用 73 天就重建了造币厂，铸出铜元 150 万枚，一举满足了市场流通的需要，稳定了社会秩序，同时也获得了巨大的利润。袁世凯认为他是不可多得的人才，遂将北洋一切工商业发展事宜都交给他主持，使其能充分发挥所长。

为了推进实业发展，1903 年周学熙专程赴日本考察。40 多天里，马不停蹄，连续考察了几十个不同行业和不同规模的厂矿、商业、金融财政部门，以及几十所不同类型的学校。这次考察使他对如何兴办洋务有了更加全面系统的认识和规划。回国后，他积极向袁世凯倡议，成立了负责领导整个直隶地区实业发展的直隶工艺总局，并自荐任总办。他从上任开始，就有计划地筹集资金兴工办学。从1903年到1908年的5年里，他先后筹集了几百万两白银扶持官办和民办企业，先后创建商品陈列所、植物园、天津铁工厂、天津造币厂。同时，还创办了直隶高等工艺学堂，分设化学、机器、绘图三科，并要求所有学员都学习英语和日语，毕业生要达到日本中等工业学校毕业的同等学力，进一步通过考试，授予举人资格。此外，他还招募英国、美国和日本有真才实学的技术专家，以重金聘为教习；选择优秀学员派往日本留学，这些人后来都成为北洋实业的骨干力量。

周学熙时时不忘收回被帝国主义盗取的开平煤矿矿权，将其视作自己的使命责任。他先是于1906年收回了唐山水泥厂，改名为"启新洋灰公司"，迅速恢复了生产。这是当时全国唯一一家水泥厂。由于产品优质，很快被全国重大建筑工程所采用，如津浦铁路上的淮河铁路桥、黄河大桥、京汉铁路上的洛河铁桥、北宁铁路上的渭水铁桥，青岛、烟台、厦门、威海等地的海坝、码头，以及北京图书馆、辅仁大学、燕京大学、大陆银行、交通银行、上海邮政总局等当时的有名建筑，都是用马牌水泥建造的，这些建筑大部分至今仍然完好无损。1907年他又建立起"滦州煤矿有限公司"，以制约开平煤矿。滦州煤矿安装使用了最新采掘机器，并在袁世凯的支持下，在各矿之间建成了专用铁路，安装了电话，产量猛增，又因为所产煤炭质量比开平煤好，在市场上大受欢迎，对开平煤矿形成了很大的威胁。

1909年新任直隶总督陈夔龙再次决定要收回开平煤矿的主权，任命周学熙主持这项工作。经过与英国外交部和英国公司长达半年的交涉，双方终于达成协议：英国把开平煤矿交还中国，中国付给英商178万英镑。眼看大功告成，政局变化，新上台的摄政王载沣拒绝由大清银行发行债券给付英商，而滦州煤矿无力承担，致使收回开平煤矿的事再次功败垂成。之后在与开平煤矿进行市场竞争的过程中，因资本不足以抗衡有国际财团为背景的开平矿务局，最终因时局动荡、股东压力而使周学熙"以滦收开"的目的未能达成，反而损失了滦州煤矿的利权。为此，他深感内疚，饮恨辞职。

民国初年，袁世凯当总统时任用周学熙为财务总长。袁世凯为了稳定

中国实业银行天津总行大楼　张畅摄于 2022 年

政权、充裕国库，而要求周学熙与英法德美四国银行团签订善后大借款。周学熙办理借款的本意是谋求国家建设和裁兵，却被袁世凯利用，成为重启战端的经费。此次借款亦成为周学熙一生之耻。

1916 年 4 月周学熙终于脱离政界，开始全力施展自己的商业才能。1918 年，他出任华新纺织公司总理，先后创办华新所属的天津、青岛、唐山、卫辉四家纱厂，执华北棉纺织业牛耳。1919 年为方便募集企业所需的资金流，将工业资本与金融资本融合起来，创办中国实业银行。1922 年与比利时商人合办耀华玻璃公司。1924 年再成立实业总汇处，任理事长，管理所属各企业。一个以天津为基地，包括水泥、陶瓷、纺织、矿业、玻璃制造等大型企业，拥有自己的银行和货币发行，掌控公路、铁路和内河航运主动权的周氏企业集团崛起，周学熙从此站在北方实业的巅峰。他与南方实业家张謇齐名，有"南张北周"之说。

纵观周学熙一生，他无疑是一位爱国者，始终致力于发展民族工业，收回被外国资本主义侵占的经济利益。他曾经为了与外国商人特别是日本商人争夺水泥市场而展开价格战并最终取胜；也曾为"以滦收开"而与英商控制下的开平煤矿不惜血本进行竞争，终不敌清政府昏聩和对方资本雄厚。尽管如此，周学熙却不是一位狭隘的民族主义者，而是从实际出发，该与外商合作则合作，该引进外国技术则引进。在受命创办"京师自来水公司"时，国内还没有生产自来水器材的厂家，所有的设备材料都要进口。周学熙采取向洋商招标的办法，精心筛选、反复比较，使中标的外国公司不得不精打细算，多快好省地完成了施工，造福当地民众达半个多世纪。1922 年他又与比利时人共同出资，建立了近代中国第一家中外合办企业——耀华玻璃公司。所以说，周学熙是一位务实的讲求经济效益的实业家，而不是空谈误国、盲目排外的梦想家。

一介书生范旭东奠基中国化工业

范旭东（1883—1945）

范旭东是天津民族工业发展的后起之秀，是中国重化学工业的奠基人、化工实业家，被称作"中国民族化学工业之父"。

范旭东出身寒微，6 岁丧父，母亲靠为人浆洗衣物和做针线将他抚养长大。后随维新派的兄长逃亡，赴日本求学。1910 年范旭东毕业于京都帝国大学化学系，毕业留校任教。不久后回国，于 1914 年在天津塘沽创办久大精盐公司。1917 年创建永利碱厂。当时，中国的日用消费品尤其是日化产品市场，全部被外国产品占领，这些商品被称作"洋面""洋布""洋火""洋盐""洋油（煤油）"，由此可见一斑。民族企业的创办具有收复失地、夺回商业利益的重大意义，同时也面临着实力雄厚的外国公司的激烈竞争。

> "旧毡帽朋友今天上镇来，原来有很多的计划的。洋肥皂用完了，须得买十块八块回去。洋火也要带几匣。洋油向挑着担子到村里去的小贩买，十个铜板只有这么一小瓢，太吃亏了；如果几家人家合买一听分来用，就便宜得多。陈列在橱窗里的花花绿绿的洋布听说只要八分半一尺，女人早已眼红了好久，今天桌米就嚷着要一同出来，自己几尺，阿大几尺，阿二几尺，都有了预算。"
>
> ——摘自叶圣陶《多收了三五斗》

范旭东所面临的是更加险恶的国内外商业环境。范旭东创办公司时，股本只有 5 万元，公司就设在塘沽渔村，开办仅一年即研制出纯度达到

90%以上的精盐，商标名为"海王星"，象征海盐结晶。久大精盐立即招致外国盐商的围剿，日本商人在报纸上散布"海王星"有毒的谣言。在国内，几百年来中国传统的食盐买卖皆由政府授权盐商垄断，他们形成了一个庞大的利益集团。因此，久大精盐长时间无法销售到长江以南的市场。范旭东凭借优质的产品和优惠的价格突破重围，1919年扩建新厂后，年产量达到62500吨，成为我国最早、最大、最好的精盐生产基地。

在精盐上取得突破后，范旭东又挑战制碱业。碱是重要的化工原料之一，主要用途是轻工、建材、化学工业等领域，约占2/3；其次是冶金、纺织、石油、国防、医药及其他工业。制作玻璃、炼钢炼锑、印染布料、制革、合成洗涤剂，乃至生产味精、制作面食糕点，都离不开碱。当时，只有西方国家掌握专利技术，形成垄断。第一次世界大战造成远洋运输困难，垄断中国纯碱市场的英国卜内门公司趁机抬价惜售，使许多民族织染厂生产陷于停顿。

范旭东团结了一批国内青年科学家，形成了一个真正意义的科学攻关团队，其中包括苏州东吴大学化学硕士陈调甫、上海大效机器厂的厂长兼总工程师王小徐、东京高等工业学校电气化学专业毕业生李烛尘和美国哥伦比亚大学化学博士侯德榜。他们于1917年筹备，翌年正式在塘沽成立永利制碱公司。他们在范旭东家里搭建实验室，进行了3个多月的反复实验，终于打通了工艺流程，造出9公斤合格的纯碱。1924年永利投入200万元进行批量生产，结果失败，制出的碱为劣质碱。为彻底解决制碱技术问题，范旭东决定派侯德榜等技术人员赴美考察学习，并采购新式设备。1926年6月，中国第一代自制纯碱——"红三角"牌纯碱投产。8月，"红三角"牌纯碱获美国费城万国博览会金奖，居于世界领先水平。

侯德榜（1890—1974），中国化工专家。"侯氏联合制碱法"的发明者，著有《制碱》。与永利碱业创始人范旭东同为中国近代民族化学工业的先驱。北洋大学兼职教授

因日本侵占东三省，华北形势危急，范旭东等撤离北方，于1934年在南京创办永利化学工业公司南京铔厂，1937年生产出中国第一批硫酸铵产品，这是中国化肥工业史上崭新的一页，国人把它和美国杜邦公司相

媲美，称它为"远东第一大厂"。随着抗战情势，范旭东又率先在川西南开辟出新的战时化工基地，1943 年在这里，他的总工程师侯德榜发明了世界著名的"侯氏联合制碱法"。抗战刚刚胜利，长期呕心沥血的范旭东因病去世。

范旭东与周学熙是最具典型性的近代实业家。他们均以天津为创业基地，利用这里的天时地利人和，与西方列强支持下拥有资金和技术优势的外国商人进行商战，抗击西方的经济侵略。与受传统文化熏陶、官商一体、拥有更多政府和民间资本支持的周学熙相比，范旭东是承前启后的一代新型民族工业家，他在海外接受现代教育，毅然归国，用技术而不是资本打败了西方，赢得了世界的尊重。

范旭东在创办工厂的过程中，也十分热衷于学术活动和教育事业。他的身边吸引聚集了一大批年轻科学家，在久大研究室的基础上，创办了"黄海化学工业研究社"，第一任社长是毕业于美国哈佛大学的化学博士孙学悟。"黄海社"不断招聘国内外化学家到社工作，先后成立了化工原理、应用化学、发酵化学、海洋化学等研究室。该社研究成果丰硕，并培养出大批化工人才，与"永利制碱""久大精盐"一起，并称为"永久黄"团体，这是近代中国第一个大型私营化工生产和研究组织。范旭东还曾担任中国自然科学社理事达 30 余年，受国民政府中央研究院的聘请担任评议员达 10 余年，被推选为中华化学工业会副会长、中国化学会副理事长。他继兄

20 世纪 20 年代黄海社及久大精盐厂远景　照片由刘悦提供

"黄海化学工业研究社" 章程
照片由刘悦提供

长范源濂之后担任过中华书局董事，对出版事业提出了许多有益的建议。他还是天津南开大学和湖南私立隐储女校的校董，给南开大学化学系和经济研究所捐赠过奖学金，以鼓励优秀学生。

范旭东经营企业奉行以人为中心的管理哲学，最早注意到要"维持培养同仁的人情友谊"。永利先后兴建起了工人食堂、宿舍、职工消费合作社、运动场、图书室、附属医院、幼稚园、明星小学校等。1925年，开始实行职工三班工作制，成为中国企业界最早实行每日八小时工作制的工厂。所以范旭东不是单纯追求利润的实业家，而是一位具有社会责任感和现代企业经营理念的新型企业家。

天津塘沽永利碱厂　照片由永利化工公司提供

永利碱厂万国博览会金奖证书

范旭东一贯自称书生，从不把自己看作商人。他曾经说："我总觉得中国受病已久，它的存亡关键，决不在敌国外患的有无，完全是握在全国智（知）识分子手里，智（知）识分子教它兴就兴，教它亡就亡。"他是中国化学工业的开创者。

工业发展，改变了天津的经济结构和城市面貌，拉大了天津与周边城市的等级差距。在技术的加持下，天津逐渐成为华北地区的中心城市，不断吸纳周边地区的人口和财富。这种在历史上占统治地位的城市的更替，深刻说明了决定城市地位的统治武器的改变及其价值：航运、贸易、技术、工业、信贷以及政治权力等。在接下来的章节中我们将继续加以阐释。

第五章

人口、阶层与城市的族群

· 工业化、城市化与人口流动
· 城市与城市病

第五章　人口、阶层与城市的族群

工业化、城市化与人口流动

城市是工业文明的集大成者，人类社会生活所散发出来的一道道光束聚集成一个巨大的光源，吸引着人们从四面八方汇聚于此。它也像一个黑洞，无情吞噬着一个个被它的绚丽光芒吸引来的追随者。它是"冒险家的乐园"，也是滋生贫困、疾病、犯罪、社会危机、族群冲突的"歹土"。成功者不会告老还乡，失败者也回不去梦里田园，这就是近代化中单向的城市化进程。

近代市民阶层的产生

新技术（机械化生产）和新能源（煤炭）的使用为工业发展奠定了物质基础，大规模生产成为可能；萧条的农村为新兴工业组织提供了源源不绝的劳动力；合股公司、科层制管理和分工协作，大大提高了生产效率；城市汇集各种资源所产生的聚集效应开始显现，在与乡村的竞争中优势尽显。物质基础和上层建筑均已粗具规模，建设完备的租界社区展示了舒适的城市生活的消费属性。于是，人们一切行为的动机都简化为追求金钱上的成功。无论是新兴的工业家和银行家，还是巧取豪夺的投机分子，各色人等一窝蜂地涌入天津这样的通商口岸城市，寻找发财致富或勉强糊口的路径，由此形成持续不断的移民潮。

刚刚对外开放为通商口岸时，1860 年的天津有人口约 30 万，1872 年约有人口 40 万，1896 年人口则达到 60 万，人口增长的速度几乎是一年增加 1 万人。进入 20 世纪，随着民族工商业的发展和城市化进程，更有大

量人口从周边地区涌入天津，人口规模不断扩大。1925 年天津市人口超过
100 万，跨入特大城市行列，1928 年跃升至 136 万余人，到 1948 年底发
展到 190 多万。据原天津市日伪警察局于 1937 年对市区约 107 万中国人
的籍贯的统计分析，天津本地人口占 41.6%，外省籍人口占 58.4%。外省
籍中，以邻近的河北省籍为最多，占 41.9%；其次是山东籍，占 10.1%；
第三是北京籍，占 2.2%；河南、山西籍占 1.8%。1947 年国民党警察局再
次进行统计表明，天津市 168 万市民当中，来自河北省的人口占第一位，
共 78 万；天津本地籍占第二位，68 万；第三位是山东人，15 万；其余几
万人来自全国各省市，甚至包括西康、青海和新疆等边远省份。[①] 其实，
天津本就是移民城市，本地籍贯的人口往往也并非真正的天津籍，上溯几
代大都是来自其他省份然后改变籍贯。

出于各种原因来到天津的外乡人，进入大城市之后，往往如小溪汇入
大海，溅起一些水花后，融为一个整体，逐渐构成了一个新的社会阶层，
即市民阶层。这是一个不同于传统社会中与"官"相对立的"民"的新阶
层，由拥有权力、财富、社会声望各不相同、却都居住于同一城市环境的
居民所构成。市民所从事的职业各不相同，他们中既有人口占比最大的产
业工人、职员、服务业人员等，也有民族资本家、新型商人、工程师、律师、
医生、大学教授、报人等拥有更多社会资源的社会精英。

市民阶层具有几个显著的特征：首先，经济上，市民阶层是经济领域
的发展在社会结构变迁上的体现，是资本主义经济发展的产物，同时其活
动又推动了资本主义经济的发展。其次，政治上，市民阶层是一种特殊的
维护社会秩序的政治力量。虽然在这个阶层内部有大大小小的利益集团，
但当面对共同的敌人时，他们也能结成短暂的同盟，联合起来反对共同的
敌人，并向掌权者反映自己的政治诉求，寄希望于通过制定政策来维护自
己的利益。第三，思想上，市民阶层推崇民主、自由、公平、法治，他们
所萌发的权利意识推动了近代民族意识的觉醒和争取独立自主的民族解放
运动的发展。第四，市民阶层具有开放性、包容性的特质，它们突破了地
域、血缘、家族等的限制，成为一个新的有机整体。最后，由于薄有资产、

---

① 天津市档案馆编，《近代以来天津城市化进程实录》，天津人民出版社，2005 年，第
629、630 页。

生活安逸，市民阶层中的许多人也容易产生保守的观念性格和耽于物质享受的弱点。

商人和商会

商业是一项古老的行业。对商业的基本定义，指提供顾客所需的商品和服务的一种行为。即使在自给自足的自然经济环境下，仍然需要各式各样的交换以互通有无。近代在工业资本与金融资本结合之下，商业的形式变得更加丰富。饭店的老板，售卖胭脂的货摊，广东会馆的南货商，洋行里的买办，纺纱厂的股东，都属于经营不同行当、但均以盈利为目的的商人。近代，天津商人的出身构成有了很大的变化，其社会地位也有了极大的提升。传统社会里，商人属于"士农工商"中的末流，尽管曾有约等于拥有特许经营权的类似"东印度公司"那样的十三行商人，但他们几乎没有任何政治地位，只能通过姻亲故旧的关系来为自己代言。近代的大商人则有所不同，背靠各种政治势力保护，其话语权伴随经济权力而大大提升。

一名商人总是与一些顾客、供货人、借款人、债权人相联系，因而有其相对固定的地盘。铁路开通之前，近代天津商人倚仗海河流域的水运便利，其经商范围囊括几乎整个中国北部，包括河北、河南、山东、山西、甘肃、陕西、吉林、辽宁以及内外蒙古地区。商人们将天津口岸进口的西方工业品销往那些区域，再收购当地的土产运往天津港输出到海外。铁路开通之后，沿线的港口城市逐渐成为天津的有力竞争者，如京汉铁路终点的汉口、胶州铁路通抵的青岛、由唐胥铁路而发展起来的秦皇岛以及京奉铁路和南满铁路所联结的沈阳和大连。天津的商业地盘虽然受到这些港口的侵夺，但也因为京张铁路、正太铁路的开通，而将商业版图扩展到恰克图和山西，由此蒙古和俄罗斯的茶叶、皮货以及山西的煤炭在天津取得了进出口的通道，愈发促进了天津贸易和商业的显著发展。

由于天津商人所从事的交易内容以土货、煤炭等大宗商品为主，因此交易的季节性强且货物数量和交易所需资金数额极大，这也导致华北地区的商业主要是延期付款，极少使用现金交易。不仅顾客在本地的饭店、果品店、鱼肉店、蔬菜店等的消费可以赊欠（即延期支付，一般一个季度一结清），其他交易更是如此。外国商人对中国商人的延期付款的时长一般

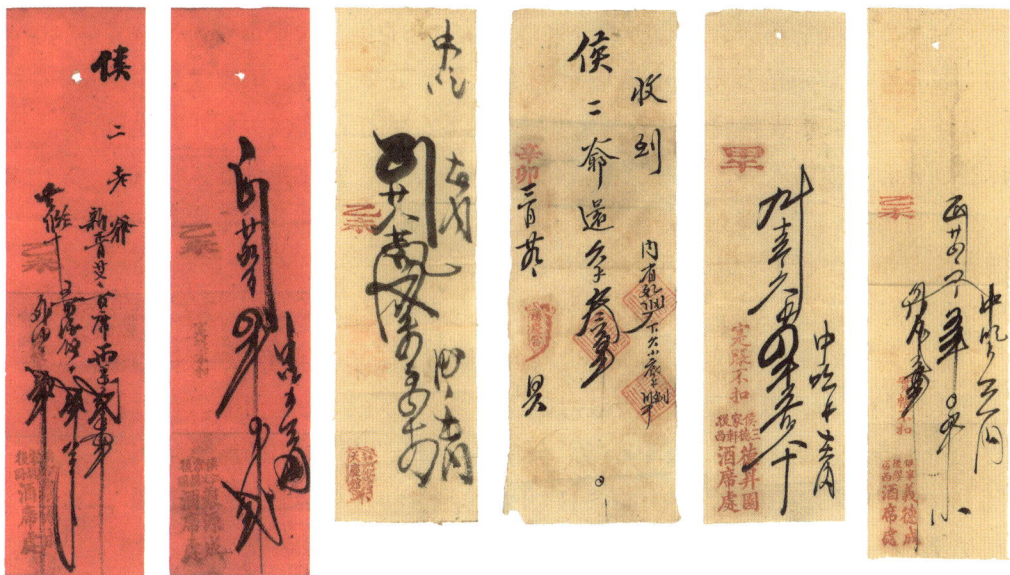

天津各饭馆的赊账单　　由刘悦提供

是 2 到 5 个月，一家洋行赊欠给中国商人的账款甚至能达到百万两白银之
巨。在这种情况下，华北地区的商人，同业之间必须互相依赖、互相帮助，
因而他们非常重视体面、信用和承诺，往往一诺千金，口头的约定即可进
行成千上万的巨额交易，而不需要频繁地交换契约、合同以及担保等。[①]

当然这种信用关系不是随随便便就可以建立起来的，常常需要经年交
易的考验，所以地缘关系和业缘关系非常重要，同乡和同业之间关系紧密，
并排斥外来者。那些初来乍到的外省籍商人只能依靠同乡关系进行买卖。
比如汇丰银行之所以成为近代中国最有影响力的银行，离不开其买办吴调
卿与直隶总督李鸿章的同乡情谊，后者同意将北洋水师和津海关的经费存
放于汇丰银行。后来李鸿章主持修筑津榆铁路等，也曾多次通过吴调卿获
得汇丰银行贷款，吴本人则被李鸿章任命为"关内外铁路总办"。

虽然李鸿章任职直隶总督兼北洋大臣长达 25 年，但内忧外患之下，

---

① 天津市地方志编修委员会总编辑室编，《二十世纪初的天津概况》，内部发行，1986 年，
第 245—252 页。

他对天津本地商人的影响力却不大。一方面出于天津籍商人顽固保守的风气，另一方面也是看透清政府所谓"官督商办"企业经营的重重弊端，他们对投资于李鸿章的洋务企业反应冷淡。1887年开平铁路公司改组为中国铁路公司后，扩大招股100万两，却应者寥寥。由于政府实力弱小不足以在列强面前提供保护，也由于对政府官员的不信任，天津本地商人养成了独立自治的风气，成立了各个会馆（同乡出身者的俱乐部）、公所（同业者的商业会议所）等组织相互扶助和救济。后来更在外国商会的影响下，成立了自己的商会。

天津最早的商会组织是1887年成立的洋商总会。初创时有15家来自不同国家的洋行，以及我国大清银行。1904年，为了鼓励工商业发展、对抗外商势力、维护利权，天津商务总会在清政府开明官员的支持下诞生。自1905年到清王朝灭亡，商会总共有30名总理、协理和会董，初创时约有61家商号。民国成立之后，商会组织呈现了蓬勃发展的态势，从1912年至1922年，天津商会的会董人数从32人增加到70人，会员数增加到1362个。[①]1928年天津有华商总会、美国商会、英国商会、法国商会、洋商总会、德国商会、意大利商会、日本商会等八大商会组织，天津商会（即华商总会）成为与其他国家商会实力相当的社会团体。

在清末十年，天津商会在维持市面、振兴实业、兴办教育、调解纠纷等方面都踊跃支持，直接参与了政府推进的各项现代化改革活动，与地方政府之间形成了一种良好的互动合作关系。商会最主要的作用在于维护市场秩序、稳定金融市场。民国成立以后，从1916年到1937年天津所经历的九起不同程度的金融危机中，为维持一个稳定的金融环境，天津商会的商人们扮演了维持人的角色以确保货币价值，即便代价高昂——"此类行为的成本高昂，常常要吞没商人们的自有资源"[②]。曾长期任天津银行公会会长（主席、理事长）、天津市商会执委、常委的中国银行天津分行行长、近代著名银行家卞白眉，就是一位享有相当威望和影响力的银行家。1921年11月15日，北京中国银行、交通银行突然发生挤兑风潮，起因是当年北洋政府两次借垫警饷480万元，公债基金又借垫700万元，以及

---

① 宋美云，《近代天津商会》，天津社会科学院出版社，2002年，第70—76页。

② （美）史瀚波著，池桢译，《乱世中的信任：民国时期天津的货币、银行及国家—社会关系》，上海辞书出版社，2009年，导论，第4页。

1939 年水灾后，灾民向北四行（即盐业银行、金城银行、中南银行和大陆银行的合称）与中国航空公司组织的水灾临时救济船乞讨　照片由刘悦提供

原不兑现钞券调换的存单陆续到期。消息传来，天津中国银行也立即发生挤兑风潮，不得不自 17 日起限制每人只能兑换 10 元。卞白眉立即采取应急措施：通知各代理银行补足六成现金准备；商请上海分行运津现洋 150 万元；与天津磨坊公会商妥预存现洋 5 万元，并通知全市 1300 多家米面铺，收到中国银行钞券，保证兑现。同时，由银行公会电北洋政府国务院饬令天津海关照收中、交两行钞券，海关税务司并允将六厘公债基金提前拨来备用；又催收盐余款 10 余万元。至 12 月 1 日取消了限额兑换的规定，一场 10 余天的兑现风潮就这样迅速平息了。类似"扶大厦之将倾，挽狂澜于既倒"之类的事情，卞白眉在其一生的金融活动中还做过多次，包括支援民族棉纱布业渡过难关、开办中国自己的外汇业务、发放农业贷款扶助农民、调解军阀勒索银行事件等，并在天津沦陷后拒绝与日伪合作，保持了民族气节。他在近代纷繁复杂的国际国内政治经济环境中，对国家尤其是天津金融事业和民族工商业的发展做出了杰出贡献。由此可见，商人在近代社会发挥了政府无法或者不愿发挥的许多功能，已成为地方经济社会发展中的中流砥柱。

在近代中国慈善公益事业发展的进程中，商会发挥了重要作用。近代天津灾害频仍，水灾约 4 年发生一次，[1] 使大量市民受灾。而当周围省份发生灾情时，灾民也都会背井离乡逃难到天津寻找生路。因此，每当天津及其周边发生自然灾害时，商会即组织粮商进行大规模粮食平粜活动，平抑粮价，同时开设粥厂赈济灾民。例如，1908 年的水灾后，商会在各界劝募，

---

[1] 王素香、李丽敏，《解放前天津历年水灾概况》，《天津档案史料》1966 年创刊号，第 68 页。

共收到赈灾款 13000 余大洋，购买粮食 3773 石 6 斗，挨家挨户发给灾民。[①]
平常年间，商会也重视抚恤贫民，重视将慈善与实业教育相结合，教育贫民和灾民自食其力。

随着商人们越来越多地承担起社会责任，他们的话语权也不断增加。1915 年的老西开事件中，天津市民在商会的资金支持和组织动员下，进行了长达 4 个月的罢工罢市，体现了强大的组织动员能力和强烈的爱国主义情怀。几年后的 1919 年"五四运动"中，也是商会与天津织布工人联合会、天津电车工人联合会相继组织了罢市和罢工，有力地支持了学生们的罢课和抵制日货活动，从而形成了近代整个民族的反帝爱国运动，并取得了部分胜利。

北洋军阀、政客和清朝遗老遗少

北洋军是清末民初最有战斗力的军事集团，其核心领导是袁世凯，领导层中还包括冯国璋、段祺瑞、徐世昌等人，他们在晚清十年的政治变革中发挥了重要作用。特别是后三人在袁世凯称帝时，都直接或间接地表示反对；在与南方革命党和军阀对峙时，也坚持在民主共和制的框架下解决

1912 年 3 月 10 日，袁世凯在北京原清政府外务部公署宣誓就任临时大总统后，与北洋将领合影

① 宋美云著，《近代天津商会》，天津社会科学院出版社，2002 年，第 319 页。

问题。袁世凯死后，因冯国璋、段祺瑞实力相当，却又政见不合，加上张作霖崛起于关外，北洋军阀开始分裂为皖系、直系和奉系三大势力。这三大势力凭借手里的兵力和地盘，争权夺利，军阀之间的斗争非常激烈，都想一统天下。在1916年袁世凯去世到1928年张作霖被日本关东军炸死这一段时间里，北洋政府的更迭速度非常快，出现了在北京轮番执政的局面：1916—1920年是皖系执政，1920—1924年是直系，1924—1928年是奉系。

尽管政见不合、利益纠葛，然而这些军阀们却有一个共同点，就是在失败下野后，都跑到天津租界里当寓公。

第一个下野的是北洋军阀中皖系首领段祺瑞。1920年直皖发生战争，最后段祺瑞的皖系战败，心灰意冷的他选择通电下野，跑到天津的租界里做寓公。继他之后，大大小小的北洋军阀及其幕僚下野后，都搬到天津居住，知名的就有北洋政府的五大总统、十位总理，以及倪嗣冲、孙传芳、王占元等大大小小的军阀。那么，为什么军阀首领会在失败后选择来天津呢？

首先，天津距离北京近。京津之间，一个电报、一通电话之后，火车运行只需6小时，比朝发夕至还快。因此对于北洋政府来说，前台是北京，后台就是天津。这里信息灵通，不仅与国内各方势力可以方便地交流意见，而且还有各国在津设立的领事馆，便于对外联络以获得外国势力支持。因此，就连末代皇帝溥仪被冯玉祥逐出紫禁城后，也来到天津躲避并伺机复辟。表面闲居的军阀们时刻关注着北京的动向，准备一有机会就东山再起。

其次，天津租界有安全保障。根据《辛丑条约》规定，列强可以在天津租界里驻兵，维持租界秩序，保护侨民安全。与北京频繁的政权更迭相比，天津因为有外国势力庇护，相对来说比较安全。军阀混战时期，各路军阀的队伍多次进入天津，但是在外国军队的警戒下，都没有开进租界里。因此，天津的社会秩序相对稳定。

第三，天津是北洋军阀发源地。北洋军阀的前身是北洋新军，这支部队最开始的时候就是袁世凯在天津的小站组建训练的。从天津小站走出来的民国总统有五位，总理有九位。当年的小兵虽然成了风靡一时的人物，但在小站时，他们都是老同事、老同学、老同乡。因为有这样的交情，在后来下野后，只要缴械，一般都会得到善待。而且这些军阀，对于天津非常有感情，他们告老不还乡，而是回到津宅养老。

第四，天津的工商业繁荣。洋务运动发展实业时，天津的很多重要工商企业为官督商办或有政府背景。军阀们虽然下野，但是军人、政客和官商彼此之间相互熟识，便于他们来津做寓公时将手里的钱投资于天津的房地产和工商业，或者把钱存到中外银行里，以钱生钱。这样，天津的许多企业和银行就成为军阀的"钱袋子"，为他们日后东山再起募集资金或作养老金。

第五，天津的生活环境优越。作为开放已久的港口城市和移民城市，天津得风气之先，不同的文化在这里交流，城市化工业化程度乃至娱乐业发展都居于全国前列，生活舒适便利，不用出远门，就可以看到不同的风景、获得不同的享受。即使他们争权失败，日子依然可以过得逍遥自在。

出于以上原因，无论是天津籍出身的还是其他省籍的北洋军阀都纷纷在下野后来天津买房置产、投资实业，因此天津有众多的军阀加财阀。如直系军阀的"长江三督"① 在天津均广置房产、投资实业。"长江三督"之首李纯，天津人，在任期间横征暴敛，在津京两地广置房地产，是当时天津最大的房产主之一，另投资于工商金融实业。"长江三督"之二陈光远，亦为天津人，1922年来津做寓公，购置大量房地产，并开设银号与当铺多座，通过亲家龚心湛② 在北洋企业中大量投资，购买了启新洋灰公司、开滦煤矿、华新纱厂、耀华玻璃厂、中原公司等企业的股票，为津门巨富。"长江三督"之三王占元1922年下野，在天津有房产三千多间出租，并投资纺织、面粉、银行、电力、煤矿等企业，在中国、交通、盐业、金城等银行均有股份。皖系军阀、奉系军阀的主要人物也均在天津拥有众多房产和投资等。

学者齐锡生分析，北洋军阀是建立在"个人关系的结合""自身利益的考虑"和"意识形态上的联系"三个层面关系上的复杂群体。军人的个人联系包括血缘和婚姻这两个主要联系，次要联系包括师生关系、老同事、老同学或老同乡。自身利益主要体现在拥有的地盘（意味着所能盘剥到的财富收入）、军队和政治上的地位。而对于最后一点，并不是所有军阀（特别是受教育程度低）都有自觉的"意识形态"。只有少数领袖类人物才有

---

① 龚心湛曾任民国时期安徽省省长、财政总长、代理国务总理。后致力于兴办实业，曾任启新洋灰公司总经理、董事长多年。

② 袁世凯死后，直系军阀江苏督军冯国璋、江西督军李纯、湖北督军王占元结成联盟。后因冯国璋代理总统，李纯调任江苏督军，陈光远接任江西督军，与王占元仍称"长江三督"。

海河边上的袁氏宅邸　航鹰摄于 2003 年

袁世凯（1859—1916），河南项城人。中华民国第一任大总统，北洋军阀领袖。袁世凯去世后，他的 17 个儿子和 14 个女儿大都迁来天津隐居，婚嫁对象也大都为清末重臣、北洋军阀或天津本地富商的子女。其中六子袁克桓曾任启新洋灰公司总经理，还参与创办了江南水泥厂（南京）、华新南辰溪水泥厂、北京琉璃水泥厂等企业，为北方著名的实业家

黎元洪（1864—1928），湖北黄陂人。中华民国第一任副总统、第二任大总统。下台后定居天津。在津期间，热心发展实业，先后投资煤矿、盐碱、钢铁、纺织、烟酒、食品、制药、林场、银行、证券、信托、保险、邮电等各种企业 70 多个。在天津有两处房产，现已不存

明确的政治主张，如张勋、吴佩孚、陈炯明、李宗仁、冯玉祥以及阎锡山，都是有互不相同的意识形态或政治纲领的人。[①] 综合三种因素去分析军阀之间的关系网络，那将是非常复杂的。不过考虑到北洋军阀所处的时代背景，清末民初的大多数军阀都是受传统教育成长起来的，除了军事技能受

---

① 　（美）齐锡生著，杨云若、萧延中译，《中国的军阀政治（1916—1928）》，中国人民大学出版社，2010 年，第 31—62 页。

段祺瑞旧居（鞍山道 38 号）

段祺瑞（1865—1936），安徽合肥人。皖系军阀首领。1916 年至 1920 年为北洋政府实际掌权者。曾四任总理，四任陆军总长，一任参谋总长，一任国家元首。在位期间，反对帝制、总统制，提倡责任内阁制，主张武力统一中国，曾派徐树铮成功收复外蒙。下野后隐居天津。后拒绝与日本人往来，避居上海，1936 年病逝

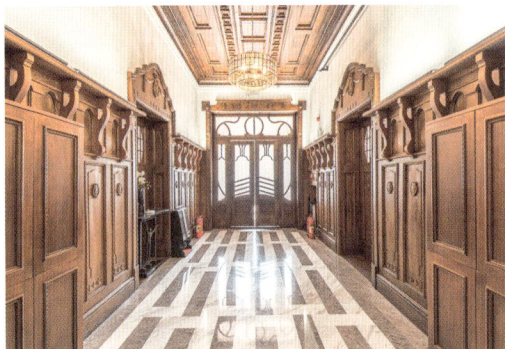

段祺瑞旧居内景

以上照片由张威摄于 2022 年

倪嗣冲（1868—1924），安徽阜阳人。皖系军阀实权人物。袁世凯心腹，民国初年独霸安徽。1920 年直皖大战失败后，隐居于天津，投资银行、纱厂、面粉厂、油漆公司等，还在英租界、日租界及河东、河西等区广置房地产，当时资产价值银洋八千万元之多

倪嗣冲旧居（南京路 88 号）　安红摄于 2023 年

徐世昌旧居（新华南路 255 号）　张畅摄于 2022 年

徐世昌（1855—1939），直隶天津人。1918 年被国会选为第四任民国大总统。退出政界后在天津过隐逸生活，投资于银行业，亦在英租界有大量房产自住和出租

教于外国军事教官之外，其他文化基础难免还是传统儒家思想的三纲五常，即如张作霖那样出身草莽的军人，也要接受正统社会规范的约束。因此，军人之间"个人关系的结合"是形成军阀派系的最首要的基础，也是最显而易见的、清楚明晰的联系。

举例来说，倪嗣冲曾与段祺瑞、段芝贵等都是袁世凯的得力部下，也同为安徽人，后来成为皖系军阀的核心人物，这是建立在同乡和同事基础之上的个人关系。直皖战争失败后，倪嗣冲下野来到天津定居，广泛投资于银行、纱厂、面粉厂、油漆公司等，还在英、日租界广置房地产，时有资产价值银洋八千万元之多，是天津商界的重量级人物。他的儿女亲家有大总统徐世昌堂弟徐世章、天津"八大家"中的李家和韩家、安徽同乡望族、清军将领聂士成家族等；徐世昌—徐世章家族的姻亲有曾任内阁总理的朱启钤家、原山东巡抚冯汝骙家、原镇安上将军张锡銮家、晚清文豪郑东府家、八大家之一卞家；朱启钤家的姻亲又有张作霖、段祺瑞、曾任陆军总长的吴光新等；八大家又是津门巨富，与袁世凯家族、曹锟家族、陈光远家族、杨以德家族、丁宏荃家族、雍剑秋家族、胡寿田家族等都有直接间接的姻亲关系。[①]

除了北洋军阀将领下野后寓居于天津，那些依附于各派系军阀的官僚政客也大多在天津拥有房产，甚至定居于此。中华民国首任总理唐绍仪，留美幼童出身，回国后曾任清政府天津海关道兼北洋大学督办。历经清朝、北洋政府、民国、日伪、新中国五个历史时期的近代政治家、实业家朱启钤，在袁世凯任总统时任国务总理，1916 年遭通缉后逃到天津英租界，参与经营中兴煤矿和中兴轮船公司。颜惠庆是北洋政府老牌政客和外交家，曾经组阁，后隐居英租界，专心从事金融和慈善活动，曾任天津大陆银行董事长和南开大学董事长。另一位著名近代外交家顾维钧在天津的住宅为奉系军阀张学良所赠。1918 年代理国务总理的龚心湛辞任下台后住在英租界，先后担任大陆银行、中孚银行董事、耀华玻璃公司总董、开滦矿务局董事、启新洋灰公司总经理、董事长等。北洋政府最后一位总理潘复在东北易帜中正式下野，移居天津英租界。

天津距北京近，又是外国租界最多的繁华大城市。不仅北洋军阀及政客

---

① 李良玉、吴修申主编，《倪嗣冲与北洋军阀》，黄山书社，2012 年，第 153—156 页。

曹锟旧居一（南海路 2 号）

曹锟旧居二（民主道 27—29 号）

曹锟（1862—1938），直隶天津人。1919 年被拥为直系军阀首领。1923 年贿选而被选举为第五任中华民国大总统。下野后回到天津，他的现金大都存于外国银行，同时买下多处房产。其中"曹家花园"占地面积 200 余市亩，是一座包括廊庑、亭池、岛榭的豪华园林别墅

曹家花园（黄纬路 60 号拥军花园）

冯国璋（1859—1919），直
隶河间人。直系军阀首领。
1916 年被选为总统。在天津、
北京有大量房产，又在直隶夹
山、遵化、兴隆有 3 座金矿，
在南京、北京、天津有 10 座
钱庄和银号，并在中华汇业银
行和"北四行"均有大量股票
和存款

冯国璋旧居（民主道 50—54 号）　航鹰摄于 2003 年

张学良旧居（赤峰道 78 号）　安红摄于 2023 年

张学良（1901—2001），辽宁
鞍山人，奉系军阀首领张作霖
长子，中国近代著名爱国将领。
"皇姑屯事件"后，继任为东
北保安军总司令，拒绝日本人
的拉拢，坚持"东北易帜"，
促成祖国统一。后任中华民国
陆海空军副司令，陆军一级上
将。1936 年与杨虎城将军一起
发动"西安事变"，促成国共
二次合作，结成抗日民族统一
战线。后遭蒋介石父子长期软
禁。2001 年 10 月 14 日病逝于
檀香山

章瑞庭故居（花园路 9 号）。有说建于 1922 年，为二层、局部三层，带地下室，混合结构的北欧特色建筑。据建筑设计师盖苓之子介绍，此房建于 1925 年，最初为东北军官俱乐部，后成为与东北军关系密切的实业家章瑞庭旧居　刘悦摄于 2003 年

爱新觉罗·溥仪（1906—1967），清朝末代皇帝。1908 年登基，辛亥革命后被迫退位。1917 年军阀张勋曾拥其复辟帝制 12 天。1924 年冯玉祥发动北京政变，废除其大清皇帝称号，迁出皇宫。次年前往天津居住。九·一八事变之后被日本人偷送到东北做了伪满洲国傀儡皇帝，年号康德（1934—1945）。1945 年日本投降后，被苏军逮捕。1950 年移交中国，被监禁于抚顺。1959 年大赦释放，后成为全国政协委员。1967 年病逝于北京。著有自传《我的前半生》

张园，清代湖北提督兼驻武昌新建陆军第八镇统制张彪旧居。1924 年孙中山二次护法后北上在此小住。1925 年溥仪初到天津时居住于此，后移居静园。溥仪离津后，张彪之子将张园卖与日本人并辟为日本警备司令部。建于 1915 年，位于旧日租界宫岛路（今鞍山道 59 号）　照片由刘悦摄于 2003 年

静园，清朝末代皇帝溥仪在天津的故居。建于 1921 年，位于旧日租界宫岛路（今鞍山道 70 号）。占地面积约为 3360 平方米，建筑面积约 1900 平方米，园内主要建筑为两幢砖木结构的二层西式小楼，主楼为西班牙式建筑，设有 79 间房间。一楼为客厅、餐厅、储藏室，二楼为溥仪卧室和婉容卧室。西楼一楼为办公室，二楼为祠堂、佛堂和文绣卧室。园内建有曲径长廊、龙形喷泉及网球场　照片由安红摄于 2010 年

庆王府（重庆道 55 号）

庆王府大门前十七级半台阶

载振（1876—1947），清朝
宗室，末代庆亲王。1902 年
曾代表清朝廷赴英参加英国国
王爱德华七世加冕礼。1903
年赴日本考察第五届劝业博览
会。回国后积极参与新政。
1906 年任新成立的农工商部
大臣。1907 年因歌妓杨翠喜
案辞职。辛亥革命后一度避居
上海，后返回北京。1924 年
迁入天津庆王府，从事工商投
资活动，参与创办劝业商场。
1947 年病逝于天津

庆王府大厅

以上彩色照片由航鹰摄于 2003 年

失势或暂时失权后避往天津的各个租界居住，清帝逊位后，那些清朝贵胄重臣也纷纷逃往天津。地位最显赫的莫过于逊帝溥仪，先后居住于日租界的张园和静园。其他遗老遗少如载沣、载振、载涛，以及满汉臣僚那桐、荣庆、李准等等。这些贵族权臣在天津继续享受优越的物质生活，也大都生财有道。比如末代庆王载振，在天津远离政治，投资商业，曾参与创办当时天津最大的商场——劝业场，其中西合璧的显赫王府坐落于英租界五大道上。

来到天津的军阀们自然不会老老实实在家里做寓公，他们把天津当作阴谋的巢穴。比如，北洋军阀时期，主张武力压服南方的皖系军阀段祺瑞、徐树铮为进一步反击主张和平统一南北方的直系冯国璋及长江三督（江西督军陈光远、江苏督军李纯、湖北督军王占元），在天津举行重要会议。徐树铮受段祺瑞的派遣，北到奉天（今沈阳），南到蚌埠，与张作霖、倪嗣冲等军阀联络，并且把曹锟也拉到了主战阵线来。1917 年 12 月 2 日，即接替段祺瑞的王士珍内阁在北京成立的第三天，天津热闹起来了。直隶督军曹锟、山东督军张怀芝以及山西、奉天、福建、安徽、浙江、陕西、黑龙江、上海、察哈尔、绥远、热河等省区督军、都统、护军使代表云集天津。最后一致商定出兵湖南作战，史称"天津会议"。由此可见天津在清末民初时的重要政治职能，这是它与上海、汉口、青岛、大连等近代崛起的其他城市显著不同的地方。

产业工人和服务业人员

尽管人们甚至是史学家的目光常常被帝王将相、军阀富商、战争史诗所吸引，人们喜闻乐见的也是城市的高楼大厦、灯红酒绿和都市传说，但敏锐的观察者指出，在近代，无论东方还是西方，"工厂和贫民窟就是这种新兴城镇里两个主要的构成成分"[1]。在粉尘污染、机器声轰隆的工厂车间和阴暗低矮、垃圾遍地的贫民窟里苦苦挣扎的工人，以及奔波在冽冽寒风或炎炎酷日下、勉强挣得一日三餐的贩夫走卒、底层服务业人员，他们才是构成金字塔形城市结构中庞大基座的阶层。

---

[1] （美）刘易斯·芒福德著，宋俊岭等译，《城市文化》，中国建筑工业出版社，2009 年，第 186 页。

苦力　照片由刘悦提供

　　近代对外开放以后，天津作为聚集了工业、商业和金融业的大城市，无疑为那些寻找生计的人带来了希望。从洋务运动创办各工厂企业之后，产业工人作为一种职业开始出现，为大量农村破产农民提供了养家糊口的机会。据不完全统计，至1894年天津近代工业和交通运输业的工人已达5000人以上。民族工商业逐渐发展壮大之后，提供了更多的就业机会。仅1915年到1922年间建立的六大纱厂就雇用了11500多名工人，到1922年天津产业工人已有十余万。[1]1931年，天津的民族工业中有工人约56000名，其中六大纱厂有工人15580名；卷烟厂有4家，工人4180名；规模较大的面粉厂有6家，工人920名；地毯厂上百家，有工人11568名；化学工业有4家工厂，工人1007名；洋灰厂1家，工人5000名；火柴厂5家，工人13750名；盐厂2家，工人722名。[2]1949年年底的统计数字，天津有产业工人13万名，商业服务业从业人员有71043名，合计201043人。[3]

　　天津的工人主要来自周边地区的破产农民、因水旱饥荒或军阀混战而逃离故土的灾民。如前文所述，天津在开埠后不久就成为洋货进口大户，来自海外的洋纱洋布、洋米洋面从天津港进口，经铁路转运长驱直入北方内陆市场，冲击了传统社会的自然经济，从而使天津所辐射的三北地区大

---

①　天津市档案馆编，《近代以来天津城市化进程实录》，天津人民出版社，2005年，第631页。

②　根据《天津海关十年报告》1922年至1931年计算。天津市档案馆编，《近代以来天津城市化进程实录》，天津人民出版社，2005年，第218—223页。

③　天津市档案馆编，《近代以来天津城市化进程实录》，天津人民出版社，2005年，第232—236页。

批农民收入减少进而破产。从 1906 年至 1928 年的 20 多年间，华北灾荒频仍，凋敝的社会经济更加难以负担水利设施的修建维护，致使洪涝、干旱、蝗灾接踵而至，常常瞬间摧毁农民数年甚至数代的劳作积累。这 20 年还是北洋军阀彼此之间为争夺兵源、财源和权力而大打出手征战不休的年代，军阀军队军纪涣散、残忍好杀，所到之处社会生产受到极大影响，使很多农民不得不携家带口逃往天津、上海等沿海大城市。这样，这些破产农民、灾民和难民便成了工业发展所需的重要因素——群集于港口和铁路沿线城市的大量人口，即廉价劳动力。而零落衰败的农村从此成为回不去的故土。

在城市找工作，一般有几个途径。首先就是投亲靠友。传统社会的地缘和血缘关系是维系社会秩序的首要纽带，找工作尤其是找一份各方面待遇都不错的工作，就得有人介绍并充当保人。乡亲父老知根知底，自然是最合适且义不容辞的中介人。其次是投入帮派组织。帮派具有地域性。帮派首领也要吃饭养家，他们往往自己就是工头，负责帮助工厂主招纳工人。工头是资本家与工人之间的中介。天津地区最大的帮会组织是由漕运而来的漕帮，民国后改称青帮，是清初以来流行最广、影响最深远的民间秘密结社之一。很多人为了找工作而加入青帮，实际上并不参加帮派活动。第三种就是加入脚行。天津河道、码头众多，需要靠人力搬运装卸，甚至为河船拉纤。后来火车逐渐替代内河航运后，货物装卸依然需靠人力。因此脚行成为那些没有任何社会关系、唯有出卖体力的青壮年劳力寻找工作的途径。那些青年被称作"苦力"。

工人们的劳动条件大都十分恶劣，收入极其低微，生活普遍贫困。工业化早期的天津工厂大都设备落后，70% 的工厂主要是手工操作，生产效率低，工人劳动时间长，劳动强度大。1920 年的调查显示，无论是三条石的小铁厂，还是成立已久的正式国家大厂——天津造币总厂，工人们不仅没有固定假日，而且经常每天加班劳动至 13、14 个小时。他们整日在厂工作，没有时间休息，也没有"工人补习学校"，无法学习提高劳动技能，精神萎靡不振，日趋烦闷。[1] 据 1933 年当局在天津 1200 个工厂所做的调查，约有 3/4 的工厂，其工人劳动时间在 11 个小时以上。相比之下，

---

[1] 杨赓陶，《天津造币总厂底层工人状况》。李文海主编，《民国时期社会调查丛编·城市（劳工）生活卷（下）》，福建人民出版社，2014 年，第 113—116 页。

在外国侨民家里当保姆的
中国妇女

外国洋行里工作
的"苦力"

以上照片由刘悦提供

181

他们的收入却极其微薄。20世纪20、30年代，工人工资按技术岗位来划分，能操作机器的工匠每月30元，普通工人每月只有10元，小型工厂的工人最低则只有7元。[①] 家庭服务业者在职业人口中所占的比重不大，但却是底层妇女从事的主要职业，工作条件稍好，但报酬一样很低。1905年天津的外国人家里佣人的每月工资如下：伙计或女佣9—12元，苦力7元，厨师10—16元，阿妈（保姆）5—10元，马夫15元（包括喂马的饲料）。[②] 1923年北洋大学雇用的一位美国教师在写给他太太的信中提到，他们在天津的家中将雇用一位会做西餐的厨师、一名仆人（No.1 boy）、一个苦力（负责打扫卫生和洗衣）和一位阿妈（女仆兼保姆）。四个仆人的佣金加起来才只有45墨西哥元（即银元），而食品的费用每月还要75墨西哥元。[③]

入城农民很多都是举家搬迁，"今日农民的离村，已非个人的而是家族的，至少是直系亲属，已非一时的，而为永久的"[④]。此种特征在民国以后尤为凸显。1929年，南开大学经济学院对天津市织布业工人的籍贯进行了调查，在调查的867名工人中，天津本市籍贯仅有39人，占总数的4.5%，其余大都来自河北各县及其他外省的农民，"细察外来工人之身世，则多半出自农家，其趋驰津市，无非为谋生计焉"。这些入城的农民多为城市的开拓者和定居者，"此辈居留天津有年，在津成立家室者，亦所在多有"[⑤]。一般工人家庭子女较多，有收入者不过1—2口，养家糊口并非易事。即使当时的天津物价并不算高，但是工人们的饭碗里却鲜少能见到肉丝，他们只能吃着几乎没有一丝油水的饭菜。吃饭尚且艰难，其他穿衣、住房等自然更加鄙陋。

工人们因地缘、祖籍、性别、受教育程度、技艺才能不同而存在差异，因此他们并非一个可以用少数特征加以概括的整体。但随着劳工队伍的壮大，他们的力量越来越难以被忽视。第一次世界大战中，北洋政府宣布加

---

① 《1922年至1931年十年间天津工业发展状况》（1931年12月31日）。天津市档案馆编，《近代以来天津城市化进程实录》，天津人民出版社，2005年，第218—223页。

② （比）约翰·麦特勒等著，刘悦等译，《比利时—中国：昔日之路（1870—1930）》，社会科学文献出版社，2021年，第201页。

③ *The China Years.* http://www.webinche.com/china/grandparents.html

④ 蔡斌咸，《从农村破产中挤出来的人力车夫问题》，《东方杂志》第32卷第16号，1935年8月16日，第37页。

⑤ 方显廷，《天津织布工业》，南开大学经济学院，1931年，第77页。

入协约国一方作战，派出 14 万来自山东、河北等地的劳工"以工代兵"奔赴欧洲战场。当时国内外报刊都对华工为欧战做出的杰出贡献进行了报道。不仅北洋政府，还有广大社会精英，都对劳工表达了尊重和认可。1918 年 11 月 16 日，在天安门前举行的庆祝协约国获胜的演讲大会上，蔡元培喊出了"劳工神圣"的口号。一战中，中国民族资本主义得到难得的黄金发展，工人阶级队伍也迅速壮大。他们开展了为改善劳动条件和增加工资待遇的反抗活动，显示了强大的影响力，这之后才有"五四运动"时期无产阶级作为一支独立的政治力量登上政治舞台，持续影响中国未来政治。

高级职员、教师、记者和医生

因洋务运动兴办教育，近代接受西方现代基础教育、职业教育、高等教育乃至留学教育的城市人口越来越多。与此同时，在天津、上海这样的沿海开放城市里，有越来越多的洋行、银行、工厂以及市政管理、文化教育和社会服务机构设立，从而造就了大批买办阶层和城市职员阶层。他们一般受过良好教育，具有较高的文化知识和专业技能，在洋行、银行等工商企业担任职员，在政府、军队和警察部门任公务员，在中小学任教师。其中的高级知识分子，如自行开业的律师、医生、工程师等自由职业者和大学里的教授们，更是收入高、社会声望也高的社会精英阶层。

民国时期的学者和地方管理者关注社会改造。他们通过进行社会调查研究，对劳工的劳动和生活状况都进行了详细的调查统计，[①] 但是对于经济状况相对较好的职员阶层则远没有那么关注，又或是社会学家们本就属于中间阶层，"不识庐山真面目，只缘身在此山中"。职员的具体数量很难进行统计，首先是当时的人口调查是按照所属行业来划分和统计，而不是按照其具体的职位，而同一企事业单位中各个职位的收入状况和社会等级相距较大。当然，还有一个因素就是，职员阶层的流动性比较大，自由职业者更不具有"组织性"，而且常常兼职，所以难以统计，只能估算。

---

① 如 20 世纪 30 年代的《天津市面粉业调查报告》《天津市纺纱业调查报告》《南大校工生活调查》等。

根据天津市公安局档案科 1936—1947 年的人口统计材料（不包括租界），[①]公务员约在 10000—20000 人之间，自由职业者在 10000—15000 人之间，[②]但其中并未包含在工矿企业、商业和交通运输业中任职的职员人数。如果将这个人数大致估算为 5000 人的话，[③] 职员阶层人数总和约为 25000—40000 人之间。据 1950 年天津市人民政府对 1949 年以前外资工商业的调查统计，在 259 家外资企业中工作的有中国籍职员 12387 人。[④] 把所有中外资工商业和自由职业者都加在一起，天津市包括职员、公务员、自由职业者在内的所有从业者人数应在 35000—55000 人之间。按照阶层划分的一般原则，一个家庭的成员（主要包括父母、祖父母和未成年子女）都属于主要收入者所属阶层。1947 年天津市每户平均人口为 5 口人，[⑤] 那么这个城市的中间阶层就有 17 万—34 万人之多，约占当时天津市总人口的 10%—18%。

职员的薪资标准根据职务、年资和受教育程度而有很大差别。在 20 世纪 20、30 年代，一般来说，店铺里的职员薪水较低，薪资最高的掌柜（相当于部门经理）也只有月薪 8—10 元银洋，[⑥] 洋行中的工资要高许多，高级职员月薪 30 元。公务员的薪水，税务局监督（局长）的月薪是 600 元，会办是 300 元；卫生局的科长为 30 元，普通书记员月薪只有 8 元。

---

① 中间缺 1939—1941 年和 1945 年材料。李竞能主编，《天津人口史》，南开大学出版社，1990 年，第 249 页。

② 自由职业者中包括幼稚园、中小学和专科以上教职员。1939 年，小学和幼稚园的教职员共有 2028 人，师范学校、中学和职业学校的教职员总数为 596 名，1949 年，粗略统计专科以上院校教职员约有 900 人。天津市档案馆编，《近代以来天津城市化进程实录》，天津人民出版社，2005 年，第 646—658、667—674 页。

③ 1922 年《天津指南》所记录律师就达 500 多人，医院 42 家，报社 23 家，估计当时这样的自由职业者约有 5000—8000 人。

④ 《天津外资工商业户名册》。天津市档案馆编，《近代以来天津城市化进程实录》，天津人民出版社，2005 年，第 303—356 页。

⑤ 李竞能主编，《天津人口史》，南开大学出版社，1990 年，第 255 页。

⑥ 银洋每个用白银 7 钱 3 分铸成，银质最标准的是墨西哥铸成的，上面有一只鹰的图案，所以又称为"鹰洋"。鹰洋在晚清时已普遍流行，清政府在光绪年间铸造了多种银元，因图案是一条龙，称为"龙洋"。民国初年，袁世凯执政时期，又铸造了有袁世凯头像的"袁大头"。以上三种银元在同一时期等价使用。民国初年，一块银元大约可以兑换 128 枚铜元，20 世纪 20、30 年代兑换价超过 180 枚铜元。1935 年 11 月 3 日，南京国民政府财政部颁布《法币政策实施法》及《兑换法币办法》，其中规定中央银行、中国银行、交通银行 3 家银行发行的货币为法币，概以法币为限，禁止白银流通。

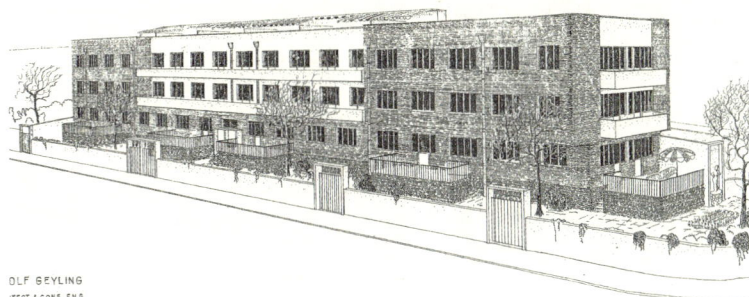

民园大楼图纸　由奥地利籍设计师盖苓之子提供

民园大楼（重庆道66—68号）。出租给职员家庭居住的高级公寓，由奥地利建筑师盖苓设计建造

以上照片由刘悦提供

剑桥大楼（重庆道 24 号）。出租给职员家庭居
住的高级公寓，由奥地利建筑师盖苓设计建造

津南里（重庆道与新
华路交口）。中南银
行为职工建设的集合
式公寓，由奥地利建
筑师盖苓设计建造

香港大楼（睦南道2—4号）。出租给职员家庭居住的高级公寓，由奥地利建筑师盖苓设计建造

以上照片由刘悦提供

海关、邮局和铁路的职员，薪水不是最高，但属于"铁饭碗"，要求的学历至少是中学毕业，会英文。[1] 高校的教职工是新兴职业群体的代表。民国时期，教师的待遇是中间阶层中比较高的，特别是抗战全面爆发之前，教师的待遇稳定而有保障。1927年《大学教员薪俸表》中规定的教授月薪400—600元，副教授260—400元，讲师160—260元，助教100—160元。教授最高月薪600元，与国民政府部长基本持平。在20世纪30年代初，大中小学教师的平均月薪分别为220元、70元、30元。民国时北洋大学的薪金标准，老教授的底薪是600元，著名教授是560元左右，职员80—300元。[2] 不过，需要注意的是，1935年国民党政府进行币制改革，1银元约等于2法币。随着抗战和解放战争，法币就越来越贬值了，以上月薪应为银元。

那么以这样的薪资收入，能达到什么样的生活水平呢？20世纪

① 陈存仁，《银元时代生活史》，广西师范大学出版社，2007年，第8、42、54、88、93、198页。

② 天津国立北洋大学（天津大学）。天津市档案馆编，《近代以来天津城市化进程实录》，天津人民出版社，2005年，第639—642页。

二三十年代到全面抗战开始之前的物价比较稳定。上海的物价较高，一块银元可以买 150 余只鸡蛋，一枚铜元可以买一根油条和一个大饼或者坐一段有轨电车，大饭店的一桌丰盛酒席约在 10 银元，一身长袍马褂要 10 元左右，一件绣花的高级旗袍大约要 20 银元，一处独立的住房月租约 10 银元左右，一座华界占地 1 亩的楼房售价约 2.5 万元，一辆小型轿车车价为 1100 元，司机的月薪为 20 元。北方的物价便宜很多，一个四合院的租金每月约为 30 多元，但房间也有 20 多间。平均每个月的食品消费支出也就在十几元左右，天津的鸡蛋大约只要 1 分钱，一只鸡只要 5 角钱，请客花上十几块钱便可摆上一桌很讲究的有海参、鱼翅的宴席。① 粗略计算一下，一个普通职员租房住，一日三餐，供养一个 7—8 人的大家庭，可以达到温饱。而若想过上有房（租独立住房一栋）有车（黄包车）有保姆的更加体面的生活，月薪要在 100 元以上。月薪 200—400 元的高级大学教职员们可以经常去大店铺定做材质上乘的衣服，冬天有皮袄、貂皮大衣，夏天有丝绸。教授、医生等高级知识分子们常常还有很高雅但很费钱的爱好，比如收藏古董、古书、古钱币，郊游，打桥牌和打猎。

近代天津的中间阶层中，有一个非常有社会影响力的群体，那就是新闻媒体人，当时称为"报人"。晚清时期外国人开始在租界创办报刊，20 世纪 20、30 年代是天津报业发展鼎盛时期，当时最有名的是创办于 1902 年的《大公报》、1915 年的《益世报》和 1926年的《北洋画报》，其他还有几十份大报小报，所涌现的报人何止百人，如《大公报》的英敛之、萧乾、范长江，《益

英敛之小影

乙巳夏日照於東京

英敛之（1867—1926），满洲正红旗，清末民初教育家、记者，保皇党、维新派人物，著名天主教教徒。辅仁大学、《大公报》创办人

---

① 陈存仁，《银元时代生活史》，广西师范大学出版社，2007 年，第 25、81、90、195 页。

世报》的罗隆基、唐梦幻，《新民意报》的马千里，在各报连载小说的刘云若、宫白羽，为报纸画漫画的赵望云、高龙生，写天津民俗掌故的戴愚庵等等。他们不仅是用笔谋生的知识分子，而且是为实现启发民智、移风易俗、救国图强的理想而奋斗的启蒙者，是中国新闻事业的先驱。他们在移风易俗方面提出很多主张，如反对妇女缠足，反对早婚、纳妾，反对吸食鸦片，批评重男轻女思想，主张破除封建迷信，批判官场恶习等。他们的收入居于中间阶层的中间，也能经常出入西餐厅、戏院、影院等时髦消费场所。

天津的社会精英中还有一个非常令人瞩目的群体，那就是中西名医们。洋务运动中，西方医学的发展包括医院和医生的培养是其中的重要内容。西医自1840年以前已有传入中国，但是影响力有限。在天津，西医得到了直隶总督李鸿章的认可，1881年由官方在天津创办北洋施医局、北洋海军医学堂，1902年袁世凯办北洋医学堂，1912年北洋政府公布医学校条例。近现代医学事业的发展、国人对西医的认可和接受，使医生这个行业逐渐成为新兴的城市精英阶层。特别是1941年12月28日太平洋战争爆发，日军接管了协和医学院和附属医院，原来在协和的医师们出于爱国之心，纷纷离去，有不少人来到天津继续行医。这些医生来到天津，使天津医疗水平大大提高。

在职员阶层中最上层的是医生，独立开业的医生月赚约40元，在药铺坐诊的中医大夫大约20多元，做到有名的大医生，比如被聘作工厂的长聘医生或者富商的家庭医生，年金都能有300元以上，而且是可以兼做几家的，所以年收入达到千元以上也并不在少数。许多医生被请到患者家中出诊，甚至要用金条做报酬。医生拥有了丰厚的收入，可以租住在天津最高级、环境最好的住宅区——原英租界五大道，有的甚至在这里置办了房产。他们结邻而居，构成了一个星光熠熠的名医群体。据不完全统计，五大道的中西名医故居有40所之多。

天和医院后来院址（睦南道 122 号）

　　京城有协和医院闻名海内外，津门亦有天和医院无人不晓。"天和"一词寓含"天津的协和"之意。天和医院，从院长、董事会成员到主要医护骨干，几乎都是原"协和"的人。1942 年，从"协和"来天津的方纪正大夫联合方先之、柯应夔、邓家栋等人发起筹建了天和医院。以马场道原西湖饭店旧址作院舍，又得到津门社会各界人士支持，帮助购置或借用办公家具、医疗器械等，以解燃眉之急。经过数月筹备，医院改建完工并完成注册，于 1942 年 7 月 1 日正式开业，名为"天津市私立天和医院"。医院设内科、外科、骨科、妇产科等，共有病床 100 张。由骨科方先之、胸科张纪正、妇产科柯应夔任院长，轮流主持医院院务，并分别在科室应诊。

恩光医院原址（今成都道与河北路口），医院建筑已不存

卞万年

卞万年旧居（云南路 57 号）

恩光医院首任院长卞万年早年就读于天津新学书院。著名银行家卞白眉之四子。1931 年毕业于北平协和医学院，后留校任教，擅长内科、心脏科。1942 年，北京协和医学院被日本侵略军占领，医院被迫关闭。率先来津的内科医生卞万年和外科医生方先之回北京，把极有实力的眼科医生林景奎、牙科医生关颂凯、小儿科医生王志宜、外科医生金显宅、耳鼻喉科医生林必锦、妇产科医生林崧、泌尿科医生施锡恩、皮肤科医生卞学鉴等人召来，每人五千块钱，集资接办了陈善理的恩光医院。

中国神经外科之父赵以成旧居（常德道 69 号）

赵以成

赵以成（1908—1974），中国神经外科之父。1953 年，他总结制定了干羊膜的制作过程及防止脑术后黏连的临床应用，为中国的脑神经外科做出了巨大贡献，当时中国只有两名神经外科专家，赵以成是其中一人。

中国现代骨科先驱方先之旧居（睦南道 109 号）

方先之

　　方先之（1906—1968），中国现代骨科先驱，天津骨科医院创始人，被誉为"骨圣"。太平洋战争爆发后，与北京协和医院一批著名医生来到天津，创建天和医院。1950 年抗美援朝战争爆发，方先之首批赴朝鲜前线救治伤员。1953 年卫生部委托方先之在天津创办了骨科医师进修班，到他去世时，一共培训了 15 期，每期 40 人，这些学员如今分布在全国各地医院，为我国骨科医学权威。

林崧

妇产科专家林崧旧居（睦南道 67 号）

　　林崧（1905—1999），著名妇产科医生。新中国成立以后，林崧在新组建的天津第一中心医院任妇产科主任，还受聘水阁医院，指导临床医疗，在他的带领下，天津的妇产科医学得到了空前的发展，培养了大批妇产科医生。

朱宪彝

朱宪彝故居（成都道100号）

　　朱宪彝（1903—1984），天津人，我国临床内分泌学的创始人和奠基人之一，也是杰出的医学教育家，天津医学院（现天津医科大学）的创建人。新中国成立后，历任天津医学院院长，天津市内分泌研究所所长，河北医学科学院院长，中华医学会常务理事，中华内科学会主任委员，中华内分泌学会主任委员，卫生部科学技术委员会委员等职。

金显宅

肿瘤外科专家金显宅旧居（睦南道69号）

　　金显宅（1904—1990），肿瘤外科专家，出生于朝鲜汉城（今韩国首尔），早年毕业于北京协和医学院，获得美国医学博士学位。新中国成立以后，受国家委托建立了中国肿瘤医学，是中国在这个专业上的开山鼻祖。曾任天津市人民医院院长，创办天津市肿瘤医院。

施锡恩旧居（睦南道 75 号）

施锡恩

施锡恩（1904—1990），著名泌尿外科专家、医学教育家、中国泌尿外科创始人之一。1941 年太平洋战争爆发后，施锡恩与北京协和医院的众多名医一同来到天津，他先是落脚在恩光医院，后建立了天和医院，1956 年天和医院更名为"天津市第一中心医院"，施锡恩被评定为一级教授。

范权

范权旧居（常德道 24 号）

范权（1907—1989），儿科专家，毕生致力于儿科事业，在儿科医疗、科研、教学工作中，特别是在水盐代谢及液体疗法研究中做出积极贡献，创范氏输液法。在儿科人才培养、医院营养方面也积累了丰富经验，是中国儿科事业的奠基人之一。天津市儿童医院首任院长。

"直把他乡作故乡"的外国侨民

在近代，有许多外国侨民生活在天津的各国租界，他们的到来促进了天津贸易的繁荣和租界的发展。需要说明的是，侨民是指那些近代到中国居住并保留本国国籍或无国籍的外国人，不包括列强在华的驻军。他们中的绝大多数一开始只是普通工薪阶层，为了一份不错的薪水，不远万里来到中国工作和生活。后来，他们有的发财离开了，有的留下了，把这里当作自己的家乡，精心维护，繁衍生息。他们也是这个城市的重要组成部分，在这里留下了他们深深的足迹。

"在开始的头一两年，贸易量颇大，商人大发其财，例如某商人从1861年起，以一年5000元的速度积聚了大笔财产，刚刚带着这笔财产退隐了。"[①] 这种事例很容易被到处传扬，吸引越来越多的人来刚刚对外开放的天津寻找发财致富的机会。"几乎每个来中国的人都认为在这里可以快速致富"[②]，因此租界中总是不缺少做着发财梦来中国淘金的外国侨民。

天津开埠时，只有不多的外国商人和两三个基督教（新教）传教士住在天津老城的内外。1861年，天津总计有28位侨民。他们当中包括：第一个到天津传教的美籍新教传教士柏亨利（Dr. Blodget）以及其他5位传教士和他们的夫人，英国驻津副领事，第一任津海关税务司，还有其他在津开办洋行或洋行的雇员们。[③] 1866年，据英国领事统计，包括商人、传教士及外交官在内，共有112人，其中英国58人、美国14人、德国13人、俄国13人、法国10人、意大利2人、瑞士1人、丹麦1人。1879年天津口岸的侨民人口增加至262人，其中有成年男性123人、女性58人、儿童81人。1890年，侨民人口大幅增长，有612人在各领事馆登记。1898年日本在津划定租界以后，日本在津侨民人数飞速增长，1901即增

---

① （英）雷穆森著，《天津租界史（插图本）》，许逸凡等译，天津人民出版社，2008年，第41页。

② 1879年12月23日汉纳根致其父母的信函。Constantin von Hanneken: *Briefe aus China: 1879—1886; als deutscher Offizier im Reich der Mitte*, Köln: Böhlau Verlag GmbH & Cie, 1998, p38—40.

③ （英）雷穆森著，《天津租界史（插图本）》，许逸凡等译，天津人民出版社，2008年，第36—37页。

至 1210 人。[①] 1906 年，根据海关统计，居住在天津的外国人口达到 6341 人。[②]
民国时期，20 世纪 20 年代天津有外国人 1 万人左右，1937 年外籍人口增
长到 26437 人。日本全面侵华后，日籍人口激增。二战结束前，天津的外
国人口达到 10 万多人。随着战后对日本侨民的遣送，天津市外侨人口下
降到 4624 人。到新中国成立，天津市外侨总计 3550 人，涉及 35 个国家
和无国籍者。[③] 从外国侨民的国籍和数量来看，近代天津确实可以称得上
是一个国际化程度很高的大都市。

从职业分布来看，近代来华的侨民中，以商人为最多，其次是外交官
和医生、建筑师等专业技术人员以及传教士，还有就是手工业者、工人、
小贩等较低职业从业者。男性中大多数人受雇于跨国公司在华机构或本国
及中国政府或军队，而女性来华主要是因为结婚。总的来说，近代来华侨
民早期以商人为主，后期随着租界的发展，各种专业技术人才陆续出现并
日益增多。这体现了帝国主义对中国政治经济侵略程度的日益加深。

外国侨民通过其在华活动参与和影响了中国的现代化进程，刺激和促
进了中国社会在许多方面的变革，这使他们成为近代中西文化交流的桥
梁与纽带。例如，长期担任津海关税务司（即海关关长）的德国人德璀琳
（Gustav Detring），他不仅在中国海关任职近 40 年，而且是晚清最有权
势的大臣之一——李鸿章的私人顾问，因此德璀琳是在天津甚至在中国近
代史上都有重要影响的外国人。

在烟台条约的谈判过程中，德璀琳得到参与谈判的李鸿章的青睐，成
为深受其信任和倚仗的私人顾问。自 1876 年开始，他几乎参与了李鸿章
的各项洋务活动，涉及经济、政治、军事、外交、文化等各个方面。特别是，
他积极参与了李鸿章创建北洋水师和修筑大沽船坞、炮台等军事活动，还
以李鸿章的私人密使的身份参与中英鸦片贸易谈判、中法和谈和中日和谈
等秘密外交活动。德璀琳被认为是一个能对李鸿章产生重要影响的洋顾问。

近代天津的发展首要的是来自贸易，而海关在这方面发挥了很大的作

---

① 天津社会科学院历史所、天津市档案馆，《津海关年报档案汇编（1865—1911）》上册，
内部发行，1993 年，第 39、191 页；下册，第 19、105 页。

② 天津市地方志编修委员会总编辑室编，《二十世纪初的天津概况》，内部发行，1986 年，
第 18 页。

③ 李竞能主编，《天津人口史》，南开大学出版社，1990 年，附录三，第 307—314 页。

侨民在俱乐部庆祝节日　约摄于 20 世纪 20、30 年代

天津的外国女侨民　摄于 1911 年

以上照片由德国"东亚之友"协会提供

用。1861 年天津开埠不久，赫德创办了津海关。1877 年 9 月德璀琳开始任职津海关税务司。从此，他把家安在天津，也把根扎在了这里。德璀琳任职津海关税务司 22 年，由于李鸿章的要求，他没有像海关的其他税务司那样在海关的各个港口循环任职，成为赫德手下唯一不能随意调动的人。在德璀琳的海关任内，不仅天津的贸易进出口量大幅增长，而且以保护商人利益、促进贸易发展为目的的天津洋商总会（Tientsin Chamber of Commerce）也于 1887 年成立。直到第一次世界大战前，它是代表天津外国商人利益的唯一团体。海河是天津贸易的生命线，德璀琳利用自身地位，敦促直隶总督和天津洋商总会制定措施挽救海河航运，在 1900 年成立并长期担任海河工程委员会的委员，主持裁弯取直、炸除全部沉船以清理河道、建造码头等工程，确保了天津北方第一大港口地位。

由于长期担任津海关税务司，并且与总督李鸿章大人有"深厚而持久的友谊"，德璀琳成为天津租界的侨民领袖，对天津租界的发展，进而对近代天津的城市化进程发挥了极其重要的作用。在租界的外国人圈内，他被称作"古斯塔夫大王"。在他的建议和影响下，天津英租界得以几次扩张。他还被多次选举为英租界工部局董事长。在市政建设方面，他整治海河、清淤疏浚，排干海河两岸沼泽、填埋地基；修建了天津第一条碎石子街道，建造了中国第一座市政大厦并修建了维多利亚花

李鸿章

德璀琳

李鸿章亲笔题写的匾额

津海新关办公楼

以上照片由刘悦提供

园，使英租界成为天津各国租界中最大和建设最好的一个。在文化教育方面，他向李鸿章建议开办一所西式大学，并从海关拨款创建博文书院（后来实际开办）；还与他人一起创办了天津第一家英文报纸《中国时报》、中文报纸《时报》，并开办了天津第一家印刷厂天津印刷公司。在娱乐方面，他创建了天津赛马会，修筑了世界一流的跑马场。所以说德璀琳对近代天津城市发展所起的作用不容小觑。

来华侨民中除了德璀琳这样的大人物，也有许多只是为了给家人创造更好生活而不远万里来到天津的普通人。1905 年比商天津电车电灯公司为在天津修建和运营有轨电车线路与发电厂，招募了许多比利时工程师和技术人员。年仅 27 岁的弗朗索瓦·内恩斯（Francois Nuyens）由于技术和组织能力出色而被聘用，被派往天津担任维修车间和仓库经理，为期三年。任期里，他指导中国工人，一起建造厂房、安装发电机和其他设备、组装车辆，同时还要监管诸如安排宿舍、设置储藏柜等各种行政工作。在中外员工的共同努力下，仅用了两年时间，第一条有轨电车线路就正式通车。到 1908 年内恩斯结束任期回国时，有轨电车已经运营得如火如荼。

弗朗索瓦·内恩斯是一个工作非常认真、同时又非常眷恋家庭的人。他接受这样一份极具冒险性和挑战性的工作，大概出于两个方面的原因，且后者占比最重：一是受到父亲青年时期海外探险经历的影响，渴望到海外旅行生活增长见闻；二是这份工作的薪资待遇非常优厚，可以为家庭提供很好的生活条件。根据他与电车公司的合同规定，他在比利时的工资是每月 200 法郎，[①] 而自他抵达天津的那一天起，他的工资就变为 600 法郎（216 银元），并在大约一年后涨到 700 法郎（252 银元），即年薪 8400 法郎。此外，他每月还可得到 40 鹰洋（银元）的住宿补贴，直至公司为他提供住处。公司还为他报销本人及其家属的旅费，共计 5600 法郎。[②] 这个待遇当时无论在比利时还是中国都是很有吸引力的。同一时期，英国工人的年薪约在 40—80 英镑，[③] 比利时工人的工资水平可以参照这个数字，约为 700—2000 法郎。不过，初到天津的内恩斯不得不为此忍受孤独，当他收到妻子和孩子的照片时，"见到孩子天真可爱的样子，眼泪不禁夺眶而出，他全然不知与父亲相聚多么遥远，但这一切都是为了保证他未来能过上幸福生活。"[④]

在那个时代，初到中国的绝大多数外国人都难以避免带着殖民者的观点和优越感，内恩斯也不例外。但在工程实施过程中，中国工人以他们的勤劳质朴最终纠正了外来者的傲慢与偏见，双方因共同完成一个个"不可能的任务"而结下深厚情谊。合同到期时内恩斯一家即将离开天津，内恩斯最后一次巡视库房，然后去车间与中国工人告别。他在日记中记下了工人和电车司机们为他送别的场景：

1908 年 6 月 14 日

早上 6 点 15 分左右，库房经理傅金榜前来接我。他请我去大门口，迎接即将来送礼物的职员。我走到大门口时，听到远处传来了中国音乐的声音，一群人向我们走来。一看到我，就有人点燃了一连串的鞭炮。

---

① 19 世纪末 20 世纪初各国货币币值大约是：1 英镑 =5 美元 =9 银元 =25 法郎 =10 卢布 =7 日元。

② （比）约翰·麦特勒等著，刘悦等译，《比利时—中国：昔日之路（1870—1930）》，社会科学文献出版社，2021 年，第 148 页。

③ Roderick Floud: *Labour Marker Evolution, The Economic History of Britain Since 1700*, Cambridge University Press, 1994, p119.

④ （比）约翰·麦特勒等著，刘悦等译，《比利时—中国：昔日之路（1870—1930）》，社会科学文献出版社，2021 年，第 193 页。

噪声太大，什么都听不见了。这群人走到跟前，先是几个小男孩拿着大铜盘或铜钹，不停地敲着。接下来是一些举着旗子与罗盖伞的人，其后跟着吹喇叭的乐手，和我拜访袁世凯时见到的一模一样。紧随其后，有人举着两面非常好看的黄色丝旗，上面绣着黑丝绒汉字，其间还有一把官员专用的丝质罗伞。这些都是电车售票员们赠送给我的礼物，他们走在职员队伍的前列。所有人都穿着1号制服。正、副主管穿着他们最好的西装、戴着最漂亮的配饰，他们走在队伍最前面，向我敬礼。从我身边经过时，他们一边向右朝我的方向转头，一边继续直挺挺地向前迈步。他们的态度与着装堪比阅兵一般整齐。士兵们也不可能比他们表现得更好。售票员后面跟着一顶装潢精美的镀金轿子，至少有8人抬着。上面摆放着一块硕大的匾，盖着红绸，绣着漂亮的黑丝绒汉字。后面还有两名苦力扛着两块小匾，也都盖着红绸，绣着黑字。队伍最后跟着白班与夜班的所有工人，主管走在前面。他们脸上都露着喜悦。……

以下是匾、罗伞和旗帜上所写内容：

大匾：同甘共苦

他在华工作期间，对工人关怀备至

罗伞：永谋慈悲

他始终对职员呵护有加，就像细心浇灌花朵一般

1908 年 7 月 18 日

现在10点半了，我也该离开了。有轨电车已经就位，所有检票员、办公室职员、工人，以及中央办公室和库房的欧洲人在院子里站成了几排。除了车间工人，其他人都陪着我们去火车站。首席驾驶员亲自驾驶，他不想将电车交给别人掌管。为了这个场合，他特意穿着最干净的制服。工人们都来和我握手。……

电车开动时，工人们挥舞着他们的草帽或制服帽以示告别。电车开出了一段距离后，许多人仍在挥舞致意。有人在入口处燃放鞭炮，并且轨道上每隔200或300米就有一个苦力拿着一根绑着鞭炮的长棍。电车开近时，他就会点燃鞭炮，然后追着我们跑。这也是我们最后一

次路过天津的中国老城。[①]

在过去的研究中，一般称这些随帝国主义侵略而来华工作生活的外国人为"淘金者"或"冒险家"。然而，近代侨民来华的这个时代，既是带给中华民族耻辱的时代，也是近代中国由闭关自守、故步自封走向厉行自强、对外开放，并由传统农业社会向现代工业社会转变的时代。虽然他们来华的目的并不是为了帮助中国走向富国强民道路，但侨民通过其在华活动参与和影响了中国的现代化进程，刺激和促进了中国社会在许多方面的变革，这使他们成为近代中西文化交流的桥梁与纽带。

Hommage des contrôleurs et chefs de gare à mon départ.

Juin 1908.

内恩斯（居中揽儿童而坐者）告别照片　由比利时根特大学档案馆提供

---

① （比）约翰·麦特勒等著，刘悦等译，《比利时—中国：昔日之路（1870—1930）》，社会科学文献出版社，2021年，第220—222、172页。

—————— **城市与城市病** ——————

资本主义快速发展的时代同时也是问题猛增的时代。这些问题包括贫困、犯罪、传统社会解体、环境危机、阶级矛盾冲突等。近代中国的工业化和城市化进程长期滞后，城市其实并未为那么多人口的到来做好充分的准备。不过，相比于经济凋敝、灾害频发、秩序混乱的乡村，城市仍然是为许多人提供庇护所和谋生手段的地方。

贫民窟与卫生、犯罪问题

天津开埠后的早期，城市中有大量贫民窟。那些匆匆涌入的外乡人，急需安身立脚的居所。因此，住房建设开展得很匆忙，几乎来不及进行规划和认真思考，就拆掉了原来的建筑物又忙着盖新的了，或者根本就把建筑建在一片坟地、烂泥潭和大大小小的水坑之间。贫民的居处十分简陋，多数是土房，即以土坯砌墙身，无立柱，把房檩的两端直接搭在土坯山墙上，檩上平铺柳条笆和芦席、秫秸席（天津称炕席），上面再抹上混有麦秸的黄泥。黄泥干后即可防雨水。但若遇到雨水就难免将那层外壳冲走了，所以每年夏天到来之前，人们都要在房顶上重新抹一层黄泥。土房中那种立有木棍之构架、再用秫秸篱笆做墙身内层、外面抹泥的，称之"篱笆灯"，是最简陋的建法。1917 年及 1939 年天津大水后，从四乡逃入的灾民很多，为了节省材料，他们匆匆用竹片搣成半圆形，两端埋入地面，上铺破旧席片，席片上再抹黄泥，形成低矮、狭小、如同动物的"窝"一样的居处，天津人称其为"窝铺"。不管怎样，新来的移民，男女老幼，都饥不择食地住进"新居"，权且住进去就是了。大规模的因陋就简、将就凑合的勉强之下，"临时代用建筑"层出不穷。天津当时著名的成片贫民窟，有环老城厢之外地区的万德庄、沧德庄，英德租界以南的谦德庄等。事实上，对于中国庞大的人口来说，城市住宅始终都是非常紧缺的，这些贫民窟直到改革开放之后重启城市化进程才得到根本改造。

恶劣的居住条件造成恶劣的卫生条件。贫民窟里的土房排列紧密，光线的摄入和空气的流通都很不充分，阴暗潮湿的环境很容易成为蝎子、臭虫、白蛉、跳蚤等各种毒虫的潜伏地，或者滋生传染性病毒细菌。[1] 贫民窟里没有上下水管道，也没有排水设施和供水系统。事实上，义和团运动之前，只有租界区有上下水。1900 年之后，一位德国侨民汉纳根（Constantin von Hanneken）承接了天津老城厢地区的地下排水系统工程，自来水厂也建立起来，但这一切都是贫民窟没有的。天津地区的土壤污染严重，数百年来的垃圾、人畜排泄物无人处理，尸体随处掩埋（主要在天津老城的西方和北方，那里相对地势高些），从不火葬，导致地下水随之被污染。天津地下水位高，居民饮用水主要来自随处开掘的水井和海河水，水质极差，居民饮水前需先进行沉淀和过滤。好在中国人向来不喝生水，都是煮沸之后饮用，这就在一定程度上降低了由不洁水源导致染上肠道疾病的风险。

在天津的传染病当中，占大多数的仍是肠道疾病等，尤其是在夏季。致病原因主要是食用腐烂食品，即保存不当或由苍蝇传播导致细菌滋生的食品。人在食用腐烂食品后，就很容易患上霍乱、伤寒、副型伤寒、痢疾等疾病。尽管当时地方当局利用报纸、传单等对食品卫生安全进行了广泛宣传，但有害健康的食品却始终无法绝迹。当然，这并不是因为人们没有卫生观念，"每个人都是愿讲卫生的……作小生意的贫人"其实也知道腐坏食品的危害，但"为了本钱的关系"[2]，也只能置卫生于不顾。那些一锅煮的污秽不堪的杂畜肉，以及走街串巷叫卖的腐败劣质食物，"市民亦贪贱购买之"[3]。其余疾病中的皮肤病（包括湿疹、癣、疥、寄生性匐行疹等）、呼吸器官疾病（肺结核、支气管炎及咽喉疾病等）、沙眼和性病，也都主要是由于公共环境差所导致的个人卫生条件差而致病。[4]

1900 年八国联军占领天津成立临时政府之时，适逢医学史上的一个重

---

[1] 天津市地方志编修委员会总编辑室编，《二十世纪初的天津概况》，内部发行，1986 年，第 329 页。

[2] 琴，《卫生与贫民》，载《天津午报》，1929 年 1 月 22 日。转引自朱慧颖，《天津公共卫生建设研究（1900—1937）》，天津古籍出版社，2015 年，第 117 页。

[3] 李根古，《市民与市政》，载《益世报》，1928 年 1 月 1 日。转引自朱慧颖，《天津公共卫生建设研究（1900—1937）》，天津古籍出版社，2015 年，第 117 页。

[4] 天津市地方志编修委员会总编辑室编，《二十世纪初的天津概况》，内部发行，1986 年，第 324—326 页。

要时期，即细菌病理学的霸权地位日渐稳固，美日科学家发现细菌是导致许多传染性疾病的根源，由此改变了疾病预防的理念和卫生管理的方式。临时政府用刺刀逼迫本地人接受"卫生"的新观念——平整乱葬坟地，将染病尸体集中焚烧，把垃圾运到城外，建造公共厕所，要求人们不得随地便溺等。袁世凯收回天津主权后，接受了临时政府的卫生政策，并成立了一个"天津卫生总局"对市民进行公共卫生教育，还设立北洋防疫处，对出入境人员进行防疫，有效维护了当时中国的防疫主权。

尽管如此，城市仍然是充满生机、令人向往的。随着港口贸易的增长，大量洋货涌入，这虽然冲击了传统的农业手工业，但却带来了充足的粮食供应。此外，还有一个因素也发挥了作用，就是生产肥皂的工厂增加，机械化生产降低了改善个人卫生条件的成本。20世纪初，天津有5家肥皂工厂，[①] 民国时期肥皂厂增加到12家。[②] 随着机械设备的改善，肥皂产量也从几百箱增加到几十万箱，并主要供应本地市场。第一次世界大战期间，天津商人开始投资面粉业，至1930年，本地已有面粉厂6家，加工华北和东北地区生产的麦子，年产量达到近20万吨。[③] 以八口之家，每月200斤口粮计算，这些面粉厂的产量足以养活一个城市的人口，再加上进口面粉，天津及其周边地区的粮食供应基本都能保障。充足的粮食供应减少了大规模饥荒的危险，提高了人口抵抗疾病的能力，加上个人以及公共卫生条件的改善，这几项重要因素的共同作用，虽然对生活条件优越的中上层市民影响不大，但却使贫困人口的生存概率大大提高。

贫穷不仅是"卫生"的敌人，更是导致犯罪的直接原因。恩格斯在其著作《英国工人阶级状况》中指出："当无产者穷到完全不能满足最迫切的生活需要，穷到要饭和饿肚子的时候，蔑视一切社会秩序的倾向就愈来愈增长了"，而"蔑视社会秩序最明显最极端的表现就是犯罪"。[④] 自给自足的自然经济在工业化大生产之下被打破，农村经济破产，被战争、灾

---

① 天津市地方志编修委员会总编辑室编，《二十世纪初的天津概况》，内部发行，1986年，第264页。

② 天津市档案馆编，《近代以来天津城市化进程实录》，天津人民出版社，2005年，第223页。

③ 根据《1922年至1931年十年间天津工业发展状况》中面粉业统计数据计算。天津市档案馆编，《近代以来天津城市化进程实录》，天津人民出版社，2005年，第220页。

④ 《马克思恩格斯全集》（第2卷），人民出版社，1957年，第400、415页。

荒等逼入城市的农民一无所长又穷途末路，"男盗女娼"几乎是他们的唯一出路。根据我国著名犯罪学家严景耀做过的犯罪调查，20 世纪的 20、30 年代"贪污和偷窃罪大幅度增加，诈骗犯的增加也相当明显"。这种状况到南京国民政府时期达到了顶点。[①]

　　小偷和妓女是两项最古老的职业。由于女性在体力上的天生劣势，加上封建社会长期以来"男尊女卑"的毒害思想，在妓院卖身的妓女（不是暗娼）相比于小偷，是合法的。民国时期天津妓院最多时有 650 户，妓女 3100 余人。一、二等妓院开在租界，二、三、四等妓院主要集中在南市、侯家后和北开这些商业繁荣区，四、五等妓院由于条件简陋而被称作"窑子"，一般开在贫民窟。无论是几等妓院的娼妓，"生活所迫"都是女性为娼最主要的原因，妓女文化程度为"文盲"的占绝大多数，籍贯上本市与外埠基本各占一半。妓院一般都是单一老板经营，规模越大雇用的伙计和打手越多，看管妓女、负责安全。经营娼业虽然利润丰厚，但"皮肉生意"的名声并不好听，风险也大，三教九流的客人都有，所以妓院老板并没有什么政治势力，跟帮派团伙的关系其实并没有想象的那么密切。一、二等妓院的嫖客主要是商人与小贩，四、五等妓院的嫖客则主要是工人、车夫、船夫还有劳苦群众。娼妓业虽然是合法生意，妓女一般也能得到总收入的 40%~60%，但是根本上，娼妓业仍然是建立在对底层妇女的剥削之上。因此，1950 年之后，天津市政府即着手取缔娼妓业，对从业者进行改造。[②]

　　相比于娼妓业，赌博和走私贩毒的利润更高。尤其是后者，当然风险也更高，因此不是少数几个人就可以经营的，其背后均有帮会力量，属于有组织犯罪。当时整个华北、东北和西北范围的毒品走私枢纽是北京、天津，由军阀和帮会把持。清末民初，革命党为了加强革命力量，不仅与以漕帮为前身的青帮相勾结，而且直接参加了洪门，因此民国时期的青帮、洪门大都与军政商界紧密勾连。就连"民国四公子"之一的袁世凯次子袁克文，也曾加入青帮，成为当时青帮辈分最高的大佬——青帮津北堂堂主。不过天津的帮会扎根于脚行，与上海的"流氓大亨"不同，脚行头子们几乎都是胸无点墨的粗人、地头蛇，专干些上不得台面的肮脏勾当。

　① 严景耀，《中国的犯罪问题与社会变迁的关系》，北京大学出版社，1986 年，第 17 页。

　② 江沛、项宝生，《20 世纪中叶天津娼业构成及其改造问题论述》，《近代华北区域社会史研究》，天津古籍出版社，2005 年，第 84—123 页。

贫穷是开出"恶之花"的土壤，而新旧交存、多元异质的城市社会则是滋生犯罪的外部环境。在近代，本就处于由传统农业社会向现代工业社会转型的天津，社会道德败坏，社会动荡失序。在此基础上，又加之主权被侵犯而造成华界与八国租界并立的局面，天津社会形成多元独立而又彼此异质的文化、意识、法律及行政司法范围，社会管控存在很多间隙，这就为帮派横行、犯罪滋生提供了空间环境。袁克文去世后，天津最有名的青帮头子就是袁文会。袁文会原是把持日租界码头运输的脚行头子。抗战时期，他投靠日本人做汉奸，不仅开设赌场、烟馆、走私贩毒，而且专门压榨曲艺艺人。1938年马三立从沈阳翔云阁茶社回到天津，在南市"东兴市场"和刘宝瑞等一起演出。南市正是袁文会的地盘儿，凡不是"青帮""认家礼"的都备受欺辱。马三立拒绝认青帮的师父，只得再次远走他乡。1940年，再次没了"饭辙"的马三立又回到了天津"东兴市场"演出。当时，袁文会凭借自己的势力，请来了最当红的曲艺艺人，生意自然火爆，但赚来的钱都被他拿走。有一次，马三立提出要离开，袁文会的手下对他说："你不在这儿干，哪儿也干不了，出了这个门，天津卫你就甭想待了！"有一位艺人王剑云因问了问拖欠数月的包银什么时候给，就被袁文会的爪牙毒打一顿，开除出社，出门时分文未给，后因无钱救治含恨而亡。①

灾害与灾民、救灾

近代的天津灾害频仍，水灾、旱灾、兵灾、疫情、地震……既有自然灾害，也有人为灾害。有灾害就有灾民，突发的灾难是对原有社会秩序的突然打破，如果不能对灾民进行及时救济，就会对社会的正常秩序造成影响。无论是从维护社会秩序、保持社会有效运转出发，还是站在人道主义立场上，应对突发紧急事件都是城市的管理者和社会组织需要承担的重要职能。

对近代天津人民来说，影响最大、印象最深的就是水灾。天津人一般不说发洪水，而是说闹大水。一个"闹"字，是对天津的水患最精准的描述。所谓"闹"，就是搅扰，就是不得安静，甚至有戏耍的成分，当然也有短

---

① 《艺海浮萍——相声泰斗马三立（一）》。天津档案方志网。https://www.tjdag.gov.cn/zh_tjdag/jytj/jgsl/jgfq/details/1594032502517.html

暂的意味。20 世纪的前几十年，每到夏秋之季，关于水的讨论就热闹起来，扰动得天津人心神不宁，海河上游的哪个省下了一场雨，都会让天津人担心几日。也许哪一天早晨，就突然看到海河水上涨了许多，能看到"乌央乌央"的河水。今年闹不闹大水，是天津人经常挂在嘴边的话题。不单是闹大水，之后伴随而来的还有闹饥荒、闹瘟疫。

天津地处华北平原，地势低洼。子牙河、大清河、永定河、南运河、北运河、白河、浑河、滦河等九大河流以及众多支流等在天津汇聚成海河，形成一个宽度不大、泄水能力小的扇形水系。九是最大的单数，"九河"其实是很多条河的意思。众多河流给天津带来丰沛的水源，也带来水患灾难，再加上华北平原西起太行山、北依燕山，这两座山脉的地形地势，本就为锋面雨的形成创造了有利条件，容易造成暴雨，进而引发洪水。因此，当天津及周边地区进入夏季雨季时，洪水来势凶猛且宣泄不畅，极易引起海河地区洪水泛滥。历史上，天津曾经多次发生过水灾。其中，近代最严重的就是 1890 年、1917 年和 1939 年发生过的三次大水灾。

1890 年 5 月，连续九天降雨，使海河西岸的英法租界一片汪洋。金钢桥附近的水势"澎湃奔腾，诚有高屋建瓴之势，一往莫御，直穿各街道而过，致倒塌房屋数百椽，居民多有葬于断础颓垣之下"。三岔河口处"惊涛骇浪，……漫溢城南"[①]。

1917 年 7 月下旬直至入秋，华北地区普降暴雨，海河流域数十条河流相继漫水或决堤破防，京汉、京奉、津浦铁路中断，受灾范围遍及直隶全境，其中以天津、保定两地受灾最为严重。据 1918 年 2 月 22 日《申报》记载：1917 年的特大洪灾，与河道年久失修有关。"查京畿各河二十余年未经修治，堤防尽行残缺。此次水患，五大河及数十余小河同时并涨，泛滥横流，淹及一百余县，面积之广，所有堤埝无不破坏。人民被灾之后，救死不赡，焉有余力以筹修浚。" 河道之所以失修是因为自 1916 年袁世凯死后，北方进入一个军阀混战、群雄割据的乱世，京津地区更是争权夺势的北洋各派将领角力的斗兽场，加之 1917 年张勋忙着复辟清朝，第一次世界大战爆发，各国租界当局彼此之间也纷扰不断。在混乱的政治环境下，维护堤

---

① 吴弘明编，《津海关贸易年报（1865—1946）》，天津社会科学院出版社，2006 年，第 157—158 页。

1917 年大水后商会为
灾民修建的临时居所

1917 年天津南开中学被淹

以上照片由刘悦提供

坝这样的民生大计自然无人问津。水灾使得天津一大半区域被淹没在洪水之中，许多百姓的房屋因为是土垒的，或被洪水冲毁或被洪水浸泡坍塌，整个城市百姓流离，四民辍业。《申报》报道说，"天津灾情之重为历来所未有，就全境而论，被灾者约占五分之四，灾民约有八十余万人。""查水之始至也系在夜半，顷刻之间平地水深数尺，居民或睡梦未觉，或病体难支，或值产妇临盆，或将婴儿遗落，老者艰于步履，壮者恋其财产，致被淹毙者实已有二三百人，而其逃生者亦皆不及着衣，率以被褥蔽体，衣

1917 年大水街景

以上照片由刘悦提供

1939 年大水中的日租界街景

以上照片由刘悦提供

履完全者甚属有限。"①

　　1939 年的天津大水发生在 8 月至 10 月期间。这场水灾的规模和危害程度远超 1917 年水灾，造成当时天津市区 80% 的地区被洪水所淹，超过 10 万间房屋被冲毁，800 多万人受灾，65 万天津及其周边居民成为灾民。天津大部分地区被洪水浸泡长达一个半月，陆路交通和工商业濒临瘫痪，水灾造成直接经济损失约 6 亿元法币。洪水退后，霍乱、伤寒和痢疾等疫病肆虐天津。当时天津正处于被日军侵略占领时期，水灾除了自然原因之外，还由于日本军方为削弱华北的抗日武装力量，在部分地区采取决堤放水的行动，这也加剧了水灾的严重程度。据报纸报道："冀中冀南之日军，因图水淹隐存于高粱中之游击队，竟将所有之河堤破坏。"②水火无情，害人终害己。当洪水进入天津市区后，包括海河沿岸、特别是地势低洼的天津英租界、法租界和日租界等地区亦成为重灾区。尽管在水灾前期，天津市政当局开始全面抢护市内堤坝，步步为营，但此时围堤之外烟波浩渺、各河水势盈盈，各种补救措施终属无功，最终陈塘庄大围堤、海光寺小围堤破坝，全市被淹。

　　1890 年水灾之后，当时的主要救灾力量是教会。"为予以救助，天津

---

① 《申报》1918 年 2 月 22 日。

② 《申报》1939 年 11 月 2 日。

1939 年大水中的日租界日本公会堂

1939 年大水中的英租界英国文法学校

1939 年大水中的日租界旭街

1939 年天津被淹场景俯瞰

1939 年大水中翘望救生船的小女孩（地
点大约为今桂林路与睦南道交口附近）

1939 年被淹的中原百货公司

以上照片由刘悦提供

1939 年水灾时的街边贫民

1939 年水灾中救护队劝说坚守在
倾斜屋顶上的难民撤离情景

以上照片由刘悦提供

本地及相邻城邑无不捐款并转与邻地之传教士，彼等为纾民瘼而建有无与
匹敌之勋劳。"① 其后开平矿务局及政府开始增援。1917 年的天津特大水
灾中，天津的商人自发成立"天津华北华洋义赈会"负责救济工作。他们
组织义卖活动，募集救灾资金，为灾民搭建临时安置房，收容无家可归者
达 5 万人。义赈会对灾民每月提供粮食，发放衣物被褥，以小额贷款扶助
实业，以提供就业机会，还"建立少女收容所，饥民学校，兴办适于妇女
之实业"。② 种种举措，致使奸商无法哄抬物价，避免了灾民沦为乞丐和
娼妓。1939 年的水灾规模空前，天津商会通过各个慈善团体，如黄卍字会、
黄十字会、红十字会等慈善组织，开展救灾活动，发起收容、赈济、防疫、
施水、施粮、劝募、捐启、筑堤、排水、清淤、消毒、隔离、粪便处理、
掩埋尸体等行动，并设立粥棚暖厂、统一调配物资、平粜廉卖、控制物价、
处理房租纠纷，尽量减小水灾损失、抑制市场动荡，还组织义务募捐、发

---

① 《津海关十年报告》（1892—1901）。天津海关译编委员会编，《津海关史要览》，
中国海关出版社，2004 年，第 53 页。

② 《津海关十年报告》（1912—1921）。天津海关译编委员会编，《津海关史要览》，
中国海关出版社，2004 年，第 128 页。

起水灾纪念与标记水位标志以及撰写灾后文学等诸多举动。以上种种说明，在 20 世纪的 20、30 年代的社会生产力基础上，天津已经具有了相当高的城市社会管理水平和市民自治能力。

除了救灾，天津本地有关机构还开展了积极的减灾防灾、治理海河的活动，不过由于战乱频仍、财政紧张，海河整治工程以及周边河流水利工程并不能得到持续的关注。早在天津被迫开埠之后不久，由外国人控制的天津海关就曾要求天津地方政府疏浚治理海河。但清政府因惧怕外国兵舰借由海河和运河直抵北京，一直推拒。直到义和团运动之后，天津由八国联军临时政府——都统衙门共管，1901 年 3 月，都统衙门下令开始进行海河整治的首期工程，工程费用约 25 万两白银由都统衙门承担，并成立海河工程局负责海河工程。[①] 这一工程主要是裁弯取直，并拓宽了流经各租界的河段。此后，1904 年 8 月内地连降暴雨，海河水位大涨，由于裁弯取直的功效，洪水得以迅速排入大海，天津未遭洪水淹没。[②] 民国时期，由于战火纷飞，经济建设受到严重影响，水利工程建设大多处于停滞状态，甚至遭到严重破坏。特别是日本侵略下的海河流域更是深受其害，不但既定的建设计划受到严重干扰，甚至原有的水利工程也因为战争而遭到毁灭性破坏。即使在这样艰难的情况下，抗日战争前国民政府仍然在海河流域建设了许多水利工程。1918 年 3 月成立顺直水利委员会，负责海河、黄河流域水利行政工作；1928 年 9 月改名为华北水利委员会，管理华北地区的水利工程。1934 年华北水利委员会联合长江、黄河、淮河、陕西等九家水利机构和科研院所，1935 年 11 月在北洋大学建成中国第一水工试验所，至 1937 年 6 月，先后开展了官厅水库坝下消力试验、卢沟桥溢流坝消能消力试验等五项试验。

中国人历来"安土重迁"，如果不是生存不下去，人们是极少愿意离开故土的。天津是一个由各方移民汇聚而成的城市，近代民族工业发展和城市建设为人们提供了大量的就业机会和生存条件，是城市人口增长的物质基础和前提条件，而战争、灾害则是造成华北地区人口向天津

---

① 1901 年 3 月 15 日第 119 次会议。刘海岩等，《都统衙门——天津临时政府会议纪要》，天津社会科学院出版社，2004 年，第 217 页。

② 《津海关十年报告》（1892—1901）。天津海关译编委员会，《津海关史要览》，中国海关出版社，2004 年，第 49—50 页。

市区涌入的另两个重要因素。天津是灾民最愿意选择的避难地。1928
年5月《益世报》记者写道："本埠各街巷近来乞丐异常众多，彼此往
来，终日络绎不绝。此项乞丐，多操直南及山东等处口音，闻系直鲁难
民。"[1] 1935年天津市救济院收容的249名灾民中，有河北籍133人，
山东籍60人，共占比77.5%。[2] 从1840年人口不足20万，至1946年发
展成为拥有172万人口的大都市，[3] 天津不仅是充满野心欲望的冒险家所
向往的遍地黄金的乐土，也是为那些失去家园一无所有的贫苦者提供庇
护和希望的新生之地。

---

[1] 《益世报》1928年5月2日。

[2] 《益世报》1935年6月17日。

[3] 李竞能主编，《天津人口史》，南开大学出版社，1990年，第82页。

第 六 章

国际政治与城市里的革命

第六章　国际政治与城市里的革命

———— 作为前奏的天津教案 ————

第一次鸦片战争后，传教士开始在各地传教。在华传教士不仅享有传教、建造教堂的权利，还享有治外法权，而信教的中国民众也因"宽容条款"①享有特权。因此，许多地痞流氓也混入教会，横行乡里。这为后来各地发生民教纠纷及引起教案埋下严重隐患。第二次鸦片战争后，1860年的《天津条约》中规定"交还以前没收的天主教堂，法国宣教士在内地任意各省租买土地，建筑教堂"。此后教案发生的次数逐渐增多，19世纪70至90年代更为频繁，成为近代教案发生的高潮时期。某种意义上，其后爆发的义和团运动是这些教案发生的顶峰和总汇合。天津教案是19世纪70年代规模最大的教案，且由于其发生于北京近畿的天津，影响更大。

天津人眼中的育婴堂杀婴事件和曾国藩的调查结果

1870年端午前后，天津法国天主教仁慈堂收养的中国幼孩突然大批死亡，先后达三四十人，葬于河东荒野，有的"两尸三尸共一棺"。因趁夜草草埋葬，导致尸体暴露，鹰啄狗刨，"胸腹皆烂，肠肚外露"，惨不忍睹。②由此民心疑惑，每天都有人到坟地去看，谣言渐起。恰好当时在天津地区又发生了好几起拐骗儿童的案件，更引起民心浮动和社会不安。民众既怀疑法国教堂借口治病虐杀儿童，也怀疑迷拐幼童之事与教堂有关，但始终

---

① 所谓"宽容条款"，是指1844年中法《黄埔条约》签订过程中，时任两广总督的耆英向朝廷请求"兴善避恶是天主教的宗旨"，"要一视同仁，中外臣民，凡是慕道并入天主教，而没有借天主教以作恶以获利的教徒，免受所有的罪责。"

② 《筹办夷务始末》同治朝，卷七六，第33页。

拿不出确凿的证据。不久，天津民众拿获了三名涉嫌拐卖儿童的犯人，其中一人是天主教徒，被天主堂经三口通商大臣崇厚要去。一时间天津人民群情激愤，大街小巷出现了许多反洋教的揭帖。天津道府官员迫于民众压力，只好将另外两名拐犯迅速审结正法，并宣称崇厚要去之人并非拐犯，以解众疑。"自此人心稍安，浮议渐息，而百姓仍疑拐犯系天主堂指使，县官不敢深究，且以河东前葬幼孩多棺，终觉怀疑莫释。"①

又过了几天，民众抓获一名叫武兰珍的拐犯。他供称有教徒将其引诱到教堂，交给他迷药，让他到外面去拐骗人到教堂来，每拐来一个人，教堂就给五块银元。他还说，引诱他的教徒叫"王三"，并供称："王三系天津口音，脸上有白麻。有天津人开药店教民王三，且面上果有白麻。则迷药之得自王三，似非虚捏。"②因为武兰珍言之凿凿，于是不仅天津"城乡四境早已哄传天主堂真有用药迷人之事"③，负责地方行政和司法的天津道台、知府和知县也都认为教会和修女有罪，但因事关教堂和洋人，必须请示负责管理外交事务的钦差大臣崇厚。崇厚亦以为面对汹涌的民情不能不理，不得不亲自去见法国驻天津领事丰大业（Henri Victor Fontanier），请其协助向教会调查。双方商定于 6 月 21 日上午由天津地方官员带犯人赴教堂指认门径。结果，堂内里的情况与供情不符。天津地方官感到此案已无法再查下去，遂与崇厚"议以不了为了，即可完案"，"拟即出示晓谕，并将武兰珍先行正法"④。

官员们离开后，民众与教会中人发生争斗。因法国天主堂和领事馆离三口通商衙门很近，丰大业即带领秘书西蒙"各执利刃洋枪"，一同去找崇厚。他们脚踹仪门而入，一见崇厚就放了一枪。崇厚赶紧逃向内室，丰大业随即将屋内器具砸毁。见众巡捕将丰大业劝住，崇厚硬着头皮又出来。丰大业一见他又放一枪，大声质问道："尔百姓在天主堂门外滋闹，因何不亲往弹压？我定与尔不依。"⑤

那时，聚集在三口通商大臣衙门前的民众们听到衙门里的枪声，以为

---

① 《张光藻密禀》，《湘乡曾氏文献》第 7 册，台北学生书局，1965 年，第 4518—4519 页。
② 《湘乡曾氏文献》第 7 册，台北学生书局，1965 年，第 4479 页。
③ 《曾文正公奏稿》第 29 卷，传忠书局，光绪二年刊本，第 38 页。
④ 《湘乡曾氏文献》第 7 册，台北学生书局，1965 年，第 4467—4468 页。
⑤ 《湘乡曾氏文献》第 7 册，台北学生书局，1965 年，第 4469—4470 页。

官府已与法国人开仗，遂鸣锣召集来更多的人前往救援。听到消息的人们如潮水般从四面八方向这里涌来，满面怒容，手执刀枪。崇厚怕乱中出事，劝丰大业不要此时出去。丰大业更怒，口称："尔怕百姓，我不怕尔中国百姓。"之后他怒气冲冲手持刀枪，"竟飞奔出署"。[1] 衙门外的民众执刀怒视，犹未动手，且纷纷后移，给丰大业让出通道。丰大业行至浮桥，与天津知县刘杰迎面相遇。丰大业怒火更盛，突然向刘杰开枪，打伤跟班高升。于是，人们的愤怒再也无法忍耐，如火山爆发般迸发出来，一齐动手将丰大业、西蒙群殴而死。[2] 随即激动的民众奔往天主堂和仁慈堂，将修女们杀死，将教堂拆毁焚烧。

事后查明，这场针对法国人的暴乱，被打死的包括法国修女 10 名、神父 2 名（其中一名神父是中国人）、丰大业和西蒙二人、两对法国夫妇以及被教堂和育婴堂所雇用的三四十名中国人，还有一对恰好骑马路过的俄国夫妇和一名俄国商人，共计外国人 20 名。按照国籍来算，此次教案共打死 13 名法国人、3 名俄国人、2 名比利时人、1 名意大利人和1 名爱尔兰人。此外，还涉及美国、英国、西班牙等国的财产损失。[3] 因此，法国、英国、美国、比利时、俄国、普鲁士、西班牙等七国列舰天津海口，对中国进行军事威胁。七国公使以法国为首向总理衙门强烈抗议，并发出最后通牒，要求惩办肇事者，赔偿损失。这就是有名的天津教案。

清政府极为紧张，一面通令各地督抚弹压民众，防止类似事件发生；一面命正在病假中的直隶总督曾国藩立刻销假，到天津查办此案。曾国藩带病应命，派人赴津调查，令地方官详禀事件经过及处理意见。很快，曾国藩收到天津道周家勋密函一件、天津知府张光藻密禀一件。据此，曾国藩就天津教案写了一份调查报告，密报给中央政府。在报告中，曾国藩认为教案责任在中国人身上。后清政府将天津知府和知县革职充军，处死祸首水火会 16 人，充军 25 人，赔款修建教堂，并派崇厚赴法国道歉。恰在此时，普法战争爆发，崇厚到法国并未受到苛责。

---

[1] 王守恂，《天津政俗沿革记》（卷一六）。《天津通志·旧志点校卷》，南开大学出版社，2001 年，第 81 页。

[2] 《筹办夷务始末》同治朝，卷七二，第 23—24 页。

[3] （美）雷穆森著，许逸凡、赵地译，《天津租界史：插图本》，天津人民出版社，2008 年，第 46—47 页。

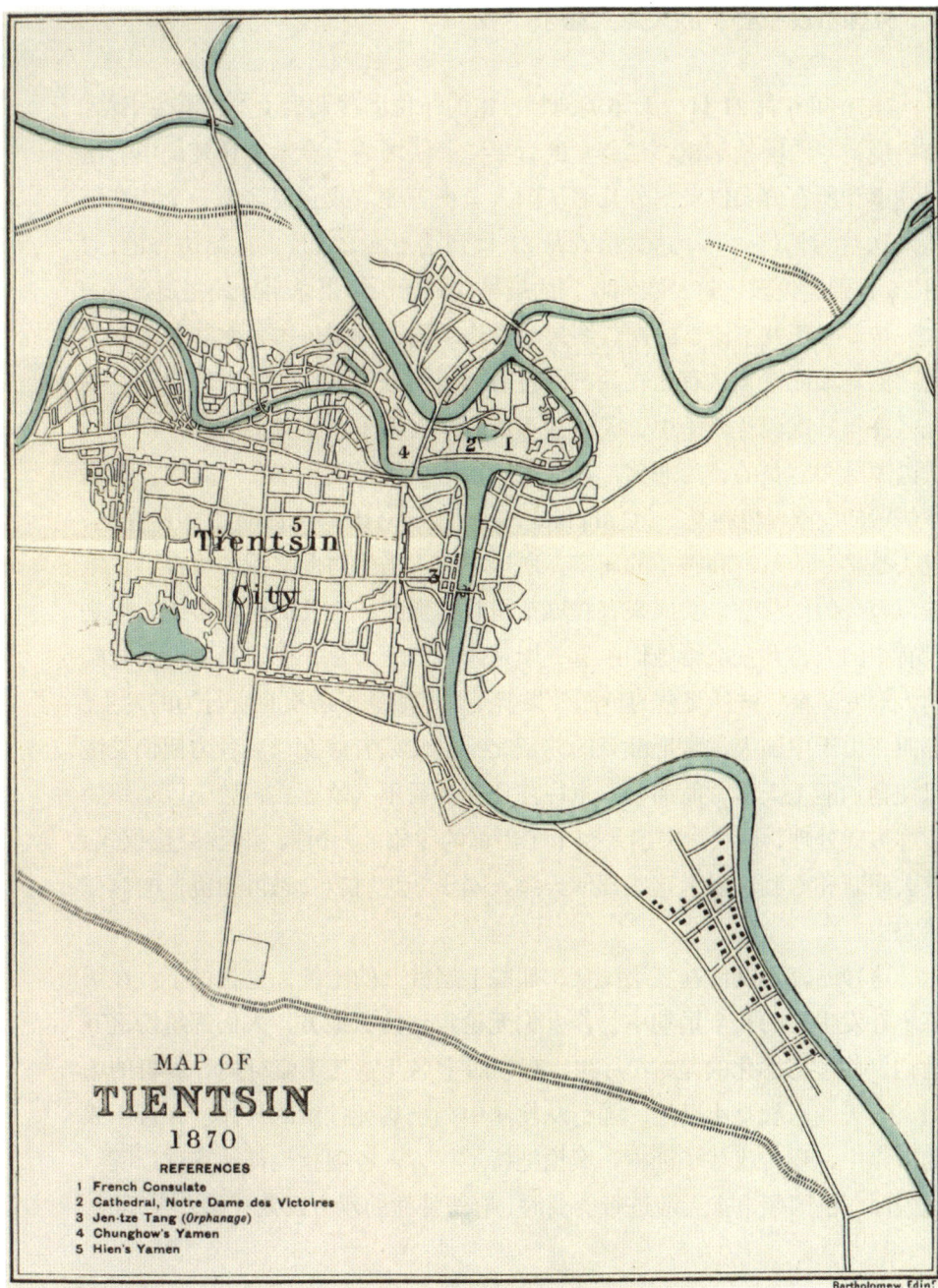

MAP OF
TIENTSIN
1870
REFERENCES
1 French Consulate
2 Cathedral, Notre Dame des Victoires
3 Jen-tze Tang (*Orphanage*)
4 Chunghow's Yamen
5 Hien's Yamen

Bartholomew Edin!

1870 年的天津地图（图中标示 1 为法国领事馆，2 为望海楼教堂，3 为育婴堂，4 为崇厚衙署，
5 为县衙）　出自《地图中的近代天津城市》（天津大学出版社，2018）

外国侨民视野下的天津大屠杀

1870 年 6 月 21 日，天津英国领事馆的一位助理发出了一封紧急书信，信中说："法国领事馆、仁慈堂的育婴堂、法国的大会堂全在焚烧中。法国领事和所有修女以及另外几名法国人全被害死。我仓促地由一个特别信差发送这封信件。"[1] 这封信 6 月 27 日到达上海，7 月 4 日到达香港，7 月 25 日到达伦敦。这是欧洲收到的最早的关于天津屠杀事件的报道。

与曾国藩就事论事的调查结果和看法不同，外国侨民，尤其是一些学者，面对如此惨案，有比较深刻的自省。他们分析事件的起因时提到，首先，在第二次鸦片战争中，天津被英法联军占领了两年多的时间，期间，法国军队和官员的行为恶劣，在这里"留下了仇恨的种子"。其次，那座被烧毁的"圣母得胜堂"（Cathedral Notre Dames des Victories）的所在地，过去是皇帝的行宫和神圣的庙宇，所以中国人当然对此"深为愤恨"。第三，教会的仁慈堂修女向来有在城市里收养孤儿或弃儿的慈善传统，但是没有中国人将儿童交给她们照看，于是修女们就为每一个送儿童到孤儿院的人颁发奖金，这种奖金的负面效果就是"奖励"了诱拐儿童行为的发生。第四，由于中国人常常把濒死的儿童交给神父或者修女，后者为他们受洗以使他们能上天堂，而那些儿童往往在受洗后不久就死亡，教会以草率的掩埋方式处理，这些给中国人留下了恐怖的印象——拐骗、神秘受洗仪式、挖去眼睛和心脏。以上这些都使天津人陷于一种对教会恐惧和仇恨的疯狂状态中。[2]

这种谣言不仅传遍底层民众，那些上层社会的士绅们也相信了。在屠杀事件发生前的几个星期中，修女们无论走到什么地方，人们都纷纷避开她们。使事态恶化的是，6 月初，有三四十名儿童死于流行病，成群的中国人天天闯入教堂小墓地，强行从坟墓中掘出病死孩童的尸体。在接下来的审讯中，谣传代替了证据，舆论把持了权力，各项指控都被宣称证实。当崇厚与法国领事丰大业进行会商时，府衙外面的双方民众开始发生互殴，

---

[1] （美）马士著，张汇文等译，《中华帝国对外关系史》（第二卷），上海书店出版社，2005 年，第 252 页。

[2] （美）马士著，张汇文等译，《中华帝国对外关系史》（第二卷），上海书店出版社，2005 年，第 255—256 页。

会谈破裂。于是，"半个世纪的种族憎恶，十年来国家间的怨恨，反基督教情绪的滋长，一部分基于宗教偏见，一部分基于猜疑，一部分基于轻信，所有这一切聚合成一个共同的焦点，不断加剧的骚动最终酿成三个小时的杀人、放火和抢劫"，外国学者如是说。①

民众的怒火和教堂的大火应当是被当天傍晚的一场倾盆大雨浇灭的，并没有延烧到租界和其他外国侨民生活区域。但是为了安抚惶恐不安的侨民，英国驻津领事李蔚海（W. H. Lay）组织了"义勇队"准备自卫。在华的外国人，主要是商人，也包括传教士和牧师，普遍感到震惊，呼吁报复。与此同时，了解事实真相并能客观看待的人，比如时任美国驻津领事和租界工部局董事长的密妥士（John A. T. Meadours），在为《字林西报》撰写的关于此次屠杀的报道中，指责修女们是"咎由自取"②。还有人指出，事变主要当事人丰大业的性格"急躁""乖戾"，事件的发生发展"由于他既未预见到又未企图去扭转的一种危险的出现，而更加激化"③。不过，在当时的气氛下，这种客观的言论不但安抚不了被吓破胆的外国侨民，反而引起了强烈的反感，密妥士"由于显著的缺乏同情心而被迫辞职"。④

当然，在华外国人对清政府官员的批评是更严厉的。他们指责清廷上层保守派官员对相对开明官员的批评和掣肘；他们更加谴责天津的地方官员听信谣言，断定修女们有罪，放任此次事变的发生，酿成悲剧，所以要求惩办包括崇厚在内的当地官员。驻北京的外国公使们认为，天津教案虽然是针对法国人发生的，但几乎引起了所有在华外国人的不满和恐惧，此次事件的爆发"使所有的外国利益和所有的外国人生命都陷于危险的境地"。他们在得到来自天津的确实消息后，立即向总理衙门发出一项集体照会，断言"事件证明了在华的外国人并不是到处受到地方当局充分保护

---

① （美）马士著，张汇文等译，《中华帝国对外关系史》（第二卷），上海书店出版社，2005年，第260—261页。

② （美）雷穆森著，许逸凡等译，《天津租界史：插图本》，天津人民出版社，2008年，第47页。

③ （美）马士著，张汇文等译，《中华帝国对外关系史》（第二卷），上海书店出版社，2005年，第265页。

④ （美）雷穆森著，许逸凡等译，《天津租界史：插图本》，天津人民出版社，2008年，第47页。

远处的望海楼教堂。1897 年，望海楼天主堂在空置了 20 多年后重建，1900 年又在庚子之乱中第二次被烧毁。1903 年用庚子赔款第二次重建

的"，要求中国政府必须惩治他们的罪行并保证在华外国公民的安全。[①]

教案发生前的几个小时，预感到危险临近的英国驻津领事李蔚海向英国驻北京公使馆发出电文，要求派遣兵舰来津威吓中国人。几艘外国炮艇于 8 天后驶抵天津大沽口外，威胁清政府彻查此事并惩办罪犯。李蔚海还要求，"在大量兵力未准备妥当之前，切不要调派法国舰只来"。他唯恐"一艘法国炮舰带着少数几个兵员"将成为"引起全城皆兵的导火线"，一旦法国人进行攻击，英国人和英租界也将受到连带危险，"而且攻击也必然遭到失败"。他再三强调，倘若报复，"则必须在某些地点集结足够的兵力"。[②]

不过，因为教案发生后的调查显示，当时天津人的怒火只是针对法国人，所以英国和美国为首的西方国家并不打算就此与中国开战。英国公使威妥玛（Thomas Francis Wade）在写给英国外交大臣克拉伦登伯爵（4th Earl of Clarendon）的报告中指出，"看问题要看两面"。他引用了教案发生前一位法国天主教"权威人士"和教案发生后的两位不同国籍的天主教徒的说法——"仁慈堂的育婴堂大有可能成为整个教会团体遭殃惹祸的根源"和"广州慈善会的育婴堂一年内收纳了 700 名婴儿，全部都死光

① （美）马士著，张汇文等译，《中华帝国对外关系史》（第二卷），上海书店出版社，2005 年，第 267 页。

② "附件 17 李蔚海代理领事致威妥玛先生文"（天津，1870 年 6 月 25 日）。中国第一历史档案馆、福建师范大学历史系编，《清末教案 第六册，英国议会文件选译》，中华书局，2006 年，第 361—362 页。

被烧毁的望海楼教堂

被烧毁的仁慈堂

以上照片由刘悦提供

了"——以此说明法国人并不是清白无辜的。他还指出，中国人无论是否受过教育，都相信拐卖人口的贩子能用药品麻醉受害人，且相信人类器官可以入药；此外，中国人还深信，"罪孽深重者必遭天诛地灭的报应，如干旱，洪水，瘟疫，战争和地震等"；教案发生后就大雨倾盆使中国人确信"天神因已达到降罪于法国人的目的，而感到高兴"。他还认为，没有证据证明教案的发生是天津地方官员所煽动和准许的，反倒是法国领事丰大业的"麻木不仁"使他没有察觉到教案之前"最少三四个星期"在天津人民心中激荡的愤怒情绪，没有及时采取适当行动避免激化矛盾。当然，作为一名外交官，威妥玛认为，根本的解决办法在于，清政府能够承认外国人在中国的平等权利，启发民智，消除人民和当局不喜欢、不信任洋人的心理。[1]

最终，迫于列强的压力，20 名左右的中国罪犯被斩首，超过 25 人被充军，赔偿教会损失 21 万两，遇害者的赔款数共计 46 万两（不是每个人都获得同样多的赔款）。7 月 23 日的皇帝谕旨中指出，根据崇厚和直隶总督曾国藩的联合调查结果，完全洗刷了对仁慈堂拐骗和剜目剖心的指控，声明天津民众是受了其他各地仇教揭帖的误导。之后遇难者遗体被葬于天津，法国和英国代办、法国和英国海军司令、崇厚以及新任道台、知府和知县等出席了葬礼仪式。被免于处罚的崇厚带着道歉的照会前往法国，但是由于法国正与德

---

[1] "35. 威妥玛先生致克拉伦登伯爵文（摘录）"（北京，1870 年 7 月 16 日）。中国第一历史档案馆、福建师大历史系编，《清末教案 第六册，英国议会文件选译》，中华书局，2006 年，第 415—420 页。

望海楼夜景　张畅摄于 2021 年

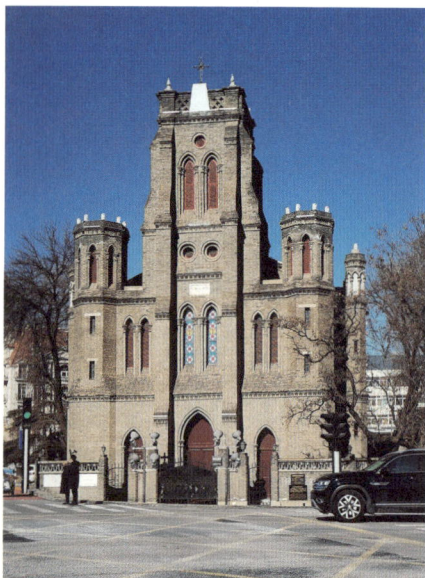

今日望海楼教堂　张畅摄于 2021 年

国交战（普法战争），找不到一个可以呈递照会的负责官员。最后梯也尔（Adol-phe Thiers）总统接见了他。

　　用今天的文化交流视角来看，天津教案无疑是晚清中西文化交流融合过程中出现的一次冲突。基督教作为一种外来文化，与中国本土的思想、信仰、风俗习惯互不相容。传教士把深入群众的佛教和道教说成邪教，引起民众反感；教堂散布在城乡各处，干涉当地人迎神祭祖仪节，经常与民间发生摩擦。民众的反抗亦得到部分士绅的支持，初期不少的冲突便是直接由地方官绅所发动。作为儒家代表的士绅阶层对于异质文化大多持排斥态度，他们固守传统文化反对基督信仰。他们以孔庙、书院等作为集结地，支持民众的反教仇教行为，甚至挑动教徒与非教徒的纠纷，引起两者争斗。再加上少数奉教者依仗教会势力，肆意横行乡里，更激起群众对传教士的仇恨。这种仇恨不会仅因为一次教案的爆发和迅速处置得到化解，反而成为下一场动乱的前奏。

义和团运动的主战场

　　义和团运动又称庚子事变、庚子之乱，是 19 世纪末中国发生的一场以"扶清灭洋"为口号的农民运动，是清朝末年历史画卷中的重要篇章。

在 20 世纪中国人既接受又排斥西方文化、构建现代自我认同的痛苦历程中，义和团运动扮演了独一无二的具有象征意义的角色。而天津正是义和团运动的主战场。

义和团的排外与传教士的殖民

义和团运动是之前天津教案以及其他教案的延续，是之前埋下的各种隐患的集中爆发。"它表现了被侵略者对于侵略者郁积已久的愤怒；同时又包含着一种文化对另一种文化的抵抗，包含着旧式小农和手工业者因自然经济分解而蒙受的痛苦；并与百日维新失败后的政局变动牵连相结。"[①]

义和团又称义和拳，源自山东、直隶一带民间练拳习武的团体组织，有的具有民间宗教色彩，还有的则是打着"反清复明"旗号的秘密结社组织。义和团的团民，多是因 19 世纪 90 年代初以来持续不断的自然灾害而变得赤贫的农村青壮年。义和团运动的中心是华北平原，那里土地平坦肥沃，人口稠密，是中国重要的农业区之一。但是，清朝末年朝政腐败，官府无心也无力管理农田水利，广大的平原没有任何人工灌溉系统，农民完全靠天吃饭。而大陆性气候使得那里天气变幻莫测，不仅有严寒冬季所造成的大段农闲期，而且经常遭受水旱灾害，土地盐碱化严重。在这片平原上，除了北京、天津以及大运河沿岸的若干城镇之外，少有城镇，商业化程度很低，农民普遍贫穷，经济上几乎完全是低水平的自给自足。鸦片战争之后，西方的工业制成品随着坚船利炮而深入内陆，一步步摧毁了几千年以来的自然经济。"洋布、洋纱、洋花边、洋袜、洋巾入中国而女红失业"，"洋铁、洋针、洋钉入中国而业冶者多无事投闲"。[②]轮船火车的引进不仅帮助工业品迅速抢占了内陆市场，亦且夺走了船夫、纤夫、脚夫、水手、驿站店员的饭碗。正处于萌芽期的民族工业尚无力吸纳更多来自农村的剩余劳动力。经济转轨的时代尘埃落在破产而生计断绝的农民身上，骤然变成他们无法承受的大山。他们无法理解工业文明代替农耕文明的必然性，只将生路断绝的缘故归咎于身边可见的洋人洋货。于是，他们仇视一切外

---

① 陈旭麓，《近代中国社会的新陈代谢》，上海人民出版社，1992 年，第 183 页。

② 中国近代史资料丛刊《义和团》，上海人民出版社，1957 年，第一卷第 347 页，第二卷第 146 页。

来之物，进而加入身边原有的义和团组织。本来只是"反清复明"、练拳强身、保卫乡里的义和团，至此演变为"最恶洋货，如洋灯，洋瓷盆，见即怒不可遏，必毁而后快"，甚至遇到路人身上有洋物，"皆毁物杀人"。[①] 由此可见，这种仇恨所导致的排外，是小农生产者对机器文明的抵制，是底层民众在新旧时代转折时期的迷惘和盲目的反抗。

义和团排斥的不仅是象征西方工业文明的洋货洋物，还有作为外来文化的基督教。近代，天主教和新教传教士来到中国，目的就是用基督教文化征服和取代中国文化。但是在有着悠久文化积淀的中国社会，这几乎是一项不可能完成的任务。教会和传教士遭到中国人的不断抵制，甚至受到人身威胁。因此，传教士不得不更多依靠国家的力量以获得支持和保护，他们不可避免地与各自的国家利益联系在一起，成为一种政治化的力量，并受到殖民主义和强权政治理念的浸染，充当了征服殖民地的先锋。此外，在18世纪末19世纪初的欧洲，民族主义和自由主义的思想大行其道，对本民族文化的自豪感和优越感导致种族主义的倾向和"欧洲中心论"的确立。特别是19世纪中叶达尔文发表了著名的"物竞天择，适者生存"的进化论思想后，"生物进化论"很快被借用来解释人类社会的基本构成及行为准则：社会发展的规律同生物进化的规律一样，也是优胜劣汰，适者生存。同一时期，工业革命使西欧的生产力和科学得到了极大发展，这为欧洲优越的理念提供了有力的支持。欧洲的进步是如此明显，以致不论"东方诸民族"的文明在古代如何辉煌，他们在近代都必须被认定为是"野蛮人或儿童"[②]。有了国家力量的

在国外出版的一幅国内少见的义和团年轻首领照片

头巾上的"佛"字表明，在那个时代，无论在东方还是西方，宗教的力量都是强大的。鉴于义和团反对洋人洋物，此照片应为义和团少年被俘后由外国人所拍

---

① 中国近代史资料丛刊《义和团》，上海人民出版社，1957年，第一卷第347页，第二卷第146页。

② （加）卜正民、格力高利·布鲁著，古伟瀛等译，《中国与历史资本主义：汉学知识的系谱学》，新星出版社，2005年，第90页。

支持，教会和传教士的态度变得越来越强横，使传统文化背景下的中国民众对基督教的厌恶日益增长。由上可知，义和团反洋教的斗争毫无疑问具有反侵略的性质，并通过捍卫传统文化和排外主义而表现出来。

义和团运动是在民族矛盾日益激化下的另一种选择，是对洋务运动、戊戌变法的"一种历史回流"。[①] 两次鸦片战争失败以后，民族矛盾凸显，洋务派官员提出"师夷长技以制夷"的应对策略。在这一策略中，反抗西方列强侵略和学习西方先进科学技术，两者是统一的。甲午战争失败后，逐渐向资产阶级转化的士大夫及知识分子群体发起的维新变法，也在不同程度上反映了这种统

义和团小孩　鉴于义和团反对洋人洋物，此照片应为义和团小孩被俘后由外国人所拍

一。但在主动学习西方工业文明的过程中，不仅顽固派认为搞洋务和变法是"以夷变夏"，小农阶级也因利益受损而痛恨洋人、洋教，并旁及洋务派、改良派，一概视之为异类。洋务运动和戊戌维新的失败，使上至最高统治阶层的顽固派、下至义和团民众都认为，只有恢复到过去的自然经济、小农社会和陈腐的旧制度，并将一切洋人洋教赶出中国，才是根本解决之道。对此，当时的改良派和革命派都对义和团持否定态度，指出："揣若辈之意，殆谓所谓洋人者不过六七公使，数十商人，数百教士云耳。……苟其一鼓作气，聚而歼旃，使欧美诸人之足迹，永不复见于中国，而后可以复大一统之旧观，而后可以遂闭关独立之凤愿"，[②] 这显然是不现实的。

本来，处庙堂之高的以慈禧太后为首的守旧派与处江湖之远的义和团民众，是两个互相隔绝的阶级。但因戊戌变法而几乎丧失最高权力的慈禧意图废黜支持改革派的光绪皇帝，遭到八国公使的反对，由此痛恶洋人。

① 陈旭麓，《近代中国社会的新陈代谢》，上海人民出版社，1992 年，第 195 页。
② 《论中国欲自立宜先求开民智之策》，中国近代史资料丛刊《义和团》（四），上海人民出版社，1957 年，第 211 页。

这样一来，共同的敌人使清朝皇族与义和团走到一起。而义和团为了获得官方认可，将运动宗旨和口号更改为"扶清灭洋"。于是，得到清朝贵族支持的义和团，很快将其斗争活动一路向北延烧而去，矛头直指外国势力的中心——北京使馆区、天津的领事馆和租界。

义和团是一群"乌合之众"吗？

《马关条约》签订、1897 年德国传教士在山东被杀、法国要求割让广州湾等事件后，义和团的风暴慢慢开始聚集。在天津，1897 年望海楼教堂重建完工后，本已销声匿迹 28 年之久的拐骗儿童谣言重又流传起来。1899 年春天开始，运河沿岸的天津西郊、南郊和北郊都有义和团团民在秘密练习神拳。1900 年 1 月 11 日，慈禧太后颁布上谕，承认义和团团民是"安分良民"，"习技艺以自卫身家"的举动是"守望相助"之义，义和团不是"邪教"，无须查拿。直隶总督裕禄完全遵照谕旨行事，之后义和团在直隶蔓延，1900 年 2 月发展到天津县城，当时已有不少团民在天津公开活动。

1900 年 5 月，华北平原大旱。无法耕作的农民眼见饥荒将至，将满腔怒火投向洋人和洋教。他们在揭帖中写道："天无雨、地焦旱，全是教堂遮住天。"绝望的饥饿游民加入义和团，从四面八方涌入天津。义和团在天津城西吕祖堂内设总坛口，又在老爷庙、老母庙、玉皇庙等处设立分坛。据不完全统计，当时天津各处共设坛口三百余个，人数很快从不到万人发展到四万人左右，大街小巷都可以见到义和团团民的踪影。他们按八卦分支，设有乾、坤、震、巽、坎、离、艮、兑。以"乾"字团和"坎"字团为主，其中"乾"字团有两万余人，以曹福田、刘呈祥为首领；"坎"字团有一万四千人左右，以张德成为首领；"离"字团有一千余人；

明信片上的手中握枪的义和团团练鉴于义和团反对洋人洋物，此照片应为义和团团民被俘后由外国人所拍

"震"字团人数几百，其他各分支加在一起有一千多人；"红灯照"坛口数个，人数约一二百人。曹福田、张德成和"红灯照"领袖"黄莲圣母"林黑儿等人成为天津义和团的中心人物。[1]

当时，不仅劳动群众踊跃加入义和团，就是统治阶级中的人物以及驻津的清军，如练军、水师营和武备学堂的学生，也有不少人加入义和团或参加其活动。6月14日，曹福田率领义和团数千人，从西门进入天津，直隶总督裕禄率领百官亲自出迎。据天津租界的外国侨民描绘："至于义和团运动的情况，天津城已经成为他们的中心，……我们或者其他人所看到的却是什么呢？——（1）海关道台向傲慢的无赖叩头；（2）扎着黄色、红色和蓝色腰带的人进入店铺，随意吃住；（3）士兵们怕得发抖，跪地叩头嘭嘭作响；（4）普遍的惶恐不安。我的一位中国朋友昨天看见一件奇怪的事情。在总督衙门附近，有两个扎着蓝腰带的十二三岁的小孩，大声喊叫：'你们谁想避免灾难，就上大街听大师兄讲话去吧！'接着就有两个扎红腰带戴红帽子的人宣布集会的地点和时间，最后还举行了乱七八糟的神秘仪式。我听说这样的事已经持续四五天了。"[2] 外国侨民的叙述固然有其偏见，但也从侧面印证了当时天津义和团发展的状况，特别是官员和军队士兵对义和团的态度。

天津义和团的领袖较之其他地区义和团领袖有独特之处。他们走南闯北，阅历丰富，善于宣传和鼓动，其组织能力和领导水平比世代固守于村庄的农民要强许多。他们不仅在行动之前运用揭帖进行广泛的反洋人反洋教宣传，引导社会舆论；而且在行动当日，对义和团团民进行了目标和组织明确、充满鼓动性的战前动员。义和团首领之一说："几十年来他们侵吞了我们的天地和窃取了金银财宝，把魔爪伸进胶州、旅顺口和威海卫。……现在轮到收拾这些住在天津的二毛子的时候了。我们今天内就要把到这儿来的外国军队消灭掉，不让它跟被包围在廊坊的洋鬼子会合。……要是你们坚如仙山磐石，勇如龙虎，那么你们就能克敌制胜，刀枪不入。要是你们像信天地那样相信你们的心，要是你们的心洁如山泉，要是你们信仰赤诚，那你们就是神圣的，不能伤害的，永生的！"他对慈禧太后和

---

[1] 来新夏，《天津近代史》，南开大学出版社，1987年，第150—151页。

[2] （美）雷穆森著，许逸凡等译，《天津租界史：插图本》，天津人民出版社，2008年，第114页。

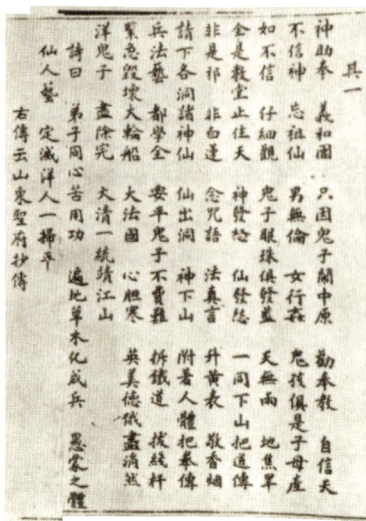

义和团揭帖

神助拳、义和团，只因鬼子闹中原。
劝奉教、自信天，不信神佛忘祖先。
男不伦、女行奸，鬼孩不是人所产。
如不信、仔细观，鬼子眼珠皆发蓝。
天无雨、地焦旱，全是教堂遮住天。
神发怒、仙发愁，一同下山把道传。
非是邪、非白莲，口念咒语法真言。
升黄表、敬香烟，请来各洞诸神仙。
仙出洞、神下山，附着人体把拳玩。
兵法艺、都学全，平定鬼子不费难。
拆铁道、拔线杆，紧急毁坏火轮船。
大法国、心胆寒，英美德俄尽消然。
洋鬼子、尽除完，大清一统靖江山。
弟子同心苦用功，遍地草木化成兵；
愚蒙之体仙人艺，定灭洋人一扫平。

清政府摇摆不定的态度也有清醒的认知，并不抱幻想："皇上的官兵会跟我们一块儿打仗。皇上和西太后，还有我们的大首领端王爷在庇护我们。但要是清朝廷不再帮我们，不站在我们一边，那你们得明白，我们就推翻朝廷，拯救中华黎民，免遭洋鬼子蹂躏。"[1] 话语中充满了强烈的爱国主义精神和斗争到底的坚定决心。

　　一般认为，义和团的整个运动并无严密的组织或统一的领袖，而是一场自发的群众行动，行为矛盾且混乱。然而，当慈禧太后决定暂时利用义和团打击外国人后，清朝贵族及其幕僚就明目张胆地支持义和团的活动。在北京，认为义和团所谓"神功"皆为虚假的官员被撤换，在慈禧太后许可之下，大批拳民开始进入北京；义和团的"龙团"驻在端王载漪府邸，"虎团"驻在庄王府，"仙团"驻在大公主府邸；[2] 顺天府尹还奏请清政府发给义和团口粮。慈禧太后调董福祥的武卫后军进城，董军中不少士兵参加

---

[1]　（俄）德米特里·扬契维茨基著，许崇信等译，《八国联军目击记》，福建人民出版社，1983年，第83—84页。

[2]　《庚子诗鉴》，中国社会科学院近代史研究所编，《义和团史料》（上），中国社会科学出版社，1982年，第125页。

义和团团民　此照片应为团民被俘后被迫拍摄

义和团团民　此照片应为团民被俘后被迫拍摄

运动后被清政府用站笼处死的义和团团民

了义和团，董福祥还与义和团首领李来中结拜为兄弟。因此，贵族官员及其幕僚以及军队将领必然为义和团的活动出谋划策，甚至可能掌握了部分领导权。从京津一带义和团与清军配合所进行的一系列军事行动可以看出，义和团是有一定的组织性纪律性的。但是由于后来战争失利，八国联军占领京津，坚持要求惩办祸首，清政府便将所有行动尽量归咎于义和团，加上在当时和其后一段时间内知识分子甚至革命党人对义和团的愚昧落后和盲目排外大加挞伐，"乌合之众"的帽子才被扣在义和团身上。

在战争中，交通通信往往是决定胜利的关键因素。在义和团与清军结成同盟之后，北京的义和团首先在6月9日推倒电线杆，切断了东交民巷外国使馆区的对外通讯，同时拆毁京津之间的铁路。清军聂士成部和义和团在廊坊勇敢阻击了之前由天津派出的英国海军中将西摩尔（Edward Hobart Seymour）率领的八个国家的联军，这便是史上著名的"廊坊大捷"。随后义和团和清军合力将这支由2157名各国海军及海军陆战队人员组成的援军围困在杨村附近。最后用了整整一个星期的时间，西摩尔联军才撤回租界。6月17日，联军攻占大沽炮台，得到消息的驻津清军开始炮轰租界，拆毁通往塘沽的铁路，并切断了电报线路。同时，为阻止八国联军进军北京，义和团于6月18日发起攻打老龙头车站（今天津站前身）的战斗，给驻守车站的沙俄侵略军以很大杀伤，并一度占领了车站。由此可见，义和团与清军在战争初期的配合较为成功，虽然拆毁铁路和电报线杆有迷信排外的成分，但是也不能排除其出于作战方面考虑的因素。

面对拥有近代火炮快枪的强大敌人，大部分普通团民所谓的"武器"，除了口中的咒语、臆想中的附体神灵、手中的火把之外，几乎一无所有。6月15日夜间，天津义和团和清军开始攻击教堂和租界。义和团焚毁了基督教堂、圣母得胜堂以及城里和城外的其他许多建筑。据租界里的外国侨民日记记录："6月16日，星期六，上午9点。昨夜，我们第一次经历了严重的惊恐。在半夜1点时，四处可见大火烧起，同时由9处增加到13处。距离我们最近的一处大火是马家口（Machiakou）的福音堂（London Mission Chapel），离租界只有一里地左右。……放哨的人看见，在皎洁的月色下，成群的大人和孩子从不同方向向我们走来；他们手中拿着火把、刨花和油，朝着租界涌来，似乎想烧掉一切可烧的东西。当距我们只有500码的时候，他们肆意地发出可怕的喊叫声。各国水手和士兵们立刻用来复枪射击，而且有两处是用机枪扫射。"真正对外国军队和租界造成危害的则是聂士成的军队。"6月18日，星期一，上午10点钟。各国的军队都被派出到租界四周的每个地点与敌人交火。……与俄军对阵的有两千名中国军队。"与清军并肩作战的义和团率先出战，"今天有一个穿着考究的义和团首领，独自一个人庄严地朝着俄国步兵阵地前面的浮桥走来。这无疑是他们的狂热的盲信使他有了这样英雄式的无畏。他挥舞着饰带，

义和团运动期间京汉铁路的比利时职工及其家属在天津合影。1900 年 5 月 29 日，在保定的京汉铁路比利时、意大利工程师和他们的眷属接到警告，当天即匆忙乘船出发赶往天津。这是一支 41 人的队伍，包括 33 名男子、7 名女子和 1 个小孩。保定府的官员一开始派了一队士兵护送他们，但是后来借故离开了。第二天早晨，他们遭到一群义和团的袭击。这一小队人且战且走，舍弃了船只，冒着风沙和烈日，带着极少的干粮，徒步走完了其余的路程，终于在 6 月 4 日下午 4 时到达天津。这一队人中，有 9 人"失踪"，23 人受伤，只有 9 人没有受到伤害。这件事极大地震撼了天津租界的外国侨民。照片下文字说明，他们是被友好的中国人在晚上偷偷救出来的

义和团运动中被清军炮火摧毁的法租界

以上照片由刘悦提供

做着他的仪式。当然，在几秒钟内他就变成了一具死尸。"① 令人悲叹的是，在这场反洋教反侵略斗争中，"深沉的爱国主义情感是同植根于自然经济的保守意识连在一起的；抵御外侮的强烈愿望是同陈旧的天朝观念和华夷之见连在一起的。这种矛盾，显示了一场正义的反帝群众运动中落后的封建主义内容。"代表旧生产力的农民，"只能找到中世纪的社会理想，也只能找到中世纪的精神武器和物质武器"。②

义和团运动中被清军炮火摧毁的租界
照片由刘悦提供

义和团运动与北洋大学、庚子赔款

在洋务运动中，教育是一项重要内容。李鸿章希望培养出能够实现他富国强兵梦想的"学贯中西"的新型人才，以及可以在近代工业和科技领域中替代洋人洋匠的实用型人才。但限于"中学为体，西学为用"和"师夷长技以制夷"的教育思想，近代洋务学堂设立 20 余年后，皆收效不大，所培养的能够在洋务事业中真正发挥作用的学生寥寥无几。在甲午战争败于日本后，康有为等人"公车上书"，举国上下要求自强的呼声日高。在李鸿章幕府中多年从事洋务活动的盛宣怀以此为契机，上书清政府要求设立现代大学性质的北洋大学堂（或称北洋西学学堂）。盛宣怀在奏折中特别指出："自强之道以作育人才为本，求才之道以设立学堂为先"；"日本援照西法，广开学堂书院，不特陆军海军将弁取材于学堂，即外部出使诸员及制造开矿等工，亦皆取材于学堂"，委婉地指出甲午之战败在缺乏现代人才；且"学堂迟设一年，则人才迟出一年"，当务之急是建立现代

---

① （美）雷穆森著，许逸凡等译，《天津租界史：插图本》，天津人民出版社，2008 年，第 115、119 页。

② 陈旭麓，《近代中国社会的新陈代谢》，上海人民出版社，1992 年，第 194 页。

盛宣怀（1844—1916），江苏常州府武进
人，清末政治家，洋务运动的代表人物。
北洋大学堂（今天津大学）和南洋公学（今
西安交通大学、上海交通大学、西南交通
大学、台湾国立交通大学）创始人，同时
也是一位实业家和慈善家

大学，培养精通西学的综合型人才。[①] 清政府终于认识到："自来求治之
道必当因时制宜"（光绪皇帝谕曰）[②]，把立学堂列为应及时办理的实政
之一。

此后，盛宣怀与李鸿章的家庭教师、熟悉西方现代高等教育体系的
美国人丁家立（Charles D. Tenney）通力合作，成功创办了中国第一所大
学——北洋大学堂。北洋大学堂在中国第一次完全引进了近代西方的大学
制度，初创法律、土木、矿冶、机械四科，皆为国家现代化所急需科目。
毕业的学生被资送出国留学，都能学有所成，为近代中国各方面事业的发
展和进步做出了极大的贡献。

义和团运动中，洋务运动时期创办的几所学堂尽皆受创，相继停办。
1885 年创办的中国第一所陆军军官学校——北洋武备学堂，在八国联军入
侵天津时奋起参战，学堂内留校的六七十名学员顽强抵抗，最后全部壮烈
牺牲。他们的英勇行为，即便是当时在天津的外国侨民也大为肯定："他
们与许多正规军一起，进行了值得赞扬的抵抗。"[③] 不过，北洋大学堂的
命运则有所不同。义和团由于落后封闭的观念，认为凡是跟西洋有关的事
物皆是邪恶的而加以毁灭，于是对北洋大学进行了围攻。为了师生人身安

---

① 中国第一历史档案馆、天津大学，《中国近代第一所大学——北洋大学（天津大学）
历史档案珍藏图录》，天津大学出版社，2005 年，第 6 页。

② 中国第一历史档案馆、天津大学，《中国近代第一所大学——北洋大学（天津大学）
历史档案珍藏图录》，天津大学出版社，2005 年，第 6 页。

③ （美）雷穆森著，许逸凡等译，《天津租界史：插图本》，天津人民出版社，2008 年，
第 117 页。

盛宣怀（端坐者右起第二）与丁家立（端坐者左起第二）合影　照片由刘悦提供

义和团运动之前北洋大学学生身穿制服在军训　照片保存于美国华盛顿大学图书馆

全，学校被迫停办。八国联军占领天津后，校园被德军征作军营，学校师生四处星散，教学设施损毁殆尽。联军占领后期，北洋大学创办人、校长丁家立协同直隶总督兼北洋大臣袁世凯向德方索要校址不得。丁家立自告奋勇，亲赴柏林，援引德国法律，讨回赔偿费白银五万两。袁世凯又拨出西沽武器库旧址和部分款项，由丁家立组织复校。1903 年 4 月 27 日，北洋大学堂在西沽新址重建后正式开学。

袁世凯急于用人，未等义和团运动后首批北洋学生毕业，即于 1906 年和 1907 年连续两批资送近 50 名学生赴美留学。丁家立以"留美学堂监督"身份带领学生赴美，其间安排起居、联系入学，无微不至。许多学生进入哈佛、耶鲁、康奈尔等名校攻读硕士和博士学位，其中就有中国近代医学及公共卫生先驱刘瑞恒、交通名宿刘景山、数学家和天文学家秦汾、经济学家马寅初、实业家和北洋大学校长冯熙运诸人。至 1908 年丁家立完全脱离北洋大学堂时，中国与美国政府间就退还部分义和团运动后的"庚子赔款"用于留美事宜的外交谈判方才正式启动。美国将当时尚未付足的 1078 万从 1909 年 1 月起退还，帮助中国建立海外留学教育系统。清华大学最初称为"清华学堂"，即为留美预备学校，后来成为中国最优秀的高等学府之一。此后，其他收款各国也都陆续模仿这一模式进行了不同程度的退款，用于特定的在华文化事业。这些教育活动是义和团运动盲目排外之后的又一个回流，对中国社会的未来产生了深远影响。

对义和团运动的多方评价

义和团运动的高潮虽说为期不过三个月，并且最终还在清政府的叛卖下，在中外反动势力的合力绞杀下失败，但是它的丰功伟绩却是昭昭在人耳目的。概括起来说，义和团运动阻止了帝国主义列强瓜分中国，保存了中国几千年来的悠久文化，加快了清王朝的覆灭，促进了中国广大人民群众的觉醒，并成为五十年后中国人民伟大胜利的奠基石之一。

这一运动在当时的直接后果是，粉碎了帝国主义列强瓜分中国的狂妄计划。当时的八国联军统帅、德国元帅瓦德西（Alfred von Waldersee）在其《瓦德西拳乱笔记》中总结说："吾人对于中国群众，不能视为已成衰弱无德行之人；彼等在实际上，尚含有无限蓬勃之生气，无论欧美日本各国，皆无此脑力与兵力，可以统治此天下生灵四分之一！"①尽管有少数同时代富有正义感的西方人对义和团运动表示肯定和支持，如美国著名作家马克·吐温于1900年11月23日，在纽约公共教育协会上发表《我是一名拳民》（又译《我也是义和团》）的演讲："为什么不让中国人摆脱那些外国人？既然我们并不准许中国人到我们这儿来，我愿郑重声明，让中国人自己去决定，哪些人可以到他们那里去，拳民（义和团）是爱国者，我们祝愿他们成功。拳民主张把我们赶出他们的国家，我也是拳民，因为我也主张把他们赶出我们的国家。"但是在20世纪前半期的西方，人们普遍认为义和团是"黄祸的化身"，认为义和团的言行是危险、排外、非理性和野蛮的。

在20世纪20年代之前，中国的旧知识分子对义和团也抱有这种负面的看法，并增加了"迷信"和"落后"两条。例如，近代杰出思想家、政治家、文学家梁启超抨击道："夫今日拳匪之祸，论者皆知为一群愚昧之人召之也。然试问全国之民庶，其不与拳匪一般见识者几何人？全国之官吏，其不与通拳诸臣一般见识者几何人？国脑不具，则今日一拳匪去，明日一拳匪来耳"。②邹容在《革命军》中说："有野蛮之革命，有文明之革命。……野蛮之革命有破坏，无建设，横暴恣睢，适足以造成恐怖之时代，如庚子之义和团，意大利加波拿里，为国民添祸乱。"但是，到了二十年代中国的民族主义和排外主义发展的高潮阶段，虽然许多西方人试图以"义和团主义"的复活为说辞来诋毁中国的民族主义，但中国的革命者已开始正面评价义和团，认为义和团运动的实质是"爱国主义"和"反对帝国主义"。例如，陈独秀在转向共产主义后完全改变了对义和团的评价："义和团事件的起因十分明白：一是经济上的原因——农民对于帝国主义侵略的反抗；一是政治上的原因——清廷反动政局趋于极端之结果。若因为参加义和团运动者为全民中之少数，则参加辛亥革命与'五四'运动者，也是全民中之少数，我们决不能只据实际参加者之数量，便否认其质量上代表全民族的意识与利益。文明的绅士学者们，说义和团事件是少数人之罪恶，说列强不应该惩罚到义和团以外的人，不啻是向列强跪着说：我们是文明

---

① 中国史学会主编，《义和团》第3册，上海人民出版社，2000年，第244页。

② 梁启超，《中国积弱溯源论·积弱之源于风俗者》，《饮冰室合集·文集之五》，中华书局，1936年，第22页。

中国宣传画中的义和团

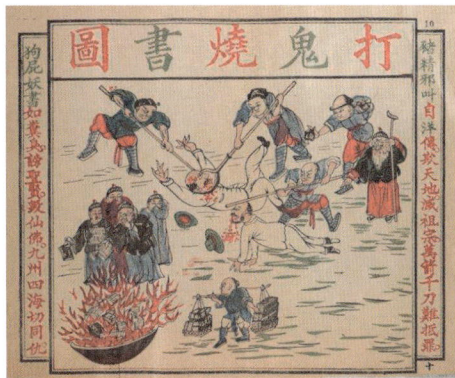
义和团的招贴画

人，我们不曾反抗；汝们惩罚少数的义和团，不应该皂白不分连累到我们大多数安分屈服的良民。情形如果是这样，还幸亏有野蛮的义和团少数人，保全了中国民族史上一部分荣誉！"[①]

老西开事件

欧洲 14 世纪开始的文艺复兴运动，不仅带来了思想启蒙，更释放了人们的欲望，这种欲望很快变成对黄金的追求和对殖民地的征服。在天津，外国侵略者对土地的欲望并不因各国租界划定而停止，他们利用一切机会拓展租界，占有更多的土地。而在这种掠夺中，教会几乎总是冲在最前面。

西开教堂的兴修与城市精英领导下的抗争

老西开位于当时法租界旁，原是城市以外的一片沼泽地，但随着天津市区发展，成了法国觊觎之地。1912 年，梵蒂冈教廷颁发诏书，宣布从直隶北境代牧区分设直隶海滨代牧区，主教府设在天津三岔河口的望海楼教堂。首任主教杜保禄（法国遣使会会士）认为望海楼教堂地处旧市区，不便于今后扩展，于是在紧邻法租界西南面的老西开地区购买了一片沼泽

---

① 陈独秀，《我们对于义和团两个错误的观念》，《向导》1924 年 9 月 3 日。

1920 年左右西开教堂周围还是一片相对荒芜的开洼　照片由刘悦提供

洼地，兴建新的主教座堂——西开教堂。

津代牧区的法国司铎，先与中国政府协议，将教堂建于路旁，道路归中国政府所有；但同时又与法方协议，请其出钱筑路。路旁零星土地则由教会卖给中国商人。西开教堂于 1913 年 8 月开始动土兴建，1916 年竣工建成。最初称圣味增爵堂，后改为圣约瑟堂（St. Joseph Cathedral），一般天津人称为"法国教堂""西开教堂"或"老西开教堂"。西开教堂落成后，周围形成一大片教会建筑群，这里不仅成为天津天主教会的中心，也成为天主教徒聚集居住区。当年，很多来自河北乡村的教徒，通过传教士的介绍到天津谋生，其中不少人在教堂附近定居。教会为了增加自己的社会影响力，往往在其教区内开办学校和医院，例如基督教伦敦会在津创办的新学书院，美以美会创办的中西女中和汇文中学。法国天主教会也不例外，他们以西开教堂为核心，在其附近形成了一个包括教堂、修道院、学校、医院的天主教社区。教会医院即位于今营口道上的天津市中心妇产科医院，学校则有法汉学校（1952 年后改为天津市第二十一中学，现为天津市中心小

1918 年的天津西开教堂。西开教堂初建时，这里还是一片苇塘，地势较其附近的墙子河低四五尺。因地势低洼，每逢大雨，堂前堂后便水漫金山　照片由刘悦提供

从营口道方向看到的西开教堂，照片右下角为教会医院（今天津市中心妇产科医院）
照片由刘悦提供

学校区）以及陆续开办的西开小学、若瑟小学、圣功小学等。

　　教堂开始动工后，天津法租界工部局声称保护教堂，派巡捕进驻该地区。对于这种公然侵犯我国主权的行径，天津人民强烈反对，并要求北洋政府制止这一行为。天津警察厅派遣 9 名警察驻守从法租界通往老西开所必经的张庄大桥（木桥），该桥位于华法交界墙子河上。这样，在老西开地区形成中法两国警察相互对峙的局面。

　　这种局面维持一年后，1914年 7 月，法国驻天津领事宝如华致函直隶交涉署，主张由于中国方面未答复法国领事的照会，后来对法租界在老西开派设巡捕、修筑道路也未提出异议，即表示中国方面已经默认了老西开地区为法国推广租界，因此要求中国方面撤走警察。对此直隶交涉署当即驳复，1902 年

张庄大桥　照片由刘悦提供

法国的所谓"照会"仅为法国单方面要求，中国方面并没有同意，自不能发生效力。不过，直隶交涉署并未采取任何实际行动。

翌年，即1915年5月9日，袁世凯为推动帝制，接受日本提出的"二十一条"，给予日本种种特权。其他欧美列强乃随之心动而后行动。1915年9月，天津法租界工部局在老西开地区散发传单，要求当地居民向租界当局纳税。天津人民闻之大哗，坚决不答应。同月，天津一批爱国绅商组织成立了"维持国权国土会"对租界当局提出抗议，会长为卞月亭（天津商会会长），副会长为赵天麟（北洋大学校长、新教徒）、孙子文，委员为刘子鹤、刘俊卿（《益世报》经理、天主教徒）、宋则久（新教徒）、杜小琴，与法国侵略者展开针锋相对的斗争。

1916年1月，法国政府通过其大使多次照会中国政府外交部，蛮横要求北洋政府饬令天津地

卞月亭（1866—1926），爱国实业家。清末任职户部、工部、法部。1904年任天津商务总会协理。辛亥革命后出任天津商团军团长、天津红十字会执行委员。1913年任直隶商务联合会会长，同年以中国代表团团长名义参加巴拿马博览会。在1916年的"老西开事件"中，以卞月亭为核心的天津商会发挥了重要的组织、领导作用

方当局撤回老西开的中国警察，以将老西开据为己有。6月，老西开主教座堂及其附属建筑全部竣工，教会机构正式迁入。法租界工部局在教堂前方今独山路、营口道和西宁道之间近50亩的三角地带安插法国国旗，设置界牌，表示此地已划入法租界，并派安南（今越南）兵把守。天津人民异常愤怒，将界牌木标统统拔掉。"维持国权国土会"和当地居民向当局

赵天麟（1886—1938），爱国教育家。毕业于北洋大学法律系，后成为北洋大学首批派往美国的留学生，1909年毕业于美国哈佛大学法律科，获法学博士学位。1914年被任命为北洋大学校长。1920年辞去北洋大学校长职务，1934年出任天津耀华中学校长。因支持抗日活动，1938年被日本宪兵队特务枪杀，后被追认为革命烈士

提出要求，立即制止法国人的越轨行为。但北洋政府一边安抚劝谕市民"静候中央解决，勿得暴动，以兹口实"，一边已经动摇，准备答允法方要求。6 月 20 日，外交部电告直隶省省长，要求地方官从速疏通舆论，接受法国无理要求。10 月 17 日，法租界工部局向直隶省发出最后通牒，限中国在48 小时内让出老西开。10 月 20 日晚，法国驻津领事带领法租界巡捕和安南兵，悍然将驻守张庄大桥的中国警察缴械，拘禁至法国工部局，并在老西开地区设岗警戒，宣告对这一地区的占领，史称"老西开事件"。①

法方的侵略与北洋政府的退让，引发了天津市民的熊熊怒火，天津市民随即举行大规模抗议活动。事件发生的第二天清晨，"维持国权国土会"在天津商会总会召开全体大会。会上，会长卞月亭首先发言，揭露法国人强占老西开的经过。然后，《益世报》经理刘俊卿发表演说，愤怒谴责法国帝国主义的侵略行动，他说："法领事拘留华警，侮辱我国，莫此为甚。我国虽未亡，而外人对待我国，如亡国一般，是可忍也，孰不可忍也"，表达了"与其苟且图存，贻羞于永久，何若舍命力争以维国权"的决心。②会后，数千人前往直隶省公署、交涉署和省议会示威、请愿。10 月 23 日，天津商会召开会议，全体决议：抵制法国银行所发行的纸币；抵制法国货；并请政府致电法国政府，要求撤换法国驻华公使。③10 月 25 日，八千余名各界人士聚集在南市大舞台，宣布成立"天津公民大会"，并一致决议：通电全国，宣布与法国断绝贸易；不使用法国银行纸币；解散法国在中国招募华工的机构，不准招募华工；中国货不售与法国；中国人敢替法国为侦探者一经查出，予以相当处分；电告驻法公使，要求法国政府撤换公使与驻津领事等。④由此天津掀起了一场历时四个月的声势浩大的反帝爱国运动。

工人罢工、学生罢课、商人支持与传教士声援

近代城市中的反帝爱国群众运动，往往由学生、工人、市民和商人集

---

① 来新夏，《天津近代史》，南开大学出版社，1987 年，第 251、252 页。

② 《益世报》1916 年 10 月 21 日。

③ 《益世报》1916 年 10 月 24 日。

④ 《益世报》1916 年 10 月 26 日。

法汉学校今影

结起来，形成合力。"老西开事件"中也是如此。在这场反帝爱国运动中，学生充当先导力量，四处讲演，宣传鼓动；知识分子精英出谋划策，引导舆论，对外交涉；商人是强大的后援，募集经费，提供物质支持和保障；工人则是最直接和最有力的斗争力量，不仅有产业工人，还有夫役、人力车工人、女佣工、职员等各阶层各行业劳动者都直接参与罢工，组成联合一致行动。长达四个月的罢工导致法租界内的电灯厂停电，商店停业，道路、垃圾无人清扫，租界的商业活动和日常生活几乎完全陷于瘫痪。最后，法国代理公使不得不允诺归还老西开土地。

　　学生一直是近代爱国运动的先导者。当时正在南开中学就读的周恩来，在全校召开的大会上发表题为《中国现时之危机》演说，指出"中国现时已处于极危险地位"，"北洋政府腐败无能"，总统"无绝断之伟力"，总理"无政治之常识"，"有徒负虚名之总长，而无办事之经验"，"有饱经世变之议员，而无谋国之忠忱"，大小官僚"仅知固其势保其位"，造成国家如此难堪的局面。周恩来号召同学们肩负起维护民族尊严的重任，投入反对帝国主义制造的"老西开攘土之事"的斗争中去。① 与此同时，老西开法汉学校②的学生于 10 月 26 日罢课，甚至宣布退学，率先点燃了市民反帝斗争的火焰。随后其他老西开地区的中小学也都纷纷声援，并一

---

① 这篇檄文刊登在周恩来任主编的学生会刊物《校风》杂志 11 月期上，见《校风》第 2、5 页。
② 天津法汉学校隶属于天主教会，是专门为中国学生开办的中学。

教堂前独山路

起罢课。①

　　近代中国的工人阶级具有广泛的行业构成，他们在遭受资产阶级剥削压迫的同时，还具有朴素的爱国热情，因而展现出强大的力量。11月12日，法比义品公司和义善实业铁厂的工人开始罢工，一场轰轰烈烈的反法罢工运动由此展开。随后，法租界内的各个工厂、洋行、电灯房、饭店、俱乐部的中方员工群起罢工。罢工的浪潮还波及法租界的行政管理机构，包括法租界公议局、工部局和兵营，一向唯法国人之命是从的中国籍巡捕侦探、职员、消防员及兵营工役，都纷纷离职。法国人家里的厨师、保姆、马夫、苦力等也都相继告退。据公民大会负责人之一吴子铭回忆："有法人欲留中国女工，允许每月工资增加到四十元，遭到该女工的严词拒绝。"后来，

─────────────

① 北京《益世报》1916年11月26日。

公民大会与罢工团代表合影
照片由刘悦提供

粪夫、清道夫也罢了工，不肯上班清扫。甚至由于电灯房工人罢工，"法国人只好自己动手，因不懂技术，结果触电而死"。[①] 因为缺少警力，法租界当局不得不让"法国商人也穿上军装在租界里维持治安"。[②] 昔日繁华热闹的法国街市，彻底变成萧条冷清、垃圾遍地、入夜则一片漆黑的污秽之处。

罢工开始的一星期之内，参与罢工的总人数就达到1400余人。[③] 为了声援罢工工人，罢工团于11月18日成立，下设文牍、会计、招待、调查、庶务、稽查、演说八个部门，对所有罢工的工人登记造册，妥善解决他们的生活困难，并为他们介绍工作。公民大会还为罢工团赶制了工团代表徽章，发给罢工工人证书，载明工人们"牺牲职业，热心爱国，凡有证书者，官府应认真保护"，无论天津还是外地的厂矿，"见此证书，应优先录用，以示优异"。公民大会还为罢工工人解决生活困难而"照章发薪"。[④] 随后，热心国事的仁人志士组成的"爱国团""保卫社"等纷纷成立，协助公民大会进行宣传、组织工作。11月23日又成立了演说团，聘请演说员20人，分成十组，在天津城关内外戏院、茶园轮流演讲，观者如堵。同时，居住

---

① 吴子铭，《法帝侵占老西开事件回忆》（未刊稿）。转引自杨大辛《津门古今杂谈》，天津人民出版社，2015年，第94、95页。

② 吴子舟，《回忆"老西开事件"》（未刊稿）。转引自杨大辛《津门古今杂谈》，天津人民出版社，2015年，第95页。

③ 《益世报》1916年11月24日。

④ 《益世报》1916年11月24日。

在法租界内的中国居民、商人也掀起迁居华界的运动。他们在报纸上刊登广告,呼吁居住在法租界的其他国人迁出,"以免受庇于欺我辱我者之宇下,被同胞之唾骂也",指出"津地广大,均属乐土,尤望坚持到底,勿令欺我者转而笑我也"。①

工人罢工得到了全市人民的有力支持,特别是物质上的保障,由此使罢工运动能够巩固成果、达到斗争目标。罢工的第二天(11月13日)上午,罢工工人在天津商会会场开全体大会。省议会会长边洁卿上台演说,一再勉励大家坚持到底。天津商会会长卞月亭表示,希望罢工运动有始有终,对于罢工工人的生活费用,他斩钉截铁地表示,为支援罢工,即使"倾家荡产,亦绝不辞其责任","闻者莫不动容,全体鼓掌不绝"。11月16日下午,公民大会在南市大舞台特地为罢工工人维持生计筹措经费召开大会,决定邀请京津地区著名演员举行联合义演,收入全部作为罢工经费。商会准备房间为工人提供休息场所,并馈赠食物和提供取暖设备。三条石街隆兴煤厂捐献硬煤两千斤,分文不取。甚至还有车夫也捐出自己微薄的收入。不到一个星期,天津各界共捐款超过四万元。② 房产公司为使迁出法租界的迁居者有安身之地,宣布提供房屋,并租金"一律减价三成"。③

本来天津人民寄希望于北洋政府的外交交涉,然而中国政府最初准备与法国妥协,接受法国占据老西开的现实。来到天津的北洋政府代理外交次长夏诒霆等人态度敷衍塞责,厚颜无耻。被激怒的民众召开18000余人大会,通电要求北洋政府惩办夏诒霆等人。这使广大民众意识到不能寄希望于腐败无能的政府,只有依靠自身力量才能维护自己的国土。随着天津的反法运动日趋激烈,外交部长陈锦涛提出辞职,代理外交次长夏诒霆不久也被撤换。

天津人民的斗争长达四个月,不仅造成了法租界的瘫痪,还使法国在华的商业利益受到巨大损失。中国人抵制法货,拒绝使用法国货币,许多天津商店的门口都贴有"凡法国货币概不收用"的告示。法国人为了解决供电问题,高薪招聘工人却无一人应聘,不得已向英国电灯公司求告借人。

① 《益世报》1916年11月18日。

② 《益世报》1916年11月25日。

③ 来新夏,《天津近代史》,南开大学出版社,1987年,第258页。

天津英国电灯公司的工人严厉警告英国人："如果帮助法人，将用对待法人办法对待之。"结果英国人不敢答应法国人的要求。就连法租界内的他国商行也唯恐受到殃及，亨达利洋行郑重请美国领事向公民大会声明，其为瑞士洋行，不是法国商人，以平息行内已开始酝酿的罢工行动。[1]与此同时，法国正全力投入第一次世界大战，无力干预东方事务。1916年底，法国政府电令驻华公使尽快结束老西开事件。于是法国公使向中国政府提出暂时维持原状的要求，原公使被召回国，代理公使允诺将归还老西开土地。11月19日，被拘捕的中国警察尽数送回，"老西开事件"至此落幕。但老西开地区事实上仍长期维持中法共管局面。

在反对法帝国主义侵占老西开的斗争中，天津的资产阶级和知识精英充当了运动的领导者。"它的种种活动远远超出了'天津教案'和义和团运动的斗争水平。"这场城市中的革命，广泛地团结了全市各个阶级、阶层的民众，形成了强大的合力，恰当地运用了不同的斗争的策略，集中力量打击法帝国主义，最终利用欧战的有利时机取得了斗争胜利。这次运动是中国共产党成立以前工人阶级与民族资产阶级自发合作的一次政治斗争，说明在半殖民地半封建社会国家，建立最广泛统一战线的重要性，在中国工运史上也有着重要意义。

值得一提的是，在老西开事件中，天主教会内部出现明显对立的两个阵营。天津教区的比利时籍副主教雷鸣远（Frederic Lebbe）批评由外国各个修会代表本国利益控制中国天主教的做法，反对法国人扩展天津法租界的行动，提出"中国归中国人"的口号。雷鸣远于1915年10月10日在南市荣业大街创办《益世报》，利用这个舆论阵地大力呼吁、报道和支持天津人民的反抗。他在《益世报》上登出致法领事公开信，吁请其放弃妄想。1916年5月，租界中连接道路的桥筑好，法方派出士兵巡逻。在雷鸣远提醒下，中方也派出警察设岗，形成双方对峙。法领事向天主教教会抗议雷鸣远的作为，主教于是命令雷鸣远不许再就老西开问题发言。为此他还被法国籍主教杜保禄（Paul-Marie Dumond）降职调往外地，1920年更遭遣送回欧洲。[2]

① 来新夏，《天津近代史》，南开大学出版社，1987年，第258页。
② 杨大辛，《津门古今杂谭》，天津人民出版社，2015年，第98、99页。

雷鸣远（1877—1940），天主教遣使会神父。1877 年出生于比利时。1901 年被比利时教会派往中国传教。1906 年来津任天主教天津教区总铎。1915 年在天津创办《益世报》。1916 年爆发"老西开事件"，他站在中国人民一方反对扩展法租界，受到法国当局迫害达 10 年之久。在此期间被遣返欧洲，后又被派到河北传教。他热爱中国，于 1927 年改入中国籍，自称"天津人"

穿中国服装的雷鸣远

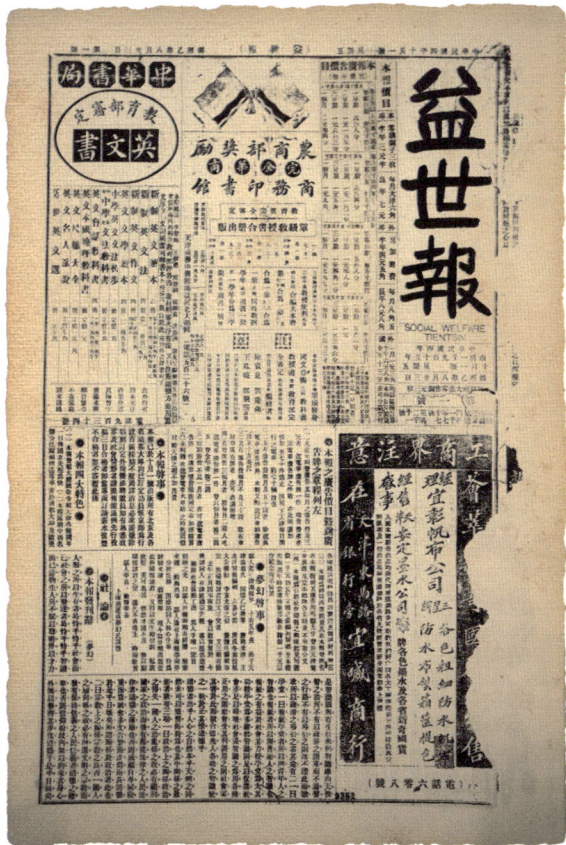

《益世报》是近代天津最有名的报纸之一，是罗马天主教会在华出版的中文日报
1915 年 10 月 10 日创刊于天津，罗马天主教天津教区副主教雷鸣远和中国教徒刘守荣创办并主持。20 世纪三四十年代，《益世报》持自由主义倾向，在反对国民党的腐败统治和抵抗帝国主义国家的侵略方面，《益世报》的立场是鲜明的，成为国内反抗日本侵略最激烈的大报。1949 年停刊

西开教堂是华北地区最大的罗曼式教堂建筑，建筑面积 1891.95 平方米，可同时容纳 1500 人。西开教堂建筑平面呈拉丁"十"字形构图，正面顶部的两座高大的塔楼，与楼体中央的后塔楼形成呼应。三个高达 45 米的巨型圆顶，错落排列成"品"字形，圆顶内部为木结构支撑，每座圆顶上有一个青铜十字架。据老教徒介绍，早年塔楼圆顶表面覆盖的是铜片，在阳光下熠熠闪光，风采独特。西开教堂的建筑外墙面主体是用红黄色花砖相间清水砌筑的，檐口下采用扶壁连列柱券做装饰带。建筑外立面以圆形窗和列柱券形窗组成的半圆形叠砌拱窗为要素，教堂内有许多壁画和大管风琴，前面院中有圣水坛，有左右两道大门，信徒分男女从不同的门入内

现在，在西开教堂附近，前有国际商场、滨江道及陆续建立的大商场，后边就是充满市井气息的花鸟鱼虫市场。在天主教会四大节庆期间常有大规模的瞻礼活动，尤其是圣诞节期间周边地区会采取临时性交通管制

——— "五四运动"中的天津 ———

第一次世界大战结束后，中国派出外交代表团参加"巴黎和会"，本以为可以借战胜国身份，收回战败国德国在山东的权益。不料"公理"不能战胜"强权"，参会列强将山东权益转让给日本。于是，中国民众长久以来积蓄的爱国热情被点燃。1919年5月4日，北京的学生游行示威，抗议和会上有关山东问题的决议，敦促当时的北洋政府不可签约，并要求惩处相关官员。由此引发了一系列的全国性游行示威、罢课、罢市、罢工及抵制日货活动，进而导致影响深远的整个社会变动和思想革命。

新式知识分子、新思想与新文化运动

任何一项政治运动的发生发展都有其思想根源。自鸦片战争后，一部分知识分子睁眼看世界，从那时起，很多西方近代思想开始传入中国。在天津，随着洋务运动的开展，大量留学生归国后效力于洋务事业，同时开办报纸刊物，并在其上译介了大量在近代非常有影响的思想，使逐渐开放的中国社会经历了一系列思想潮流的洗礼。与此同时，1907年以后新式西方教育制度开始大规模施行。此后十年间，大约有1000万人接受了各种方式的新式教育。[①] 在现代西方文明的影响下，他们与传统思想意识渐渐背道而驰，走上新式知识分子阶层走向寻找有效路径"救中国"的道路。

1880年严复来到天津，任北洋水师学堂所属驾驶学堂的"洋文正教习"，后成为水师学堂会办、总办（相当于副校长、校长）。甲午战争之后，激愤不已的严复在天津《直报》发表《论世变之亟》《原强》《辟韩》《救亡决论》等文，主张变法维新、武装抗击外来侵略。1897年参与创办《国闻报》和《国闻汇编》，宣传变法维新。同时，他翻译《天演论》，并在《国闻报》报上连续发表，大力介绍

严复

———

① （美）周策纵著，陈永明等译，《五四运动史》，世界图书出版公司，2014年，第9页。

和宣传进化论学说，主张社会变革和唤起民族觉醒。从此，"物竞天择，适者生存"的观念日益深入人心，成为那个时代人民救亡图存的思想武器和上层阶级占据统治性的意识形态。这种意识形态落实在政体上，往往被解读为民主共和优于君主立宪，君主立宪优于君主专制，成为以后维新和革命运动的思想理论基础。

民国建立之后，中国社会原本面临的各种内忧外患并未减少。在国内，经历了两次

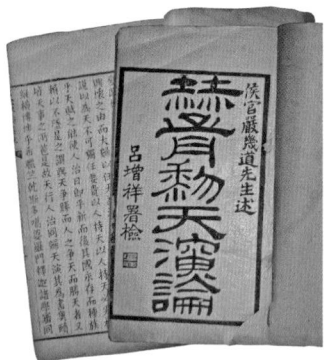

严复翻译的《天演论》

复辟帝制的失败，中国随即陷入军阀混战、地方割据的状态；国际上，列强之间对中国的瓜分和侵略虽然告一段落，但是彼此之间的争权夺利并未减少，直至矛盾激化引发了第一次世界大战。趁西方列强无暇东顾之机，日本想要全面控制中国。而当时的大总统袁世凯为了复辟帝制需要得到日本支持，接受了日本妄图独霸中国的"二十一条"。这个消息一经泄露，立即引起全国舆论大哗，几乎所有中国报章杂志都表现出强烈的反日情绪，引发了强烈的民族主义情绪，"勿忘国耻"的标语在全国随处可见，甚至事件经过也被写进教科书。① 这次事件可以说是中国民众、特别是新式知识分子在近代史上第一次大规模公开表达自己的意见，这也成为"五四运动"的先声。1915 年 12 月 12 日袁世凯复辟帝制，只当了 83 天皇帝，就被迫结束闹剧。此后，1917 年安徽军阀张勋拥立清朝末代皇帝溥仪复辟，仅仅坚持了 12 天而迅速失败。

然而，第一次世界大战的爆发，使曾对中国社会产生过巨大影响、并推动了社会变革和进步的进化论，遭到不少思想家的反思和批判。他们认为，进化论鼓吹"弱肉强食""优胜略汰"，为帝国主义推行强权政治、侵略弱小民族提供了理论依据，是导致欧战爆发的重要原因；而国内的军阀混战，大军阀吞并小军阀、强人欺压弱者，也正是建立在这种观念之上。后来定居天津的梁启超在 1920 年《欧游心影录》中指出："谓剿绝弱者为强者之天职，且为世运进化所必要。这种怪论，就是借达尔文的生物学

---

① （美）周策纵著，陈永明等译，《五四运动史》，世界图书出版公司，2014 年，第 22 页。

做个基础。"[1]

欧战爆发和反日浪潮，还直接导致了大批海外留学生回到祖国，投身新文化运动。近代中国自"留美幼童"开始派遣留学生。19世纪末、20世纪初，更多留学生赴日本、美国或者欧洲大陆，特别是法国留学。新文化运动的很多倡导者，都是自欧美日归来的留学生，如留学日本的陈独秀、鲁迅、钱玄同、周作人，留学美国的胡适、蒋梦麟，留学法国的蔡元培等。这些国家的思想文化、社会政治被深受其影响的留学生带回祖国，在新文化运动及其后的"五四运动"中留下了深刻的印迹。

1915年9月，陈独秀在上海创办《青年杂志》（后改名《新青年》），意味着新文化运动由此发端。新文化运动提出了拥护"德先生"和"赛先生"的口号，即提倡民主与科学。中国人对民主与科学的了解，源自鸦片战争中外国人的坚船利炮，经历了洋务运动的"师夷长技以制夷"和戊戌维新的"兴民权""设议院"的尝试后，因辛亥革命，而使民主思想得到进一步传播，科学的重要性也为越来越多的人所认识。陈独秀在《青年杂志》创刊号上发表《敬告青年》一文，疾呼："只有这两位先生（指民主与科学），可以救治中国政治上道德上学术上思想上的一切的黑暗。"他认为，民主是一种个人独立自主的观念，具有不迷信不盲从的独立思考的自我意识和敢担干系的负责态度。李大钊则指出，"现代生活的种种方面都带有Democracy的颜色，……Democracy就是现代唯一权威"[2]。新文化运动对科学的理解和认识是广义上的，不仅是科学技术或科学思想，而且是一种世界观和方法论，一种与迷信、盲从、愚昧相对立的崇尚实证的理性精神。正因为新文化运动将民主与科学作为其核心观念和基本价值，反对封建专制主义、迷信愚昧思想以及旧伦理道德，甚至将其与对传统文化的反

《青年杂志》

① 梁启超，《欧战心影录》，《饮冰室合集》第7册，专集之二十三，第9页。

② 李大钊，《劳动教育问题》，《李大钊文集》（上），人民出版社，1984年，第632页。

思和批判联系在一起，所以极大地解放了人们尤其是年轻人的思想，使其激发起强烈的社会责任感，进而投身到社会变革的浪潮中去。

1917 年十月革命爆发，这个消息被迅速传递给中国的知识分子。革命爆发后第三天，上海《民国日报》就以《突如其来的俄国大政变》对其加以介绍。之后，《时报》《申报》《晨钟报》《太平洋》《劳动》《东方杂志》等纷纷对十月革命过程、劳工政权、反地主反资本主义基本方针及和平友好外交政策等进行报道。受到革命胜利启发的李大钊，在《新青年》和《每周评论》等阵地上奋笔疾书，大量宣传介绍十月革命和马克思列宁主义的文章、演说，并且发起组织马克思学说研究会。十月革命以及战后其他国家爆发的社会主义革命，给中国相当一部分新式知识分子带来了"自由的曙光"①。

第一次世界大战与新阶级、新经验

"五四运动"中，有很多具有一定知识甚至有海外经历的工人发挥了重要作用。他们中有一些是通商口岸中各中外工厂中的雇工，也有一些是曾在欧洲参加过第一次世界大战的华工，还有的则是曾留学海外半工半读的"学生工人"。他们与青年学生、广大市民、工商人士等阶层一起共同参与，通过罢工、示威等方式有力地声援了这场爱国运动，同时也标志着中国工人阶级开始登上政治舞台，并逐渐成为斗争主力。

早在洋务运动中，各个洋务企业开始将一些工人送往欧洲学习工业技能。例如，1892 年张之洞在创办汉阳铁厂时，曾经派遣 40 名中国工匠赴比利时列日省的郭格里尔（Cockerill，也译作克革列）钢铁厂学炼钢铁，回国后成为技术骨干。民国建立之后，1912 年李石曾、蔡元培等人组织建立了"留法学生会"，开展勤工俭学运动。旅欧学潮兴起后，天津、北京、上海和保定等地纷纷建立"俭学会"，组织者在当地开办法语预备班，为留学做准备。从 1912 年到 1913 年一年间，共有大约 120 名学生赴法。②第一次世界大战期间，勤工俭学的学生人数开始增加，于是蔡元培和一些

---

① 李大钊，《布尔什维克主义的胜利》，《新青年》1918 年 11 月 15 日，第五卷第五号。

② 舒新城，《近代中国留学史》，1933 年，第 86—88 页。张允侯等编，《留法勤工俭学运动》（一），上海人民出版社，1980 年，第 12—14 页。

一战中的中国劳工　照片收藏于
比利时法兰德斯一战战地博物馆

朋友在法国成立了华法教育会以帮助在法学生。1919 年年底，在法勤工俭学者已达 400 人，翌年又增加了 1200 人。这些学生中只有小半进了学校，大半则是在工厂或其他地方打工。①

　　第一次世界大战期间，在欧洲的中国工人，除了以上那些"学生工人"，还有被中国政府派到欧洲参战的劳工。1914 年大战爆发后，有国内政治家鼓动袁世凯参战，声称一旦成为战胜国，不但可以提高中国的国际地位，还可借机收回一部分中国以前被列强攫取的特权和领土。起初，在日本的反对下，协约国不希望中国加入战斗并获得平等地位。但随着战争机器对士兵和劳动力的不断绞杀，法国、英国和俄国政府都不得不与中国政府签订输入劳工的长期合同。法国政府和英国政府在 1916 年和 1920 年之间雇用了 14 万或者 15 万中国劳工，俄国则在 1915 年和 1917 年之间雇用了 5 万中国劳工。②

　　劳工们抵达欧洲后，有的在冶金、化工和兵工厂工作，有的则前往战场服务。尽管合同上规定，中国劳工原则上不应该参与"军事活动"，但北洋政府对德宣战后，中国劳工几乎全部被送往前线。在那里，他们主要负责挖战壕、运送伤员、补给等体力劳动，虽然没有直接参与作战，但他们的工作依然繁重且极具危险性。中国劳工需要帮助当地人继续清理战场的废墟，搬运安葬尸体，修建桥梁、公路、铁路。战后工作的危险程度一

---

①　陈学恂、田正平编，《中国近代教育史·留学教育》，上海教育出版社，2007 年，第
518—529 页。

②　（法）多米尼克·马亚尔，《第一次世界大战期间在法国的中国劳工》，《国际观
察》2009 年第 2 期，第 74 页。（比）Dominiek Dendooven & Piet Chielens, La Cinq
Premiere Continents Guerre au Front Mondiale, (Editions Racine, 2008), pp.136—144.

点儿不亚于战时，搬运埋在土地里未爆炸的弹药时稍有疏忽便可能伤亡，战场上腐烂的尸体滋生细菌也可能导致他们染上疾病。[1]

如此众多的出身于农村的中国人一下子成为工人，并被派往西方国家工作，在中国历史上是破天荒的。在留法俭学会的帮助下，中国政府与协约国商定，在招募的华工中须有学生和教师作为通译员一起来到欧洲，从事体力劳动之余，还要教导华工识字。这使中国知识分子有机会与工人一起生活劳动，并肩负起领导组织的责任。因此，这些华工是受到教育的能识字有文化的工人。"根据合约，他们还有权组织工会，并且和其他公民同样享有法国法律所保障的自由。"[2] 在知识分子的协助下，"一战"期间在法国的华工组织了很多自助、互助机构，如职业介绍所、工会、工人社团、中国劳工社、储蓄会、读书会等，帮助华工向所在地政府争取福利。至1918年战争结束，华工依照合约规定回到中国时，相当多的人已成为有知识有组织的工人阶级，而且知识分子开始关注劳工阶级，并有意识地组织和帮助工人阶级学文化、谋福利。1918年，曾在法国参与过华工教育工作的晏阳初，利用在法教育工人的经验，领导和推动了"五四运动"后期曾风行一时的平民教育运动。

战后回到中国的华工和"勤工俭学生"们给国内带来了新思想、新经验。他们不但体验到西方工业革命后较高的生活水平，还亲历了当时欧洲的社会革命和劳工运动，民族主义意识变得十分强烈。中国共产党的创始人和早期领导者中，有相当一部分是在法国勤工俭学中得以接触到资本主义的阴暗面，从而印证了马克思主义的科学性，日后成为中国革命坚定的核心。这些人中包括陈延年、陈乔年、王若飞、刘伯坚、陈毅、李维汉、李富春、蔡和森、向警予、李立三、聂荣臻等。1917年十月革命爆发后，在俄国的华工亲身经历和感受了这场革命。革命中，大批旅俄华工参加了红军。苏联红军第三军二十九师后备团、乌拉尔中国团、莫斯科的中国团等全体成员都是华工。在莫斯科、彼得堡，华工组织的赤卫队，直接参加

---

① （法）多米尼克·马亚尔，《第一次世界大战期间在法国的中国劳工》，《国际观察》2009年第2期，第74—75页。比利时驻华大使馆、《使馆商社贸易快讯》杂志社编，《走进比利时》，世界在线外交传媒集团，2004，第141页。

② （美）周策纵著，陈永明等译，《五四运动史》，世界图书出版公司，2014年，第39页。

了夺取冬宫的战斗和莫斯科的十月武装起义。[1]1919 年 3 月 2 日第三国际第一次代表大会在莫斯科召开，旅俄华工联合会会长刘绍周代表中国，与来自欧洲、亚洲和美洲的 21 个国家的 52 名代表参加了此次会议。[2]从欧洲战场上回国的华工和学生，聚集在天津、上海、青岛等沿海城市的工厂中。他们带回了罢工和革命斗争的经验，成为日后"五四运动"后期发挥重要作用的工人运动的领导者和参与者，有力地推动了运动的发展。

知识分子与工人阶级、工商业者的结合

1918 年 11 月 11 日，第一次世界大战结束。消息传来，中国作为战胜国之一，政府宣布放假三天庆祝。战后和会于次年 1 月在巴黎召开。中国人民普遍对此报以极大期许。国人的喜悦溢于言表，北京市民举行大游行，北京政府早在参战之后即设立筹备参与战后媾和的小组，收集驻外公使的报告和意见，研究未来在和会上提出的所要收回的利权。[3]

1919 年 1 月 11 日由外交总长陆征祥率领的中国代表团抵达巴黎。1 月 18 日和会开幕，26 个战胜国派代表出席，商议战后世界秩序的重建问题。在会议上，尽管中国全权代表、时任驻美公使的顾维钧在会议上发表了慷慨激昂的关于"山东问题"主张，然而，列强却在会议中秘密决定把德国在山东的利益全部转让给日本。中国代表团还在和会上提出要求废除根据"二十一条"签订的 1915 年中日条约，以及收回外国在华特权，但均遭和会拒绝。"弱国无外交"在巴黎和会上再一次得到印证。

4 月下旬，和会要把德国在山东的权益让给日本的消息传回国内时，中国人民的愤怒终于如火山一样喷发了。5 月 4 日，包括北京大学在内的北京 13 所大专学校的学生代表召开了学生代表会，决定会后举行示威游行，抗议巴黎和会关于山东的决议案。下午 1 时 30 分，3000 多名学生聚集在天安门前广场，游行示威、分发传单，要求"外争主权，内除国贼"，矛头指向北京政府里的三名亲日分子曹汝霖、章宗祥和陆宗舆。随后，由

---

① 姚涵、潘乐，《十月革命"一声炮响"怎样传入中国》，《解放日报》2021 年 6 月 29 日。
② 李玉贞，《国民党与共产国际（1919—1927）》，人民出版社，2012 年，第 34 页。
③ 《顾维钧回忆录》第 1 分册，中华书局，1983 年，第 162—164 页。

于军警阻拦，学生情绪转而激动，直奔曹汝霖家，殴伤正在他家的章宗祥，并放火烧了曹家。最后，警察逮捕了几十名学生。

和会期间，天津的学生和民众一直极为关注和会议程。国内外的中国人联合起来，组织了很多民间团体，研究讨论外交问题，并致电巴黎的中国代表团进行监督。5月5日，天津学生得到来自北京的消息，迅速反应。当天，北洋大学以全体学生的名义，致电北京大学，电文的内容是："北京大学转各学校钧鉴：惩贼有勇，极表赞同，以后共同行动。"同时致电北京政府："北京大总统、国务院钧鉴：北京学生举动情殷爱国，所拘十九人恳请释放。"5月6日，北洋大学又以全体学生名义致电巴黎和会中国专使团，电文的内容是："为谋世界悠久之和平，贯彻公理战胜之精神，青岛、胶济应直接返还我国，'二十一条'条约亦当然废除，务请诸公力持到底，不获所愿，不签和约，全国人民实同此意。"[①]5月7日，北洋大学全体学生和天津各界代表近千人，聚集在北洋大学礼堂，声援北京学生的爱国运动，同时宣告成立天津学生临时联合会。他们的这一举动，对响应北京学生的爱国运动和发动天津各界人士参加爱国运动起到了积极作用。

在天津学生临时联合会的组织下，5月12日，1000余名学生为纪念"五四"事件中殉难的北大学生郭钦光举行了追悼会，会后在城内外进行了街头演讲。14日，正式成立了"天津中等以上学校学生联合会"，学生来自南开学校[②]、直隶高等工业专门学校、北洋法政专门学校、水产学校、新学书院、北洋大学和唐山工业专门学校（即唐山交通大学，现西南交通大学）。学生会的领袖有来自直隶高等工业专门学校的谌志笃、南开学校的马骏和周恩来、北洋大学的张太雷和孙越崎、直隶省第一中学的于方舟等。大会决定即日起组织各校学生讲演队，上街讲演，宣传运动主张。5月23日，直隶省第一女子师范学校的刘清扬、王天麟、郭隆真、邓颖超等人又组织成立了"天津女界爱国同志会"，壮大了学生群体的力量。同一日，天津学生联合会开始举行全体大罢课。最先参加的有14所学校，包括北洋大学、直隶法政学校、直隶第一师范学校、高等工业学校、南开

---

① 《益世报》1919年5月6日、5月7日。

② 南开大学创立于1919年2月，9月25日举行开学典礼。所以"五四"时期应为南开中学学生参与学生运动。

"五四运动"期间学生游行示威

1919 年 5 月北洋大学的学生在举行抗议活动

以上照片由天津大学档案馆提供

中学、省立中学、孔德中学、成美中学、大营门中学、直隶水产学校、育才中学、私立法政学校、新学书院、甲种商业学校等，共计 10000 余名学生宣布罢课，声援北京学生的罢课斗争（后有英华中学加入）。①

学生群体是一个特殊的社会群体，他们没有资本没有权力也没有社会地位，但却是一群有热血有头脑、能迅速集中组织动员并发挥宣传鼓动作用的群体。罢课后，天津大中学校学生在两会的领导下，分别组织了大批的讲演团、新剧团、义勇队，上街讲演、散发传单，提出要求恢复青岛主权、拒绝承认基于"二十一条"和其他密约所签订的中日协定，并鼓励民众抵制日货、购买国货，齐心协力救中国。仅北洋大学就组织了 44 个讲演团分赴杨柳青、北仓、南仓、塘沽等地的工厂和农村，开展演讲活动，宣传爱国。《益世报》曾报道了张太雷参加的北洋大学讲演第二团一行四人，一日之内不畏风雨，先赴塘沽两等小学讲演，后又到东大沽、西大沽和塘沽火车站等地，先后讲演六次，每次听众少则几十人、多达六百余人。有的人听后十分感动地说道："先生们讲的话真对，如果能一个月来一次，使大家永远不忘才好。"学生们感到，"我国人民非无爱国心，第无人开导之耳"，由此更加坚定了与工农相结合的决心。②

天津的学生运动震动了军阀政府。时任直隶省长曹锐为直系军阀首领曹锟之弟，天津是直系军阀的大本营。虽然与皖系军阀段祺瑞控制的北京

① 《申报》1919 年 5 月 26 日。

② 《益世报》1919 年 6 月 2 日。

政府貌合神离，但天津直接控制北京的经济命脉，所以北京政府严令天津警方限制学生运动。6月5日，天津15所罢课学校的学生们聚集在南开中学操场，举行"六五"大集会。会后学生们准备赴省公署请愿。为了阻止学生，曹锐派出武装警察封锁了南开中学和北洋大学，不准学生们游行。学生面对荷枪实弹的军警，动之以情晓之以理："诸君非中国人邪？""我等既非土匪，又非大盗，何所持之枪咸上刺刀？"负责的警官听到这些，只得命警士等将刺刀取下。最终，经学生再三恳请，曹锐只得允许学生在警察的监视下游行至省公署，并接见了5名学生代表。当然，曹锐并没有接受学生的要求。①学生们遂决定第二天继续举行游行示威。6月7日上午，北洋大学的全体学生聚集在校门内准备外出，被武装军警阻拦。于是双方发生了冲突，学生们边向警察宣传共同救国，边向校门外冲去，警察极力阻止，学生们人多势众，爱国心切，眼看着就要冲出校门。这时曹锐又增派了步兵、马队近三百人，再度将北洋大学校舍包围住，学生们无法走出校门游行宣传。天津《益世报》记者一直随行报道学生的活动，见此情景道："不意人文荟萃之所，一变为狴犴之地。"②

学生的力量终究有限，但他们的热血行动却感染、动员了大众，通过各阶层之间的合作，学生运动初步达到了效果。6月9日，天津市各界群众两万多人，在河北公园召开公民大会，呼吁各界民众联合起来，用学生罢课、工人罢工、商界罢市等种种强力手段，敦请北洋政府释放被捕学生，罢免三个卖国贼职务，拒绝在《巴黎和约》上签字。天津商会在学生们爱国激情的影响推动下，决定从6月10日起发动罢市，天津的工人们随之宣布于同日举行罢工。天津的经济直接影响着北京政权的稳定，罢市罢工给北京政府施加了巨大的压力。"各绸缎洋布庄等，其罢市景象尤觉可敬，诚不愧为头等商号。""宫北之各家银号，均为本埠巨商，其一日出入即可获巨额之利息，今亦毅然决然全体罢市，虽为重大牺牲，亦所不惜，其爱国救亡之观念似又加人一等矣。"③眼见天津城里的所有公用事业都要停止，金融业也发生动荡，北京政府不得不于9日、10日连夜召开会议，

---

① 《益世报》1919年6月6日。

② 《益世报》1919年6月8日。

③ 《益世报》1919年6月11日。

12 日正式下令罢免曹汝霖、章宗祥、陆宗舆三人。①

学生们的行为还感动了在华外国人，使他们认识到中国民众尤其是年轻人强烈的爱国心和社会责任感。例如，美国实用主义哲学家杜威（John Dewey）当时恰在北京访问，他在 6 月 20 日寄给女儿的信中评价道："想想我们国内 14 岁以上的孩子，有谁思考国家的命运？而中国学生负起一个清除式的政治改革运动的领导责任，并且使得商人和各界人士感到惭愧而加入他们的运动。这实在是一个了不起的国家。"②

抵制日货运动与拒绝和约签字

抵制日货是由学生与商会及工人联合开展的运动，是工人阶级和民族资产阶级参加时间最长、次数最多的反帝爱国运动。天津距离日本很近，日本人在天津的势力很大，商民很多，双方经贸往来密切，还驻扎有大批军队。在当时国人的认知中，认为日本第一要靠中国的大米，第二要靠中国的市场，如果中国人不买他们的东西，日本就会变穷甚至衰落。因此，学生与商会达成共识，"抵制日货，诚为自救第一要著"③。抵制日货是当时国人用来对日本表示抗议的唯一办法，是所谓"弱者的武器"④。

6 月中旬，北京政府无视全国人民的反对，悍然决定在《巴黎和约》上签字。天津人民随即展开了更大规模的斗争。6 月 18 日天津各界救国联合会成立，这是一个包括 170 余个教育、经济、社会和宗教团体在内的力量更加强大的社会团体组织。6 月 20 日起，天津学联、天津织布工人联合会、天津电车工人联合会、天津总商会相继组织了罢课、罢工和罢市活动。6 月 24 日，北京政府通电各省，要求地方政府镇压群众运动。⑤天津各界联合会和天津学生联合会立即决定发动更大规模的抗议活动，通过抵制日

---

① （美）周策纵著，陈永明等译，《五四运动史》，世界图书出版公司，2014 年，第 105 页。
② 转引自（美）周策纵著，陈永明等译，《五四运动史》，世界图书出版公司，2014 年，第 105 页。
③ 胡光明等主编，《天津商会档案汇编》（1912—1928）第 4 册，天津人民出版社，1992 年，第 4748 页。
④ 张鸣，《北洋裂变：军阀与五四》，广西师范大学出版社，2010 年，第 148—149 页。
⑤ 《北京政府国务院通电各省训令签字的电文》（1919 年 6 月 24）。熊志勇、苏浩、陈涛编，《中国近现代外交史资料选辑》，世界知识出版社，2011 年，第 232—233 页。

货方式对日本进行经济制裁。他们共同组织了抵制日货委员会，到市内各处检查日货，各行业的商人积极予以配合。例如，绸缎、棉纱、洋布同业公布拟定抵制日货简章 12 条，表示"自议定之日起，同业各号对于日行货物现买批定，概行停止"[①]；五金铁行同业表示"同是国民，应发天良，各尽个人之天职，虽忍痛须臾，牺牲营业上之利益，在所不惜，俾免贻害于子孙，永为他人之奴隶"[②]；茶商、海货商、糖杂物商、洋纸商、灰煤商、木商、水火保险业、颜料等商行，也都拟定简章、坚决抵制日货。对于个别继续订购日货图谋厚利的商号，总商会提出并经各界联合会讨论通过，处罚其 3 万元。[③] 抵制日货最坚定的一直都是学生。很多学生从一开始就把自己和家里人所有的日货统统烧毁。甚至小学生也将自己的日本生产的文具盒、书包、纸笔、橡皮、墨水等都捣毁并付之一炬。学生们还组织起来，到各条街上的店铺和仓库里，通过验看商标、包装、品种等等项目，进行认真检查标注，防止商人再售新货。[④]

由于学生的严格监督，经营各种日货的商人损失严重。在抵制日货活动后期，商会因担心商人利益受损而对抵制的态度逐渐由主动变为被动。与商会相反，天津的民族工业者则对抵制日货、提倡国货大力支持。第一次世界大战中，日本产业在没有竞争的条件下突飞猛进，中国市场成为日货倾销地，严重阻碍了中国民族工业的发展。当时的国货很难同物美价廉的日本货尤其是日用品竞争，因此抵制日货、提倡国货的运动，给国货生产带来了一个机遇。在天津，北洋第一商业纺织有限公司在此期间成立，另有 20 余家商号联合开办纺纱厂。[⑤] 这场运动使天津乃至全国的民族工业得到发展，而对日本对华贸易则造成沉重打击。据日本方面统计，自运动发生以来，1919 年 5 月出口中国的商品较之平时减少 30%，运动持续的一年里，日本对华贸易输出总量减少 40%。[⑥]

---

① 胡光明等主编，《天津商会档案汇编》（1912—1928）第 4 册，天津人民出版社，1992 年，第 4747 页。

② 《益世报》1919 年 7 月 24 日。

③ 宋美云，《近代天津商会》，天津社会科学院出版社，2001 年，第 346—347 页。

④ 《五四运动在天津》，天津人民出版社，1979 年，第 69—71 页。

⑤ 《五四运动在天津》，天津人民出版社，1979 年，第 273、274 页。

⑥ 张鸣，《北洋裂变：军阀与五四》，广西师范大学出版社，2010 年，第 159、160 页。

1919 年 10 月 10 日，天津市各界人民数万人在南开大学操场举行盛大的"双十节"庆祝大会，痛斥北洋政府镇压爱国运动的罪行。会后群众举行游行示威，反动军警进行镇压，学生英勇反抗，在搏斗中，多人受伤。学生们决定到警察厅找厅长杨以德抗议，杨以德拒不接见，于是学生们包围了警察厅，直到第二天凌晨才返回学校　照片由刘悦提供

　　在民众团结一心争取民族权益的斗争下，"五四运动"取得了胜利。由于国内民众的坚决抵制，北京政府亦不敢公然违背民意。6 月 24 日以后，外交部竟然电告中国代表团，签字一事由其"自行决定"。[①] 在国内舆论的巨大压力下，6 月 28 日巴黎和会《凡尔赛和约》签字当日，中国代表团最终发表声明和宣言，拒绝在和约上签字。[②] 这一决定大大出乎美、英、法、日等国的意料，将协约国内部的裂痕暴露于世，陷于他们所谓的"窘境"。中国此举，也使日本处于尴尬境地，没有中国的签字同意，它在对德和约中所获权利就不能合法继承。中国人民的坚定立场赢得了广大支持公平正义的世界人民的支持，也在协约国内部产生深远影响，动摇了第一次世界大战后列强建立起的国际"新秩序"基础，为第二次世界大战的爆发埋下

① 《顾维钧回忆录》第 1 分册，中华书局，1983 年，第 206 页。
② 《中国代表团拒签〈凡尔赛和约〉的声明和宣言》（1919 年 6 月 28）。熊志勇、苏浩、陈涛编，《中国近现代外交史资料选辑》，世界知识出版社，2011 年，第 233—234 页。

了伏笔，成为当时极为引人注目的"国际性事件"。①

在"五四运动"中，一大批后来成为中国革命骨干的新青年，以"天下兴亡，匹夫有责"的使命感积极投身运动。周恩来、张太雷、邓颖超等，都曾在天津求学时积极参加"五四运动"。运动爆发后，21岁的周恩来创办"觉悟社"，并负责主编《天津学生联合会报》，揭露时政黑暗，唤醒民众觉悟，传播马克思主义思想，总共出版100多期。作为学生领袖之一，他还带头与警察厅长交涉。同为21岁的张太雷，积极参加街头演讲，在学生联合会里被选为该会讲演委员会筹备委员。年仅15岁的邓颖超参与组织"女界爱国同志会"，在成立会上发表了激动人心的演说并被推举为评议委员、讲演队长。他们经过斗争洗礼，得到了锻炼，进一步接受了马克思主义。在运动中他们还认识到，没有组织的运动是不可能成功的，"一个群众运动没有有主义的政党领袖，他既不能走入正轨，亦更不能继续发展"，而"中国资产阶级因为太幼稚与软弱，没有维持这运动的力量"，因此"有革命觉悟及了解世界革命意义的青年，要纠正'五四运动'所犯错误，逐渐集合在革命党的旗子之下，在劳动阶级中间尽宣传与组织之力，以求中国民族革命的胜利，且更进而求世界革命的成功"②。此后，他们投身到建立中国共产党、与工农相结合、领导中国新民主主义革命取得胜利的伟大斗争实践中去。从这个意义来说，"五四运动"实开中国革命之新纪元。

---

① 《顾维钧回忆录》第1分册，中华书局，1983年，第212页。
② 《五四运动的意义与价值》，《张太雷文集》，人民出版社，2013年，第198页。

第 七 章

国际战争与城市的沦陷

第七章　　国际战争与城市的沦陷

——— 中日甲午战争中的天津 ———

"战争是作战双方力量消长的指示器，它有助于确定国家的特征。"[①]日本通过甲午战争一役，打败清朝，一跃成为东亚强国；而中国则完全显示了其武力乃至国力的衰弱，国际地位一落千丈，进一步引起了西方列强瓜分中国的狂潮。

大沽船坞、北洋海军与中国的海防建设

在东亚地区，至少自明朝以来就已奠定了以中国为中心和顶点的国际秩序，并通过朝贡体系发挥着相应的作用。这种国际秩序在明朝灭亡后被清朝所继承。但日本是个例外。因为僻居海外，日本列岛大部分地区自统一之后，一直没有与明清两朝建立正式外交关系，并且奉行"锁国"政策，直至1853年"黑船来航"[②]，被迫向西方列强打开国门。从那以后，他们不仅开始睁眼看世界，而且更进一步通过"明治维新"，确立了"脱亚入欧""开拓万里波涛，布国威于四方"的"国策"。其计划第一步就是征服朝鲜，然后占领中国东北，进而独占中国扩充实力，获取争霸世界的各种资源。为此，日本发动甲午战争是蓄谋已久的必然步骤。

海防建设一般包括陆上防御设施和海军建设两大部分。晚清的海防，

---

① 　（法）布罗代尔著，顾良、施康强译，《15至18世纪的物质文明、经济和资本主义》第三卷，生活·读书·新知三联书店，2002年，第45页。

② 　1853年，美国海军准将马休·佩里（Matthew Calbraith Perry）率舰队驶入江户湾浦贺海面，佩里带着美国总统的国书向江户幕府致意，最后双方于次年签订了不平等条约《神奈川条约》（日本通称为《日美和亲条约》）。此事件一般被视作日本幕末时代的开端。

大体上是根据1860年南北洋通商大臣的设置而划分。南洋包括广东、福建、浙江、江南（江苏）四省，北洋包括山东、直隶（河北）、奉天（辽宁）三省。起初，南北洋的防务大多由各地的督抚负责，南北洋大臣只负责通商与洋务等。1874年日本借"牡丹社事件"[①]侵略台湾。虽然清政府并没有真正将崛起不久的日本放在眼里，不过洋务派还是借此掀起了海防建设的大讨论。此后，清政府将南北洋的海防明令交给两江总督兼南洋大臣沈葆桢与直隶总督兼北洋大臣李鸿章二人督办。[②]而北洋可称为京师门户，以大沽、天津为枢纽。作为拱卫京畿的战略要地，大沽口的战略位置极为重要。为了建设海防，李鸿章于1874年开始以天津大沽口为基地，创建北洋海军，同时修筑大沽船坞。

　　1874年之后，通过中国海关设在伦敦的办事处，李鸿章先后向英国阿姆斯特朗公司（Armstrong Co.）订购蚊子船（即炮艇）和快碰船（即撞击巡洋舰）达十余艘，耗资近200万两。[③]1880年之后，李鸿章又通过驻德公使李凤苞和使馆二等参赞徐建寅二人在德国什切青的伏尔铿船厂（Vulcan Co.）订购了三艘铁甲舰。这几艘铁甲舰成为北洋水师的主力战舰，即"定远号""镇远号"和"济远号"。从1876年至1880年，从英国、德国订购的炮艇相继驶回大沽口，北洋水师初具规模，拥有各类舰船25艘。为了使日益庞大的北洋海军的舰船能够就近维修，1880年，李鸿章奏请光绪皇帝批准，于大沽海口选购民地110亩，建起一座船坞，命名为"北洋水师大沽船坞"，也称海神庙船坞。这是中国北方最早的船舶修建厂和重要的军火基地。

　　大沽船坞甲坞位于大沽口海神庙的东北，长320尺，宽92尺、深20尺。自

大沽船坞　照片由刘悦提供

---

① 1874年，日本舰队以琉球船民事件为由，入侵台湾。沈葆桢带舰入台交涉退兵，形成中日双方的第一次正面冲突。

② 张侠、杨志本、罗澍伟等编，《清末海军史料》，海洋出版社，1982年，第12—13页。

③ 1874年9月4日赫德致金登干第95号函件注②。陈霞飞，《中国海关密档——赫德、金登干函电汇编（1874—1907）》第一卷，中华书局，1990年，第141页。

1880 年 5 月起兴建，用了大约 6 个月的时间大致建造起轮机厂房、马力房、抽水房、码头、起重架、绘图楼、办公房、库房、木厂、模具厂、铸铁厂、熟铁厂、熟铜厂、锅炉厂等，其中床机 20 余台、马力机、扇水机、锅炉等皆由外国购买。全厂工人 600 余名，工匠 300 余名，皆由福建、广东、宁波等早期沿海开放港口征调而来。以后，又逐年修建了乙、丙、丁、己等坞，以备舰艇修理避冻之用。直至 1886 年，全部工程告竣。①

竣工后的大沽船坞已成为具有相当规模的近代船舶修造工厂，"能在同一时间装配和修理六艘船舶"。不仅可以修船而且可以自己造船，1882 年至 1900 年间，大沽船坞共造杆雷艇、挖泥船等 18 艘，造河驳船 145 艘，修理大小船舶 70 余艘。从 1884 年起，大沽船坞还承修海防工程。如修理大沽海口各营雷电炮械及电灯，承造炮台炮洞、铁门等。1886 年，中国海军第一艘潜水艇在这里研制成功。1890 年以后，船坞除了继续修、造舰船外，还开始生产军火。1891 年仿造德国 1 磅后膛炮 90 余尊，1892 年在船坞院内设修炮厂兼造水雷，大沽口水域布置的水雷大部分由该厂制造。从此，大沽船坞建成一个集合了修船、造船、生产枪炮军火的综合军事基地。②

在近代海防设施建设中，构筑海岸炮台至关重要。自 1870 年李鸿章出任直隶总督兼北洋大臣后，就立即对大沽原有炮台进行了整修和扩建，新建了三座炮台。日本侵台之后，又于 1879 年 3 月入侵琉球，将其变为冲绳县。面对日本不断升级的侵略行动，李鸿章下令修建旅顺和威海卫基地，历时 8 年终于建构成大沽、旅顺、威海的三角防御体系。

海军建设，除了需有舰艇，更要训练出一支海军队伍。北洋水师购买船舰的同时，在英国招募了一批外籍教官和炮手，然后由他们驾驶所购船舰来到中国，在水师提督丁汝昌麾下负责驾驶船舰并训练中国水师。1880 年李鸿章将烟台的艇船及已由德国教官训练多年的水勇调来天津，划归到北洋海军序列之中。第二年，李鸿章派丁汝昌率领拨自山东的两百多名中国水师官兵，先期乘坐兵船或雇用商船前往英国，到船厂和炮厂观摩学习，"以扩眼界而增学识"，随后由这些中国水师官兵自行驾驶所购船舰回中国。于是，高高悬挂清朝龙旗的中国舰队首次航行在大西洋，一路经由大西洋、

---

① 张侠、杨志本、罗澍伟等编，《清末海军史料》，海洋出版社，1982 年，第 156—160 页。
② 张侠、杨志本、罗澍伟等编，《清末海军史料》，海洋出版社，1982 年，第 156—160 页。

地中海、埃及、苏伊士运河、新加坡等地，再经香港、上海，最后抵达大沽。此次航行令创立不久的清朝海军扬威海外，"阅历数万里，风涛形势，教练熟悉，保护平稳，卓著勋劳，实为中国前此未有之事，足以张国体，而壮军声。" 欧洲诸国也由此"知道中国亦有水师群起，而尊敬之"[①]。

不过，令人痛心的是，虽然投资巨大，但是清朝军队中固有的弊端在这支现代化海军中仍然存在。清军内部派系林立，尔虞我诈互相猜忌互相排斥，同乡之谊远重于建制上应有的团结一致。北洋舰队中，任人唯亲，拉帮结派。每艘战舰上的管带（即舰长）都对自己的战舰拥有一定的管理权和招募军官的权力，他们总是从自己的乡亲中挑选军官，而不是看重他们所掌握的海军知识和实际作战指挥能力。而且，北洋海军高官带头腐败，将领之间争权夺利，也严重削弱了战斗力。所以这支海军虽有先进的武器舰船，却没有组织训练有素的作战指挥队伍，再加上缺少经费拨款无法购买新舰与炮弹，导致这支重金打造的现代化军队在甲午战争中全军覆没。

世界史上第一次铁甲战舰海战

甲午战争中，日本是举国之力，而中国方面则只有李鸿章的北洋系参与。因此天津成为中日甲午战争的中方大本营，不仅战前的外交调停、战争中的军事调动命令乃至战后的求和，几乎一切行动的指令都从位于天津的直隶总督府发出。

中日甲午之战起因于朝鲜问题。日本对朝鲜觊觎已久，从 1875 年到 1885 年的 10 年间，不断在朝鲜制造事端，逼迫朝鲜签订多个不平等条约，以使朝鲜沦为日本殖民地。朝鲜不得已向中国求援，李鸿章即派在小站驻扎屯田的淮军赴朝，驻军汉城。此后，中日两国代表李鸿章、伊藤博文于 1885 年在天津签订《中日天津条约》，约定如果将来朝鲜有事，中日两国如要派兵，应先知会对方。1894 年，朝鲜爆发东学党起义，朝鲜政府再次向北京乞援，李鸿章即派提督叶志超率数营北洋兵驰赴朝鲜。日本以保护商民为由乘机也派兵到朝鲜，蓄意挑起战争。李鸿章发觉事态不妙，

---

① 《李鸿章全集（奏稿）》，时代文艺出版社，1998 年，第 1660—1662 页。

急调总兵卫汝贵、提督马玉崑率军火速由大东沟登陆，进驻平壤；另调北洋陆军十余营分批渡海驰援朝鲜。

李鸿章虽然调兵遣将奔赴朝鲜，却并没有下定作战的决心，也无战胜的信心。多年来，李鸿章致力于北洋海防的建设，但随着北洋舰队的日益壮大，虽然引起皇帝的重视以及随之产生许多权利双收的职位，但也引发了其他当权者的嫉妒。大敌当前，清朝的大臣之间矛盾不断"升级"。政敌翁同龢对李鸿章多加掣肘，百般阻挠拨付海军军费。而海军是高消耗兵种，在一定意义上说，海战打的就是钱，必须有强大的财政支持。加上海防建设过程中，迭逢光绪皇帝大婚和慈禧太后的六十大寿庆典，所费何止几千万两。所以，筹集资金是最令李鸿章头疼的事。北洋水师初建时，舰队实力优于日本海军。然而明治维新后的日本倾其国力发展海军，短短十年时间后来居上。到甲午战前，不仅日舰数量超过北洋舰队，且多是铁甲快船，速度达到每小时 23 海里，而北洋舰队最高速度只有 18 海里。北洋舰队不仅数量、速度不如日舰，各种口径的火炮有的竟没有炮弹，难以应对即将到来的恶战。李鸿章无力挽回北洋海军军力不断下降的局面，因此从朝鲜发生事端之后，他的基本态度就是消极避战，一味仰赖列强调停，通过在天津的各国领事馆，请求英国、俄国、德国、法国和美国出面进行调停。而列强又怎会为了所谓公理和正义介入到中日之间的纷争呢？！不过，预期有可能发生大规模海战，而这将是铁甲舰面世以来的第一次作战，列强都纷纷派出军舰到战场附近水域观战。

1894 年 7 月 23 日上午 9 点 50 分，赴朝清军搭乘向怡和洋行租来的英籍"高升号"运输船，从大沽口出发去朝鲜。船上悬挂英国旗，载有 1200 余名清军、12 门火炮以及枪支弹药等，并由北洋舰队的"济远""广乙"二舰护航。[1] 这个情报立即被长期潜伏、无孔不入的日本间谍探听清楚，并由日本驻津领事馆发出电报。7 月 23 日当天，日本联合舰队就接到大本营的密令，如在牙山附近遇有清国军舰，可进行攻击。25 日晨 8 点左右，日本海军派出三艘巡洋舰，预先埋伏在北洋舰队必经之路的朝鲜牙山湾入口处丰岛海域。双方遭遇之后，日方率先开火。激战约一小时，"广乙"

---

① 汉纳根的誓词，"美国外交关系"，1894 年，附录一，第 45 页；高惠悌大佐和田浃林 8 月 17 日的抗议照会，《北华捷报》，1894 年 8 月 24 日。转引自马士《中华帝国对外关系史》第三卷，上海世纪出版集团，2006 年，第 27 页，注释 1。

旗舰定远号

镇远号

以上照片由刘悦提供

舰负伤败走，后搁浅焚毁。"济远"舰以小击大、以一敌三，遭重创，败退的过程中，将追击的日舰"吉野"击伤。日舰"浪速"号遇到"高升号"，将其逼停，船上清军官兵宁死不降。"浪速"舰长东乡平八郎悍然下令将"高升"击沉，清军除200余人获救生还外，余皆殉难。

这一日，日军不仅在海上袭击了"高升号"，还出动4000多人的陆军准备在牙山偷袭清军陆军。29日，日本陆军与聂士成率领的千余清军发生激战。聂士成部拼死作战，终因兵力相差悬殊，后援不力告败。1894年8月1日，中日两国政府宣战，甲午战争开始。

中日宣战后，两国军队在平壤对峙。由于陆军实力上敌强我弱，9月13日，李鸿章派招商局"新裕""图南""镇东""利运""海定"五艘轮船，载运总兵刘盛休率领的铭军八营兵力自大沽口出发赴大东沟登陆，以援助驻朝清军。鉴于"高升号"惨案，李鸿章命北洋舰队的"定远""震远""致远""靖远""经远""来远""济远""广甲""超勇""扬威"十艘战舰随行护航，这几乎是北洋舰队的全部主力舰艇。9月17日，十艘战舰抵达目的地，停泊于距陆地12海里之外，陆军及武器装备连夜登岸。早在三天前的9月14日，日军特务机关即已探得消息，决定派出12艘日舰在鸭绿江的出海口——大东沟海域袭击北洋舰队。9月18日上午9时，提督丁汝昌下令，午饭后完成运兵任务的舰队返航驶回旅顺港。10点左右，北洋舰队发现远方天际的一缕黑烟。

12点50分左右，激战开始。丁汝昌排出以"定远"担任旗舰的10艘北洋舰队主力舰组成的人字形战斗队形。双方舰队相距约5000多米时，旗舰"定远"率先发炮，然后各舰相继发炮。稍后日舰还击。战斗从中午开始，震耳欲聋的炮声、横飞的弹片、滚滚浓烟烈火交织出一幅激战的场面。海战持续到下午，北洋舰队已有"超勇"和"扬威"两艘舰艇沉没，而日舰"扶桑"号的大炮集中火力攻击"定远"舰的前部，多亏"致远"舰奋不顾身、牺牲自己，保护了"定远"舰没有遭受致命打击。此时，战斗出现了转折——日方旗舰"松岛号"被击中爆炸，"比睿""赤诚"等多艘日舰也被击伤；而日舰队长时间围攻北洋舰队的两艘主力舰"定远"和"镇远"，却久攻不下。终于，由于担心夜幕降临后遭到北洋舰队鱼雷艇的攻击，日本舰队主动撤出了战斗，双方基本战平。北洋舰队共损失超勇、扬威、致远、经远、广甲五舰，死伤兵员千余人。日本联合舰队官兵死伤六百余人，舰队五艘军舰受重伤，但未沉一艘。

　　这次海战持续了5个多小时，北洋舰队官兵奋勇作战。战斗中，北洋水兵精神饱满、斗志昂扬，意欲为"高升号"死难的士兵们报仇雪恨。他们毫不畏惧，"一兵负重伤，同侣嘱其入内休养，及予重至此炮座，见彼虽已残废，仍裹创工作如常"。作为主帅的丁汝昌，重伤后拒绝入舱内休息，虽不能站立，却仍然坐在甲板上微笑着鼓励士兵。[1] 李鸿章在《大东沟战状折》中总结黄海海战时说："我将士效死用命，愈战愈奋，始终不懈，实属勇敢可嘉。"[2] 但是此战之后，李鸿章却再也不敢让海军出战，丁汝昌率领舰队退入威海卫军港，黄海制海权落入日本海军手中。1895 年 1 月，日军登陆荣成湾，像登陆辽东半岛花园口一样如入无人之境，轻而易举地占领了威海卫炮台，然后用炮台堡垒上的重炮轰击被包围在威海港内的北洋舰队。这支中国近代装备最好的海军覆灭了。

马关议和及日租界的开辟

　　甲午之战爆发前，清政府内部意见不统一，和战不定。一方面，中国对崛起的日本缺乏一定程度的重视，另一方面寄希望于俄国干涉和英国牵制，因此根本没有做好军事上的必要准备。随着朝鲜战场上的失败，战火

---

[1]　（英）泰莱著，张荫麟译，《泰莱甲午中日海战见闻记》。中国史学会编，《中日战争》第六册，新知识出版社，1956 年，第 51 页。

[2]　中国史学会编，《中日战争》第六册，新知识出版社，1956 年，第 50 页。

天津原日租界　照片由刘悦提供

一路烧过鸭绿江到了中国东北。旅顺失守后，日军更是向北京进犯而来。清政府急于请列强调停议和。1894 年 11 月 3 日，总理衙门正式召见英、法、德、俄、美等国驻京使节，吁请他们努力争取和平。

　　清政府软弱的态度令列强不齿。战争中，各国政府都在观望中国是否能够战斗到底，因为只有血战到底，才能博得一向以实力为唯一衡量标准的列强的尊重。中国妥协避战并公开向各国呼吁请求干涉的举动，令外国政府以及在华外国人极为鄙视。德国政府明确告诉向其请求调停的中国驻柏林公使说，"如中国坚决作战到底，则长期战争的危害可能诱使有约各国更有力地为中国而行动，但中国自己却住手不打，它能指望英国或德国代它作战吗？"[1] 然而，清政府却从未认真地想要战斗到底。于是，"全世界又一次目睹了一个庞大的、支离破碎的、有着丰富的资源但是没有很好地开发的帝国，败给一个小得多的、但是更加军事化、组织得更好、领导得更好并且更加团结的强国"。[2]

---

[1]　中国近代经济史资料丛刊编辑委员会，《中国海关与中日战争》，中华书局，1983 年，第 75 页。

[2]　（英）魏尔特著，陆琢成等译，《赫德与中国海关》，厦门大学出版社，1993 年，第 283 页。

原日租界武德殿今景　航鹰摄于 2002 年

　　日本通过美国向中国示意，中国应首先提出讲和并派员赴日本商议条件。然而清政府官员此时没有人愿意赴日，因为议和是一件极其艰难的事，总理衙门尤其害怕在日本议和容易受其胁迫。[①] 李鸿章与总理衙门的大臣们商议，决定派一位为清政府服务的外国洋员赴日求和并了解日方和谈的条件。李鸿章举荐了自己的洋务顾问、津海关税务司德国人德璀琳担当此任，并由德璀琳的私人秘书英国人泰勒（B. Taylar）与伦敦《泰晤士报》驻华通讯员及天津《时报》的编辑密嘉（A. Michie）随行。德璀琳作为一名德国人，与同样属于外籍的助手赴日，即暗示日本人德国及其他强国都准备对中日战争进行干涉。而列强的干涉，是此次战争中日方所极力避免而清政府所寄予希望的。不过，清政府派德璀琳赴日议和，却没有给予他进行正式谈判的外交授权。李鸿章与总理衙门认为，"目下彼方志得气盈，若遽由我特派大员往商，转虑为彼轻视"[②]，而派一个受雇于中国的外国人却不是正式的清政府官员赴日乞和，可以保存一些清政府的面子。

　　于是，1894 年 11 月 22 日，德璀琳以李鸿章特使的名义，一行三人乘德国商船从大沽出发前往日本。他们于四日后抵达神户，并立即拜访了当地知事，要求面见伊藤博文呈递李鸿章信函。由于担心清政府任命外国人为全权代表有可能给列强间接干涉的机会，日本首相和外相考虑再三，以

---

① 赫德致金登干第 2279、2363 号函件。陈霞飞编，《中国海关密档——赫德、金登干函电汇编（1874—1907）》第六卷，中华书局，1994 年，第 87、244 页。

② 《李鸿章全集（奏稿）》，时代文艺出版社，1998 年，第 4993—4994 页。

德璀琳没有正式的委任为由拒绝接见他。① 之后，指名要恭亲王奕䜣或李鸿章到日本议和。1895 年 3 月 14 日，李鸿章迫不得已启程赴日，3 月 20 日在马关开始谈判，4 月 17 日最终签订了丧权辱国的《马关条约》。

对于东方人来说，面子很重要。德璀琳之所以被清政府选择充当赴日求和的代表，是由于清政府方面不想失去面子；而日本通过美国向中国提出必须由中国首先提出讲和，所争的也是面子。日本坚持让李鸿章赴日进行和谈，就达到了羞辱中国的目的。② 作为曾经被中国人轻蔑地呼为"倭人""倭寇"的日本，一旦把曾经当作偶像来仰视和学习的中国打败，这种胜利当然令其志得意满、兴奋难掩。日本人不但要在战场上打败中国，还要中国人到日本来乞求和平，借此在全世界面前羞辱中国、令其彻底折服。从中国战败和签订《马关条约》后国内的群情激愤来看，中国人所恼怒和痛心的也正是被日本这样一个自己素来瞧不起的小国所打败，而以前的两次鸦片战争和中法战争的失败都不能使国人如此痛心疾首。所以，关键还是一个面子问题。当然，对日本人来说，不仅争得了面子，还获得台湾及其附属岛屿一大片土地、2 亿两白银军费补偿以及得以在增开的通商口岸开设工厂等许多实惠。

原日租界大和公园内的天津神社。这些建筑今已不存，旧址位于今和平区鞍山道八一礼堂及其周边的位置　照片由刘悦提供

1896 年，清政府与日本签订《中日通商行船条约》。1898 年，在此条约基础上又签订了《天津日本租界协议书及附属议定书》，就此奠定天津日租界雏形。日租界有着严谨的规划，至今道路肌理基本保存。租界内建有神社与大和公园，是作为日本居留民精神依托的特殊存在。据《天津日本居留民团资料·民团事务报告》记载，大和公园由首任天津总领事伊集院彦吉命名，其内设有公会堂、租界局、图书馆，还有以首任领

① "美国外交文件"，1894 年，附录一，第 83 页。转引自（英）菲利浦·约瑟夫著，胡滨译，《列强对华外交：1894—1900》，商务印书馆，1959 年，第 55 页。

② （英）菲利浦·约瑟夫著，胡滨译，《列强对华外交：1894—1900》，商务印书馆，1959 年，第 57—58 页。

事命名的音乐堂等设施。每逢日本节日，也在此张灯结彩、大肆庆祝，平常则对外开放，多有居留民在此休闲娱乐。近代日本在华开辟的五个租界中，天津日租界是"发展最快、经营最好"的租界。由于天津作为华北地区重要交通枢纽的地位，日本人利用在租界开办的商店、旅馆、饭店从事秘密特务活动，为后来的日俄战争、九一八事变直至七七事变，搜集了大量的情报，使日租界成为日本侵略华北的前沿阵地。所以，天津日租界既是日本侵华的产物，又是近代日本侵华的物证和象征。[①]

八国联军与都统衙门

义和团运动期间的天津之战，从1900年6月14日开始到7月14日结束，历时一个月。中经大沽炮台之战、老龙头火车站争夺战、紫竹林租界攻坚战和八里台保卫战，天津最后于7月14日经过惨烈战斗被八国联军攻陷。联军占领天津后，组织了一个占领军临时政府，中文名为都统衙门，自此天津经历了两年时间的殖民统治。

日本人画的联军攻打天津机器局　照片由刘悦提供

一个城市与八个国家

1900年4月，英、美、德、法、意五国使团联合发出照会，限令清政府在"两月以内，悉数将义和团匪一律剿除，否则将派水陆各军驰入山东、直隶两省，代为剿平"[②]。彼时，天津一带义和团运动越来越高涨，外县及天津城郊有不少外国传教士纷纷逃往天津紫竹林租界以求庇护。5月19日，驻北京的法国主教樊国梁写信给法国公使，说义和团"主要的目的是

---

① 万鲁建，《近代天津日本租界研究》，天津社会科学院出版社，2022年，第527—534页。

② （美）马士著，张汇文等译，《中华帝国对外关系史》第三卷，上海书店出版社，2000年，第208页。来新夏，《天津近代史》，南开大学出版社，1987年，第154页。

要消灭外国人"，当下的处境已和 1870 年天津惨案前夕相似，要求派遣海军卫队来华。①6 月 4 日，英、法、美、日、俄、德、意、奥公使向本国政府电告，要求八国政府派遣军队"采取联合行动救援我们"②，这就是八国联军侵华的由来。

5 月 28 日开始，京津之间的火车运输和电报通信不断遭到义和团破坏。6 月 10 日，英国海军中国舰队司令西摩尔中将接到发自北京的最后一封求救电报后，率领从各国海军舰上人员组织起的一支 2000 多人的八国联军远征队，搭乘火车前往北京。③京津铁路沿线各村庄的义和团团民迅速做出反应，为阻止西摩尔远征队，他们拆毁铁路、桥梁，使敌人不得不边修铁路边前进，行动极为缓慢。11 日，联军火车勉强开到廊坊附近，修路时遭到手持大刀、长矛和木棍的义和团攻击，不得不退回廊坊车站。尽管义和团的武器简陋，但面对装配了来复枪的侵略军的射击，他们还是勇猛冲锋，"他们在训练上所缺少的东西，却由他们的勇猛来补足了。他们在优势的敌人面前表现出的勇敢，不断地使我们信服：中国人并不像我迄今为止所认为的那样，他们很少怯懦，而更多的却是爱国心和信念。"④在董福祥的甘军、直隶提督聂士成所部清军与义和团的连日阻击下，西摩尔远征队被围困在廊坊不能前进一步。由此也创造了近代世界战争史上乘火车进军速度的"奇迹"，三天仅仅前进了 50 多公里。在中国军民的联合打击之下，西摩尔远征队弹尽粮绝、进退两难，完全与天津失去了联系。当时的外国人揶揄说，西摩尔远征队与北京的使团、京津两地的侨民、传教士一样，成为需要八国联军后续部队解救和保护的人。⑤后来他们于 6 月 26 日被救援部队救回天津。

6 月 16 日，为了使更多的军队得以顺利登陆，各国舰队司令决定夺取

① （俄）德米特里·扬契维茨基著，许崇信等译，《八国联军目击记》，福建人民出版社，1983 年，第 51—52 页。

② （美）马士著，张汇文等译，《中华帝国对外关系史》第三卷，上海书店出版社，2000 年，第 218 页。

③ （美）马士著，张汇文等译，《中华帝国对外关系史》第三卷，上海书店出版社，2000 年，第 224 页。

④ （英）壁阁衔，《在华一年记》。天津社会科学院历史研究所编，《八国联军在天津》，齐鲁书社，1980 年，第 232 页。

⑤ （美）马士著，张汇文等译，《中华帝国对外关系史》第三卷，上海书店出版社，2000 年，第 227 页。

八国联军在塘沽登陆

八国联军中的德军在海河边码头上集结　摄于 1900 年

以上照片由刘悦提供

2000 年天津市政府在聂士成为国捐躯
100 周年之际主持修建铜像和纪念碑，铜
像高 4.18 米 张畅摄于 2021 年

聂士成（1836—1900），淮军著名将领。
中法之战中增援台湾，防守台北，力保不失。
中日甲午之战中率领部队参加鸭绿江防御
战，打退日军进攻。后又取得摩天岭大捷，
为甲午战场上少有的胜利。八国联军侵华战
争中，率部打败西摩尔远征队，史称"廊坊
大捷"。1900 年 7 月 8 日在进攻租界的战
斗中，与联军鏖战一昼夜，殉难于八里台

大沽炮台，并向守卫炮台的天津镇总兵罗荣光发出最后通牒。遭到拒绝后，
战斗于 6 月 17 日凌晨打响。激战 6 个多小时，清军官兵打死打伤敌军 130
多人，击伤敌舰 6 艘，最终因敌我力量悬殊、腹背受敌，大沽炮台陷于敌手，
守将罗荣光自刎殉国。[1] 列强军队占领大沽炮台后，分兵攻占塘沽、北塘、
新河等村镇，屠杀数万平民，很多村庄被烧光杀光，从塘沽到天津城沿路
村庄变成废墟，整个白河左（西）岸变成一片荒野（包括今海河教育园
区）。[2] 大沽炮台的失陷等于八国联军的不宣而战，清政府被迫于 6 月 21
日发布"宣战"上谕，要求清军与义和团一起抵抗外侮，并将宣战书通知
各国驻华使馆。

在此之前，天津市内的战斗已经打响。5 月底，沙俄侵略军攻占了老
龙头火车站（今天津站）。老龙头火车站是京津重要的交通枢纽，也是列
强沿津塘铁路运兵到津、京的必经之路。而且它隔海河与紫竹林租界相对，
是租界北面的门户，因此义和团、清军与占据此处的沙俄军队展开了多次
激战。6 月 5 日，聂士成率领 2000 名配有火炮的清军发动进攻，试图夺
回被俄军占领的老龙头火车站。在清军激烈的炮火之下，火车站被流弹击

---

① 来新夏，《天津近代史》，南开大学出版社，1987 年，第 163 页。

② （俄）德米特里·扬契维茨基著，许崇信等译，《八国联军目击记》，福建人民出版社，
1983 年，第 160 页。

八国联军中的美国陆军　约摄于 1900—1902 年

八国联军中的日本兵　摄于 1900 年

以上照片由德国"东亚之友"协会提供

义和团攻打天津车站时被毁的火
车车厢　摄于 1900 年。照片收藏
于美国国会图书馆

中烧毁，后来沙俄援军从塘沽赶来，清军
夺回车站的努力失败，但他们打死打伤八
国官兵 114 名。[1]6 月 18 日，义和团领袖曹
福田率义和团数千人，协同部分清军，合
力攻打火车站，双方激战十多个小时，义
和团尽管武器落后，但人人奋勇冲杀，使
联军军队伤亡惨重，仅俄军就死伤 500 多
名[2]。6 月 29 日，义和团与清军再次向火
车站发起进攻，双方在车站展开了拉锯战，
但未能夺回火车站。7 月 1 日至 3 日，义和
团与清军奋战两昼夜之后，短暂占领车站，
但不久被八国联军反扑夺回。7 月 11 日清
晨，一部分义和团团民冲进车站，抢占了
一部分火车车厢，与联军展开肉搏。同时，
清军向车站开炮轰击，战斗持续数小时，

击毙敌军 40 人，击伤 100 余人。[3]一直到 7 月 14 日天津城陷落，老龙头
火车站的战斗始终没有停止。当然，义和团的伤亡也很大，但没有具体统
计数字。

海河东岸老龙头火车站附近还有两处重要的军事设施，一处是天津武
备学堂，另一处是北洋机器局东局。武备学堂是一所培训军官的学校，学
堂内有不少枪炮和弹药，又正位于紫竹林外国租界的河对岸，直接威胁租
界。6 月 17 日大沽炮台被占领后，八国联军中的英国兵和德国兵便组成联
队渡河去攻打武备学堂。学堂的学生在两天前已被疏散，但有 90 名学生

① （俄）德米特里·扬契维茨基著，许崇信等译，《八国联军目击记》，福建人民出版社，
　　1983 年，第 113—118 页。

② 也有俄军随军记者统计伤亡俄军 100 多人。前一数字来自（日）佐原笃介，《八国联军志》，
　　转引自来新夏，《天津近代史》，南开大学出版社，1987 年，第 166 页。后一数字来自（俄）
　　德米特里·扬契维茨基著，许崇信等译，《八国联军目击记》，福建人民出版社，1983 年，
　　第 194 页。

③ 也有说伤亡人数在 80 到 100 人之间。前一数字来自（日）佐原笃介，《八国联军志》，
　　转引自来新夏，《天津近代史》，南开大学出版社，1987 年，第 167 页。后一数字来自（英）
　　雷穆森（O. D. Rasmussen）著，许逸凡等译，《天津租界史（插图本）》，天津人民
　　出版社，2008 年，第 169 页。

按身高排列的八国联军士兵，其国籍从左至右依次为英国、美国、澳大利亚、印度、德国、法国、奥匈、意大利和日本　照片由刘悦提供

留下来，与正规军一起进行了殊死抵抗，最后全部殉国。6 月 27 日，联军计划进攻机器东局。东局是当时华北最大的军火制造厂，规模庞大，占地约 1.5—1.85 平方公里，雇用工人将近 2000 名，制造地雷、炮弹、毛瑟枪子弹和各种火药，有 1000 名清军驻防。为了保卫机器局，聂士成的清军与东郊的义和团也集结了数千人进行防守。八国联军方面主要以 2000 人的沙俄军队为首，300 名德国海军和 600 名英国海军为接应。① 双方激战和对峙了三天，联军未能拿下东局，但随着敌人援兵不断增加，加上俄军大炮轰击导致东局内火药爆炸，清军和义和团被迫撤离。据王恩普回忆："当外国人接近东局子时其他人都撤退了，一个小官没走，大家劝他撤退，他说：'我末了走，我和外国人一块儿走。'等大家撤退完后他独自把火线拉好，并且跑到房顶上待着，等到外国人都来齐了，他把火线一拉，霎时间轰声震天，跟不少外国人同归于尽了。"②

天津市内另一处激战长达一个多月的战场就是外国租界。6 月 2 日，义和团开始首次进攻租界。6 月初，列强调遣本国海军运送军队源源不断地从大沽口登陆，随后乘火车从塘沽到达天津租界。租界内集中了八国军队 2000 余人。各国租界实行联防，由现有联军昼夜巡逻，晚上九点后实行宵禁；各洋行联合组织义勇队（志愿兵），在各主要路口设置工事，配合联军；各国传教士组织界内的中国教民抢修工事，为联军服役；拆除连

---

① （英）雷穆森著，许逸凡等译，《天津租界史（插图本）》，天津人民出版社，2008 年，第 146—147 页。

② 南开大学历史系，《天津义和团调查》，天津古籍出版社，1990 年，第 152 页。

联军占领天津　摄于 1900 年

清军与八国联军激战后的废墟　摄于 1900 年

以上照片由刘悦提供

接租界和车站等处的桥梁，并在租界四周设立岗哨，以防义和团民接近租界。大沽炮台陷落后，清军和义和团开始进攻租界。他们从租界南面和西面进攻，同时还从海河对岸炮轰租界。6月18日，天津老城的守卫清军在南门城墙上架起多门大炮向位于老城外南边的租界轰击，造成很多联军士兵伤亡，很多建筑物被炸毁，尤其是更靠近老城的法租界，几乎成为一片废墟。租界里的妇女儿童纷纷躲进工部局办公大楼戈登堂和利顺德饭店的地下室，后来被送到大沽乘船前往上海。英租界内布置了联军的战地医院，挤满了伤员，截至6月26日即超过300人。[①]7月1日开始，张德成率领的义和团与聂士成的清军联合攻打租界，他们在城内街巷与联军进行巷战和肉搏，虽付出巨大代价，但也令敌人损失惨重。随着敌人后援的到来，双方的战斗以炮击为主。"在天津被围的二十七天中，落下的炮弹要比在波耳战争[②]中累迪斯密斯城被围四个月之久时落下的炮弹多。"[③]由此可见战况之激烈。

天津陷落与第一次世界大战的预演

7月13日清晨5点，八国联军集中了各种火炮几十门，全力进攻天津城，天津战役开始了。一个多小时的炮击后，城外的一座军火库发生爆炸，天空上升起了一朵巨大的蘑菇云。巨大的爆炸使天津城内和租界里的很多房屋都被震毁。上午7点，枪声代替了炮声，由美、英、法、日、奥五国军队5130名步兵组成的南路军，从南面和西南面向老城发起进攻。守城清军也向租界进行了炮击，并居高临下从城墙的枪眼向攻城的联军射击。联军陷入正面纵射的火力之中，死伤惨重。他们被困在南门外的臭水坑里一整天。直到第二天拂晓，日本人炸开了南城门，天津城才最终被联军攻陷。与此同时，4000名俄军和700多名法军、德军组成的东路军，则向

---

① （英）雷穆森著，许逸凡等译，《天津租界史（插图本）》，天津人民出版社，2008年，第145页。

② 指第二次布尔战争。1899年10月11日—1902年5月31日发生于南非的一场英国与德兰士瓦共和国和奥兰治自由邦之间的战争。第二次布尔战争也是象征大英帝国由盛而衰的开始。

③ （英）雷穆森著，许逸凡等译，《天津租界史（插图本）》，天津人民出版社，2008年，第192页。

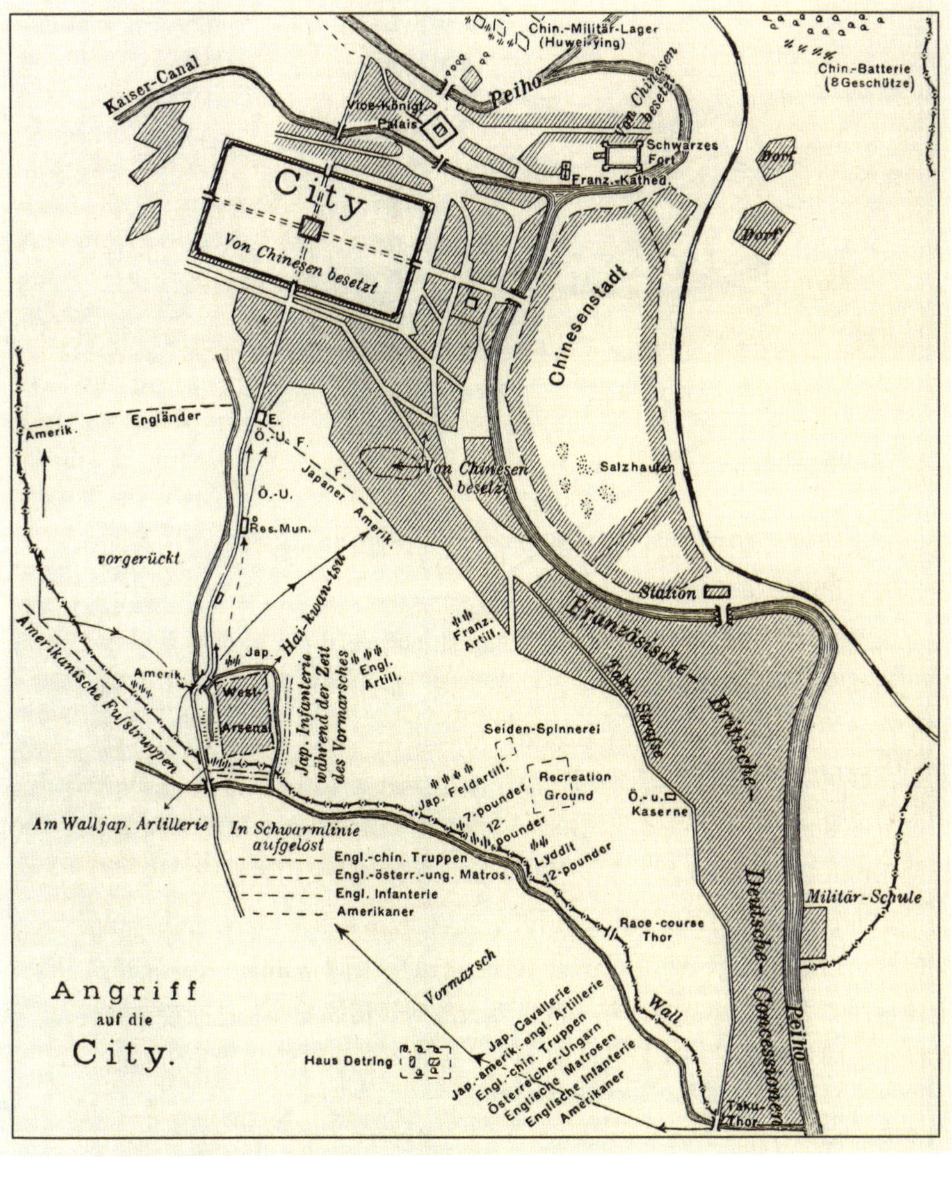

八国联军进攻天津城路线图　出自《地图中的近代天津城市》（天津大学出版社，2018）

天津城墙上牺牲的清军　摄于 1900 年

被摧毁的天津城　摄于 1900 年

以上照片收藏于美国波士顿公共图书馆

老城的东面或东南面前进，很快夺取了三岔河口附近水师营的黑炮台和芦台运河沿岸的大炮阵地。①

　　八国联军占领天津后，仅在城墙上，他们就发现了 150 具清军尸体。从北门到南门的大街两旁的房屋已全被烧毁，城里居民几乎逃走了一半。联军在位于市中心的鼓楼上架起大炮，向城里未来得及逃走的居民人群里发炮，城里"死尸山积"，海河中漂浮的尸体阻塞了河道。联军方面的伤亡也很惨重，不到 24 小时，死伤 882 人。② 其中，伤亡最大的是日军和美军，日军死伤人数约有 300 多人，一个大队长、两个中队长均被击毙。战斗中，美军指挥官当场被打死，他们还损失了 33% 的军官和 21% 的士兵。曾参加此战、后成为驻津美军第十五步兵团团长的奈勒（William K. Naylor）上校，1925 年将天津战役与第一次世界大战所经历的战斗相比时说，"我曾经在法国参加过若干次最残酷的战役，也曾经陷入危险的境地，然而在

① 《天津海关 1892—1901 年十年调查报告书》。北京市文史资料研究委员会、天津市文史资料研究委员会编，《京津蒙难记——八国联军侵华纪实》，中国文史出版社，1990 年，第 152—153 页。（英）雷穆森著，许逸凡等译，《天津租界史（插图本）》，天津人民出版社，2008 年，第 171—175 页。（俄）德米特里·扬契维茨基著，许崇信等译，《八国联军目击记》，福建人民出版社，1983 年，第 237—240 页。

② （俄）德米特里·扬契维茨基著，许崇信等译，《八国联军目击记》，福建人民出版社，1983 年，第 239 页。

天津这短短一天的战役，却是我曾经遇到过的最激烈的一场战斗。"①

八个国家的驻津军队名为保护本国侨民，实则各怀鬼胎。虽然，在面对共同的敌人——清军和义和团时，他们能够暂时联合起来、协同作战。但是，很快就暴露了彼此之间的矛盾。他们承认，"天津解围之后才是最危险的时期"。国家间的竞争与猜忌经常导致敌对行动的发生，而以流血事件结束。"最严重的一次争斗的结果是，20名法国阿尔萨斯士兵被打死和打伤，2名英国皇家威尔士燧发枪团士兵被打伤。1名英军印度士兵（帕坦人）由于受到德国士兵的嘲弄和侮辱而失控，疯狂地冲进德国兵营见人就开枪。3名德国兵当场被打死，另外两名也受伤而死，这个帕坦人也被打死。"② 当时西方侨民认为，日本军队是作战最勇猛和军纪最好的。天津战役中，日本军人身先士卒，其他国家军队的军纪和战斗力则相形见绌。"日本兵赢得了赞誉，……其他各国的军队都成了支援队伍。"③

老城陷落后，城内外的银行、钱庄和各个商铺都被洗劫一空。起初去抢的是撤退前的义和团、士兵和暴民，继则是联军，在天津的外国侨民也参与了抢劫。负责征收盐税的盐道金库被日本人宣布没收，他们抢走了价值几百万鹰洋的纹银，美军、英军也分别从废墟里挖出价值几百万元的纹银。普通士兵的劫掠更比比皆是，"满载着抢来的毛皮、丝绸、瓷器等物的军人和文职人员随处可见④"。当时在华外国人都认为，他们所造成的天津居民生命损失无法估计，至于财产损失，仅一个城郊所毁坏的财产保守估计就价值好几千万两白银。可以说，"这些军队在19世纪末几乎是世界上最能干的抢劫者⑤"。

由于天津的特殊地位，这"短短一天的战役"成为义和团运动中的转

---

① （英）雷穆森著，许逸凡等译，《天津租界史（插图本）》，天津人民出版社，2008年，第178、181—182页。

② （英）雷穆森著，许逸凡等译，《天津租界史（插图本）》，天津人民出版社，2008年，第101页。

③ （英）雷穆森著，许逸凡等译，《天津租界史（插图本）》，天津人民出版社，2008年，第167—168页。

④ 《俄国在远东》第9章；《中国与联军》上册第35至38、40、41章。北京市文史资料研究委员会、天津市文史资料研究委员会编，《京津蒙难记——八国联军侵华纪实》，中国文史出版社，1990年，第175—193页。

⑤ （美）马士著，张汇文等译，《中华帝国对外关系史》第三卷，上海书店出版社，2000年，第264页。

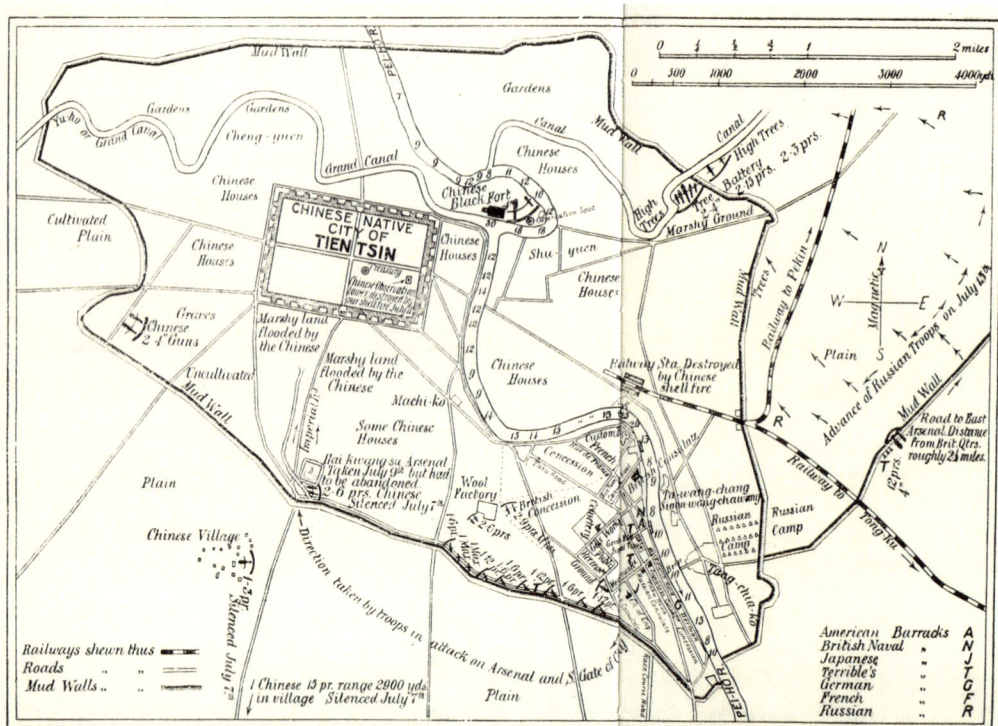

PLAN OF TIENTSIN, SHOWING POSITIONS OF ALLIED ARMIES.

八国联军驻扎图　出自《地图中的近代天津城市》（天津大学出版社，2018）

折点。天津城被攻陷，"不仅打通了通往北京的道路，而且也使烟台和上海从日益加剧的危险中解脱了出来"。"在天津及其周围的战斗，以及这些战斗的重大战略意义，都由于北京发生的引人瞩目的事件而失去了它们真正的重要地位。"①事实上，八国联军攻陷天津，标志着义和团运动的失败。

　　天津战役还为后来的第一次世界大战提供了一次实战演练。第一次工业革命为军事工业的发展提供了可能，从运送作战人员的铁甲战舰，到连发步枪、各种口径大炮、速射炮和各种火药，无不在天津战役中得到大量使用。尽管义和团的装备只有大刀、木棍等简陋的冷兵器，但李鸿章多年

---

①　《1892—1901年海关十年报告书》；1900年7月5日沃伦爵士致索尔斯伯里勋爵函。（英）雷穆森著，许逸凡等译，《天津租界史（插图本）》，天津人民出版社，2008年，第189页。

八国联军中的炮队　摄于 1900—1902 年。以上照片由德国"东亚之友"协会提供

训练并投入大量资金的淮军，却是用来复枪、克虏伯大炮、马克西姆速射炮等武装起来的一支精锐部队。尤其是聂士成麾下部队在对八国联军的作战中战绩辉煌。"天津的战斗再次印证了南非战役的经验教训，现代化的武器显然可以使士气高下不相等的士兵在作战能力上趋于相等，一个中国人在 2 英里外打炮或在 1 英里外打枪，可以差不多和欧洲人一样，如果武器稍好一点儿，他们就完全等于一个上等的士兵。"① 因此，尽管程度不高，但西方列强在世界范围进行殖民战争得出的旧有规律随之加以改变。另外，大规模炮兵与步兵的配合作战在此次战役中得以再次验证。此前的布尔战争中，英军就曾大规模使用速射炮、野战炮，但并没有取得明显战果。天津战役中最先使用炮击的是清军，给租界和八国联军造成巨大伤亡。后来的第一次世界大战中，现代火炮成为战场上的绝对主力，造成交战双方的极大损失。还有，几个国家之间的协同作战也在这次战争中得以再次实践。八国联军侵华之后，大规模的国际联盟之间的战争拉开序幕，"一战"中是协约国与同盟国，"二战"中则是反法西斯同盟与轴心国。

除了武器和战术改良，天津战役还为"一战"提供了作战指挥人员的准备。第一次世界大战中有许多指挥官甚至发挥重要影响的人物都曾参加过天津战役。除了上文提到的天津美军第十五步兵团团长的奈勒上校，著名的还有美国的巴特勒将军（Smedley Butler）②、德国的法根海上将（Erich Georg Anton Sebastian von Falkenhayn）③ 和法国的德斯佩雷元帅（Louis Franchet d'Espèrey）④ 等。在天津租界中被义和团和清军围困、朝不保夕的 27 天经历，成为许多在津外国人的深刻记忆。义和团运动期间署天津领事的德国外交官齐默曼（Arthur Zimmermann）见证了义和团运动在天津的发展过程。1902 年他回到德国，1911 年成为外交部副部长。第一次世界大战时期，他任德意志帝国外交大臣，是第一次世界大战的策动者之

① （英）雷穆森著，许逸凡等译，《天津租界史（插图本）》，天津人民出版社，2008 年，第 172 页。

② 巴特勒将军是美国海军陆战队史上最有名望的将军，在天津战役中负伤，后被任命为上尉，第一次世界大战中参加西线作战。

③ 法根海曾任德国东亚远征队参谋，瓦德西元帅离开后成为驻津德军最高指挥官，后来在"一战"中任德军总参谋长。

④ 德斯佩雷早年曾参加对义和团作战，后累升至军团指挥官，在"一战"中成功指挥了马其顿战役，导致同盟国南部战线的崩溃，促成了"一战"停战。

一，以"齐默曼电报"[①]闻名。缘于在天津经历的影响，一战中，齐默曼热衷于在世界各地煽动叛乱，曾参与策划支持爱尔兰叛乱、印度叛乱以及沙俄的动乱。

都统衙门的殖民统治

1900年，八国联军攻陷天津，随后于7月30日成立了一个军事政府——"天津临时政府"，中文名"天津都统衙门"，对当时的天津城、静海和宁河等地区实行军事统辖。都统衙门的市政委员会，即最高决策机构，由俄国、英国、日本、德国、法国和美国代表共6人组成，下设巡捕局、卫生局、库务司和公共粮食供应署、司法部、公共工程局以及总秘书处和中文秘书处。[②] 各机构为首的官员，除了巡捕局局长是一名英国军官外，其他都是具有专门资格和能力、有的还是久居天津、对中国情况比较熟悉的外国人，甚至是能讲一口汉语的"中国通"。例如，被任命为临时

都统衙门印鉴

天津都统衙门

以上照片由刘悦提供

---

① 1917年2月24日，美国驻英大使佩奇收到齐默曼于1月16日发出的著名的"齐默曼电报"，称如果墨西哥对美国宣战，德国将协助把美国西南部归还给墨西哥。于是美国以此为借口，在该年4月6日向德国宣战。此举使协约国实力大增，一战得以提早结束。同年8月6日，齐默曼辞去外交大臣一职。1940年因肺病逝于柏林。

② 第67次会议纪要：《天津城行政条例》和第71次会议纪要：《行政条例（修订稿）》。刘海岩等，《八国联军占领实录——天津临时政府会议纪要》，天津社会科学院出版社，2004年，第1—3、88—91页。

政府秘书长的田夏礼（Charles Jr. Denby）是美国驻华大使田贝（Charles Denby）之子，当时正在天津经商；担任汉文秘书长的丁家立是久居天津的美国人，创办北洋大学堂并任总教习，也曾担任过美国驻天津领事馆副领事。丹麦工程师林德（A. de Linde）受聘担任公共工程局的局长，他长期生活在天津英租界从事公用事业，曾参与海河治理工程。

临时政府实行委员会"集权制"，委员会集立法、司法和行政权力于一身。根据联军司令官会议通过的"天津行政条例"，委员会有权制定和公布具有法律效用的各种条例，有施行治安管理的权力和司法权力，有权

都统衙门最高委员会成员由八国联军驻津最高指挥官组成

都统衙门巡捕局的巡捕们

以上照片由刘悦提供

向中国人征税，有权支配中国政府的财产以及没收和出售中国人的私人财产。临时政府设有法庭并任命了法官，所有刑事和民事案件均由法庭审判。但是，各项判决都要经委员会批准后才能执行，委员会对法庭的判决有权修改和做出不同的决定。按照"行政条例"的规定，临时政府有权判处华人流放直至死刑，有权处以罚款或没收财产。但对于外国人，则按照治外法权，只有权将其逮捕，然后送交其所属国的军事或领事当局审判。[1] 巡捕不仅负责司法、治安，还负责交通、卫生等公共事务的管理，这与传统衙门的管理有明显的不同，政府对社会的控制职能强化了。[2] 当时，首次出现专门在街头固定位置站岗维持治安的巡捕，是警察以"站岗"方式维持交通、治安的肇始。

临时政府委员会成立后，镇压义和团成为首要任务，抓到的团民大都经简单审讯即处决。[3] 为了防范中国人的反抗，天津临时政府还摧毁了本地区的军事设施。最早拆毁的是天津东、西机器局和西沽武库。在 19 世纪，天津曾是中国北方规模最大的军火生产基地，建

《辛丑条约》

---

① 第 67 次会议纪要：《天津城行政条例》和第 71 次会议纪要：《行政条例（修订稿）》。刘海岩等，《八国联军占领实录——天津临时政府会议纪要》，天津社会科学院出版社，2004 年，第 1—3、88—91 页。

② 第 2 次会议纪要。刘海岩等，《八国联军占领实录——天津临时政府会议纪要》，天津社会科学院出版社，2004 年，第 4—5 页。

③ 《附录一：天津都统衙门告谕汇编》第 42 号。刘海岩等，《八国联军占领实录——天津临时政府会议纪要》，天津社会科学院出版社，2004 年，第 808 页。

于 1867 年的西机器局，主要生产枪炮，建于 1869 年的东机器局主要生产弹药，1873 年建成的西沽武库则是大型军火库。从此天津的军火工业不复存在。都统衙门还下令拆除了天津城墙，天津成了不设防的城市。[①] 在海河沿岸，从大沽口到天津城分布着的多处炮台也成为八国联军摧毁的主要对象。[②]

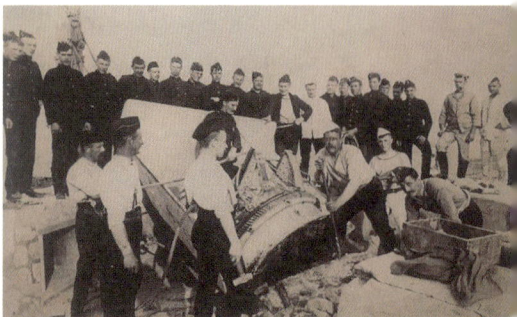

拆除大沽炮台　约摄于 1900—1902 年

20 世纪初的天津，既遭遇了灾祸，也迎来了历史的转折。在城墙旧址上，都统衙门下令铺筑了东、西、南、北四条马路，还修筑了排水系统。[③] 伴随道路改造的是电车的出现。1901 年 11 月 16 日，天津开通了一条公共有轨电车路线。这一时期老城区也有了城市照明，出现了路灯。[④] 为老城区供应自来水和电话系统也在这一时期开始提出。[⑤] 为了防疫，老城区建起了多处公共厕所，并设有清

从大沽炮台上拆卸下来的克虏伯大炮
约摄于 1900—1902 年

洁夫按时清扫。都统衙门专门发布告谕，要求人们必须到厕所"出恭"，在厕所以外便溺要受重罚。同时，还将所有粪厂迁到郊外。这些强制性的措施对城市环境的改善产生了很大的影响。此外，临时政府时期，还建立

① 刘海岩等，《八国联军占领实录——天津临时政府会议纪要》，天津社会科学院出版社，2004 年，第 85、139、231、273、301 页。

② 第 227 次会议纪要。刘海岩等，《八国联军占领实录——天津临时政府会议纪要》，天津社会科学院出版社，2004 年，第 494—497 页。

③ 刘海岩等，《八国联军占领实录——天津临时政府会议纪要》，天津社会科学院出版社，2004 年，第 24、30、71、92、94、129、136、232、253、298、302、392 页。（英）雷穆森著，许逸凡等译，《天津租界史（插图本）》，天津人民出版社，2008 年，第 198 页。

④ 刘海岩等，《八国联军占领实录——天津临时政府会议纪要》，天津社会科学院出版社，2004 年，第 8、101、127、300、315、404、505、602、721、742、754 页。

⑤ 刘海岩等，《八国联军占领实录——天津临时政府会议纪要》，天津社会科学院出版社，2004 年，第 185、188、191、207、216、317、329、351、423 页。

袁世凯创办的中国最早的警察机构接管天津　摄于 1902 年

袁世凯与都统衙门的官员谈判交接天津管辖权后合影　摄于 1902 年

以上照片由刘悦提供

消防队、制定交通法规、建立公共墓地等。

1902年5月，时任直隶总督的袁世凯和各国驻天津都统会商收回天津，得到了各国驻天津都统会议的批准。但都统衙门以清军只能驻扎在距天津20里外为由——根据《辛丑条约》的规定，作为战败国的中国，不能在天津城及京津铁路沿线驻兵——拒绝将天津的行政管理权和警察管理权交还给当时的清政府。于是，袁世凯从保定新军中挑了3000人，换上警察制服，改编为巡警派驻天津，接手了天津的防务，变相收回了京津沿线主权，并组成天津南北段巡警局，这支部队就是中国最早的警察队伍。1902年8月15日，袁世凯代表清政府接管天津政权，撤除都统衙门这一殖民机构。天津被联军占领达两年之久后，终于回到中国人手中。为此，天津各住户、店铺高挂龙旗，悬灯结彩三日，庆贺天津城管理权的收回。北洋新政的推行，社会出现的种种变革，使得天津的经济、社会以及城市建设等方面，都出现了新的局面。

"二战"爆发前列强在华的军事存在

近代史上战争结束后的通常惯例就是割地赔款，天津租界的设立及其扩张也与战争直接相关。各国租界设立之初，本无驻扎军队的权力。义和团运动之后，通过《辛丑条约》的签订使各国在华大规模驻军合法化，因此天津有八国租界，八个国家在天津的各租界内设立兵营，常驻军队。[1]列强拥有在华驻军权，对中国人民形成武装威慑，是中国半殖民地社会形态的深刻体现。

军队、兵营与租界的扩张

义和团运动后，列强之间设立和扩张租界的"攫取竞赛"便开始了。[2]八国联军侵华期间，俄国军队占领了天津火车站及海河左岸（东岸）的大

---

[1] 美国派兵参加了八国联军，在天津有美国兵营，但美租界在1902年并入英租界。比利时虽未派兵参加联军，但趁机划定了比租界。

[2] （英）雷穆森著，许逸凡等译，《天津租界史（插图本）》，天津人民出版社，2008年，第202页。

各国驻津部队军官合影　摄于 1905 年。照片由刘悦提供

片土地。战后俄国人宣称"这是根据军队占领和俄国人所付出的血的代价而取得的财产"，是"征服者的权利"。由于这一区域阻隔了自紫竹林法租界和英租界至火车站的通道，引起两国不满。经德国从中调停，俄国同意改划原定租界范围，将火车站地区交还中国，俄租界遂分为东、西两区。1901 年 5 月 30 日，清政府与沙俄在天津签订协定，正式划定俄租界，面积仅次于英租界。[①]继俄国之后，八国联军中的意、奥匈两国，甚至连未出兵参战的比利时也纷纷乘机在天津强占租界。法国则趁机将大片土地划为"扩充界"；英国也再次扩张租界，并擅自将原美租界并入英租界。德国自 1895 年借口甲午战争中迫使日本将辽东半岛归还中国有功，向清政府索取天津租界，之后趁镇压义和团向租界北面和西南方向扩张。日本将天津城厢东南繁华区列为扩张租界。

---

① 天津市地方志编修委员会，《天津通志·附志·租界》，天津社会科学院出版社，1996 年，第 54—57 页。（英）雷穆森著，许逸凡等译，《天津租界史（插图本）》，天津人民出版社，2008 年，第 203 页。刘海岩等，《八国联军占领实录——天津临时政府会议纪要》，天津社会科学院出版社，2004 年，第 75 页。

各国在津扩张租界的理由和依据，均以本国军队在镇压义和团运动中的"贡献"大小来证明。驻军的多少即是各国实力的象征，是列强不断攫取在华利益的保证。1901 年 4 月，在八国联军最高统帅瓦德西元帅的主持下，联军召开会议，决定了平常时期各国驻屯军的人数，多余兵力陆续在临时政府撤销前后开始从京津一带撤离。瓦德西去职后，各国军队由驻军的高级将领相互之间进行协商，在编制、给养、卫生、守备等方面协同行动。八国军队中，除了奥匈帝国因天津租界侨民极少而把兵力主要部署在北京保护使馆以外，其他 7 个国家驻军的司令部都设在天津，以便于协调联动。[①]除了在天津设立兵营之外，八国联军还在天津附近的军粮城、塘沽直到山海关一线设置兵营，驻扎军队，并且按期换防。

由于沙俄的在华势力范围在东北，德国的势力范围在山东，距离京津很近，而现代战争主要依靠铁路和军舰运输军队，从旅顺或青岛、烟台进行海上陆上运输都非常便捷，可以随时调兵增援，加之海外驻军需要大量资金支持，因此，除了美国、英国、法国、意大利、日本等在天津设立长期的兵营以外，德国、沙俄和奥匈基本上都从天津撤回了驻军，只保留有限兵力作为在津领事馆的卫兵。"一战"爆发后，以上三国即撤走了全部在华驻军。

各国兵营大都建在原来天津的各个学堂校址上，主要是原有校舍便于利用为集体宿舍，而操场便于演兵训练，食堂、浴室等设施也比较齐全。例如，德军占领了北洋大学堂位于梁家园的最初校址，使得北洋大学不得不另择被德军摧毁的西沽武库重建校园；沙俄军队则占领了原北洋武备学堂的校址以作兵营；法国军队因原有兵营容纳不下增加的军队，强占了原北洋水师学堂校舍设为"东局子兵营"。后来，这些兵营又大都恢复为校舍。比如，为了满足德国侨民子女入学的需要，天津德国领事馆于 1907 年将兵营改为学校，创办天津德华普通中学堂（今海河中学）；英国兵营在新中国成立后被划给三所学校（天津市第一中学、和平中学和实验小学）作为校园；法国"东局子兵营"现为解放军运输工程学院校址；美国兵营现为天津医科大学广东路校区。

---

① 天津市地方史志编修委员会总编辑室编，《二十世纪初的天津概况》，内部发行，1986 年，第 155—160 页。

英国兵营。俗称英国营盘，始建于 1900 年，坐落在当时的天津英租界推广界内。最初建立时该兵营占地面积为 124 市亩，为一层建筑，面积为 23500 平方米。兵营最初驻军 1000 人，到了 20 世纪 30 年代达 3000 余人。当时英国兵营的驻军为旅的建制，司令官为少将军衔。兵营分为两个部分，一为英国兵营，另一为印度兵营。新中国成立后，英国兵营被划给新成立的天津市第一中学和实验小学作为校址，印度兵营被划为原和平中学（后并入市一中）校址

1934 年英国兵营里的鼓乐队。营房后面的三个圆顶为西开教堂

以上照片出自 "The Queen's rejoin the China Station: 1930"。https://www.ueensroyalsurreys. org.uk/1661to1966/hongkong_china/hkc08_1.shtml

法国兵营。法国兵营前身为李鸿章于1879年设立的北洋水师营务处，所在街道即为水师营路（今赤峰道）。因李鸿章创办北洋水师的经费主要来自海关税收，经管北洋海防经费的是外国人控制下的津海关税务司，所以日常管理水师的营务处就设在离津海关几步之遥的地方。1900年八国联军侵华期间，这里被法国军队占领使用作兵营，因这一带在划为租界前有个叫"紫竹林"的村庄，所以该兵营又被称为"紫竹林兵营"。1915年，天津法租界工部局重建这处兵营，新建营房包括士兵宿舍和驻军司令部等，占地11亩，建筑面积6203平方米。现已被列为重点保护等级历史风貌建筑和天津市文物保护单位。"紫竹林兵营"今已成为民居　张畅摄于2022年

由越南兵站岗的法国"东局子兵营"。1901年经八国联军指挥官会议协商规定，法国当时在天津驻扎约1400余人。1902年，八国联军结束对天津的占领时又议定额外驻扎1007人，因此，法国当局在天津实际驻扎达2000余人，司令官为将军衔。由于当时的紫竹林兵营容纳不了太多的士兵，因此法国军队强占了已毁于炮火的天津机器局旁边的北洋水师学堂作为"东局子兵营"（现为解放军运输工程学院校址），并将附近荒地辟为靶场　照片由刘悦提供

烟台道上的美国兵营，后方为美国军医院。义和团运动之后，天津美国兵营最初设在英租界海大道（今烟台道与大沽北路交口），直到"一战"爆发，迁往原德租界　照片由刘悦提供

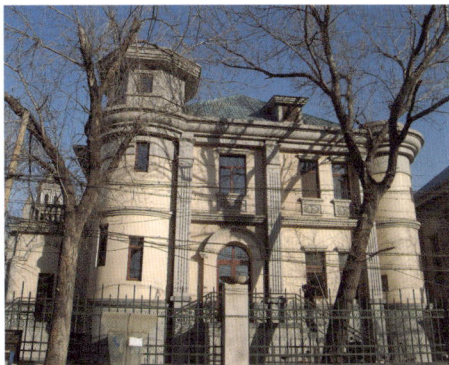

原美国兵营今景　张畅摄于 2022 年

美国兵营。第一次世界大战结束后，美国驻军迁到原属于德国租界的马场道
与广东路交口的兵营（现为天津医科大学东院），天津人称为"美国营盘"。
兵营占地 205 公顷，兵营院内设有大操场和一些西式楼房，均为 3 层砖木
混合结构楼房，带地下室。现存 3 座建筑　摄于 1927 年。照片由刘悦提供

军乐队，摄于 1927 年　照片由刘悦提供

德国兵营明信片。1900 年德军将
北洋大学堂校舍占为兵营，教学
楼成为德军司令部。1907 年天津
德国领事馆将兵营改为学校，创
办天津德华普通中学堂（今海河
中学）

为欢迎普鲁士王子阿达尔
贝特（Adalbert）访问天
津，在德国兵营里举行的
阅兵式　摄于 1904 年 5
月 18 日

20 世纪初德国海军在兵营的教堂外的明信片

德军在北洋大学堂所在梁家园扩建的
营房明信片（上面贴着大龙邮票）

以上照片、明信片由德国"东亚之友"协会提供

意大利兵营。始建于 1902 年，位于意租界营盘小马路（今河北区光明道 20 号）。兵营有宽阔的操场和呈直角的两幢高大的三层坡顶楼房，各层楼前都有一丈多宽的走廊，建筑至今保存完好。兵营驻扎一个混成旅，有官兵 1000 人，司令官为中校军衔。1940 年意大利撤回天津驻军，意国兵营曾交与日本兵驻扎

意大利兵营

意大利兵营

以上照片由刘悦提供

305

日本兵营。天津人称为"海光寺兵营"。八国联军占领天津后，日本将天津城南海光寺夷为平地，
于1901年修建了中国驻屯军司令部和兵营，并将其营造成侵略中国的桥头堡和大本营，开始了
长达45年的军事驻扎。占地面积97700平方米，建筑面积5434平方米，后因日本不断向天津
增兵而随之改建和增扩。最初驻军2600人，至1937年已达8000余人，司令官为中校军衔。兵
营内设施齐全，有司令部、兵营、宪兵队、军医院、火药库和附属建筑多座。部分遗址现为中国
医学科学院血液病医院和二七二医院

天津海光寺日本中国驻屯军
司令部外景。1935年后改
名为华北驻屯军司令部，
七七事变后司令部前往北
平，改名为华北方面军。抗
战胜利后被远东国际法庭定
为甲级战犯的日本陆军大将
南次郎、梅津美治郎以及冈
村宁次等都曾先后在此担任
司令官。另外，日军还在塘
沽南站对面设有日本塘沽驻
屯军兵营，占地约一万平方
米，本地人称"日本大院"

俄国兵营设在海河东岸
的原北洋武备学堂旧址，
与紫竹林租界隔河相望
（俄国兵营的原建筑今
已不复存在）

以上照片由刘悦提供

火车站台上的英国印度锡克士兵

奥匈帝国派兵短暂驻扎，人数不多，所以没有兵营

以上照片由德国"东亚之友"协会提供

不同种族的英国兵营和将星闪耀的美国兵营

英国兵营和美国兵营是在天津存在时间最长的外国兵营。作为当时最大的殖民国家，英国部队兵源来自世界上各个地方的不同种族。因此，英国派往天津的驻军也来自本土不同的郡和海外的殖民地。比如，参加八国联军的英军中不仅有来自本土的海军，还有来自澳大利亚的水兵、来自印度的锡克兵、来自新加坡和香港的军团，甚至有来自威海卫的"华勇营"。为了保卫殖民利益，英国的各支军队需要在海外各殖民地的军事基地换防。例如，1930年英国女王皇家军团第一营从马耳他被派往天津。他们搭乘拥挤简陋的运输舰，经过大约一个月艰苦的海上航程后抵达秦皇岛港，其中一个连和机枪排被派往北京保护公使馆，其余前往天津。京津之间的士兵每半年换防一次。四年后，这个营又被调往印度奎达（今属巴基斯坦）驻防。[①] 在天津的英国兵营由两个兵营组成，一个是给白色人种的英国营房，一个是给印度兵住宿的印度营房，形成事实上的种族隔离。

天津英国兵营在他们的记述中是非常令人满意的："兵营的住宿条件非常好。营房和办公室是平房，配有厨房、餐厅和浴室，都有集中供暖。有一个比较大的体育馆和演习广场。军官宿舍在不远处的英租界里，由三栋两层小楼组成。"京津两地的物价便宜、设施齐全，天津甚至"有大量

---

① "The Queen's rejoin the China Station: 1930". https://www.queensroyalsurreys.org.uk/1661to1966/hongkong_china/hkc08_1.shtml

的酒吧和白俄姑娘与各国军人厮混"，所以他们认为，"这两个城市对于我们的部队来说是世界上最好的驻地"。而由于拥有治外法权，天津的中国警察无权管辖他们，于是这些"丘八"们在这个地方"度过了一段有趣的时光"。不过，尽管生活条件很好，但天津兵营的训练条件并不好。城市被切分成众多块租界，在街区里设靶场是非常危险的。所以英军每年都前往山海关附近的海边夏季营地进行射击训练，其他驻军也在山海关设有夏季营地。[①]

在天津驻防最久的美国军队，是第十五步兵团。第十五团从 1912 年至 1938 年驻扎在天津，隶属于美国国务院，总部设在天津。部队部署在京沈铁路沿线，使命是保护美国在华利益。1938 年，日本侵略华北，迫使美国把第十五团撤回美国，接管天津兵营的是负责保卫北京使馆的美海军陆战队，后于珍珠港事件当天全部被俘。

第十五团在军阀混战期间的中国得到历练。两次世界大战之间是一段短暂的和平时期，对于缺乏实战机会的美军官兵来说，"在中国服役至少有一个好处，我们总有机会看到一些真正的军事行动。这一点意义重大，我们经历的各种训练像是为了一个特定的目标，它并非遥不可及。"[②] 第十五团这段经历为美国了解中国和远东起到重要作用，也为评估中美关系

小乔治·卡特莱特·马歇尔（George Catlett Marshall, Jr., 1880—1959），美国军事家、战略家、政治家、外交家、陆军五星上将。毕业于弗吉尼亚军事学院，参加过第一次世界大战。1924 年夏到 1927 年春末在美军驻天津第十五步兵团任主任参谋，同时学习汉语。1939 年任美国陆军参谋长，期间，美国的陆、空军经他筹划，由百余万人扩大到八百万人，由他一手提拔的将军就有 160 多人。在第二次世界大战中帮助罗斯福总统出谋划策，坚持先进攻纳粹德国再攻打日本的战略方针。1945 年退役。后被任命为美国驻华特使，还以"调处"之名参与国共和谈。1947 年，马歇尔出任美国国务卿。为稳定世界局势，提出援助欧洲经济复兴的"马歇尔计划"，效果显著，因此获得 1953 年诺贝尔和平奖

---

① "The Queen's rejoin the China Station: 1930". https://www.queensroyalsurreys.org.uk/1661to1966/hongkong_china/hkc08_1.shtml

② （美）阿尔弗雷德·考尼比斯著，刘悦译，《扛龙旗的美国大兵：美国第十五步兵团在中国 1912—1938》，作家出版社，2011 年，第 262 页。

约瑟夫·华伦·史迪威（Joseph Warren Stilwell, 1883—1946），美国陆军四星上将。1904 年毕业于美国西点军校。曾参加过第一次世界大战，战后被选派到北京学习汉语，三年后回国。1926 年史迪威到天津，接任驻津美军第十五步兵团的营长。时值中国第一次国内革命战争北伐军挺进山东，为了解北伐军的真实情况，史迪威化装只身赴徐州，后向美国驻华使馆提交了一份出色的报告。不久，他便以中校军衔担任了驻津美军第十五兵团的参谋长。三年后，史迪威奉调回国，在本宁堡步兵学校任教官。1935 年调任美国驻华使馆陆军武官，被公认为军内研究中国问题的权威。二战期间，他出任美国第三军团司令。1942 年由美国政府派遣来华，任中印缅战区美军司令、美国驻华军事代表、对华军事物资统制人、中国战区统帅顾问及参谋长。期间，因他对中国共产党领导的民族解放事业持同情态度，以及在作战部署、作战物资分配等方面，常与蒋介石发生矛盾，于 1944 年被调回美国，后任太平洋战场司令。1946 年因病去世

斯梅德利·达灵顿·巴特勒（Smedley Darlington Butler, 1881—1940），美国海军陆战队少将（当时陆战队的最高军衔）。美国海军陆战队史上最有名望的人，荣获 16 枚勋章。服役 34 年，随海军陆战队参加了对菲律宾、中国、洪都拉斯、古巴、尼加拉瓜、多米尼加、海地、巴拿马、墨西哥和危地马拉的无数次小规模殖民主义战争以及在法国的第一次世界大战。1927 年北伐期间，美国向中国派驻旅级的海军陆战队中国远征军，兵力超 4000 人，由巴特勒任司令官，并统一指挥驻天津第十五步兵团和驻北京的海军陆战队特遣队。1931 年退役后，成为反战、反大资本的社会活动家。1935年出版了影响深远的著作《战争是一场骗局：拥有最多荣誉的美国士兵的反战经典》（*War is a Racket: The Antiwar Classic by America's Most Decorated Soldier*），其中称自己是"一直为资本家敲诈勒索、巧取豪夺"的"十足的骗子"，是"资本主义的匪徒"

阿尔伯特·科蒂·魏德迈（Albert Coady Wedemeyer, 1897—1989），美国陆军上将。1918 年毕业于美国陆军军官学校（西点军校）。1929 年，以中尉军衔到驻津美军第十五步兵团服务。1931 年调至菲律宾。二战中，魏德迈为著名的英国海军元帅蒙顿将军所赏识，被提升为盟军东南亚总部副总参谋长。1944 年底接任史迪威为盟军中国战区参谋长及驻中国美军指挥官，至 1946 年 3 月卸任。1947 年再度来华，作为美国特使主持所谓"军事调查团"，回国后写了一份著名的《魏德迈报告》，抨击国民党政治军事腐败无能。1948 年爆发"柏林危机"，魏德迈支持进行"柏林空运"，以稳定欧洲

马修·邦克·李奇微（Matthew Bunker Ridgway，1895—1993），美国陆军上将。1917 年毕业于美国陆军军官学校。1918—1926 年在其母校和本宁堡步兵学校任教官。后在驻天津的第十五步兵团任职。之后，被派往尼加拉瓜、巴拿马、玻利维亚、菲律宾、巴西和美国各地服役，1937 年毕业于陆军军事学院。第二次世界大战爆发后不久，马歇尔将李奇微调到战争计划处。1942 年晋升为准将，受命指挥美军最早的空降师，协助策划了 1943 年在西西里岛的空降作战。诺曼底登陆时，他随部队一起伞降在法国，率部进入德国。后在朝鲜战争中与中国人民志愿军作战

和制定相关外交、军事政策提供了帮助。天津美国营盘前后存在了 30 多年，涌现出几十位日后获得将军头衔的杰出军官。回国后，他们在美国陆军和陆军学校中发挥了重要作用，因此该团是培养美国陆军中大量关键领导者实际经验的场所。他们在二战以至后来的朝鲜战争期间也发挥了重要作用。因为欣赏中国文化并具有很高的汉语水平以及共同的履历，他们被称之为"该死的中国帮"，其中包括马歇尔、史迪威、巴特勒、李奇微、魏德迈、麦克安德鲁、沃克（朝鲜战争指挥官）、卡斯特纳（西点军校校长）等人。

列强在华角力场

天津租界是近代中国政治舞台的"后台"，乃至国际政治和世界战争的组成部分。国际关系的复杂不可避免地体现在天津的各国军队和不同国籍的侨民之间。面对中国人民、军阀及其军队时，不仅列强政府、军队彼此协同以维护在华"共同利益"，在华外国侨民也能互相帮助团结友爱。义和团运动之后，在联军司令部的协调下，八国军队逐渐形成了彼此之间的协同行动机制，租界的安全稳定得到保障。这种平静期只是偶尔被混战的北洋军阀所打断，直至第一次世界大战结束。战胜国侨民对战败国的耀武扬威持续时间也并不长，租界很快又恢复了其乐融融的"国际大家庭"状态。真正的改变是在第二次世界大战爆发才到来。

1911 年辛亥革命爆发，袁世凯凭借"小站练兵"掌握的北洋陆军，在列强的支持下，逼清帝退位，攫取了中华民国大总统职位，篡夺了辛亥革命的成果。为了不离开北洋势力盘踞的北方，袁世凯唆使亲信部队发动了"壬子兵变"（又称"天津兵变"）。兵变前，社会上谣言纷纭。"许多

天津东站被军阀
军队征用的火车
照片由刘悦提供

官商富户携带金银细软避往各国租界。奥国租界毗邻城厢，华界居民前往运存箱笼者络绎不绝。"[1]1912年3月2日时值壬子年正月十四日晚八时许，袁世凯的党羽、天津镇守使张怀芝所统领的天津巡防营倾巢出动，直接扑向天津商业最繁荣、铺户最集中的北大关、河北大街和老城内外，鸣枪呼啸，沿途抢掠。事后，据天津商会统计，被抢劫的天津商户多达2385户、居民639户、当铺15家，总计损失达到了1280余万两白银。[2]而一早得到消息的租界，由于有驻兵保护，没有任何损失。随即，日、俄、德列强从东北、青岛等地调军队两千余人来津，加上天津租界原有的驻兵，一起对南京临时政府施加压力。在此"内忧外患"之下，南京方面不得不做出让步，3月10日袁世凯在北京就任临时大总统，中华民国首都亦定为北京。

袁世凯死后，北洋军阀四分五裂，各派军阀之间钩心斗角，割据一方，不断爆发争权夺利的战争。仅大的战争就有直皖战争、第一次直奉战争、第二次直奉战争。尤其是1924年9—11月间的第二次直奉战争影响较大。它的主战场虽不在天津附近，但是各方军阀都使用火车调动兵力，因此天津仍不免遭池鱼之殃。直系军阀的两支队伍分别由津浦铁路和京汉铁路北上，与冯玉祥的部队争夺京津一带的控制权。随后，奉系军阀截断了山海关—天津之间的交通线，直军纷纷溃退。各国军队开始在天津和山海关之

---

① 华克格、杨绍周，《天津壬子兵变纪事》，《辛亥革命回忆录》第八册，中国文史出版社，2012年，第443页。

② 涂晓原等，《辛亥革命后天津兵变发生的缘起及影响》，《天津史志》1998年第4期。

天津街道上的中国军阀部队　摄于 1925 年。照片由刘悦提供

间定期运行国际列车，运兵到天津租界内进行防范，直至年底张作霖、冯玉祥等在天津召开会议，推举皖系首领段祺瑞为"中华民国临时执政"，战争结束。此次战争中，各国驻华军队的高层指挥"精明"地利用当时的局势对军队进行了侦察、巡逻和换防训练。美国第十五步兵团指挥官曾说："该团在这一时期获得了实战锻炼。"① 由于布防得力，各国租界免受侵犯。但战争造成天津华界社会动荡，"城头变幻大王旗"使经济遭到严重破坏，很多老字号商家都改到租界开设店面，使租界更加繁荣。

尽管面对中国的军阀混战，八国军队尚能协同一致、保护租界和侨民，但是第一次世界大战的爆发，还是改变了租界的形态，打破了各国在华的力量平衡。第一次世界大战爆发后，美国驻军借列强在欧洲混战，主动向在津拥有租界的八个国家发出通报，要求各国允许美军"在必要的时候采取行动镇压各国租界里的任何起义或暴乱"。虽然只有奥地

"一战"结束后被英法侨民砸毁破坏的德侨开的饭店　照片由德国"东亚之友"协会提供

① 　（美）阿尔弗雷德·考尼比斯著，刘悦译，《扛龙旗的美国大兵：美国第十五步兵团在中国 1912—1938》，作家出版社，2011 年，第 47 页。

义和团运动后在德租界主要路口立起的
战争纪念碑——罗兰德骑士像

1918 年一战结束后被英法两国侨民捣毁的罗兰德纪念碑

以上照片由德国"东亚之友"协会提供

利人、德国人和比利时人表示同意,但美国在津军事力量还是悄然扩大了。[①]
中国政府于 1917 年 8 月 14 日向德国和奥匈帝国宣战,收回了两国租界,
接管了德华银行,解除了两国在华士兵的武装。作为敌国侨民,德奥两国
的侨民先是受到监视,继而被政府收容,移送到专门看管敌国侨民的暂居
地。战争结束后,德奥两国的侨民被遣送回国,他们在中国的所有不动产、
债券、股票等,都作为敌国财产被没收。当德、奥战败投降消息传来,英
法侨民走上街头,欢庆胜利。他们涌入德租界,用砖头石块砸碎德国人房
子的窗户,将义和团运动后在德租界主要路口立起的一尊战争纪念碑——
身穿铠甲、手持利剑的"罗兰德骑士"立像推倒,砸成碎块。曾经在义和
团运动中组成义勇队并肩对抗中国军民的各国侨民,依照他们的国籍形成
不同的阵营,壁垒森严,不复其乐融融的侨民大家庭。不过,仇恨持续的
时间并不长。战争结束后,事业、财产都在中国的战败国侨民很快返回天津,
重新开启他们的生活,租界又逐渐恢复繁荣,仿佛战争并未发生过。

中国政府曾在 1920—1921 年的华盛顿会议上要求撤离在华外国军队,

---

① (美)阿尔弗雷德·考尼比斯著,刘悦译,《扛龙旗的美国大兵:美国第十五步兵团
在中国 1912—1938》,作家出版社,2011 年,第 38 页。

这个要求当然被列强拒绝。他们甚至坚持认为，他们的军队没有对中国施加任何威胁，相反，"北京使馆区、天津租界和京沈铁路的相对安全要归功于外国兵营的存在"。几年后，北伐战争期间发生的"南京事件"，又给予列强证明外国军队存在"必要性"的机会。1927年3月北伐军驱逐北洋军阀后控制了南京，随后一些流氓劫掠租界和外国使馆，造成外国使馆和侨民的财产损失及人员伤亡。英美两国遂指挥游弋在长江上的一艘英舰和两艘美舰，于当日下午炮轰南京城，致使百余人伤亡，毁坏大量房屋和村庄。随着"二次北伐"的局势，列强纷纷出兵平津，借口保护使领馆与外侨及教民，干预中国革命，当时从其他地区及海外调集的外国军队总人数达几万人。其中，美国在天津进驻旅级的海军陆战队中国远征军，加上常年驻扎天津的美国陆军第十五步兵团、驻北京专职守卫美国公使馆与教堂教区的海军陆战队特遣队，兵力总共近6000人，并装备了大量的装甲车、野榴炮、越野卡车，甚至还配备了20架作战飞机，均由巴特勒准将统一指挥。尽管实力强大，但巴特勒将军却是军人中少有的温和派，他对英国人和日本人侵略中国的图谋保持警惕，多次拒绝参加日本人为最高指挥官的驻津盟军的计划和行动。他对长期遭受苦难的中国人表示同情，认为："我们的暴行给中国和中国人留下的痕迹和创伤越少，我们留给中国人去抚平的伤痛也就越少。"蒋介石于1928年进军北京后，建立南京国民政府，天津所在的直隶省改名为河北省。1929年1月，除了驻扎上海的第四团以外，巴特勒率其余海军陆战队撤离中国，以示友好。[①]

动荡危险的军阀混战时期之后，从1927年至1937年，各国驻军在天津度过了一段舒适而平静的海外驻军生活。这十年中，各国驻军在天津的主要活动基本上就是提供大型仪仗队，在高级军官和外国政要访问时接受检阅。例如，英军军乐队每个周日都要在教堂里进行演出，然后驻军在教堂前举行游行，各国侨民纷纷涌向街边围观。每年国王的生日、"一战"停战日以及其他大型国际聚会上，他们也都会举行游行和阅兵式。[②]

---

① （美）阿尔弗雷德·考尼比斯著，刘悦译，《扛龙旗的美国大兵：美国第十五步兵团在中国1912—1938》，作家出版社，2011年，第56—60页。

② "The Queen's rejoin the China Station: 1930". https://www.queensroyalsurreys.org.uk/1661to1966/hongkong_china/hkc08_1.shtml

———— 抗日战争中的天津 ————

抗日战争的伟大胜利，是中国人民自 1840 年第一次鸦片战争以来，第一次反对外敌侵略所取得的全面胜利，是中华民族重新走向振兴的重大转折。抗日战争中，中国以巨大的民族牺牲，抗击和牵制了占日本军力近三分之二的侵略者，为世界反法西斯战争的胜利、争取世界和平做出了不可磨灭的贡献。

"天津事变""华北独立"与"卢沟桥事变"

日本自 1875 年开始在天津设立领事馆，1898 年设立租界。日租界内不仅设有领事馆、警察署、居留民团等一般行政机构，还隐藏了许多以各种面目为掩护的特务机关和情报机关。八国联军侵华战争中，日军充当了攻打天津的急先锋。联军占领天津后，日本在天津海光寺设中国驻屯军司令部。其后，逐年在天津及周边地区增兵和扩充军事基地，于 1928 年起在城南修建军用机场、军用仓库并扩建兵营，为发动全面侵华战争做持续的准备。1902 年天津的领事馆升格为总领事馆，管辖青岛、济南、太原、张家口等地领事馆（战后出任日本首相的吉田茂曾于 1922—1924 年在天津担任过总领事）。天津由此成为日本控制华北地区的中枢和发动全面侵华战争的桥头堡。

1931 年日本在沈阳刚刚发动九一八事变后不到两个月，在关东军的支持下，日军特务头子土肥原贤二就在天津策划并发动了天津便衣队暴乱，史称"天津事变"。目的是转移国际上对九一八事变的关注视线，掩盖其侵略真相，同时趁乱将蛰居在津的清逊帝溥仪挟持到东北充当伪"满洲国"的傀儡皇帝。

11 月 8 日夜间，以汉奸、土匪和地痞流氓两千余人组成的"便衣队"在日军枪炮的支援下，分三路冲出日租界，向省政府、公安局及其他重要机关发起攻击。在东北军第二集团军军长、河北省政府主席王树常和天津市市长兼公安局局长张学铭的指挥下，天津保安队给予了坚决反击。这场由日本人出钱、出武器并以日军为后盾制造的暴乱，在遭到中国保安队的坚决镇压后，日本领事馆和驻屯军司令部反诬中国方面制造事端、破坏治

天津日本公会堂明信片

日本驻津总领事馆

日租界寿街

日租界旭街

以上照片由刘悦提供

天津事变时中国保安队在所筑街垒后警戒

安，并以动用武力相威胁，提出中国军队退出天津、天津民众不得有反日行为等无理要求。南京国民政府为防止事态扩大，采取忍让妥协态度，最终主要由东北军组成的保安队退出天津，将王树常调职，张学铭辞职下野。动乱爆发当日夜晚，溥仪按照土肥原的精心安排潜出家门，经舟车辗转秘密到达旅顺。在近一个月的暴乱中，天津华界居民每日处于惊恐不安之中，财产也遭受严重损失。

天津事变，日本人不胜而胜。此后，为实现进占华北、吞并全中国的目的，日本人不断在华北制造事端，并引起战火。1933年日军占领热河后，开始在长城沿线发起全面攻击。中国守军被迫反击，在义院口、冷口、喜峰口、古北口等地顽强抗击、浴血奋战。长城抗战得到了全国爱国同胞的强烈声援和支持，但国民政府坚持"攘外必先安内"政策，对日本侵略者采取妥协退让方针，1933年5月与日本在天津塘沽签订了丧权辱国的《塘沽协定》，承认日本占领东三省和热河合法化，同时将冀东划为"非武装区"，使华北门户洞开，平津地区危在旦夕。1935年5月日军再次制造事端，以天津亲日分子被杀以及中国政府支持抗日义勇军为由，向中国政府提出禁止河北省境内一切抗日团体和反日活动，并接管华北统治权等各种无理要求，同时向天津、山海关等地大量调集军队。国民政府军政部长何应钦于6月与日军华北驻屯军司令梅津美治郎秘密签署了《何梅协定》，驻天津周边地区的中国军队撤出河北省，省政府也从天津迁至保定，从而将河北和平津地区拱手送给了日本。

1935年8月1日中共中央发表了《为抗日救国告全国同胞书》，提出全国人民团结一致、共同抗日的主张。同年10月日本策划香河汉奸暴动，大搞"华北自治运动"，11月在通县又炮制了以汉奸殷汝耕为首的"华北防共自治政府"，煽动"华北独立"。在策划武装侵略的同时，自1932年起，日本在天津、青岛以及山海关至天津沿线疯狂走私棉布、棉纱、人造丝、砂糖、纸烟等商品，给天津和青岛的支柱产业——纺织业造成严重打击，扰乱了市场，并使华北白银大量外流。至七七事变前，日本走私活动给华北经济造成严重损失。以南满洲铁道株式会社（简称"满铁"）为代表的日本官商和民间资本加大在天津的投资规模，有计划有目的地控制各项重要产业，包括发电业、盐业、矿山、棉花和交通等重要国防资源和基础部门。同一时期，日本驻屯军还抵制破坏南京政府于1935年开始进行的币制改革，他们制定了《华北自主币制施行计划纲领方案》，提出以天津为新的金融中心，意图使华北与华中、华南金融相分离，驱除南京政府的法币，破坏中国金融稳定。[①]

日本人处心积虑经营多年，以天津为大本营，从策动华北独立到发动全面侵华战争。经济、军事的多重努力之下，他们认为时机已经成熟，全面侵华的序幕徐徐拉开。1936年10月，日本华北驻屯军举行了以北平为进攻目标的大规模军事演习。1937年3月，日军数十艘军舰在青岛举行了大规模的登陆演习。之后，华北驻屯军又在天津、北平郊区及通县分别举行了数次军事演习。7月7日，日军发动了震惊世界卢沟桥事变。7月8日当天，中国共产党第一时间通电全国："平津危急！华北危急！只有全民族实行抗战，才是我们的出路！"中国全面抗战爆发。

七七事变后中国军队主动出击的第一战

抗日战争中，天津再次沦陷。此前，天津军民进行了英勇的抵抗。1937年7月29日爆发的天津抗战，是卢沟桥事变后中国军队大规模对日主动出击的第一战。

七七事变后，天津形势十分危急。作为日本华北驻屯军司令部所在地，驻津的侵略军不断演习，加紧进行攻击天津的准备。日军首先控制了天津的海陆交通。将塘沽沿海码头完全占用，并在塘沽设立了

日军向天津增加军备　照片由刘悦提供

---

① 张利民、刘凤华，《抗战时期日本对天津的经济统治与掠夺》，社会科学文献出版社，2016年，第44—64页。

张自忠（1891 年 8 月 11 日—1940 年 5 月 16 日），山东临清人，第五战区右翼集团军兼第三十三集团军总司令，抗日战争时期张自忠是国军中第一位以身殉国的高级将领，后被追授二级上将衔。1936 年张自忠任天津市市长，对天津市的吏治、工商财政、文化教育、社会福利和社会治安等各项事业进行了大刀阔斧的整顿。从 1925 年到 1935 年，天津市经历了长达 10 年的萧条，经过张自忠的整顿，天津经济首次出现了增长。1937 年至 1940 年先后参与临沂保卫战、徐州会战、武汉会战、随枣会战与枣宜会战等。1940 年在襄阳与日军战斗中，不幸牺牲

宋哲元（1885—1940），山东乐陵县人。中国军事家，抗战名将。他治军严谨，作战勇敢，为西北军五虎之一。1935 年被授为陆军二级上将，任平津卫戍司令、冀察绥靖主任和冀察政务委员会委员长兼河北省政府主席。1938 年春，宋哲元将军改任一战区副司令，不久染上肝病，于 1940 年 3 月辞职改任军事委员会委员，4 月 5 日病逝

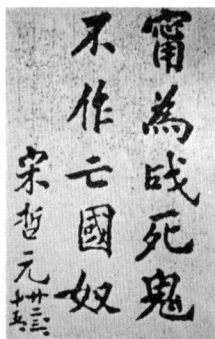

李文田（1894—1951），河南浚县人，国民党二级上将、原第三十三集团军副司令。1937 年 4 月至 5 月张自忠赴日访问期间，李文田任天津市代理市长，领导天津抗战。1940 年他与张自忠共同指挥了随枣战役、襄樊战役。1940 年至 1946 年任第三十三集团军副总司令。1947 年任第三绥靖区副司令长官。由于不愿打内战，1948 年脱离军队任总统府参军（虚职），1951 年逝世

运输部，在北岸修筑军用码头，驻在塘沽的日军约有 1000 多人。天津铁路东站和总站（即北站）也被日军派兵占领，并且修建轻便铁路运兵，路线系由东站直达东局子兵营，全线长约 20 余里。同时，日军大量增兵天津，7 月 12 日 15 列装甲运兵车载 4600 名日军开抵天津；同日 3500 名日军从塘沽登陆；之后几乎每天都有日军进入天津；特别是还有大批飞机飞抵天津，截至 27 日，天津市共停日机 60 余架；28 日下午 4 时，日军"临

时航空兵团"团长德川好敏中将又督机百余架抵达东局子机场。日军还不分昼夜地进行着侵占天津的战术演习，从 25 日起已发展到演习巷战。26 日日军向华北中国军队发出最后通牒，要求中国军队立即南撤。在遭到中国军队拒绝后，日军 10 万人分数路对北平、天津实行包围和攻击。27 日日军占领了天津各车站，切断了平津两地中国军队间的联系。[1]

面对此种危局，驻华北第 29 军军长宋哲元于 27 日向全国发出通电："决心尽力自卫，守土有责。"29 军驻津守军第 38 师副师长李文田兼天津市警察局长（师长张自忠兼任天津市市长，此时在北平与日本人谈判）代理天津军政事务，接到通电后，于 28 日凌晨召集在津的主要军政负责人开会，决定立即反击日军。会议的参加者包括：第 38 师副师长兼市警察局局长李文田、第 112 旅旅长黄维纲、独立第 26 旅旅长李致远、第 38 师手枪团团长祁光远、天津保安司令刘家鸾、天津保安总队队长宁殿武以及市政府秘书长马彦翀等七人，史称"七人会议"。当时，因天津日军以一部增援北平，天津市内及郊区的兵力约有 5000 人左右，在数量上稍多于日军，而在武器装备和训练上却又落后日军许多。然而，广大官兵对于当局的消极抵抗政策早已不满，抗日情绪高涨，纷纷请缨杀敌。会后李文田发出通电："誓与天津市共存亡！"打响了天津主动抗战第一枪。

29 日凌晨 2 时，中国军队对海光寺日本兵营、火车站、东局子机场以及市区日租界等重要目标进行了突袭。开始战事进展顺利，我军夺回了两个车站。到拂晓，我军攻进东局子机场，并烧毁了十几架日机；日租界的敌人被三面包围，日本侨民组织了义勇队上战场；海光寺日本兵营的日军龟缩在工事内等待援救；天津总站被中国军队占领，东站日军被逼退到一个仓库中。这是北平和天津陷落前的最后一战，也是卢沟桥事变以来我军主动进攻的唯一战斗，抗战史家称之为"天津大出击"。发动攻击的同时，我军向全国发布抗日通电，电文称"日人日日运兵，处处挑衅"，"我方为国家民族图生存，当即分别应战，誓与津市共存亡，喋血抗日，义无反顾"。天津《益世报》7 月 29 日发表了通电全文。

29 日上午，日军紧急从外围调集军队分四路进入天津，同时调集飞机

---

[1]　刘景岳，《天津沦陷前的最后一战》。中国人民政治协商会议天津市委员会文史资料研究委员会编，《沦陷时期的天津》，内部发行，1992 年，第 1—8 页。

被日军飞机炸毁的南开大学校舍

被日军掠走熔化做炮弹的南开校钟

以上照片由刘悦提供

对中国军队和阵地进行扫射轰炸，中国军队伤亡很大。29日傍晚，日本大批援军从北平等地陆续开来。在没有兵力增援的情况下，中国军队不得不于当日下午撤出市区，转赴静海一带作战。30日中国军队撤出后，日军以疯狂报复的方式，派飞机对天津东站、北站、省政府和市政府、警察局、南开大学、北宁铁路局及电台、造币厂、法院等重要目标进行狂轰滥炸。日军进入市区后，在街头对手无寸铁的居民随意开枪开炮，很多地方被炸为废墟，天津群众罹难者两千多人，街道遍布死尸，到处是无家可归的难民。日军的暴行给天津和天津人民造成的损失与痛苦罄竹难书。7月31日，天津沦陷。

当时的报纸曾报道："我当局所属之保安队警及各部队，久历戎行，迭遭巨变，对于日军之一再压迫，容忍已久，一旦参予守土卫国之战役，无不奋勇当先，踊跃效死。"如进攻公大七厂（今天津印染厂）的五名战士，在撤退令下达后仍不下战场，登上厂内水楼与敌一拼到底，最后均壮烈殉国。

这次抗战还得到了天津人民群众的全力支持。市民在战斗中为部队送上茶饭、西瓜，公私汽车都组织起来为前线运送弹药，有的商店还把门板卸下运到前沿充作工事。特别是中国共产党领导的学生组织，他们以南开大学为基地，进行宣传鼓动、救护伤员、运送弹药等工作，有力地支持了战斗，南开大学因此被日军视为"保安队及中国军队攻击日军的中心地"而遭到轰炸。直到8月1日，日军才宣布基本完成市区扫荡，但中国保安

队最后坚持到 8 月 5 日才向日军缴械。根据日军统计，战斗中日军被击毙
127 人，348 人负伤。尽管天津抗战仅仅坚持了三天便宣告失败，却让南
京政府丢掉了与日和谈的妄想，蒋介石也公开表示："现在既然和平绝望，
只有抗战到底，举国一致，不惜牺牲，来和倭寇死拼，以驱逐倭寇，复兴
民族"。

"孤岛"上的抗日活动

天津沦陷后，具有反帝爱国斗争传统的天津人民以各种方式与日本法
西斯统治者进行了长达 8 年的艰苦卓绝的斗争，为正面战场的抗战做出了
重要贡献。七七事变后，日本大举入侵华北，之后于 12 月占领上海。但
此时第二次世界大战尚没有开始，日方当时还没有准备好与英、美、法等
国对抗，列强在天津的租界和治外法权得以保留，英、法租界成为"孤岛"。
中国人民利用这种特殊环境和条件，开展了一系列抗日活动。

1937 年 8 月至 1940 年 9 月天津电话局职工的"抗交"活动，就是"孤
岛"上中国人的不屈抗争。天津电话局三分局设在英租界内，四分局设在
意租界，电报局设在法租界，其他分局遍及市区。日本占领天津后，接管
了除三分局和四分局以外的其他分局。这两个电话局的广大职工拒绝将电
话局交给日本人，当时的电话局局长国民党员张子奇也表示"抗交"到底。
日本宪兵队不能公然进入租界内接管和逮捕中国人，于是在租界外的地方
大肆逮捕三、四分局职工。居住在租界外的职工纷纷携眷进入租界居住，
找不到住处的就住到局里。技术工人不足，总工程师朱彭寿就培训员工亲
属子女，成立短期培训班，学成后补充缺额。日本人指使汉奸潜入租界破
坏电缆线箱，电话局工人及时抢修。英租界当局唯恐日本人控制租界里的
电话，所以也暗中支持电话局员工的"抗交"活动。后在日本人的武力威
胁下，英租界当局同意由英、法、意三国从形式上接管电话局。1939 年
日本宪兵绑架了朱彭寿，要他交出机线图，并对他实施了各种酷刑，但他
宁死不屈，最后惨死在日军宪兵队中。在日方的不断施压之下，英、法、
意租界当局最终于 1940 年 9 月将电话局管理权交予对方。"抗交"运动

最终以英租界当局的妥协而告终。①

1939年英租界还发生了一起震惊全国、影响波及世界的重大案件，亲日的新任津海关监督兼伪中国联合准备银行天津分行经理程锡庚，被爱国抗日志士刺杀。此后引发了一系列中英日之间长达一年多时间的外交交涉。国民党政府为了打击破坏伪临时政府，命令军统天津站利用其外围团体"抗日锄奸暗杀团"（也叫"抗日杀奸团"，简称"抗团"），于1939年4月9日晚7点30分在英租界大光明影院将正在观影的程锡庚枪杀。消息

大光明电影院

传出后，伪天津市市长温世珍致函英总领事抗议。英租界迫于压力同意接受日本"协力"，共同搜捕暗杀案犯，随后逮捕了4名中国男性嫌疑犯，扣押在租界警局。在日本宪兵队的强烈要求下，英驻天津领事同意将4名嫌疑犯暂时"借"给日本宪兵队审问。日本宪兵队严刑逼供，终于得到4人的口供，并到案发现场进行了所在位置、逃走线路等勘查、取证。之后将4人返还给英租界警方收押。可是4人回到工部局警务处后，全员翻供，拒不承认自己是暗杀关联者。同时，重庆政府方面也展开营救，要求英方不要将这4人交给日方。英国方面由于在日军占领区域内第三国的活动和权益受到限制和损坏，所以在引渡问题上对日伪摆出了不合作态度，强调犯罪证据不足，拒绝引渡4人。

日占领军方面见交涉无效，决定采取对英租界进行封锁的强硬手段，令英方限期交人。6月14日，日军对英、法租界外围的7条道路实施全面封锁，对出入租界的行人进行盘问和检查。又在两个租界沿岸的从万国桥（今解放桥）起到白河下游的水域，实行水上船舶许可证通行；在临近英法租界的其他区域增设监视口。翌日，英租界驻兵在马场道检查口架起机枪并呐喊，双方出现剑拔弩张、一触即发之势。日军随即调来坦克助威，

---

① 吴云心，《沦陷时期天津电话局"抗交"事件》。中国人民政治协商会议天津市委员会文史资料研究委员会编，《沦陷时期的天津》，内部发行，1992年，第27—30页。

1939 年 6 月 14 日日本华北地区
驻屯军包围并封锁了英法租界

为了切断租界，日军在租界周围
架起了电气化铁丝网

日本兵对出入英、法租界的行人
进行盘问和检查

以上照片由刘悦提供

对峙 4 个小时后，英兵无奈地撤去。其后在检查口检查行人时，日军变得气焰嚣张，经常在大庭广众之下对进出租界的英国人加以羞辱，不论男女实行近于裸体的脱衣检查。日军甚至不允许将食物和燃料运进租界里。

当时，第二次世界大战爆发在即，德意日结成三国轴心，而英法两国则站在对立的一方。英国无法兼顾东西两个半球的窘境，只得同意在东京进行外交谈判。1939 年 7 月 15 日 9 时，世界瞩目的日英会谈在东京日本外务官邸举行，日本有田外务大臣和英国驻日大使克莱琪（Robert Leslie Craigie）开始就原则问题进行谈判。经过 3 次会谈，英国终于对日本让步。双方达成协议，签订了《有田——克莱琪协定》，就日军在其占领区的治安管辖权予以确认（其间，英国还曾求助于美国，但遭到拒绝。这给日本人留下了一个美国人软弱的印象，即美国人害怕对日开战，愿意付出任何代价来避免战争，就此为后来的珍珠港事件埋下了祸根）。《有田——克莱琪协定》发表后，日本举国欢腾，认为这是继日俄战争后日本对西方列强的又一次胜利。中国国内也反应强烈，各界申明这就是英国的"东方慕尼黑方案"。中国共产党于 7 月 29 日在延安《新中华报》发表社论，一针见血地指出："英国与日寇订立这一协定，则无异是赞助日本在中国的掳掠、屠杀、奸淫、侮辱和占领，无异赞助日本消灭我国的抗战力量。"

祝宗梁（1920—2020），"抗日锄奸团"主要成员及后期负责人之一。当时被逮捕的 4 人其实并不是程锡庚事件的直接刺杀者。日本史料中记载：1939 年 8 月下旬重庆等地有新闻报道说：刺杀程锡庚的是南开中学学生祝宗梁、袁汉俊。此二人后到香港警方自首，声明他们在电影院刺杀了程锡庚。可是香港警方以此二人为暗杀者证据不足，拒绝了二人的自首。台湾"国史馆"里也有档案《祝宗梁锄奸告》，记载了是爱国志士、南开学生祝宗梁刺杀了程锡庚。祝宗梁 1920 年出生在北京，中学就读于天津南开中学，南开被炸后改读天津工商学院附中。七七事变后加入"抗日锄奸团"（集会地设在英租界松寿里）。他第一次持枪杀奸，是在刺杀天津伪商会会长王竹林的行动中。此后天津的多起刺杀日伪汉奸的行动，都有祝宗梁参与，不少行动令日伪汉奸闻风丧胆

　　1940 年 4 月，希特勒的坦克横扫西欧，英国也面临德国入侵。英国决定在中国战场向日本妥协，从华北和上海撤军。而法国已被德国打败，法租界成了准沦陷区。为了体现友好和国际性，日本人邀请德国和意大利的军队到天津接收英、法租界，"一战"战败的德国陆海军趾高气扬地重返天津。"孤岛"不复存在，日本占领军对天津的统治日益严酷。太平洋战争爆发前后，日本人在天津和整个华北地区先后进行了五次"治安强化运动"，城市里的抗日活动变得非常困难。

　　为坚持长期抗战，中国共产党在天津北部山区——蓟县盘山，建立了抗日根据地，在八路军十三团团长包森领导下，积极开展武装斗争。在天津南部平原水乡活跃的津南支队，也是中共领导下赫赫有名的八路军武工队，他们利用青纱帐和水网纵横的有利地形，神出鬼没地开展武装斗争。国民党天津地方组织则在城市里的爱国学生、工商业者和知识分子中寻求

纳粹德国的旗帜飘扬在英租界标志性建筑戈登堂的堡顶上。日本与德国和意大利结成"轴心国"后，日本人邀请德国和意大利的军队到天津接收英、法租界。1941 年 12 月 8 日太平洋战争爆发，日本为报复美国限制日裔美籍人在美国本土活动，于 1942 年 3 月在山东潍县设立了一座外侨集中营，将两千多名包括京津和华北地区的欧美侨民关押其中，西方人称为"潍县集中营"。直到 1945 年，集中营被解放。德国侨民的命运也好不到哪里去，他们并未因远离欧洲战场而幸免于战争之外。纳粹政府在天津、上海设立了纳粹支部以控制侨民的思想，军队甚至出动舰艇来到中国运送被征召入伍的适龄青壮年回欧洲参战。一些德国侨民家中悬挂着希特勒的照片，但是也有西门子公司南京分公司经理德国人拉贝（John H. D. Rabe），在南京大屠杀中冒着生命危险援救中国难民，将记录日军暴行的信件寄给在天津的妻子，战后出版了著名的《拉贝日记》 照片由德国"东亚之友"协会提供

热血志士，为打击汉奸败类和支援抗战做出贡献。抗战期间天津出现的烧毁敌军仓库、抢劫敌军物资、暗杀汉奸日特、袭扰重要目标等行动，既有共产党地下组织领导的，也有国民党地下组织领导的。在当时历史条件下，正面战场对于歼灭敌军有生力量起决定性作用，但敌后战场对敌军持久有效的牵制和打击，对缓解正面战场压力也起到了重要作用。因此正面战场与敌后战场都为抗战胜利做出了重要贡献。

日本对天津的八年殖民统治

日本对中国的侵略是蓄谋已久的。占领天津后，日本人立即对天津这个北方最重要的工商业中心进行了全方位的控制，实行名义上的"自治"事实上的殖民统治。他们将天津定位为华北的经济中心，对其进行经济剥削，以达到"以战养战"的目的。

七七事变后，日本军占领北京和天津，将日本统治华北地区的政治军事和经济机构迁至北京，如华北方面军司令部和特务部等；日伪政权——"中华民国临时政府"和"华北政务委员会"也都设立在北京。天津于8月1日，宣布成立汉奸傀儡组织"天津治安维持会"；于12月成立"天津特别市公署"。1940年3月汪精卫在南京成立"国民政府"后，设立华北政务委员会，天津从此隶属其下。1943年天津特别市公署改名为"天津特别市政府"。不管名称、人员如何变动，实际上，它都不过是日本特务机关的执行机构，完全听命于日本人，对天津人民实行法西斯统治。

为了镇压抗日活动，日本军国主义者1941年3月至1942年12月进行了五次"治安强化运动"，加速沦陷区的殖民化。与此同时，为维持其对中国及东南亚国家发动的侵略战争，日军在中国推行"以经济战为主体"的策略，一方面疯狂地从中国掠夺各种战略物资和资源，另一方面在其统治地区成立"圣战献金动员总会"，强迫机关团体、企业、商号、全体市民，甚至小学生和幼稚园学童，"献铜、献铁、献金、献锡"，以此弥补其军需资源匮乏。自1941年12月至1944年2月，日伪当局从天津商会、工厂联合会掠得"献机金"125万元，从钱业、五金业公会掠得130万元，从银行业同业公会掠得100万元；搜刮铜60多万公斤，铁41万多公斤，锡纸 1.5 万张。[1] 日伪统治当局还成立了各种"统制会"，将所有重要工业原料和重要企业以军管方式强行霸占。例如，化学工业是近代天津的支柱产业，在华北地区乃至全国居于领先地位。沦陷后，久大精盐公司和永利制碱公司都被实行军事管理，后交由日资企业负责产销运营。好在永利制碱公司在沦陷前即已将机器设备和技术人员等南迁，但其他大多数企业和重要资源，如煤、铁、盐、棉，即"二黑二白"等军需物资，还是被日军牢牢控制。[2]

1943 年日伪组织献纳活动

为大肆掠夺中国的资源，日本在中国滥发纸币和战争债券，导致通货膨胀，据统计，1943 年中国物价是抗战前的 35 倍。不仅物价高涨，而且很多生活必需品难以买到。例如，粮食不仅是人民生活资料，还是重要的军用物资。日伪政权对市民实行"配给制"，没有日军的特别许可证就无法购买，一旦发现"走私"行为，性命难保。1942 年 12 月 25 日伪市公署宣布在市民"居住证"上附加"配卖证"，实行按户发票购买粮食。日伪政权把配给对象分为上、中、下三等。上等人是日军、日侨，中等人是伪政府的官吏，下等人则指天津平民百姓，根据不同等级定量定质分配售卖粮食。起初，天津普通市民的粮食配卖标准是：无论老少，每月一律配给面粉 0.5 公斤，高粱 1.22 公斤，玉米 1.22 公斤，谷子 1.25 公斤，绿豆 1.78 公斤，黑豆 1.44 公斤。[3] 农村则实行"计口授粮"，即将粮食全部收走，然后按壮年、幼年、老年或丧失劳动力三等配卖粮食。壮年每人每年售原粮 1 石 5 斗；幼年每人每年售原粮 1 石 3 斗；老年或丧失劳动力的每人每年售原粮 8 斗或 1 石。按照以上标准，基本上难以糊口。

---

[1] 黎始初，《日军控制下的天津伪政权》。中国人民政治协商会议天津市委员会文史资料研究委员会编，《沦陷时期的天津》，内部发行，1992 年，第 55—66 页。

[2] 张利民、刘凤华，《抗战时期日本对天津的经济统治与掠夺》，社会科学文献出版社，2016 年，第 88 页。

[3] 天津市地方志编修委员会编著，《中国天津通鉴》上卷，中国青年出版社，2005 年，第 276 页。

事实上，就连如此可怜的配给粮食，普通市民也根本买不到，只好到市场上购买高价粮食。在汉奸和奸商的控制下，粮店囤积居奇，每日只出售很少的粮食，多数市民都是在饥饿中度日。① 控制粮食的同时，日本人却大肆贩卖鸦片，攫取巨额利润，瓦解中国人的反抗意志。九一八事变前，日租界街道上，"白面庄和吗啡馆林立两旁，总数有170家之多"。七七事变后，"日本在中国占领区公布了鸦片法……根据这一法律，设置了政府统治的专卖机关，经过许可的专卖店可销售由官方配给的鸦片和麻醉品（吗啡、海洛因）。为了从麻醉品中增加收入，这些专卖机关成了奖励使用麻醉品的征税机关。在被日本占领的所有地区，从占领之时直到日本投降，鸦片的使用都在增加。"②

经济掠夺的同时，日军还以天津为据点，在附近的郊县农村抓捕劳工。据抗战胜利后国民党天津警察局的统计，从1940年至1945年8月，伪政府在天津骗招和强征的劳工有73347人之多。③ 而天津作为劳工掠夺和转运中心，从这里押运前往日本、东北和其他占领区的各地劳工，人数就更多了，仅1942年的前七个月，就多达70余万人。④ 劳工处于日军的严密看管之下，劳动和生活环境恶劣，很多人有去无回。

此外，日伪当局还通过强化"保甲制""自肃自励""勤劳俸仕"等各种名目以及强力推行殖民奴化教育，严格控制市民的思想和行为。尤其在思想教育方面，日本人深谙"欲灭其族，必先灭其文化"。他们强令各级各类学校的教育全部纳入"大东亚圣战"的轨道之中，规定"全市各级学校一律增设日语课程"，并成立了"日语专科学校"，胁迫教师学生和公务员学习日语。此外，还规定各学校每天都要举行"朝会"，校长必须宣讲"圣战思想"10分钟。通过规定"青年必读书目""各科研究书目"等，对青少年进行洗脑教育，灌输"亲日""反共"思想。⑤ 对于不服从者，

---

① 罗澍伟主编，《近代天津城市史》，中国社会科学出版社，1993年，第700页。

② 1948年《远东国际军事法庭判决书》B部第5章"日本对中国的侵略"。转引自郭登浩、周俊旗主编，《日本占领天津时期罪行实录》，社会科学文献出版社，2016年，第173页。

③ 《天津市警察局呈报沦陷期间本市被征劳工人数及经济损失概算表》（1946年9月2日），天津市档案馆藏，档案号：J2—2—1474，第21—22页。

④ 李秉新、徐俊元、石玉新主编，《侵华日军暴行》，河北人民出版社，1995年，第161页。

⑤ 黎始初，《日军控制下的天津伪政权》，中国人民政治协商会议天津市委员会文史资料研究委员会编，《沦陷时期的天津》，内部发行，1992年，第55—66页。

轻者关押刑罚，重者秘密枪决。天津沦陷后，爱国教育家、曾任北洋大学校长并担任过反对法国强占老西开的"维持国权国土会"副会长、时任耀华学校校长赵天麟，因收留被日军炸毁校园的南开大学师生、拒绝换用日方用来进行奴化教育的教材并支持学校师生的爱国举动，遭到日本人仇恨，于 1938 年 6 月 27 日清晨被暗杀于上班途中。

日本统治天津的八年时间里，日本情报机关极力利用青帮这种黑社会性质的民间秘密团体，为日方打探情报、伪造"民意"、贩卖华工、制毒贩毒。早在 1915 年，大特务土肥原贤二被派到中国，潜伏渗透、搜集情报，并于 1921 年加入青帮。卢沟桥事变前夕，日本黑社会组织黑龙会成员奉土肥原命令来津，将青帮各个帮口头目组织起来，在日租界内成立以青帮组织为基础的"普安协会"，在日方煽动"华北自治"时制造舆论，参与"便衣队"暴乱，为日本侵吞华北的阴谋效力。1939 年汪精卫建立伪政权、倡导"和平"时，一众天津青帮头目也都加以响应。[①] 天津被占领后，日本侵略者重用青帮头目袁文会搜集情报，袁本人向日本宪兵队、茂川特务机关、驻津总领事馆、日本守备队和日本海军武官府等不同部门的情报机构提供情报。他也在日本人的庇护下经营赌场妓院，拐卖人口，贩卖毒品，无恶不作，大发横财。[②] 美国财政代表尼科尔森（Nicholson）在 1938年 12 月 16 日给美国麻醉药品局的报告中说："日本人方面，始终要求保证与黑社会势力的长期合作。他们相信，这是保证控制上海外国人地区的最好方法，因为一旦他们得以调动这些黑社会力量，他们就能制造动乱，骚扰警方，逮捕抗日分子和中国政府的代表，攻击中国政府的银行、法庭与反日的报纸，以及破坏中国货币的稳定。……而日本人保障黑社会分子与其合作的唯一武器，便是鸦片和赌博业。"[③] 事实上，不仅在上海如此，日本特务机关对与其情况相似的天津同样采取了这种策略和手段，并且有过之无不及。

---

① 胡君素、李树棻，《日军对天津青帮的控制和利用》。中国人民政治协商会议天津市委员会文史资料研究委员会编，《沦陷时期的天津》，内部发行，1992 年，第 176—179 页。

② 刘静山，《依附日本势力的汉奸恶霸袁文会》。中国人民政治协商会议天津市委员会文史资料研究委员会编，《沦陷时期的天津》，内部发行，1992 年，第 180—184 页。

③ 转引自（美）魏斐德著，芮传明译，《上海歹土——战时恐怖活动与城市犯罪，1937—1941》，上海古籍出版社，2003 年，第 5 页。

战争带来的问题只有用战争来解决

中国人民的抗日战争是世界反法西斯战争的一部分，随着日军在太平洋战场上的节节溃败和德国宣布无条件投降，中国的抗战也迎来了最后的胜利。1945 年 7 月 7 日，国民政府军事委员会宣布中国战区进入反攻阶段。8 月 9 日共产党由毛泽东发表《对日寇最后一战》，号召"八路军、新四军及其他人民军队，应在一切可能的条件下，对于一切不愿意投降的侵略者及其走狗进行广泛地进攻"。接着，朱德又于 10 日接连发出了七道反攻作战命令。与此同时，国际上，中、美、英三国于 7 月 26 日发表《波茨坦公告》，敦促日本无条件投降。8 月 6 日，为了避免大量伤亡的登陆战以及抢先苏联一步拿下日本本土，美军在广岛投下第一枚原子弹，3 天后又在长崎投下第二枚原子弹。8 月 9 日苏联百万大军越过中苏、中蒙边境，向远东的日本关东军发起进攻。

1945 年 8 月 14 日，日本政府照会美、英、苏、中四国政府，表示接受《波茨坦公告》，向盟军投降。15 日，日本裕仁天皇发布诏书，向全世界宣布无条件投降。9 月 2 日，日本代表在美国密苏里战舰上正式签署了停战投降书。至此，第二次世界大战以日本战败投降而宣告结束，中国人民英勇顽强、不屈不挠长达 14 年的抗日战争也宣告取得胜利。

天津作为中国北方最大的城市，作为日本盘踞经营长达 45 年的军事基地，由谁来接受日军投降是一件重大且慎重的事。中国共产党领导的抗日武装力量长期在北方进行敌后抗战，大反攻后八路军将原本分散的抗日根据地一一连通，并控制了大量铁路干线，为接收北京和天津等大城市创造了条件。8 月 23 日，八路军收复张家口。为了不让大城市落入中国共产党军队的手中，国民党方面请求美国帮助，动用美国空军和海军的力量，迅速占领各大城市，接受日本投降。蒋介石与美国政府商议，决定授权由美军驻冲绳的海军陆战队第三军团前往天津接受日军投降。于是，9 月，美国海军陆战队一万多人，在天津的塘沽港登陆，前往天津、秦皇岛等地驻扎，随后在天津接受了日军的投降。

1945 年 10 月 6 日上午 9 时，天津日军受降仪式在美国海军陆战队第三军团司令部（原法租界工部局、今市文化局）门前广场举行。国民政府受降代表施奎龄、天津市市长张廷谔、副市长杜建时参加了受降仪式。仪式开始后，日本天津驻屯军司令官内田银之助及另外 6 名日本军官依次将各自佩刀放到签字桌上，然后美军骆基中将（Lieutenant General Lodge）和日军内田银之助分别在投降备忘录上签了字。之后，内田等人被美军送往关押地点。天津被日军占领八年的历史终于结束。

租界的割据是列强侵略战争的产物，天津租界的收回也与战争紧密相关。第一次世界大战中，中国加入协约国一方，向奥匈和德国宣战。战后，中国作为战胜国收回了这两个国家在天津的租界。俄国"十月革命"取得胜利后，苏维埃政权声明放弃沙俄在华取得的一切特权。（由于美、英、法等国施加压力，直至 1924 年 8 月天津地方当局才正式接管俄租界。）1931 年，比利时政府将在津租界交还给当时的国民政府。第二次世界大战中，日本偷袭珍珠港后第二天，中国政府向德国、意大利、日本三国宣战，宣布收回日租界和意租界。1942 年 1 月 1 日，由中国领衔，美国、英国、苏联等 24 个国家在美国华盛顿签订了《联合国家宣言》，标志着世界反法西斯同盟的最后形成。反法西斯同盟对抗德国、日本和意大利的轴心国，不仅是为了自卫，也是为了各国的人权、尊严，以及政治、经济和社会制度中的平等。因此，战争中当中国政府提出立即废弃不平等条约特权时，美国政府同意放弃在华特权，英国同意将英租界交还给中国，法国维希政府则将法租界交还给天津伪政府。1945 年 8 月日本投降后，天津地方政府得以实际收回日、意、英、法四国租界。至此，天津的所有租界全部正式收回。中国人民在抗日战争中浴血奋战，付出了巨大的代价，但也赢得了全世界爱好和平人们的尊重。

中国近代史上，从鸦片战争开始直到抗日战争之前的历次战争，几乎都以签订"割地赔款"为主要内容的不平等条约结束。八国租界是近代天津的独特现象，是近代中国屈辱的直接体现。"一个国家如被迫将其领土一些部分租给他国，或给予他国任何形式的治外法权，那么该国的'领土完整'即令未被破坏也受到了限制。"① 租界设置不久，中国人就为收回租界进行了不屈不挠的斗争。随着中国民族主义的觉醒，中国历届政府（包括北洋政府和国民政府）都在为收回租界而与租借国展开谈判，经历了废除不平等条约及提升国际地位的艰难历程。北洋政府提出"修约外交"，

---

① （美）威罗贝著，王绍坊译，《外人在华特权和利益》，三联书店，1957 年，第 33 页。

天津日军受降仪式现场　摄于 1945 年 10 月 6 日

天津人民早早来到现场围观庆祝胜利　摄于 1945 年 10 月 6 日

以上照片由刘悦提供

国民政府倡导"革命外交"，直至中国人民取得民族解放战争的胜利之后，才彻底废除了所有不平等条约。因此，总结中国废除不平等条约之经验，那就是：由战争带来的问题只有用战争去解决。

第八章

中西合璧的近代天津城市文化

・近代天津人的日常生活
・近代天津人的精神世界
・从土洋结合的生活方式
　到第一次地方选举

第八章　中西合璧的近代天津城市文化

—— 近代天津人的日常生活 ——

当一个地方用一道长长的四方城墙将自己包围起来与其他地方隔离，它就逐渐成为一个封闭的系统，进而由于内部频繁的互动交往而衍生出自己独特的地域文化。近代天津城市的发展兴盛于开埠后中西文化的碰撞与交流，它的居民来自国内各个省份和世界各个地方，它的围墙在 20 世纪初被大炮轰开并被彻底拆毁，因此中西合璧、兼容并蓄就成为近代以来天津城市文化最明显的特征。

在天津城市发展的漫长历史中，相比于政治局势的风云变幻、革命的激情澎湃和战争的巨大破坏力，城市居民的日常活动似涓涓细流般悄无声息，但唯有它才是塑造一个城市文化基因并代代相传的根本元素。

"当当吃海货，不算不会过"

历史学家布罗代尔（Fernand Braudel）说："食物是每个人社会地位的标志，也是他周围的文明或文化的标志。"[①] 天津居民饮食习惯和特征具有明显的地域性。从食材来说，一方水土养一方人，天津地处九河下梢、渤海之滨，物产丰富，特产质优量大的河海两鲜和飞禽野味等。食材新鲜是制作美食的首要条件。坐在桌旁就餐的居民，看着在自己家门口河中成百上千渔船上的渔民，从河里捞起满网活蹦乱跳的鱼虾，被家里大师傅简

---

① （法）布罗代尔著，顾良、施康强译，《15 至 18 世纪的物质文明、经济和资本主义》第一卷，生活·读书·新知三联书店，2002 年，第 118 页。

单烹制后端上餐桌，这种美味是天津人以及所有河湖边上居民的最爱。[①]
天津还有句俗话说"当当吃海货，不算不会过"，形象地说明了天津人重
视"吃"、特别是爱吃海产品的程度——为了吃新鲜海货，不惜把家当送
入当铺换钱；当然，从另一方面也证明了当时海货丰富、价格平实，大部
分人都吃得起海货。20世纪20年代，熟对虾一块大洋60对，半斤左右
的大海蟹四五只一个铜板，麻蛤、皮皮虾等在过去是上不了席面的。除了
河海两鲜，天津人还喜欢各种飞禽，如野鸭、大雁、铁雀等野味[②]和鸡鸭
鹅鸽等家禽。银鱼、紫蟹和铁雀，号称天津的冬令"三珍"。天津人的饮
食习惯还讲究"应时到节"，即到什么时令、气候、节气和节日就吃什么
食物。在天津，按时令来说，春天吃海里的黄花鱼、鲅鱼，夏天吃鳎目鱼，
秋天吃河里的鲤鱼，冬天吃银鱼。农历七月吃河蟹，要吃母蟹，满黄特肥；
八月吃公蟹，蟹膏肥腻。不同的季节吃不同的东西，这也符合没有现代仓
储条件的农耕渔猎时代的食物生产和供应特点。

　　"民以食为天"。中国传统餐饮文化历史悠久，菜肴在烹饪做法上有
许多流派。在清代逐渐形成鲁、川、粤、苏四大菜系，后来更细分为八大
菜系、十二大菜系等。但是，其中从来都没有"天津菜"的一席之地。这
是为什么呢？天津和上海从人口上来讲，都属于五方杂处的移民城市，市
民中各个阶层各个地域的都有，既有北京来的遗老遗少，又有山南海北的
军阀富商，还有留学归来的新派知识分子。虽然底层民众只能勉强果腹，
但上层社会则继承了"食不厌精，脍不厌细"的中国传统，形成了以"宫、商、
馆、门、家"著称的天津菜系门类，即由宫廷菜、商埠菜、公馆菜、宅门
菜和家庭菜构成，每个公馆宅门的厨师都有自己的拿手菜。而面向公众的
饭店，则有口味之分，大致分为天津馆、羊肉馆、北京馆、扬州馆、宁波
馆、川菜馆、山东馆、山西馆、广东馆及西餐馆等数种。[③]可以说，人们
无需出远门就可以在津城吃到最地道的各色菜系，这就是天津饮食的特点，

---

①　张畅、刘悦，《李鸿章的洋顾问：德璀琳与汉纳根》，传记文学出版社，2012年，第375页。
　　（法）布罗代尔著，顾良、施康强译，《15至18世纪的物质文明、经济和资本主义》
　　第二卷，生活·读书·新知三联书店，2002年，第18页。

②　笔者年少时常听家中长辈谈及野味的鲜美，尤爱食铁雀。后来野味都被列为国家野生
　　保护动物，不再捕猎，这是文明的进步。

③　张仲，《天津早年的衣食住行》，天津古籍出版社，2004年，第74页。

利顺德饭店

八大菜系里没有"津菜"也就不足为奇了。

近代天津人也喜食西餐。天津是近代文明传入中国北方的窗口，受欧风美雨的侵袭最久，是西餐、洋酒、西点最早进入中国北方的基地。当时中国人称西餐叫"番菜""大餐"或"大菜"。开埠之初，天津的西餐店基本上是由外国人在租界里开设的旅馆经营，如利顺德、起士林、帝国饭店等，供应初来天津的外国人或者年轻单身汉们食宿，此外还出现一些西点店、日料店。随着城市人口的激增，为了快速便捷地提供日常食物供应，

今日利顺德饭店夜景

租界区内还出现了现代化的菜市场。20 世纪初，天津就已有了英租界、法租界及华界的三处菜市场，它们不仅建筑规模宏大、设备完善，而且有非常详细的卫生管理章程。租界当局甚至还在原德租界、靠近租界地中心的一处地方设置了新式屠宰场，耗资五万元。所有牲畜围栏、屠宰房、冷藏间，都是在外国专家的监督下建成，冷藏设备也是专门从国外订购的。运

展示在起士林橱窗内的俄国宫殿式
蛋糕 摄于 20 世纪 20、30 年代

威廉大街上的起士林饭店 摄于 20 世纪 30、
40 年代

迁址后的今日起士林

位于德皇威廉大街上的起士林饭店虽
然只有一层，但内部规模较大。不仅
居住在天津、北京、上海的欧美人常
到起士林用餐、聚会，天津本地各界
人士也喜欢起士林的各种糕点美食。
著名作家张爱玲对起士林的面包有过
这样一段描述："在上海我们家隔壁
就是战时天津新搬来的起士林咖啡馆，
每天黎明制面包，拉起嗅觉的警报，
一股喷香的浩然之气破空而来。"

以上照片由刘悦提供

进这里的牲畜和运出的肉都要进行医学检验。[①] 菜市场和屠宰场供应的肉类品质丰富，包括：鸡、鸭、鹅、野鸡、小野鸟、洋鸡、鸽子等禽类，兔、牛、猪、羊、野羊等肉类，鸡蛋、鸭蛋、鸽蛋等蛋类；从平均日消费量来看，禽类 1950 只，肉类 531 头（只），蛋类 20500 只。[②] 当时的各种水果也价廉物美，葡萄、香蕉、橘子、梨、苹果应有尽有，而且南边产的香蕉每斤只要 4 分钱，每捆只卖 10 分钱。[③]

来自本地的供应之外，开埠之后，天津还从欧洲大量进口食品饮料。在海关免税物品清单中，食品位列榜首，其种类纷繁复杂，包括：鱼、肉、禽、各种野味罐头、鱼子酱、香肠、面饼、葡萄干、蛋糕、夹心糖、咖啡、可可、黄油、牛奶酥等，各种新鲜的蔬菜、水果、蜜饯、咸菜等，光是面粉就有粗磨粉（包括粟米粉及燕麦粉）和砂谷粉（葛粉、玉米粉等），还有酸辣酱、各种香料、调味汁、调料、香精等；饮品列在次位，包括：外国苦啤酒、甜露酒、甘露酒、树莓酒、苏打矿泉水、矿泉水及柠檬汽水等。[④] 这些洋货不仅供应外国侨民消费，也受到中高收入阶层的中国家庭追捧。有朋自远方来，一般要请到西餐馆吃大餐，亲朋好友之间馈送礼品也以送洋食为尊贵。天津的上流社会还常品尝荷兰水、麦酒（流行于英国，经发酵的麦芽饮料）、汽水、咖啡等洋饮料，朋友们聚会、朋友家有红白喜事均使用红酒或香槟酒。[⑤] 例如，《大公报》创办人英敛之在日记中就常常记录与朋友们出入西餐馆和日本料理店吃饭，或者携妻带子到饭店喝汽水、饮咖啡。1902 年 9 月 9 日的日记中记录，他到朋友家贺喜，"饮香藟酒数十瓶"（即香槟酒）。西餐与中餐的价格相当，丰俭由人，个人一餐五六角，请客的话，一席少则 2、3 元，多则 20 元（银元）以上，是普通劳动者一个月甚至几个月的收入。

---

① （英）雷穆森著，许逸凡等译，《天津租界史（插图本）》，天津人民出版社，2008 年，第 336 页。

② 天津市地方史志编修委员会总编辑室编，《二十世纪初的天津概况》，内部发行，1986 年，第 354 页。

③ （比）约翰·麦特勒等著，刘悦等译，《比利时—中国：昔日之路（1870—1930）》社会科学文献出版社，2021 年，第 200 页。

④ 张畅、刘悦，《李鸿章的洋顾问：德璀琳与汉纳根》，传记文学出版社，2012 年，第 321 页。

⑤ 郭立珍，《近代天津居民饮食消费变动及影响探究——以英敛之日记为中心》，《历史教学》，2011 年第 3 期，第 20—26 页。

法国大菜市

日本菜市

西北角菜市

以上照片由刘悦提供

英国大菜市

意国菜市

奥国菜市

以上照片由刘悦提供

　　19 世纪末 20 世纪初天津中上流社会饮食消费的一个基本特征是，宴饮往往与逛商店、看戏、看电影等娱乐消费相结合。因为这些在当时属于新鲜事物，所以在那一时期的名人日记中，对于这种饮食、购物加娱乐活动的记载比比皆是。1897 年，军机处大臣那桐在日记中说，与友人乘火车来津游玩，一下火车稍作休息，即"乘东洋车（即人力车）至第一楼（德意楼）饮洋酒、餐洋馔"，感觉"别具风味"；"欢饮畅谈"之后，"在法租界踏月游洋货店"。第二天是先购物，"至日本棉花公司及法国洋行购买零物"，然后吃早餐，"乘东洋车至天津北门外刘老纪羊肉馆早饭，纯是西域菜样，别有风味"。晚上到裕泰饭馆赴约吃饭，仍是西餐，散席后"同至鸣和戏园观灯戏"。[①] 几年后，电影在天津流行起来，餐后的娱乐活动就变成了看电影。1906 年的闰五月初六，英敛之"偕内人邀朋友及其夫人品昇楼饭，饭后同看美国活动影戏，内容精妙入神，其运转活动情形，与真人无异"，这是他们第一次观影。以后这样的娱乐活动成为他日记中的生活常态，直到后来忙于吃喝玩乐，感觉无聊乏味了。[②]

　　随着天津工商业的发展，餐饮业呈现出前所未有的繁荣景象。饭店、酒楼、乳品店、冷饮店、咖啡厅、面包房林立，全国各大菜系、小吃遍地开花。不仅传统中餐馆日益繁荣，而且象征现代生活的西餐业也发展迅速。1922 年《天津指南》中记录比较著名的酒店 13 家，其他酒馆菜饭店 47 家；据不完全统计，到 20 世纪 30 年代，天津约有西餐馆 38 家，洋酒馆、咖啡馆、洋点心铺 13 家。民国时期天津的旅馆基本上都提供中西两餐，还出现一批兼卖中西两餐的小食堂。[③] 西式餐饮打破了中国餐饮业一统天下的旧格局，不仅丰富了中国居民饮食内容，使传统的餐饮观念得以改良，最重要的就是女性可以参加宴会。西方宴会礼仪是夫妇共同出席重要活动，且男女可以同席，而中国古代妇女一般不参加正式宴饮活动，即使参加也是男女宾客分席而坐。清末上海、天津等主要城市受西方文化影响较大，一批与外国人打交道较多的中产阶级知识分子、买办和留学归国者率先打破这

---

① 见那桐在光绪二十三年（1897 年）八月十七日和十八日日记。北京市档案馆编，《那桐日记》上册，新华出版社，2006 年，第 251、252 页。

② 方豪编，《英敛之先生日记遗稿》，文海出版社，1984 年，第 771—788 页。

③ 郭立珍，《近代天津居民饮食消费变动及影响探究——以英敛之日记为中心》，《历史教学》，2011 年第 3 期，第 20—26 页。

一藩篱。比如，英敛之就常常偕夫人赴朋友的宴会。

由于餐饮业的繁荣，自明末清初以来，天津人即已养成喜好美食、崇尚奢华的民风食俗。例如，集中华美食之精华于一席的"满汉全席"，在天津早有流传。虽然在正史里不见记录，但在一些中外人士的笔记文集和文艺作品中则有记载。20世纪20年代在北京和天津献艺的著名相声演员万人迷编了一段相声名为"报菜名"，罗列大量菜名作为"贯口"词，颇受听众欢迎，虽有艺术想象却也来源于生活。20世纪初，一位在比商天津电车电灯公司创办时任职的比利时工程师在他的日记中，详细记载了受邀赴宴的情形。从他记述的食物内容来看，应该是一整套经过天津厨师改良的津味大餐，其中包罗各种山珍海味，疏不逊于"满汉全席"。这位外国人观察到，"等待上菜期间，餐桌上摆着干果与西瓜子。晚餐通常先供应各式各样的果脯、苹果、梨等等。换言之，就是我们欧洲人的甜点。随后有炖鱼、鲜虾、腌虾、鱼翅、河豚鱼白①、鹿脊髓、海龟、燕窝、藕和莲子等。所有菜品均为水煮，带着汤汁被端上来。接着为无骨鸭，或炖或炸，然后就是所谓的汤，但实际上又是煮过各种食物的汤汁。因此，这里吃东西的顺序与我们的习惯正好相反。"宴席的丰盛无与伦比，"用餐过程中，所有菜品或盘子都不会撤走。全部都将摆放在桌子上，必要时，会把一个盘子堆在另一个上面。你根本无法想象高级饭店里晚餐的菜品数量和种类的丰富程度"。酒水是米酒或高粱酒，"酒是温热的，盛在小锡壶里，你可以倒进极其小的酒杯里再喝下去。这种酒的味道像杜松子酒"。餐具是中式的，"吃饭时使用筷子，均由骨头、竹子或黄檀木制成。每人还有一把瓷勺，用来舀酱汁或汤，此外，还有一把两齿叉子。这种叉子是铜制的，用来吃水果等"。当然初来乍到的外国人并不习惯用筷子，不过这正好给了他一个拒绝不喜欢食物的委婉理由，"出于餐桌礼节，中国人喜欢将自己认为好吃的菜夹给客人。但经常客人不得不将其扔于桌下。若被人看到，你可以装作笨手笨脚，不善于使用筷子！其他东西都是预料之内的常规食

---

① 河豚的鱼白，即雄性河豚鱼的精巢，又名西施乳。世间天津产河豚最有名，其味道最鲜美之处便是鱼白。其质地甘腻细嫩，味为海产品之冠，以至民间有"不食鱼白，不知鱼味。食过鱼白，百鱼无味"的谚语。

物，基本上每次都一样，有些非常可口"。① 宴席丰盛既表明了天津人的热情好客，也是中国人普遍的虚荣好面子在餐饮聚会上的体现。另一点值得注意的是，请客的人只是任职电车公司仓库管理员的普通中国职员，说明菜价并没有高到不可接受。

"人配衣裳马配鞍"

在各种现代花样炫富的方式出现以前，古代和近代社会的人们展示自身财富地位和风度仪表的最佳方式，莫过于穿衣打扮。根据一个人的衣着来判断一个人的社会地位等级，是最简单方便的方法。最典型的例子是清朝官员的官服，从帽子上的顶戴花翎到衣服的颜色、前胸上的补子，都明确标示着官员的品级爵位，令人一望而知。普通人的服饰则从面料和式样上昭示着穿着者的身份。封建时代，社会地位低下的人，即使富有资产，也不被允许穿戴绫罗绸缎或者某种颜色的衣料。在近代工业革命以前，由于生产力落后，中国历朝历代服装的式样很少有流行一时的风尚，也不会由于个别人的喜好而改变。什么身份什么职位什么季节应该穿什么衣服，都有定规。妇女最多在发型和首饰上翻新花样。只有当政治改革或动乱打破了整个社会秩序时，穿着才会发生改变，比如赵武灵王的"胡服骑射"，还有不同朝代崇尚不同的颜色，以及清朝入关后强迫汉族男人剃发等。

天津虽然与北京近在咫尺，但近代之前天津地区的服饰却与北京服饰有着明显的差别。北京作为帝都、满族特权阶层的统治中心，服装服饰明显具有满族服饰的特点，女子普遍穿着各式旗袍，男子则"筒身箭袖"满袍马褂，即便汉族男女的穿着多数也是如此。而天津此时却呈现出女子"上袄下裙"的汉族传统服饰特征，男子的袍服也更多地体现满汉结合的特点。② 晚清时的天津官员群体，为了遵从服饰制度、迎合中央集权的审美喜好，一般穿着满汉结合的服饰和改良的旗装。初到中国且具有好奇心的外国人，他们眼中中国男性的"长袍马褂"是："裤子宽松肥大，没有裤门。裤腿

---

① （比）约翰·麦特勒等著，刘悦等译，《比利时—中国：昔日之路（1870—1930）》
社会科学文献出版社，2021 年，第 206—207 页。

② 杨丽娜、孙世圃，《浅论天津近代服饰变革及其在我国服装发展演变中的重要影响》，
《中国轻工教育》，2009 年第 1 期，第 5—6 页。

上宽下窄，里面穿着内裤。裤腿口缠着宽绑带。裤腰翻折，用棉布或丝做的腰带系住"；衬衫"是一种类似于马甲的短衣，为白色棉质。侧面系扣，衣长至中腹部。立领设计，始终敞着口，与其余服饰的款式搭配有致"；衬衫的外面"套着棉质、丝质或其他布料的长袍，颜色一般较为鲜艳，有紫罗兰、天蓝等"；有时，长袍外面再套一件马褂（马褂有袖，无袖的称作马甲），"类似教士穿的长袍，衣长至腰部，颜色多为黄、红或其他醒目的颜色，并镶着黑色或蓝色的衣边"；帽子也有季节的区分，冬天戴暖帽（多用毛皮和呢缎），夏天戴凉帽（藤编，外裹白色绫罗），帽顶有不同颜色的"扣子"（即顶珠，以不同颜色宝石区分品级）；靴子均由丝绸制成，或长或短，他们的长袜多为白色亚麻布或棉布材质；冬季时，所有衣物之外都会披上一层又一层的棉毛或皮毛，裤子外也套上保护小腿和臀部的护腿片，"中国男性会套着一件又一件的大衣，有时多达7件"。女士的服装在外国人眼里与男性基本相同，只是外衫更长、盖住臀部，"下摆缝有彩色绣花褶边"。颜色也都较为鲜艳，他观察到，天津妇女尤其喜欢红色。这一点确实是天津女服的一个特点。[1] 通常令来华外国人大为震惊的是中国风俗对女性脚部的残害，即缠足。[2] 后来，慈禧太后在推行"新政"时，废除了这一陋俗。不过，她也对从法国回来的女侍德龄说过，欧洲女性穿的紧身衣，腰部勒得让人喘不过来气，不如中国服装舒服。[3] 从对女性的束缚来说，两者

晚清汉女装（1875）

清末汉女装（1909）

---

[1] 张仲，《天津早年的衣食住行》，天津古籍出版社，2004年，第22页。

[2] （比）约翰·麦特勒等著，刘悦等译，《比利时—中国：昔日之路（1870—1930）》社会科学文献出版社，2021年，第209—211页。

[3] （美）德龄著，顾秋心译，《清宫二年记》，中国人民大学出版社，2012年，第47页。

本质上是一样的。

天津成为通商口岸后，大量外国侨民涌入，带来了西方服饰文化。天津人的穿衣打扮逐渐表现出明显的"现代性"，实现了款式、工艺、装饰的快速简化，并充分考虑到将服装的功能与美观相结合。例如。当北京女子普遍穿着宽身、"十八镶滚"的旗袍时，天津女子的袄、裙已经开始明显向窄身、展现曲线美的方向发展；到了辛亥革命之后，天津地方女子学校兴起，新文化、新思潮唤起和鼓舞着天津女子走出闺房、独立工作、自由恋爱、投身革命，此间代表新时代风貌的女学生着装在各个阶层普遍呈现，不仅衣身合体，彰显女性的身材，且上衣（袄）达到了有史以来的最短——仅及臀部，下裙摆提高到露出脚踝的高度，百褶裙、马面裙也已被简洁、素色的 A 字长裙所代替，呈现出明确的功能性和现代美感。①

而下层民众的服装更多从服装的功能性和实用性出发，这方面的代表是天津漕运服饰——"短打儿"。"短打儿"是天津特有的一种劳动者穿着服饰。夏季的"短打儿"上衣类似于坎肩，下配裤子，上衣前后两片在腋下用布条相系，河北山东等地也有类似装扮；冬季"短打儿"是指头戴毡帽，耳戴灰鼠护耳，上身穿"二大棉袄"（比棉袍短、比棉袄长），下身穿空裆棉裤。短打儿着装是从搬运为生的漕运脚夫穿着演化而来，是下层劳动人民的耐用服饰。②

开埠后，外国侨民涌入天津。租界内的西式服装店生意兴隆，来自巴黎的时装装饰着橱窗。欧洲人尤其对时装有一种历史悠久的特殊偏爱。17 世纪的一位欧洲使节说："一个人如果没有二十五到三十套各式各样的衣服就算不上有钱，有钱人必须每天换装。"③ 这里的绅士们制定了一整套穿着规矩。他们的衣着不仅严格地因时令而异，而且因一天内的不同时间和服装的不同用途而异。他们依据所做的事情和所到的场合，在一天内仔细换装数次，极为重视穿着打扮的各种细枝末节。一位义和团时期到访天津的细心的观察者这样描述道："如果领带的色调和样式同皮带、袜

① 杨丽娜、孙世圃，《浅论天津近代服饰变革及其在我国服装发展演变中的重要影响》，《中国轻工教育》，2009 年第 1 期，第 5—6 页。

② 张仲，《天津早年的衣食住行》，天津古籍出版社，2004 年，第 23 页。

③ （法）布罗代尔著，顾良、施康强译，《15 至 18 世纪的物质文明、经济和资本主义》第一卷，生活·读书·新知三联书店，2002 年，第 373 页。

穿西装的顾维钧夫妇（左），孙中山夫妇（右）

女学生装

长袍马褂

穿"短打儿"的人力车夫

旗袍

以上照片由刘悦提供

子的不相协调，那将被认为是严重地有损风雅和身份。在天津，从来没有一个珍惜自己的尊严和声誉的大人阁下或先生不是穿着运动服来到打网球的 recreation-ground（休息场）。他从来不会犯那种和男宾吃饭时穿燕尾服，而和女宾吃饭时却穿着晚礼服这种颠三倒四、不可饶恕的乱穿衣服的错误。"①

为了满足侨民们在衣着上的讲究，租界里有各种服装商店，专门为侨民们制作和进口时装，其款式来自时尚之都巴黎的当季流行样式。在 1928 年出版的天津租界英文洋行目录中，经营服装和女帽的商店有 7 家，鞋店 4 家，百货商店 22 家，专营珠宝手表的商店有 8 家，基本能够满足侨民们日常的服装要求。在中国人看来，这些商店的数目简直是大大超过需求了。② 西装讲究量体裁衣，侨民在天津也能找到非常好的中国裁缝、鞋匠为他们制作西装、鞋帽，而且价格大大低于欧洲人经营的时装店，其实后者除了裁缝来自欧洲，制衣工作仍是由中国人来完成。精打细算的外国工薪阶层发现，"花 55 法郎就能买到一套海蓝色三件式西装"，而且剪裁精致，中国裁缝的手艺"堪比比利时的裁缝"。夏季穿的浅色西服更便宜一些，"白色服装需要 8 到 9.5 元，卡其色只需 7.5 元"。中国鞋匠制作的皮靴"做法与欧洲一样专业"，甚至"比我从比利时买来的那些工艺更好，舒适性更强"。③

近代社会风起云涌，服饰文化呈现出异彩纷呈的局面。不仅是外国侨民，还有 20 世纪初大批从海外归来的留学生、受过教会教育的洋派人物、在洋行供职的职员、追求时髦的年轻人，都热衷于穿西式服装，西装男女在天津街头随处可见。不同的文化相互碰撞、相互交融，使天津成为近代中国服饰文化的前沿，呈现出亦"土"亦"洋"、亦"古"亦"今"、亦"满"亦"汉"的服饰风貌。

天津在近代引领服饰变革，更成为一个纺织业非常发达的城市，拥有

---

① （俄）德米特里·扬契维茨基著，许崇信等译，《八国联军目击记》，福建人民出版社，1983 年，第 38 页。

② 张畅、刘悦，《李鸿章的洋顾问：德璀琳与汉纳根》，传记文学出版社，2012 年，第 318—319 页。

③ （比）约翰·麦特勒等著，刘悦等译，《比利时—中国：昔日之路（1870—1930）》社会科学文献出版社，2021 年，第 201 页。

华新纺织、恒源纺织、北洋纱厂、裕大纱厂、东亚毛呢、仁立纺织等众多纺织企业。其中，东亚毛呢厂生产的"抵羊牌"毛线更是享誉国内外。到1931年9月，因纺织业发达而兴起的服装相关商业店铺已经达到鼎盛时期。当时天津估衣街店铺最多的就是服装店与绸缎庄。据统计，绸布棉纱呢绒布庄、裘皮商店及服装商店就有：谦祥益、敦庆隆、元隆、华祥、瑞蚨祥、绵章、宝丰、崇庆、万聚恒、庆德成、恒泰庆等近百家。[①] 天津已经成为一个包括棉、毛、丝、印染、针织和服装等各个行业的近代纺织工业基地。

东亚毛纺厂车间旧照

估衣街

今日谦祥益

以上照片由刘悦提供

---

① 谢鹤声、刘嘉琛，《六十年前的天津估衣街》。中国人民政治协商会议天津市委员会、南开区委员会文史资料委员会合编，《天津老城忆旧》，天津人民出版社，1997年，第74—83页。

戏园、电影院、舞厅和俱乐部

看戏是近代天津人日常生活中的主要娱乐活动。因地近首都，所以发源于北京的京剧也深得天津人喜爱。天津人也非常懂戏，在京剧界流传着这样一句话："北京学戏，天津走红，上海赚包银"，即是说一名京剧演员必须在天津赢得好评，才能成为全国公认的"红角"。因为天津有大量有钱有闲的京剧爱好者，票房可观，所以几乎所有的京剧表演艺术家，如四大名旦、四大须生等，都经常在天津演出，马连良、张君秋更是定居这里。在津居住的王公大臣、军阀富商的家里常有戏台或临时搭设戏台，比如庆王府的一楼大厅就是办寿宴时搭临时戏台的地方。家中举办喜庆宴会时，请戏班艺人来演出助兴，称之为"唱堂会"。还有一些公馆宅院或者会馆则建有专门的戏楼，比如杨柳青石家大院的戏楼和广东会馆的戏楼，而更多的天津普通民众看戏则是去公共娱乐场所——戏园。

天津的戏园设施先进，照明良好。所有的戏园都是正方形，前方正中是戏台，周围有两层看台，楼上一般都设有包厢。19世纪末天津开始引入煤气灯照明，这是北方最早的，所以"园中煤气灯极多，明如白昼，一大观也"。[①]演出一般从晚上五点开始，到凌晨一两点左右才结束，一幕紧接另一幕，中间没有间隔。20世纪初年，坐在可容纳6到8人的楼上包厢内，每人需要支付5元或3.5元，其他座位的价格为3.5元。"演出期间，戏园服务员会售卖坚果、干瓜子、茶水等等。同时还会分发毛巾，这些毛巾浸在温水中，被紧紧地拧在一起，供观众来擦脸和手。毛巾用过之后，服务员会收回，将毛巾再次放入热水中，拧干，然后重新分发给其他观众。这一幕整晚不断重复。这些毛巾摞成一大堆，服务员们互相扔来扔去，从戏院一边抛到另一边。"观众还可以随意闲聊、走动，既为休闲娱乐，也可进行社交。所以，中式戏园的秩序是非常混乱的，演员的首要能力就是嗓音足够大。"如果哪位艺人能够一口气喊得时间特别长且声音洪亮的话，观众会认为这是一位很好的表演者，他会得到大家的喝彩。"[②]相声大师

---

① 光绪二十三年（1897年）八月十八日日记。北京市档案馆编，《那桐日记》上册，新华出版社，2006年，第252页。

② （比）约翰·麦特勒等著，刘悦等译，《比利时—中国：昔日之路（1870—1930）》社会科学文献出版社，2021年，第207—209页。

外国侨民内恩斯拍摄的中国京剧照片 约摄于 1905—1906 年间。收藏于比利时根特大学档案馆

天津戏园 刘悦摄于 2018 年

侯宝林的经典《关公战秦琼》对那时北京戏园的场景有极其相似的描述。可见，戏园是当时中国中下层民众的主要娱乐社交场所，观众彼此之间、观众与服务人员之间以及观众与演员之间的互动都是同时进行的，因此难免秩序混乱。

　　天津的戏园主要分布在城厢和南市一带，20 世纪 20、30 年代，随着城市中心的转移，而集中到商业繁荣、交通便利的法租界。这一时期，由于经济的发展，加上很多清朝贵族、遗老遗少、军阀督军、买办富商都定居天津。他们投入大量的时间精力和金钱来支持和赞助京剧艺术，有的甚至自己粉墨登场，称之为"票友"，比如袁世凯的二公子袁克文常以"寒云主人"的名号登台演出。南开大学的倡议人、张伯苓校长的胞弟张彭春，是哥伦比亚大学硕士，精通西洋戏剧，曾两次协助梅兰芳赴海外演出，对京剧艺术的海外传播起到积极作用。当时的新闻界也对京剧给予关注和支持，报纸上常常刊登评论文章。由于以上原因，这一时期京剧演员的表演水平大幅提高，剧本和音乐的创作有名家指点，服装、化妆、道具更加精美，一件绣满了金线和宝石的戏服需要几千元，京剧表演艺术几乎登峰造极。1936 年"中国大戏院"在法租界落成，拥有 2000 个座位，设备完善，开幕广告中号称"冠绝华北，唯我独尊"。四大名旦、四大须生等名角都曾在此登台演出。在"中国大戏院"一炮而红，成为每一位京剧表演者的心愿。以此为标志，在抗战爆发前，京剧在天津的发展达到鼎盛。①

　　比京剧更受年轻人欢迎的娱乐消遣是看电影。电影于 1895 年由美国传入欧洲，1896 年即传入天津，在天丰舞台、天仙茶园等处，使用手摇电影机放映无声"外洋电戏"。1905 年 6 月 16 日，天津《大公报》首次使用"电影"一词。《大公报》是北方地区最重要的报纸之一，由于它的影响力，"电影"一词很快在京津地区乃至全国流行开来。1906 年 12 月，权仙影院开始放映电影，当年名为"天津权仙茶园"，位于原法租界紫竹林附近的葛公使路（今滨江道）与巴黎路（今吉林路）交口处，名曰"茶园"，实际是以放电影为主的电影院。银幕用白布做成，有几排长板凳，可容纳近 300 名观众。楼上是雅座，票价也是按照观影的位置、角度不同，从 3 角到 1 元不等。当时院方邀美国电影商人来津放映最新电影，影片每三天更换一次，每晚 9 点到 11 点放映，多为世界各地名胜和滑稽短剧片，也有打斗片、侦探片、歌舞片等，使得人们大开眼界，不仅中国观众，侨民也非常踊跃地去观看。两年后的 1908 年 2 月，"权仙"在南市分设一座新电影院，俗称"上权仙"。1929 年，彩色有声电影传入中国，"权仙"生意更旺。"权仙"经理特向电车公司订下专车，每晚 11 点散场后，蓝牌电车特设"权仙"一站。② 这一时期在南市还有"新明"和"皇宫"两家电影院，设施更先进，银幕由美国进口，场内有电扇，场外备有咖啡西点。

　　20 世纪 30 年代初，电影院开始集中到法租界劝业场一带的商业中心。"明星""光明社"（今光明影院）"新新""春和""天宫""天丰"等影院，相距不过一两百米，形成了档次不同的影院群，且经常上映国产片。因为相互竞争，票价都比较低廉，多在 2 角到 4 角之间，一般大众都能接受。另一个影院汇集的商业娱乐中心在英租界的"小白楼"一带。这里有"平安"（今音乐厅）"大光明""大华"（今北京影院）三家影院。这个影院群的档次更高、设备和环境更好，票价从 5 角到 2 元左右，观众多为外国侨民和欧化的中国人，主要上映进口的美国影片。这一时期，"平安影院"和"新新影院"与世界大电影公司发行网建立了直接联系，欧美

---

① 尚克强、刘海岩，《天津租界社会研究》，天津人民出版社，1996 年，第 258—260 页。

② 王述祖、航鹰编著，《近代中国看天津：百项中国第一》，天津人民出版社，2007 年，第 203 页。

平安电影院　摄于
20 世纪 30 年代

最流行的新片往往半年左右即可引进天津放映。天津大众对当时的好莱坞影星如卓别林、嘉宝、秀兰·邓波儿等都非常熟悉喜爱，到电影院观影成为天津大众尤其是年轻人娱乐生活的主要内容。[①]

　　深受时髦青年喜欢的另一项近代娱乐活动是跳舞。这一娱乐活动很早即由西方侨民引入到天津租界。租界内的各个俱乐部里都设有舞厅，虽然只有俱乐部成员能参加，但这是天津交谊舞和舞厅的滥觞。娱乐是分阶层的，也是由上至下逐渐普及的。交谊舞由旅欧回来的清政府外交官家属带到宫廷，受到追求享乐的皇室贵族的欣赏，逐渐又被军阀权贵带到天津，成为上流社会的时髦娱乐项目。后来这种娱乐活动蔓延到中产阶层。为了招揽生意，很多中外人士常常光顾的西式饭店也都开设舞厅，如利顺德、起士林、西湖饭店、大华饭店等。1914 年开在法租界内的国民饭店，面向社会开放它的"皇宫舞厅"，这是天津第一家营业性舞厅。到 20 世纪 20 年代，除了利顺德饭店的"天升舞厅"、英国乡谊俱乐部的"南楼舞厅"、德租界"大华影院"二

民国时期天津舞厅　照片由刘悦提供

────────────

① 尚克强、刘海岩，《天津租界社会研究》，天津人民出版社，1996 年，第 255—258 页。

楼的"圣安娜舞厅"这几家比较高档的舞厅之外，法租界的"福禄林"、中原公司（今百货大楼）的"巴黎跳舞场"、惠中饭店的舞场、百乐门舞场等面向大众的舞厅也日渐增多，达到20多家。除了早期留学归来的新派人物和驻外使节及其家属会跳舞之外，一些十月革命后流亡到天津的俄国人开始开办舞蹈学校，教国人跳华尔兹、探戈等交谊舞。交谊舞逐渐成为上流社会绅士淑女的必备技能之一。

20世纪20年代天津舞厅中的名人以溥仪和张学良为最。1924年被冯玉祥部队士兵赶出紫禁城迁居天津的末代皇帝溥仪，如离开牢笼的金丝雀，一头扎进天津的灯红酒绿。在皇宫中，溥仪早已在英国教师教导下学会跳舞、打网球，来津后他带着"皇后"婉容，几乎日日去利顺德饭店吃饭跳舞。奉系军阀张作霖的儿子"少帅"张学良因时常流连于天津的舞厅，在1931年九一八事变之后背负骂名，被马君武写诗讽刺道："赵四风流朱五狂，翩翩胡蝶最当行。温柔乡是英雄冢，哪管东师入沈阳。告急军书夜半来，开场弦管又相催。沈阳已陷休回顾，更抱佳人舞几回。"

1931年"巴黎跳舞场"开业，从上海、北平引入"职业舞女"。另外还有很多流亡来津的白俄女性，其中不乏贵族后裔，被生计所迫沦为舞女，主要招待驻津外国军队士兵。所以天津的舞厅，尤其是中下层舞厅，鱼龙混杂，曾引发社会名流们的激烈反对，指其"有伤风化"。1927年的《大公报》上连续刊登"跳舞问题"专号，对舞厅状况进行分析，指出交际舞对社交也有好处，不可一概否定。著名教育家严修也在报上说，他认为跳舞是一种娱乐，不能不加分析地一概反对。[①]

天津中上层外国侨民的主要社交娱乐场所是各个俱乐部。19世纪忙于在全世界进行殖民扩张的英国人，为了在异域他乡排解寂寞、互通声气、加强联系，在远东各主要港口城市都开办了俱乐部。天津最早的俱乐部就叫"天津俱乐部"，也叫"万国俱乐部"。它在租界建立的早期已经扎根，是由最早在天津设立租界的英国人设立的。作为当时最有实力的殖民国家，英国人订立了早期俱乐部的规定："当地土著——中国人、朝鲜人和日本人，以及half-cast（混血儿）不得进入俱乐部。只有白色人种才能成为它的高贵的会员。俱乐部事务由各

---

① 《大公报》1927年7月1日、8月9日。

国代表选举产生的委员会管理。"①俱乐部里的各种设施齐全，设有餐厅、台球场、九柱戏场（类似保龄球）、图书室和拥有很多报刊的阅览室。俱乐部的仆役是中国人，所有会员都是经过挑选的，同时，他们也都有权推荐宾客，但必须严格注意他的社会等级。只有各国军官可以被认为是俱乐部的常客。义和团运动之后，德国俱乐部、法国俱乐部、日本俱乐部、意大利俱乐部和美国俱乐部纷纷成立。每个国家俱乐部都有它的网球会和运动俱乐部。②但是最有影响力的仍然是英国人建立的各种俱乐部，所以天津的各国侨民所遵循的是英式社交娱乐法则。英国人的赛马俱乐部直接被命名为"天津赛马会"，英国人的各种运动俱乐部被称作"天津草地网球会""天津水球会""天津马球会""天津高尔夫球会""天津板球会"等，还有女性侨民组织的"天津妇女俱乐部"，每周聚会。体育项目的俱乐部主要组织各种比赛，而妇女俱乐部除了学习中文和法语会话、戏剧、体操、研习《圣经》之外，还开展各种慈善活动。③

　　由于贸易的繁荣，以英国人为代表的外国商人在天津经商很快就积累了大笔财富，而且他们大都依靠买办筹措各种事宜，自然拥有大把空闲时间。初到天津的外来者观察到，天津侨民一天的生活离不开各种俱乐部。他们的生活很规律：一上午繁忙紧张的工作后，中午"坐人力车或骑脚踏车去天津俱乐部，在那里互相见面，读电讯和报纸，交换消息"。下午"四点钟办公室结束工作。欧洲人骑自行车或骑马到郊外的休息场打网球，在那里和妇女们见面"。晚上八时进晚餐后，年轻人和单身汉去俱乐部或旅馆玩台球、打牌或者痛饮威士忌，常常到深更半夜。④20世纪初电力照明设施普及后，天津的市民，无论中外，都更有条件开展丰富多彩的休闲娱乐活动，从此开始了真正的"夜生活"。

---

① （俄）德米特里·扬契维茨基著，许崇信等译，《八国联军目击记》，福建人民出版社，1983年，第36页。

② （英）雷穆森著，许逸凡等译，《天津租界史（插图本）》，天津人民出版社，2008年，第265页。

③ （英）雷穆森著，许逸凡等译，《天津租界史（插图本）》，天津人民出版社，2008年，第223—224、264—281页。

④ （俄）德米特里·扬契维茨基著，许崇信等译，《八国联军目击记》，福建人民出版社，1983年，第36—38页。

赛马、体育活动和奥运会

近代天津在各方面开风气之先，许多当时在世界范围流行的体育运动纷纷在天津对外开放后传入，参加者从租界的侨民扩展到本地居民，体育运动也成为天津市民日常休闲活动的一项重要内容。

天津的外国侨民最热衷的运动是赛马和草地网球。一种运动之所以会受到侨民的推崇，主要在于其能炫耀财富和社会地位。"一项高级别的运动项目，从定义上说，就是一种要求大批昂贵用具或者昂贵设施或二者兼备的运动。"[①] 赛马和草地网球与一般运动相比，都需要更大的专业性场地、昂贵的设施、专业的训练以及相配套的服装等等。所以，天津上流社会的侨民非常热爱这两种"烧钱"的运动。

草地网球很早就已经是侨民中最流行的户外运动。在 20 世纪 20 年代，天津有 8 个草地网球俱乐部，打球的成员有约 1500 人。[②] "草地网球运动吸引着所有人：儿童、青年人、成年人，乃至老头子和老太婆。他们一清早就手执球拍来回奔跑，一直打到天黑。……会打网球被认为是有风度的标志。……一个人必须打网球，就像一个人必须遵守礼节和装束入时一样。"[③] 天津的草地网球俱乐部还经常与北京的俱乐部在春秋两季各举行一次比赛，6 月份在北京，9 月份在天津。在温布尔登网球赛上获得过世界冠军的运动员也曾于 1922 年访问天津，并在海关俱乐部球场进行了表演赛。[④]

赛马就更不用说了。这项运动在天津、上海、北京和香港等通商口岸的侨民中非常流行，是天津侨民开展最早的休闲运动。天津赛马会（Tientsin Race Club）在 1863 年 5 月举行了第一次赛马，一位路过天津

---

① （美）保罗·福塞尔著，梁丽真等译，《格调：社会等级与生活品味》，中国社会科学出版社，1998 年，第 156 页。

② （英）雷穆森著，许逸凡等译，《天津租界史（插图本）》，天津人民出版社，2008 年，第 269 页。

③ （俄）德米特里·扬契维茨基著，许崇信等译，《八国联军目击记》，福建人民出版社，1983 年，第 37 页。

④ （英）雷穆森著，许逸凡等译，《天津租界史（插图本）》，天津人民出版社，2008 年，第 272—273 页。

获胜赛马及其主人　照片摄于 20 世纪初，由刘悦提供

赛马场　照片由"东亚之友"协会提供

的旅行者发现，"天津处于极度激动的状态中"①。在天津骑马并非完全为了运动，还因为开埠早期道路状况极差，侨民出行时主要依靠骑马，而买马养马的费用极低廉，所以几乎每个侨民家里都会养上一两匹马。1886年，天津赛马会接管了英租界以南的"养牲园"，并在那里修建了新的固定赛马场。新赛马场"赛道周长一点五英里，赛道极宽，可轻易容纳十四匹马并肩赛跑，十八匹的话也并不嫌拥挤。赛道里是一圈同样长度的训练用跑道。再里面是一条防洪用的排水沟以保持赛道干燥。排水沟里是一条煤渣路。赛马场的最外面环绕着一条小河"②。马场设有看台，老的看台在1900年被烧毁，第二年就立刻重建了一座新看台，一直使用到1925年才被三座混凝土看台所取代。③这座跑马场在许多方面，是中国所有赛马场中最好的，也是远东第一流的。

骑马是一种体育运动，赛马则是一种休闲娱乐，同时也是一项赌博活动。当道路情况改善后，人们出行有了更多的交通工具，马匹就更多地被用来进行比赛了。富有者养马参赛，中产者骑马运动，没有马的人可以赌马。赌徒们在速度的刺激下，游走在倾家荡产的边缘，感受肾上腺素飙升带来的快感。天津最早的赛马场设在海光寺一带，赛马会每年在那里举行一次只有欧洲人参加的马赛。④英商天津赛马俱乐部一年举行春季和秋季两次赛会。1893年举行的一次会议上，天津赛马会决定在每个赛会期间为中国骑手举行两次比赛。后来由天津道台向这两场中国骑手的比赛捐赠了一个奖杯，所以比赛被称作"道台杯"（Taotai's Cup），该项赛事一直是中国最好的赛事之一。⑤抗日战争结束前，天津先后有过7个赛马会，其中天津赛马会的经济效益是最好的。马会还将原来马场旁的乡谊俱乐部（Tientsin Country Club）并入到马场，使人们在赛马之余有了一个休息娱乐的去处。改建后的乡谊俱乐部拥有室内舞厅、室内游泳池、保龄球场，

---

① （英）雷穆森著，许逸凡等译，《天津租界史（插图本）》，天津人民出版社，2008年，第40页。

② Austin Coates, *China Races*, Cambridge: Oxford University Press, 1984, p93.

③ （英）雷穆森著，许逸凡等译，《天津租界史（插图本）》，天津人民出版社，2008年，第267页。

④ 1880年11月24日汉纳根致父母的信函。摘译自 Constantin von Hanneken. *Briefe aus China: 1879–1886; als deutscher Offizier im Reich der Mitte.*

⑤ Austin Coates, *China Races*, Cambridge: Oxford University Press, 1984, p95.

赛马场看台上的中外观众　照片摄于 20 世纪 20、30 年代，由刘悦提供

乡谊俱乐部照片　照片摄于 20 世纪 20、30 年代，由刘悦提供

乡谊俱乐部的室外休息区

乡谊俱乐部的餐厅咖啡厅

乡谊俱乐部的室内游泳馆

乡谊俱乐部的休息室

以上照片由德国"东亚之友"协会提供

另外还设有餐厅、茶厅、剧场、台球房、露天舞池等多功能设施，成为京津中外人士聚会休闲的高级娱乐场所。

穆祥雄

外国侨民中还曾流行过板球、曲棍球、橄榄球、足球、棒球、游泳、冰球、冰上游艇、滑冰、马球和高尔夫球，并都有相应的俱乐部。这些俱乐部还经常与北京、上海、汉口的侨民俱乐部进行比赛交流，或者与当地驻军军人进行比赛。[①] 这些体育运动项目虽然没有或少有中国人参加，但通过教会学校、留学归国者的引荐，越来越多的中国年轻人了解、喜爱并投入其中。尤其是网球和游泳在天津的中国人中也很流行。天津人穆成宽是我国第一位参加国际游泳比赛、与外国人同场竞技并获得过冠军的人，他的儿子穆祥雄也从小练习游泳，曾经打破过世界蛙泳纪录，被称为中国"蛙王"。网球也是天津的达官贵人和中产阶层热衷的运动，中华人民共和国第一支网球队于1950年在天津组建并进行日常训练。

近代天津的洋务学堂非常注重学生的身体素质，一般都将体育课作为必修课程之一。学校的体育课尤其重视有助于培养团队精神的球类运动。足球和篮球运动分别于1864年和1895年传入天津。北洋水师学堂、电报学堂、武备学堂、北洋大学堂、高等工业学堂、新学书院、汇文中学、南开学校等众多学校也相继设立足球课和篮球课，并成立球队。京津之间的学校经常举办埠际比赛。1915年南开学校足球队经常赴京参赛。20世纪30年代，足球和篮球运动成为天津的群众性体育活动，全市各处空地建有篮球场，当时的媒体称天

董守义（居中左三着西装者）与南开大学篮球队

---

① （英）雷穆森著，许逸凡等译，《天津租界史（插图本）》，天津人民出版社，2008年，第273—280页。

津为"篮球城"。1910 年至 1948 年，全国共举办过七届运动会，天津男篮蝉联一至六届冠军，并多次在国际比赛中获胜，其中主力队员出自南开学校篮球队，即著名的"南开五虎"。南开大学篮球队教练董守义曾赴美国专门学习篮球理论，训练之余于 1928 年出版了篮球专著《篮球术》一书，推动了我国篮球运动的正规化、科学化。天津的足球运动水平也很高，1935 年，以天津河东大直沽球员为主的中华足球队战胜西洋各国联队，夺得国际"爱罗鼎杯"足球大赛的冠军。1937 年该队赴日本参赛，以四战四捷的战绩挫败日本各队，在抗日战争前夕引起全国各界轰动。[①]

　　田径运动是最古老的体育运动项目，在天津也非常具有群众基础。不仅学校一般将其列入体育课程以提高学生身体素质，而且各国侨民和驻军也都在每年（"一战"期间中断）举行公开运动会，各国选手都可以参加。1902

利迪尔 1924 年参加比赛的照片

以上照片由刘悦提供

年在天津出生的苏格兰人埃里克·利迪尔（Eric Liddell，中文名李爱锐），曾在 1924 年 7 月巴黎奥运会 400 米赛跑中夺得金牌，并打破奥运会纪录和世界纪录。后利迪尔回到天津任教于新学书院。在他的建议下，民园体育场改建成为当时世界一流的赛场，每年在这里都会举行众多的体育比赛。太平洋战争爆发后，他与其他英美籍侨民被关押到山东潍县集中营，战争结束前夕因病去世。1982 年，以埃里克·利迪尔体育生涯为真实背景的英国影片《烈火战车》，获得美国奥斯卡奖的最佳影片、最佳配乐等四项大奖，至今仍为世界各地久演不衰的经典影片。

　　体育运动既是强身健体、摆脱无聊的休闲娱乐活动，也是和平时期国

---

① 王述祖、航鹰编著，《近代中国看天津：百项中国第一》，天津人民出版社，2007 年，第 217、219、221 页。

中华全国体育协进会董事王正廷授旗给中国参加奥运会第一人刘长春 照片摄于 1932 年，照片由刘悦提供

家之间进行竞争的一种方式。因此，国内有识之士认为中国应当参加世界奥林匹克运动会，南开大学校长张伯苓便是其中之一。1907 年 10 月 24 日，他在天津第五届学校运动会颁奖仪式上发表演说，指出："此次运动会的成功，使我对吾国选手在不久的将来参加奥林匹克运动充满了希望。""我国应立即成立一奥林匹克运动会代表队。"1928 年，张伯苓任名誉会长的"中华全国体育协进会"，派代表出席观摩了第 9 届国际奥林匹克运动会。1945 年抗战胜利，他组织召开体育协进会会议，申办第 15 届奥运会，这是中国历史上第一次申奥活动。近代著名外交家王正廷，在北洋大学求学期间，开始了解奥林匹克运动。1912 年他和张伯苓等人，与菲律宾、日本的体育界人士协议，发起举办"远东运动会"。1920 年"远东运动会"被国际奥林匹克委员会正式承认为区域性国际体育赛事，舆论称之为"远东奥林匹克运动会"。1922 年王正廷被选为国际奥委会委员，他也是中国历史上第一位国际奥委会委员。1936 年第 11 届奥运会和 1948 年第 14 届奥运会，中国均派出代表团参加，王正廷两次担任总领队。中国第二位国际奥委会委员是南开大学篮球队教练董守义。此外，天津的中华基督教青年会（YMCA）也积极推动奥林匹克运动在中国青年中的发展，并将其与爱国主义精神联系起来。1908 年青年会刊物《天津青年》（*Tientsin Young Men*）上的一篇文章提出了著名的"奥林匹克三问"："1. 中国何时能派一名能赢得金牌的运动员参加奥林匹克竞赛？ 2. 中国何时能派一支能获得金牌的代表团参加奥林匹克竞赛？ 3. 中国何时能邀请全世界到北京来参加一场国际奥林匹克竞赛，改变奥运会一直在雅典举办的局面？"整整 100 年之后，2008 年中国终于成功举办了北京奥运会。

———— 近代天津人的精神世界 ————

文化，是构成一个城市时空概念的范畴之一，它不仅包括生活方式，还包括人们的精神面貌、宗教信仰以及文学、艺术等。它源远流长，与城市共生，是城市记忆的延续。

多元化、分阶层的宗教信仰

宗教在工业革命以前的人类社会生产生活中占有重要地位。它起源于社会生产力水平低下的时期，是原始人类对各种自然现象的神秘想象和解释。中国人的宗教主要有道教、佛教、伊斯兰教、天主教、基督教新教和民间信仰。其中，道教、佛教、伊斯兰教以及各种民间信仰在天津都有悠久的发展历史，构成了天津人丰富的精神世界。近代以来，随着西方殖民主义的入侵和资本主义生产方式的发展，天主教、基督教新教、东正教、犹太教、锡克教等也都传入天津，为天津的宗教发展留下了丰富的印迹，充分体现了这座近代大都市的国际化程度。

前文中讲到，天津素有"先有天后宫，后有天津卫"的说法，天后宫里供奉的是妈祖。妈祖本是民间信仰的神，后来被道教吸收成为"天后娘娘"和"护国天妃"。距离现在的天后宫不远处还有一处历史悠久的道院叫"玉皇阁"，它曾是天津城内最大的道教庙宇。清人有诗云："直在云霄上，蓬瀛望可通；万帆风汇舞，一镜水涵空。"从明至清，佛教寺院遍布天津地区，其中影响较大的有孤云寺、海光寺、大悲禅院、紫竹林庙宇等。伊斯兰教在天津的发展也有几百年的历史。天津最早的清真寺建于永乐二年（1404），与天津城的历史一样悠久。1655 年荷兰使团来到天津时就发现，"这个地方到处是庙宇，人烟稠密"[1]。以上能够说明在西方殖民主义的入侵和资本主义生产方式到来以前，天津地区民众的主要信仰是佛教、道教、伊斯兰教以及民间信仰。至近代，玉皇阁的绝大部分建筑被废，现仅存主体建筑。而佛教寺院除了大悲禅院香火依旧之外，孤云寺（天津人后

---

[1] （荷）约翰·纽霍夫，《荷兰联邦东印度公司使节哥页和开泽阁下在北京紫禁城晋谒大鞑靼可汗（顺治）》，1669 年。转引自（英）雷穆森（O. D. Rasmussen）著，许逸凡等译，《天津租界史（插图本）》，天津人民出版社，2008 年，第 10 页。

来称为白庙）①、海光寺和紫竹林的庙宇被外国侵略者拆毁，只剩下地名留存。明清两代中国的道教发展陷入停滞僵化，天津的道教在近代逐渐与民间信仰融合、难分彼此，而天津佛教在近代的式微则与国运的衰败密切相关。

近代中国佛教史上著名高僧、文化奇才——弘一法师，是天津文化史和佛教史上最杰出的人物。"半世风流半世僧"的他，一生充满了传奇色彩，以卓越的才华照耀了一个时代。弘一法师，俗名李叔同，1880年生于天津官宦富商之家。前半生的他是中国新文化运动的前驱，是卓越的音乐家、美术教育家、书法家、戏剧活动家，是中国话剧事业的开拓者之一。他是第一个向中国传播西方音乐的先驱者，作词的歌曲《送别》，历经几十年传唱经久不衰，成为经典名曲，几乎没有一个人在学校毕业时没唱过这首歌。同时，他也是中国第一个开创裸体写生的教师，潘天寿、丰子恺都是他的

弘一法师李叔同

《送别》

长亭外，古道边，芳草碧连天。
晚风拂柳笛声残，夕阳山外山。
天之涯，地之角，知交半零落。
一瓢浊酒尽余欢，今宵别梦寒。

入室弟子。他的书法朴拙圆满、浑然天成。弘一法师可谓是集各个领域才华于一身的不可多得的全才。在人生达到顶峰时，他却选择遁入空门，于1918年在杭州虎跑寺正式出家，在灵隐寺受戒。出家后，他恪守佛教的清规戒律，一心钻研律宗，并到各地去弘法，大力振兴律宗，普度众生出苦海，被尊为律宗第十一代世祖。1942年，弘一法师功德圆满，在圆寂前写下"悲欣交集"四个字，完美诠释了他追求丰富精神生活、达至灵魂升华的一生。

天主教传入中国是在明朝，但它在天津的发展则是在开埠以后。第一位来华传教士利玛窦在天津滞留了半年，但没有在此传教。由他开创的中

① 1900年义和团运动期间，被沙俄军队烧毁。辛亥革命后，庙宇曾做过小学。1948年解放战争前夕，国民党为了修筑城墙防壕，再度将白庙村放火焚毁。天津解放后，白庙村重建。1958年白庙被拆除。2001年，白庙得到复建。

国传教方法，后来被称作"利玛窦规矩"[1]，决定了天主教的传教对象一开始是皇室贵族和士大夫等上层人士，以获得保护并提高影响力。因此天津作为一个小城镇，并不是早期天主教的理想传教地。直到近代被开放为通商口岸之后，在军队枪炮的保护和威胁下，天主教才在天津打下了第一根桩。法国支持的天主教会拆除了望海楼和紫竹林的佛教寺庙，建起教堂、修道院、孤儿院、医院、学校等一系列宗教场所和公共设施，并通过各种手段来吸引底层民众加入，由此引发天主教教徒与普通民众之间的各种冲突，从而酿成"教案"，其中最著名的莫过于1870年的"望海楼教案"，或称"天津教案"。

与天主教挟外国军队保护而自重的做法不同，基督教新教在天津的传播更加温和。新教的传播主要来自英美系统的几大教派，其中美国传教士在近代天津的影响力更大。19世纪80年代开始，美国兴起了学生海外传教运动，其领导者和推动者主要是大学生，而非旧有的保守的上层宗教人士。这项传教运动，在方向上直指中国，"中国就是目标，就是指路星辰，就是吸引我们所有人的巨大的磁铁"；在方法上"强调关注社会问题，参与社会改革"，"不急于拯救个人灵魂，而企图用西方文化改造中国文化"[2]。新教在天津的传教方式主要是兴教育、办医院和赈济灾民等，传教对象主要是中国的知识分子阶层。近代天津最有影响力的外国人中，就有曾经由学生海外传教运动派遣来华，后一心兴办教育，创办了中国近代第一所大学的美国人丁家立（Charles Daniel Tenney）。

1882年25岁的丁家立由美国出发前往山西传教。到达中国后不久，虽充满宗教热情但不乏独立思考和探索精神的丁家立就意识到：在具有悠久文化传统的中国传教几乎是一项不可能完成的任务，中国人所迫切需要的是将西方科学的精密性和确定性融入到他们巨大的思想宝库中去。[3]丁家立认为天津会是自己发挥才能最理想的舞台。这里是手握军政大权的

---

① "利玛窦规矩"，决定了天主教传教士的传教方法：1.学汉语、改装易服、习新礼，以利沟通，方便中国人接纳；2.结交皇室贵族、士大夫等上层人士，以获得保护和提高影响力；3.改编圣经故事，迎合中国人的道德观和宿命论；4.注重传授西方科学知识，借此得到中国人对西方科学的关注以接受基督教信仰；5.发展天主教徒要重质不重量。

② 王立新，《美国传教士与晚清中国现代化》，天津人民出版社，1997年，第14—15页。

③ 美国达特茅斯学院未刊档案：Charles Daniel Tenney Papers, ca. 1900–1920, carbon of proposed entry for Dictionary of American Biography, carbon，第3页。

玉皇阁原由山门、钟楼、鼓楼、大殿、配殿、清皇阁、六角亭等建筑组成，现仅存主体建筑。玉皇阁是天津市区现存年代最早的木结构高层建筑　安红摄于2006年

直隶总督兼北洋通商大臣李鸿章的衙署所在地，被视为中国的第二政府和影子内阁。1886年夏天，丁家立在天津建立中西书院（Anglo-Chinese School），专门教授中国学生西学，此后他又成为李鸿章子孙的家庭教师。1895年，借由李鸿章，丁家立协助盛宣怀创办了中国第一所大学——北洋大学。在创办过程中，他以美国哈佛、耶鲁大学为蓝本，规定学制四年，分为土木工程、冶金矿务、机械、法律四门专业。此后北洋大学向美国输送了第一批公派大学留学生，这些学生中有很多人后来成为民国时期的重要人物，其中一些人也成为新教徒。1915年反对法国天主教会的"老西开事件"中，斗争组织者"维持国权国土会"的副会长赵天麟即为丁家立的学生。他是留美海归，时任北洋大学校长，也是一名新教徒。此次斗争不失为天津基督教新教和天主教之间的一次较量，代表了正义和非正义的力量。

在中国传统社会的民众日常生产生活中，宗教信仰当然是非常重要的，但是它的重要程度不如基督教在欧洲或伊斯兰教在阿拉伯社会那样占有独立的重要地位。中国的"天子"代替"天"在人间进行统治，主持国家级的各种祭祀和祈福活动，但是日常的各种规范却并不要求人民对天子的绝对信仰。"忠孝节义"是中国古代所提倡的道德准则。《书·仲虺之诰》中说："佐贤辅德，显忠遂良。"意即：帮助贤能之人，辅佐仁德之人，

吕祖堂。为供奉仙人吕洞宾的道观，1433 年（明宣德八年）始称为吕祖堂，后多次重修。
1900 年义和团运动兴起，将总坛口设在此处　安红摄于 2006 年

大悲禅院。始建于明代，清朝时期两次扩建，是天津唯一的十方丛林寺院。1983 年，被列
为全国重点佛教寺院之一。大悲殿的两侧设有玄奘法师纪念堂和弘一法师纪念堂。大悲院原
先供奉着玄奘法师的灵骨。1956 年，遵照周恩来总理的安排，玄奘灵骨移供印度那烂陀寺，
成为中印传统友谊的象征　安红摄于 2006 年

表彰忠诚之人，起用善良之人。可见，"忠"在封建社会里特指为君主尽心尽责，"忠诚"只是对于皇帝本身的。自汉武帝推行"罢黜百家，独尊儒术"的政策以来，儒家思想与中央集权的封建专制制度相辅相成。其结果是，在中国没有任何一种宗教偶像可以超越帝王的权威。同时，儒家思想成为居于统治地位的上层社会的信仰，其维护社会秩序的功能和使命与基督教和伊斯兰教不相上下，对"君君臣臣父父子子"这种规则和秩序的维护达到了宗教狂热的程度。

很多近代来华外国人也观察到了这一点，他们意识到儒家思想就是中国人的信仰。例如，丁家立认为，尽管佛教和道教的寺庙遍及中国各地，"但这些并不是中国上层社会所信奉的宗教，他们仅仅满足了无知者对盲目迷信的本能渴望"。他甚至认为，儒家思想可以被视为上层社会所信奉的占统治地位的宗教，孔子"是中国伟大的道德及宗教领袖"，只不过孔子"从不灌输任何超越生命的东西，从不发表有关来世和神灵的言论"。子曰："未知生，焉知死。""务民之义，敬鬼神而远之，可谓知矣。"与其他宗教创始人的不同在于，"他不创造奇迹，只限于讨论有生命的人之间的关系"，"子不语怪力乱神"。[①]丁家立的观点与著名社会学家马克斯·韦伯不谋而合。在比较宗教社会学的经典著作《世界宗教的经济伦理·儒教与道教》一书中，韦伯指出，儒家思想所具有的理性主义，使中国社会破除了"迷信"、摆脱了巫术，它所发展起来的伦理道德在规范人们的日常行为中起到与宗教相似的作用，在这一点上，它与基督教新教具有多方面内在联系。[②]比如，儒学核心原则就是孝敬父母，而"孝顺父母"也是"十诫"之一。儒家思想的统治地位，在普通人日常生活中的影响力更大，所以中国人对于佛教或者道教等宗教信仰并不那么虔诚，而是抱持一种功利主义的态度，总是"临时抱佛脚"。尤其是在近代，当西方殖民者的"坚船利炮"摆在面前时，天津人更是把"有用""灵验"放到第一位，从而把各种宗教信仰，甚至神话传说混为一体。无论是义和团拳民们附体的各路神仙，还是娘娘宫里供奉的八方神祇，都是这种"功利主义"最直观的体现。

---

① 美国达特茅斯学院未刊档案：Charles Daniel Tenney Papers, No.12, ca. 1900–1920, *Speech on Education in China*, Charles Daniel Tenney，第 1—4 页。

② （德）马克斯·韦伯著，王容芬译，《世界宗教的经济伦理·儒教与道教》，广西师范大学出版社，2008 年，第 263 页。

独乐寺内观音阁。为中国现存最古老的木结构楼阁，由里外两圈柱子组成，分别限定出内、外槽空间；最早的空井结构实例，阁内长方形的空井结构，容有高大的观音像；最早的斗八藻井实例，特别是斗八藻井与平闇、梁架、斗拱的巧妙配合，形成阁内空间艺术的高潮，突出了观音主像；寺内供奉的十一面观音主像，总高 16.08 米，是我国现存最大的彩色泥塑站像。全阁有三层柱框、三层斗拱和上层梁架，历经了千年风雨和 28 次地震的考验 张旸摄于 2022 年

独乐寺山门。独乐寺为天津现存最早的佛教寺庙，坐落于蓟州区县城，是中国仅存的三大辽代寺院之一。寺庙历史最早可追至唐贞观十年（公元 636 年），而寺内现存最古老的两座建筑物山门和观音阁为辽圣宗统和二年（公元 984 年）重建。这是佛教在天津发展的最早见证。独乐寺山门为中国现存最早的庑殿顶山门，也是最早的屋顶鸱吻、"分心斗底槽"殿堂实例、木构建筑直斗实例；最早的 45 度斜拱、45 度线出角华拱、山门转角斗拱 李敏摄于 2022 年

清真大寺始建于清顺治年间，康熙、嘉庆、咸丰、同治、光绪、宣统年间曾进行多次扩建。三百多年以来，寺内保存了阿文匾额 32 块、阿文楹联 4 幅；汉字匾额 64 块，楹联 8 幅；清代汉白玉石匾 1 块、砖匾 2 块、辛亥革命时期木匾 1 块。堪称清代书法展览。保存如此众多的匾额楹联墨宝、石刻、砖刻，在全国清真寺中是罕见的 刘悦摄于 2003 年

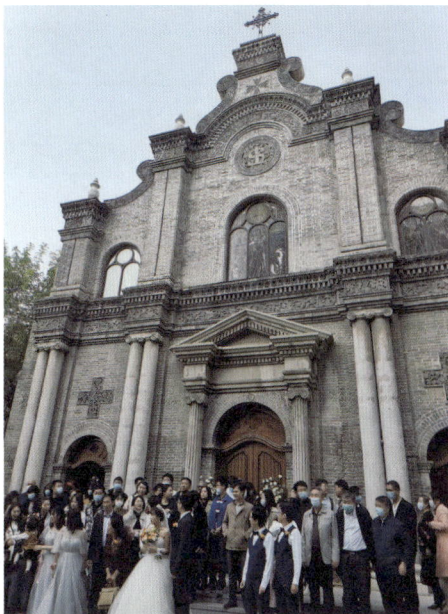

天主教紫竹林教堂。建于 1872 年，位于今营口道东端海河岸边。教堂占地 6.8 亩，建筑面积 779 平方米。教堂内有西洋古典管风琴赫然耸立，紫铜音管靠墙壁排列，直向屋顶。演奏时，声音宏大丰满，浑厚和谐，音域宽广，伴和唱诗班的歌声时，神圣而庄严　张畅摄于 2020 年

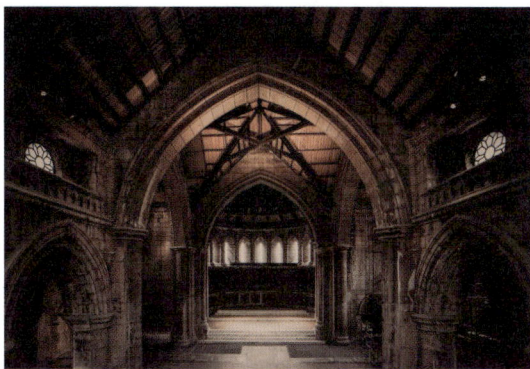

安里甘教堂。由基督教圣公会（也称安里甘会）创办，建筑风格为典型的英国乡村教堂风格。教堂用地由 1893 年英租界工部局捐赠，1903 年正式落成，位于现在的泰安道和浙江路的交界　高伦摄于 2021 年

犹太会堂。1940 年 9 月，犹太人公会在天津落成一座大教堂，是中国留存至今的建筑规模最大的犹太会堂。历史上犹太人涌入天津曾有三次浪潮：1860 年天津开埠以后，犹太商人来津经商；1901 年俄租界在天津划定了大片土地，俄籍犹太人陆续来津落脚谋生；1931 年"九·一八事变"日本侵占东北，大批"白俄"中的犹太人由东北迁居到天津。据 20 世纪 30 年代末美国《犹太年鉴》记载，1935 年天津的犹太人多达 3500 人。犹太会堂坐落于旧英租界 32 号路，今南京路与郑州道交口

天津俄国侨民的东正教活动

俄国东正教教会在天津举办宗教活动

建于 1925 年的天津东正教纪念堂

津基督教青年会。1895 年，北美基督教青年会派人来天津组建青年会，为中国第一个基督教青年会。1911 年，张伯苓当选为董事长，梅贻琦（后任清华大学校长）任干事。1913 年，天津成立基督教女青年会。青年会是世界性的社会团体，主要致力于社会服务工作，组织青年开展文化、教育、体育、慈善等活动

以上照片由刘悦提供

报人与报纸

随着租界人口的不断增长，人们相互联系、沟通信息的需求也日益增多，于是外国侨民在英租界创办了天津第一份报纸。随着经济社会的繁荣，近代天津出现了各种语言的新闻媒体，其中中文报纸的发展，更是使天津成为北方的新闻传播中心。在印刷媒介繁荣的同时，新的传播技术如广播无线电和新闻电影等也在租界内得到应用和推广。

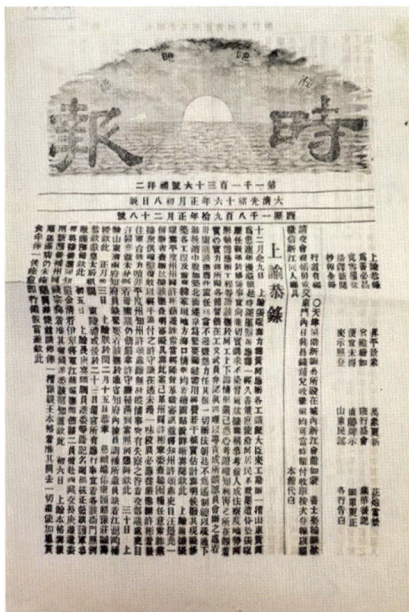

《时报》

天津第一份报纸是英文报纸《中国时报》（China Times），创办者之一是津海关税务司（海关关长）德璀琳。他还参与创办了第一份中文报纸《时报》，同时他也是出版发行这两份报纸的天津印刷公司（Tientsin Printing Company）的创办人和股东之一。《中国时报》每周出版一份，三栏十二页，1886年11月6日开始出版，1891年3月28日停刊。一些当时比较了解中国情况的在华外国人曾为它充当撰稿人，如丁韪良（W. A. P. Martin）、明恩溥（A. H. Smith）、李提摩太（T. Richard）、丁家立、濮兰德（J. O. P. Bland）等人。因此，它的社论被认为是比较公允而有分寸的，"可以列入远东迄今最好的报纸之列"。"报纸大量关注与公共利益有关的事物而不是如有些人所期望的只关注某些人或团体"，因此这份报纸主要是一份地方性报纸，办报宗旨是为租界建设和公共事业服务。例如在报纸的建议下，很多租界的重要机构和公共事业建成了，包括天津商会（Tientsin Chamber of Commerce）、天津文学辩论会、某些河道与港口改进工程，以及各种土地、道路和公用事业计划等。天津第一份中文报纸《时报》的创办曾得到直隶总督李鸿章的大力支持，有两年时间是由传教士李提摩太担任主编。报纸登载中国的新闻、上谕以及其他中文刊物不会有的综合信息，约在 1900 年停刊。[1]

《中国时报》停刊后，它的继承者《京津泰晤士报》（*Peking & Tientsin Times*）于 1894 年创刊，虽然吸收了《中国时报》的一些成功经验，但它的关注面更广，因此很快成为中国北方最具影响力的英文报纸。许多有留学背景的中国人都是它的订户和读者，在长江以北，它几乎是无处不见。而且，它发行到国外的数量是近代所有在华出版的英文报纸中最大的，由此可见其影响力。[2] 该报名义上是份商业报纸，但它接受英租界工部局的资助，实际上是份半官方报纸。《时报》的继承者是《直报》，由德璀琳资助于 1895 年正月创刊，为中文日报，共八版。甲午战争期间，《直报》以积极的态度报道战争。刊物还连续登载了以严复为代表的维新派知识分子为挽救民族危机所撰写的一系列时事政治评论文章，如《论世变之亟》《原强》《辟韩》《原强续篇》《救亡决论》等，力主变法图强，以西方科学取代八股文章，力倡新学和废除专制政治，是反省甲午战争、探讨强国之路的重要论坛。因为报道袁世凯部哗变的消息，1904 年 3 月《直报》被袁世凯命令停止发行，当年六月、九月两度易名为《商务日报》《中外实报》继续出版。[3] 外国人在华创办中文报纸，当然是为了控制舆论，为其在华利益服务，因此办报需要了解和尊重中国人和中国文化，这样才能不致引起反感而达不到预期效果。1927 年出版的《中国新闻发达史》曾评价说，"外国在中国宣传，不独为其自国报纸（外文报纸），即在中国报纸亦可宣传。德国的《中外实报》（天津）得有极大的效果"；并认为其成功之处在于，"他能猜出中国人心理，将内容形式，处处都迎合着中国人的心理而编辑。所以就是中国人自己亦往往不知读的是外国报"。[4]这可以说是对外国侨民发起创办中文报纸一事的极高评价了。

近代天津有外国人创办的多种语言的报纸，如法文的《中国回声》、俄文的《霞报》、德文的《德华日报》和多种日文报刊。其中，《京津泰

---

[1] （英）雷穆森著，许逸凡等译，《天津租界史（插图本）》，天津人民出版社，2008 年，第 76 页。

[2] "中国北方外国人的'圣经'：《京津泰晤士报》（*Peking and Tientsin Times*）"。http://www.022tj.net/tianjinwei/article.php?itemid-12-type-news.html

[3] 天津市地方史志编修委员会总编辑室编，《二十世纪初的天津概况》，内部发行，1986 年，第 333 页。

[4] 蒋国珍，《中国新闻发达史》，世界书局，1927 年，第 66 页。

《华北明星报》

晤士报》之外另一份具有全国影响力的英文报纸是《华北明星报》。它于
1918 年 8 月在津出版，太平洋战争爆发后停刊。其董事长和总编辑是北
洋大学法学教授、美国人福克斯（Charles J. Fox）。福克斯拥有德国海德
堡大学哲学博士学位，曾在纽约和华盛顿的报社工作达 10 年之久，具有
丰富的办报经验，结束在北洋大学的教职后，他创办了《华北明星报》。
《华北明星报》定价低廉，一般日报订阅费是二三十元，而它只需十元，
且全年无休，一天也不停刊，很快就成为"华北发行量最大的外国日报"①。
它的信息量大，视野广阔，新闻来源主要是路透社发布的消息，使天津本
地的中外读者能及时准确地了解全世界正在发生的重大新闻。例如，天津
人最早得知俄国十月革命的信息即是通过《华北明星报》。它的介绍公正

① （英）雷穆森著，许逸凡等译，《天津租界史（插图本）》，天津人民出版社，2008 年，
第 227 页。

《益世报》报馆

客观，对中国先进知识分子了解接受马克思主义思想指导下的无产阶级革命起到了重要作用。"五四运动"时期，该报实时报道京津地区学生的斗争消息，尤其是北洋大学的有关情况，时常被天津重要的中文报纸《益世报》所转载，并且北洋大学学生还借用《华北明星报》报馆的电话与北京学联进行联络。福克斯是一位自由派知识分子，同情中国人民所遭受的不平等待遇，曾代表在华美国人参加"华盛顿会议"并作发言，并将会议内容整理后在《华北明星报》上连载，题为《为争取中国关税自主权而斗争》。1925年他还撰写了《针对中国的武器禁运》，连载于报纸上，次年撰写了揭露帝国主义不平等条约的专著《辛丑条约》。1927年他接受学生张太雷的委托，作为律师为被捕的苏联顾问鲍罗廷的夫人辩护。[1]

张太雷是中国共产党早期的重要领导人之一，是中国共产主义青年团的创始人之一和青年运动的卓越领导人，也曾经是福克斯在北洋大学教过的学生。张太雷的学业成绩优异，特别是英语非常好，深受福克斯欣赏。毕业后，张太雷为了方便革命工作，到《华北明星报》任职，主要工作是翻译中文信息，整理修改后交给外籍资深编辑。通过这项工作的训练，张太雷提高了英语读写水平，为日后在共产国际（第三国际）工作打下了语言基础；同时，还提升了新闻写作

张太雷

能力，对于日后参与编辑中共重要刊物《向导》、主编《人民周刊》以及撰写国内外新闻评论和起草党内报告等大有裨益。[2] 可以说，《华北明星报》不仅为外国侨民及时了解世界消息提供了方便，更为中国先进青年打开了通向世界无产阶级革命的一扇窗。

---

① 丁言模，《张太雷传》，上海辞书出版社，2011年，第29—32页。

② 丁言模，《张太雷传》，上海辞书出版社，2011年，第32页。

外侨在天津创办报纸，不仅推动了租界文化事业的发展，还促进了天津本地文化事业的发展。严复在《直报》上发表一系列倡导维新的文章后，声名大振，享誉全国，对报纸所产生的社会影响深感振奋，同时报纸"通外情"、通民智、引导舆论的功能也日益为新派知识分子所重视，于是严复等人于 1897 年 10 月 26 日在英租界创办了天津第一份中国人自办报纸《国闻报》。其增刊《国闻汇编》曾刊载严复所译《天演论》，阐发保种保群、自强进化之公理，与上海梁启超主编的《时务报》南北呼应，在维新运动中发挥了很大的舆论宣传作用。随着《时报》《直报》《国闻报》等中文报纸的出版发行，让中国社会上层人士，无论官员还是商人，都已习惯了"人在家中坐，便知天下事"的便利，对信息获取的需求不断增长。报纸这种由外国侨民引进创办的大众信息传播工具，在义和团运动后蓬勃发展起来。1902 年袁世凯接管天津后，中国有史以来第一份由政府发行的报纸——《北洋官报》在天津出现，这是清朝末年一份颇具权威性的官方报纸。1902 年 6 月 17 日，英敛之在天津创办《大公报》，日发行量达 5000 份，一举成为国内令人瞩目的报纸。1912 年 12 月，梁启超在天津创办了学术性刊物《庸言》杂志，创刊号即取得发行万份的空前成绩，第七期后激增至 1.5 万份，是当时中国发行量最大的刊物，有力地推动了新文化运动的开展。①

20 世纪 20、30 年代是天津报业的鼎盛时期。当时有《大公报》《益世报》《庸报》《商报》四份大报和几十份小报。1931 年天津报纸发行量达 29 万份，除发往外地 10 万余份外，市内流通 18 万余份，按当时有阅读能力人口计算，大约每天平均 2.5 人便拥有一份报纸。与此同时天津涌现出一大批杰出的报人，如《大公报》的张季鸾、胡政之、王芸生、张琴南、曹谷冰、徐铸成、汪桂年、萧乾、孟秋江等，《益世报》的刘豁轩、唐梦幻、谢幼圃、马彦祥、生宝堂等，《新天津报》的刘髯公，《新民意报》的马千里、孟震侯，《商报》的邰光典、秦丰川，《东方时报》的萨空了，以及在各报刊上连载小说的刘云若、宫白羽，画漫画的赵望云、高龙生、冯朋弟，写天津民俗掌故的戴愚庵（娱园老人），还有《博陵报》的刘震中、《北

---

① 王述祖、航鹰，《近代中国看天津：百项中国第一》，天津人民出版社，2007 年，第 201、199、195 页。

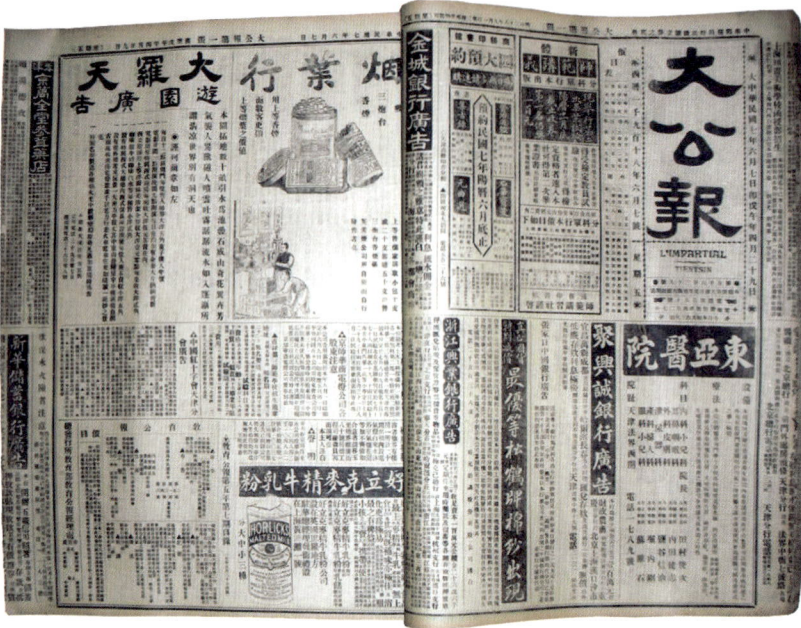

《大公报》

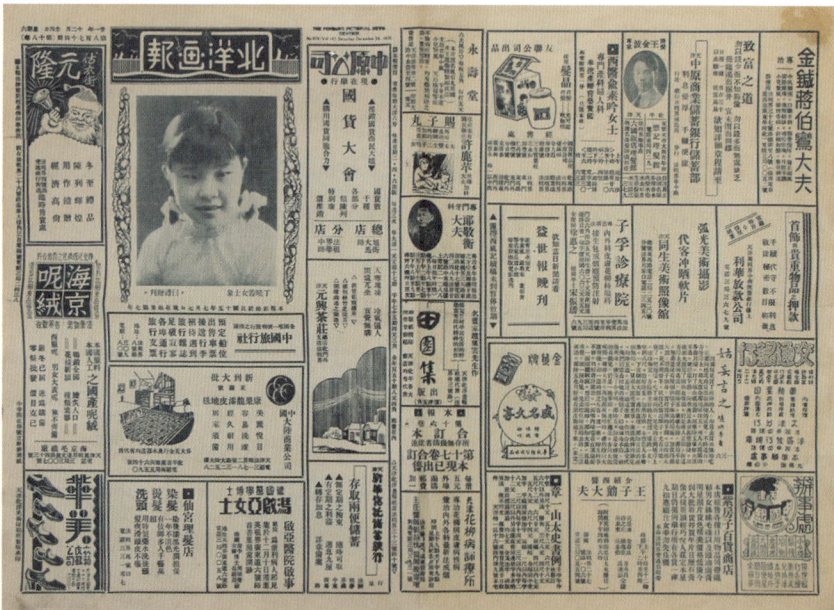

《北洋画报》

洋画报》的冯武越等。①他们是"无冕之王"，怀抱强烈的社会责任感，用所掌握的舆论工具批判执政当局政策、揭露社会丑恶面，宣传新思想新文化。他们是中国新闻事业的先驱者，是令近代津门文坛熠熠生辉的一群报人。

九·一八事变后，民族危机日益严重，新闻记者的民族使命感驱使他们走出书斋、编辑部，投身到现实的抗战中。他们有的投身战场成为战地记者，采写新闻通讯，如《大公报》张高峰报道黄泛区的灾民；有的深入西北内陆，调查抗战后方，如曾在《益世报》

范长江

和《大公报》撰写新闻通讯的范长江，报道西北人民的困苦生活和红军长征的真实情况，在"西安事变"后亲赴现场调查事实还原真相，使全国人民从报道通讯中，第一次了解中国共产党的抗日民族统一战线政策，看到了中华民族的希望。日后，他们当中的很多人成为新中国新闻事业的开拓者，如范长江后来担任了新华社总编辑、《人民日报》社社长。

女子教育与职业女性

近代天津开放以后，风气日新，社会日渐开化，妇女解放的思想也开始出现。清末民初一些非常具有知名度的职业女性很多出自天津。她们大都出自高官显宦之家，本就拥有较多较好的社会资源，加上出身家庭思想开明，使得她们接受了新式教育，从而走出家庭，拥有个人事业和社会影响力，成为妇女表率，为近代社会发展做出了杰出贡献。

吕碧城（1883—1943）是中国近代史上一位卓越的职业女性，在她身上集合了诸多闪闪发光的头衔，如词人、作家、教育家、政治活动家等。她亦在诸多领域引领潮流，是中国近代女权运动的首倡者之一，女子教育的先驱，中国新闻史上最早的几位女报人之一，也是在欧美倡导动物保护

---

① 徐景星，《序》。中国人民政治协商会议天津市委员会文史资料委员会编，《近代天津十二大报人》，天津人民出版社，2000年，第5—7页。

哥伦比亚大学之吕碧城

吕碧城

主义的先驱。吕碧城出身于安徽一个官宦家庭，自小受家庭熏陶，因诗词书画才名远播。父亲去世后家道中落，来到塘沽投奔舅父，接受了新式学校教育。1904年，吕碧城离家出走来到天津，受到《大公报》创办人英敛之的赏识，聘为报社编辑。吕碧城入职后，先后在《大公报》上刊载诗词，获得盛名，同时她还发表了《论提倡女学之宗旨》《敬告中国女同胞》《兴女权贵有坚忍之志》《教育为立国之本》在内的一系列倡导女子教育、呼吁女权的文章，轰动京津，得到许多官绅名流的赏识和支持。1904年5月，秋瑾从北京来到天津，慕名拜访吕碧城，成为文友。秋瑾起义失败遇难后，吕碧城冒着生命危险派人到绍兴为挚友收尸，并为其作传。1906年著名教育家傅增湘奉袁世凯之命创办中国第一所女子公立学校——北洋女子师范学堂，特聘请吕碧城为校长。她还一度受袁世凯赏识而任总统府秘书。因袁世凯复辟，她辞职赴上海，成功投身商界而成为富甲一方的女商人。再之后，她赴美国哥伦比亚大学留学旁听，还曾游历欧美，在奥地利维也纳参加世界动物保护大会，宣扬动物保护主义。1930年皈依佛教，成为居士。吕碧城一生丰富多彩，于文学、教育、政治、商业等方面皆成就斐然，被誉为"近三百年来最后一位女词人"，与秋瑾合称"民国南北二女侠"。[①]她以自身经历很好地诠释了什么是"知识改变命运"，率先垂范了女子应当通过教育获得自身独立。

中国历史上第一位女博士、女律师，也是清末第一女刺客的郑毓秀（1891—1959），同样出身官宦，天性具有反叛精神，十几岁时到天津读女校，在美国传教士开办的崇实女塾教会学校念书，开始接触西方教育。1907年她到日本留学，期间经廖仲恺介绍加入同盟会。1911年回国后，

---

① 参见《吕碧城评传·作品选》，中国文史出版社，1998年。

郑毓秀

参加京津同盟会分会，曾计划暗杀袁世凯，1912 年参与刺杀清末立宪派大臣良弼并取得成功。同年赴法勤工俭学，1917 年获巴黎大学法学硕士学位。1919 年曾组织留学生抗议，阻止出席"巴黎和会"的中国代表团在和约上签字。1924 年获巴黎大学法学博士学位，成为中国历史上第一位女博士。回国后在上海开办律师事务所，成为中国历史上第一位女律师、第一位女法院审判厅厅长，还曾兼任上海法政大学校长。她还于 1929 年参与起草南京国民政府《民法典》，特别提出增加多条女性权利保护条文。[1]

近代留学生中，有很多女留学生学习医学，在近代中国公共卫生领域扮演了重要角色。妇产科专家丁懋英（1892—1969）于民国初年随家人来津定居，后入严氏女学读书。她虽身为女性却胸怀大志，深得教育家严修器重。在其资助下，丁懋英于 1913 年考取公费留美生，进入美国密歇根大学医学院专修妇科和产科专业。她在国外学习时刻苦努力，成绩优异，为一生的事业打下了坚实基础。学成归国后，于 1923 年进入天津公立女医院（原名北洋女医院，俗称"水阁医院"）任院长。这所医院始建于 1903 年，是中国第一家公立妇产专科医院，曾有 10 万人在此出生。在公立女医院出现之前，当地都是由接生婆走街入户帮助产妇分娩。由于各种因素，那时候的产妇和婴儿的死亡率很高。在丁懋英担任院长期间，天津的女医事业得到了很大的发展。1936 年，她在英租界伦敦路（今成都道 106 号）创建了水阁医院分院，俗称"丁懋英女医院"，内设挂号室、诊室、化验室和住院室。此后，她上午在水阁医院应诊，下午在分院应诊，以产科为主，兼治妇科。1945 年日本投降后，

丁懋英

丁懋英著作

---

[1] 参见郑毓秀《不寻常的玫瑰枝：郑毓秀自述》，中国法制出版社，2018 年。

丁懋英在联合国救济总署、国民政府行政院救济总署华北国际救济会担任公职。她还担任天津女青年会董事，凭借她的资历、能力和声望从事社会公益事业和慈善事业。1950年，丁懋英把救济总署所余物资及医院的全部资产，交给了天津市人民政府。

"五四"以来的中国文坛上很有名气的女作家凌叔华（1900—1990），是清末天津知府凌福彭的女儿。受父亲影响，她自幼喜欢画画，曾师从著名女画家缪素筠，还曾师从学贯中西的辜鸿铭学英文，跟周作人学写白话文。1922年考入燕京大学外文系，并开始在《晨报副镌》《现代评论》《新月》等刊物发表小说、散文。1925年以短篇小说《酒后》一举成名，鲁迅称其小说描写的是"高门巨族的精魂"。后与冰心、林徽因一同被誉为20世纪30年代"北方文坛的三位才女"。她的家是北京最早的文人沙龙。后随丈夫陈西滢赴武汉大学任教，与女作家苏雪林、袁昌英合称"珞珈三女杰"。1935年任《武汉日报》副刊《现代文艺》的主编。1953年她在英国出版英文自传体小说《古韵》（*Ancient Melodies*，又译作《古歌集》）。书中描绘了清末时社会风俗、人情世故，并无之前作品中反抗父权制度的精神，但因其新奇而引起重视，成为畅销书，被称为"第一位征服欧洲的中国女作家"。《泰晤士报文学副刊》评论说："叔华平静、轻松地将我们带进那座隐蔽着古老文明的院落。她向英国读者展示了一个中国人情感的新鲜世界。高昂的调子消失以后，古韵犹存，不绝于耳。"[1]

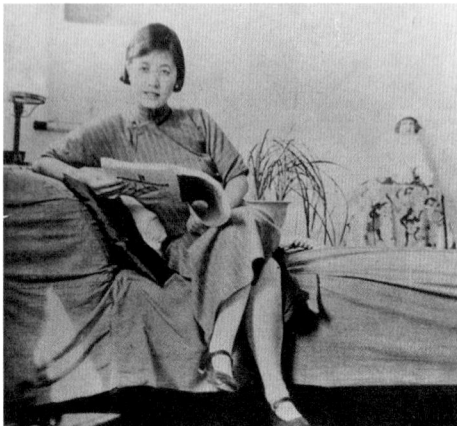

凌叔华

近代天津之所以涌现出以上出色的职业女性，源自清末以来天津女子教育所取得的巨大成就。1898年至1917年，中国近代教育先驱严修、张伯苓在天津以严氏家馆为基地，改革旧式教育，推进新学。1905年严修将

---

[1] 参见朱映晓《凌叔华传》，江苏文艺出版社，2012年。

严氏女塾改为严氏女学，设保姆科和幼稚园，后又开设南开女中，形成了"南开系列"学校。1906年6月13日中国第一所女子师范学校在天津创办，首任校长即为吕碧城。辛亥革命后学堂扩大规模，更名为北洋女子师范学校、直隶第一女子师范学校、河北省立第一女子师范学院（原校址在河北区天纬路，现为天津美术学院）。从1906年至1928年，该校培养出698位师范本科毕业生，许多学生后来都成为中国杰出的女权革命家、教育家、艺术家，如刘清扬、许广平、郭隆真、周道如等。其中，无产阶级革命家邓颖超同志是其中的佼佼者。除了这两所学校，天津还有成立于1908年附设于北洋女医院、专门培养护士的北洋女医学堂（后更名为北洋女子医学校）和多所教会女子学校，这都为培养具有男女平等意识、思想解放的新女性创造了条件。

天津宽松开放的城市社会风气，为女性的教育和职业发展提供了一个良好环境，同时贫富悬殊的社会环境、日益严重的民族危机也使一批先进女青年知识分子觉醒，走上职业革命家道路。邓颖超（1904—1992）的革命生涯开启于天津。1915年，年仅12岁的邓颖超进入直隶第一女子师范学校。这一年，张伯苓代理天津直隶第一女子师范学校校长，马千里也随同前往，任学校学监并执行校务。由于马千里的倡导，进步思想得以在女师传播，学校里也充满着一种自由、向上的风气，邓颖超在这里开始吸收新知识，寻求救国救民的真理，逐渐成长为一位学生运动的领袖。1919年"五四运动"爆发，直隶第一女子师范学校也成为天津乃至全国妇女运动的核心。5月25日，刘清扬、郭隆真和邓颖超等人成立了天津第一个妇女爱国团体"天津女界爱国同志会"，宗旨是"提倡国货并唤起女界之爱国心"。女界爱国同志会尤其关注女性自身的问题，譬如男女自由平等、妇女解放、反对包办婚姻等等。她们采取组织演讲、举办女子学校、出版刊物

邓颖超

等多种形式向广大民众特别是妇女进行深入浅出、通俗易懂的教育和爱国宣传。之后，爱国同志会和天津学生联合会合并，组成了觉悟社。觉悟社成立伊始便明确宣布，倡导男女平等。之后，经过与反动政府长达半年的斗争，觉悟社里的知识青年认识到，仅靠个人和小团体的力量难以完成改造旧中国、挽救中国危亡的任务，只有对各种团体进行改造，才能真正团结起来。1922 年邓颖超毕业两年后再次回到天津，在达仁女校任教，同时从事天津的妇女运动。1924 年邓颖超在天津参加中国社会主义青年团，并担任特支宣传委员。1925 年 3 月，邓颖超正式加入中国共产党，成为一名坚定的革命家。[①]

除了参加社会工作，女子解放的另一个重要标志是恋爱、婚姻、家庭观念的更新。自由恋爱、宽容离婚、妇女再婚成为社会时尚。1913 年《大公报》载："近代法庭诉讼，男女之请离婚者，实繁有徒。"[②]1931 年秋天津发生了一桩轰动一时的离婚案，"前无古人，后无来者"。末代皇帝溥仪携皇后和妃子离开北京故宫来到天津寓居后，"淑妃"文绣受到新思潮的影响，毅然离家出走，聘请律师起诉与溥仪离婚，最后离婚成功并获得"赡养费"。20 世纪 20、30 年代，天津女性的"时髦"程度居于全国前列，很多受过新式教育的女性，不仅在衣着打扮上越加时髦和西化，她们的思想也更加开放，更加富有个性，更加追求人格独立和自由。这个群体的变化发展，折射出近代天津社会转型时期社会文化的多元、开放和包容。

—— 从土洋结合的生活方式到第一次地方选举 ——

长久以来，只有东亚和中东才有大城市，自 16 世纪起，城市才在西方成长起来并逐渐超过东方。国外学者认为，由于中国人对待城市的态度不同于西方人，才导致了东西方城市发展程度的差异。虽然，东西方的城市都是建立在流通和交换的基础之上，但是之后的城市发展轨道却截然不同。欧洲城市化进程的背后，代表着一种生活方式向另一种生活方式的转化，这个过程同时造就了市民阶层，他们主导着城市的文明进程。

---

① 参见金凤《邓颖超传》，人民出版社，1993 年。

② 《大公报》1913 年 9 月 15 日。

　　封建社会的中国没有截然的城乡对立，中国文明的独特之处在于其"农"字是不含鄙视之意的，在中国，城市并不代表着比乡村更高的文明水平。中国人的价值标准使城市中没有形成市民阶层和上流社会，城市人也没有代表和支配中国人生活的基调：无论在服装式样、饮食方式、交通工具或是日常生活的其他显见的方面，都没有显示出应有的区分。由于缺少市民阶层，中国的城市没有市政厅，官吏是代表中央政府在进行统治而不是自治的。城里人并不以身为城市人为荣，相反，他们崇尚在经商或从政成功之后退隐乡村的生活方式。陶渊明隐居乡野"采菊东篱下，悠然见南山"的田园生活，几乎是所有高尚士绅的理想生活境界。中国的城市，不像欧洲那样分为高级住宅区和贫民窟，而是穷人富人杂处一起，但是每一位有钱的官员或者富商都有自己的私人庭院，因而中国人对建造城市公共建筑、公共园林缺乏兴趣。总之，在近代，中国与欧洲的城市在市政建设方面的明显差异，既受到工业化发展程度的影响，也受到不同文化价值观的影响。

　　近代天津租界的发展，吸引了大量中国人来到租界居住。20世纪初，天津的八国租界里总共居住着9433户、61712名中国人，甚至超过了外国人口的总和。房地产商们兴建了大量里弄式建筑以供市民居住，而有钱的中国人则纷纷设计建造自己的房子，借以体现他们的权势和财富。例如，清末宫廷的大太监小德张在天津修建了一座宏伟的宅邸，外观上它是殖民地外廊式建筑，围在高高的中式院墙中，内部有宽阔的内厅；屋内的雕花门是中式的，门上的玻璃则全部在比利时订造，玻璃上的图案既有中式的山水，又有欧洲花卉水粉画；庭院中有假山、中式凉亭，还有西式喷泉……总之，这是真正的中西合璧式住宅。在租界里，类似的建筑物还有很多。建筑作为人们生活居住的空间场所，代表了其拥有者的审美品位和文化观念。在建筑学家看来，这种中西合璧的折衷主义建筑形式，是"暴发户"们将所有自己中意的建筑装饰符号熔于一炉，而对于这些符号的内在联系并不了解也不在意。在历史学家看来，这种土洋结合、洋为中用的建筑风格其实并不只是简单的"文化挪用"，它代表的是一种文化变迁和社会变迁，是将人类社会权力和文化积淀融合，用建筑这种形式具象地展示出来，是对西方文明的接受。

　　迁入租界的中国人很快接受了西方的生活方式、生产方式及风俗习惯，

庆王府花园

并将这些新鲜事物传播到中国社会，促进了中国社会的现代化进程。除了自来水、下水道、电灯、电话、马车、汽车等物质文明，还包括按钟点作息制度、星期制度、教育制度、市政管理制度、选举制度等制度文明，都对天津、上海、汉口、青岛等近代通商口岸的城市发展和社会演进产生了"极其广泛而复杂的影响"。[①]

19 世纪末 20 世纪初，中国近代第一所大学、第一所工业技术学校、第一所西医医院、第一所女子师范学校、第一个市政机构、第一座机器铸币厂、第一家电报局、第一家机械化农场……诸多中国现代化进程中的"第一"纷纷在天津出现，天津在近代邮政和铁路、新式教育和职业教育、市政机构和司法等领域引领风气之先，且成为北方乃至全国清末新政之示范。这不能不说是侨民和租界所带来的西方现代文明对中国的现代化所产生的影响由表及里、由物质层面向制度层面逐渐转化的深刻体现。

作为近代民主化进程中的第一次高潮，袁世凯在天津进行了中国第一

---

① 刘海岩等，《八国联军占领实录——天津临时政府会议纪要》，天津社会科学院出版社，2004 年，序。

天津咨议局

次地方选举。1905 年，清王朝试行君主立宪，由直隶总督袁世凯在天津先行试办地方自治。为了推行地方自治，袁世凯派员赴日考察日本自治情形，并积极培训自治人员，派出宣讲员并出版报纸宣讲自治利益。同时，他还设立自治研究所，成立天津自治局，制定试办自治章程。1906 年 3 月开始进行初选，1907 年 6 月进行复选，然后成立议会。这是中国第一次创行投票选举的情形，也是普选制度的首次试行。①

可以说，天津的地方自治无论从机构设置、选举办法还是自治内容上，都是对各租界董事会章程的模仿。经选民选举产生的议事会是议决机关，董事会是行政机关，后者由前者选举产生并受其监督。议事会与董事会既相互独立又相互制约，体现了近代的分权原则。议员由选民自由选举，议决问题取决于投票多寡。两会均采取合议制形式。议事会每季一次，允许旁听，"会议非有议员半数以上到会，不得议决"，"凡议事可否，以到会议员过半数之所决为准"，凡关涉正副议长、议员及其亲属的事项，该员不得与议。董事会每月一次，"非董事会职员全数三分之二以上到会，不得议决"，议事会成员也到会，但无表决权，其他规定同议事会。② 从

① 沈怀玉，《清末地方自治之萌芽》，《中央研究院近代史研究所集刊》（9），中央研究院近代史研究所，1980 年 7 月，第 308 页。

② 高旺，《清末地方自治运动及其对近代中国政治发展的影响》，天津社会科学，2001年 3 月，第 107—109 页。

内容上来看，天津的地方自治内容主要是关于城镇的建设和发展。自治章程中设定的七大类经办事项中，多涉及城市的管理和建设，诸如建筑公用房屋、修缮清洁道路和疏通沟渠等工程，开办路灯、电车、电灯、自来水等公共营业，以及建立医院、医学堂、公园、工艺厂、工业学堂、救火会等，这些内容与天津各租界工部局董事会的日常行政内容是基本一致的，体现了浓厚的民主精神。

天津地方自治在全国创办最早且颇为成功，成为全国地方自治的表率。这不能不说是天津对外开放之后引进西方文明所造成的重要影响。首先，由侨民引入的资本主义生产方式给天津带来了工业化和城市化，其结果必然导致社会结构发生转型。城市中出现了新式学堂培养出来的近代知识分子，包括记者、编辑、医生、律师、教师等，还有大批城市工商业者，以及有一技之长的自由职业者，他们共同构成了市民阶层。新兴的市民阶层逐渐产生了较为一致的利益和心理认同感，为地方自治的发展奠定了阶级基础。其次，租界的社区建设给天津的城市化树立了榜样，由此也产生了处于国家与社会之间、公民参与公共事务的公共领域。这为地方自治提供了自治的范围和内容。第三，西方侨民社区建设是最直接的展示，它把西方先进的物质文明以及民主制度具体而直观地展现在天津的华人地方官员和精英阶层面前。在工业化和城市化的进程中逐渐产生的本地精英，特别是长期驻在天津的直隶总督，亲眼见到西方社区建设和地方自治的优越性，潜移默化地影响了他们对西方民主制度的认识和态度，当适宜的机会出现时，就会付诸实践。天津地方自治，不仅是对近代租界自治制度的照抄照搬和对临时政府自治法令的被迫接受，更是在民族意识觉醒之后的一种自发行动，体现了天津民众在学习西方的过程中，从被动到主动、从强制到自觉的转变。正是这种制度变迁和文化变迁，使天津地方文化成为近代中国历史上最为耀眼的城市之光。

海河中的轮船和帆船　摄于 20 世纪初。照片由德国"东亚之友"协会提供

后 记

　　2018年的夏天，一场暴雨之后，整个天津城被刷洗得清爽明媚。我和女儿走在有"东方华尔街"和"万国建筑博览会"之称的解放北路上，信步来到海河边，给女儿讲起天津的历史。虽然刚刚完成了从小学到高中12年的学习，但对于即将迈入大学的女儿来说，天津城市史并不在中高考的大纲里，因此她从没想过去认真了解她出生和成长的这个城市。回家后，我把自己拍的九宫格建筑照片发到朋友圈里，配文说：真想举个小旗当导游，给我的那些学生，本地的和外地来津上学的孩子们，讲讲我深深热爱的这座城市的历史。没想到，学院领导看了我的朋友圈，马上打电话给我，让我开一门面向全校本科生的天津城市史选修课。

　　适逢天津大学第一批新工科通识课程立项，我的"天津城市史"课程获得立项，从2020年开始面向全校学生开设选修课。众所周知，天津大学的前身北洋大学是近代中国第一所大学，其创立、发展与天津这座城市的发展密不可分。作为天津大学的一名普通教师，更是作为一名土生土长的天津人，我希望通过对其丰厚的历史底蕴进行介绍，让学生更好地了解大学四年所在的这座城市，了解它的过去和现在，由了解而喜爱，加深对这个第二故乡的感情，进而将他们以后的发展与这座城市连结起来，共同塑造这座城市的美好未来。

　　最初的教学大纲还设计了现场教学环节，精心设计了徒步游线路，通过课堂讲授和现场教学相结合的授课方式，不仅让学生了解天津城市的历史发展演变，而且带领学生亲身体会天津作为全国第三大直辖市、近代历史文化名城，它是怎样成为近代中国走向现代化、走向改革开放的一个缩影。在学习中，将历史与现在、理论与实践、课堂与社会结合起来，使学生加深理解中国近代以来从被动到主动走向现代、走向世界的艰难探索，了解"落后就要挨打""只有社会主义才能救中国，只有改革开放才能发展中国"的历史经验和教训，把强烈的爱国主义热情转化为推动中国特色社会主义伟大事业的实际行动。

本书的撰写历经三年课堂教学的反复打磨，在学生的积极反馈之下，书稿也得以不断完善。尽管如此，由于笔者的水平和能力有限，本书中仍然存在着很多疏漏和不足之处，敬请读者批评指正。

在本书编辑出版过程中，安红女士负责本书的排版、美术设计以及美术编辑工作；牌梦迪、姜雨晨女士参与全书的校对工作，并提出许多宝贵意见，在此一并致以谢意。

笔　者

2023 年 8 月 22 日

参考文献

·档案、汇编类·

1.《明太宗实录》卷三六。

2.《明神宗实录》卷三五四，卷三五六。

3.《筹办夷务始末》同治朝，卷七六。

4. 中国史学会，《鸦片战争》，神州国光社，1954 年。

5. 中国近代经济史资料丛刊编辑委员会，《中国海关与中日战争》，中华书局，1983 年。

6. 中国第一历史档案馆、福建师大历史系，《清末教案》，中华书局，2006 年。

7. 中国近代史资料丛刊《义和团》，上海人民出版社，1957 年。

8. 中国社会科学院近代史研究所，《义和团史料》，中国社会科学出版社，1982 年。

9. 中国史学会，《中日战争》，新知识出版社，1956 年。

10. 中国海关总税务司编印，《海关十年报告（1912—1921）》，1924 年。

11. 陈霞飞，《中国海关密档——赫德、金登干函电汇编（1874—1907）》，中华书局，1990 年。

12. 中国近代经济史资料丛刊编辑委员会，《中国海关与邮政》，中华书局，1983 年。

13. 天津社会科学院历史所、天津市档案馆，《津海关年报档案汇编（1865—1911）》，内部发行，1993 年。

14. 天津海关译编委员会，《津海关史要览》，中国海关出版社，2004 年。

15. 吴弘明编，《津海关贸易年报（1865—1946）》，天津社会科学院出版社，2006 年。

16. 天津市地方史志编修委员会总编辑室编，《二十世纪初的天津概况》，内部发行，1986 年。

17. 刘海岩等，《八国联军占领实录——天津临时政府会议纪要》，天津社会科学院出版社，2004 年。

18. 天津市地方志编修委员会，《天津通志·港口志》，天津社会科学院出版社，1999 年。

19. 天津市地方志编修委员会，《天津通志·附志·租界》，天津社会科学院出版社，1996 年。

20. 天津市地方志编修委员会，《天津通志·旧志点校卷》，南开大学出版社，2001 年。

21. 天津市档案馆，《近代以来天津城市化进程实录》，天津人民出版社，2005 年。

22. 宓汝成，《中国近代铁路史资料：1863—1911》，中华书局，1963 年。

23. 熊性美，《开滦煤矿矿权史料》，南开大学出版社，2004 年。

24. 天津市档案馆等，《天津商会档案汇编》（1903—1911），天津人民出版社，1988 年。

25. 胡光明等，《天津商会档案汇编》(1912—1928)，天津人民出版社，1992 年。

26. 北京市地方志编纂委员会，《北京志·市政卷·铁路运输志》，北京出版社，2003 年。

27. 中国社会科学院近代史研究所翻译室，《近代来华外国人名辞典》，中国社会科学出版社，1981 年。

28. 熊志勇、苏浩、陈涛，《中国近现代外交史资料选辑》，世界知识出版社，2011 年。

29. 天津历史博物馆、南开大学历史系，《五四运动在天津》，天津人民出版社，1979 年。

30. 张侠、杨志本、罗澍伟，《清末海军史料》，海洋出版社，1982 年。

31. 中国人民政治协商会议天津市委员会文史资料研究委员会编，《沦陷时期的天津》，内部发行，1992 年。

32. 天津市地方志编修委员会编著，《中国天津通鉴》，中国青年出版社，2005 年。

33. 中国第一历史档案馆、天津大学，《中国近代第一所大学——北洋大学（天津大学）历史档案珍藏图录》，天津大学出版社，2005 年。

34. 张允侯等，《留法勤工俭学运动》，上海人民出版社，1980 年。

35. 李文海，《民国时期社会调查丛编·城市（劳工）生活卷》，福建人民出版社，2014 年。

36. 沈怀玉，《清末地方自治之萌芽》，《中央研究院近代史研究所集刊》（9），中央研究院近代史研究所，1980 年 7 月。

37. 美国达特茅斯学院馆藏"丁家立档案"。

38. 比利时外交部档案馆藏"天津比利时租界档案"。

39. 比利时根特大学档案馆"内恩斯档案"。

· 文集、日记、回忆录类 ·

1.《郑观应集》，上海人民出版社，1982 年。

2.《湘乡曾氏文献》第 7 册，台北学生书局，1965 年。

3.《曾文正公奏稿》第 29 卷，传忠书局，光绪二年刊本。

4.《李鸿章全集》，时代文艺出版社，1998 年。

5.《那桐日记》，新华出版社，2006年。

6.《英敛之先生日记遗稿》，台湾文海出版社，1974年。

7.《顾维钧回忆录》，中华书局，1983年。

8. 南开大学历史系编，《天津义和团调查》，天津古籍出版社，1990年。

9. 天津社会科学院历史研究所编，《八国联军在天津》，齐鲁书社，1980年。

10. 北京市文史资料研究委员会、天津市文史资料研究委员会编，《京津蒙难记——八国联军侵华纪实》，中国文史出版社，1990年。

11. 中国人民政治协商会议全国委员会文史资料研究委员会编，《辛亥革命回忆录》，中国文史出版社，2012年。

12. 中国人民政治协商会议天津市委员会、南开区委员会文史资料委员会合编，《天津老城忆旧》，天津人民出版社，1997年。

13. 张焘，《津门杂记》，天津古籍出版社，1986年。

14.《马可·波罗游记》，上海书店出版社，2006年。

15.（英）马戛尔尼著，刘半农译，《1793年乾隆英使觐见记》，天津人民出版社，2005年。

16.（英）司当东著，叶笃义译，《英使谒见乾隆纪实》，三联书店（香港）有限公司，1994年。

17.（俄）德米特里·扬契维茨基著，许崇信等译，《八国联军目击记》，福建人民出版社，1983年。

18.（日）曾根俊虎著，范建明译，《北中国纪行：清国漫游志》，中华书局，2007年。

19. Constantin von Hanneken, *Briefe aus China: 1879—1886; als deutscher Offizier im Reich der Mitte*, Köln: Böhlau Verlag GmbH & Cie, 1998.

20. H. Shabas, *The Chinese Carpet Industry*.

·报纸类·

1.《向导》1924年9月3日。

2.《新青年》1918年11月15日，第五卷第五号。

3.《大公报》1913年、1927年、1933年。

4.《益世报》1916年、1919年、1928年、1935年。

5.《申报》1918年、1919年、1939年。

6.《益世报》（北京）1916年。

7.《东方杂志》第32卷第16号，1935年8月16日。

8. *Tientsin Hong-List*, published by the N. C. Advertising Co., printed by the Tientsin Press, 1928.

9. *North China Star*, 1919年。

·专著、译著类·

1. 《马克思恩格斯全集》（第 2 卷），人民出版社，1957 年。

2. 《李大钊文集》（上），人民出版社，1984 年。

3. 《张太雷文集》，人民出版社，2013 年。

4. 梁启超，《饮冰室合集》，中华书局，1936 年。

5. 蒋廷黻，《中国近代史》，中国华侨出版社，2015 年。

6. 蒋国珍，《中国新闻发达史》，世界书局，1927 年。

7. 李守孔，《李鸿章传》，台湾学生书局，1978 年。

8. 严景耀，《中国的犯罪问题与社会变迁的关系》，北京大学出版社，1986 年。

9. 陈旭麓，《近代中国社会的新陈代谢》，上海人民出版社，1992 年。

10. 王觉非，《近代英国史》，南京大学出版社，1997 年。

11. 刘祚昌、王觉非，《世界史·近代史编》，高等教育出版社，2001 年。

12. 来新夏，《天津近代史》，南开大学出版社，1987 年。

13. 罗澍伟，《近代天津城市史》，中国社会科学出版社，1993 年。

14. 杨大辛，《津门古今杂谭》，天津人民出版社，2015 年。

15. 天津市政协文史资料研究委员会，《天津的洋行与买办》，天津人民出版社，1987 年。

16. 李竞能，《天津人口史》，南开大学出版社，1990 年。

17. 姚红卓，《近代天津对外贸易（1861—1949 年）》，天津社会科学院出版社，1993 年。

18. 张大民，《天津近代教育史》，天津人民出版社，1993 年。

19. 尚克强、刘海岩，《天津租界社会研究》，天津人民出版社，1996 年。

20. 中国人民政治协商会议天津市委员会文史资料委员会，《近代天津十二大报人》，天津人民出版社，2000 年。

21. 宋美云，《近代天津商会》，天津社会科学院出版社，2002 年。

22. 刘海岩，《空间与社会：近代天津城市的演变》，天津社会科学院出版社，2003 年。

23. 张仲，《天津早年的衣食住行》，天津古籍出版社，2004 年。

24. 江沛，《近代华北区域社会史研究》，天津古籍出版社，2005 年。

25. 王述祖、航鹰，《近代中国看天津：百项中国第一》，天津人民出版社，2007 年。

26. 朱慧颖，《天津公共卫生建设研究（1900—1937）》，天津古籍出版社，2015 年。

27. 张利民、刘凤华，《抗战时期日本对天津的经济统治与掠夺》，社会科学文献出版社，2016 年。

28. 郭登浩、周俊旗，《日本占领天津时期罪行实录》，社会科学文献出版社，2016 年。

29. 万鲁建，《近代天津日本租界研究》，天津社会科学院出版社，2022 年。

30. 李秉新、徐俊元、石玉新，《侵华日军暴行》，河北人民出版社，1995 年。

31. 王立新，《美国传教士与晚清中国现代化》，天津人民出版社，1997 年。

32. 王受之，《世界现代建筑史》，中国建筑工业出版社，1999 年。

33. 李育民，《中国废约史》，中华书局，2005 年。

34. 陈学恂、田正平，《中国近代教育史·留学教育》，上海教育出版社，2007 年。

35. 陈存仁，《银元时代生活史》，广西师范大学出版社，2007 年。

36. 张鸣著，《北洋裂变：军阀与五四》，广西师范大学出版社，2010 年。

37. 李玉贞，《国民党与共产国际（1919—1927）》，人民出版社，2012 年。

38. 张畅、刘悦，《李鸿章的洋顾问：德璀琳与汉纳根》，台湾传记文学出版社，2012 年。

39. 金凤编，《邓颖超传》，人民出版社，1993 年。

40. 刘纳编，《吕碧城评传·作品选》，中国文史出版社，1998 年。

41. 丁言模，《张太雷传》，上海辞书出版社，2011 年。

42. 李良玉、吴修申，《倪嗣冲与北洋军阀》，黄山书社，2012 年。

43. 朱映晓，《凌书华传》，江苏文艺出版社，2012 年。

44. 郑毓秀，《不寻常的玫瑰枝：郑毓秀自述》，中国法制出版社，2018 年。

45. 高旺，《清末地方自治运动及其对近代中国政治发展的影响》，天津社会科学，2001 年 3 月。

46.（美）马士著，张汇文等译，《中华帝国对外关系史》，上海书店出版社，2006 年。

47.（英）雷穆森著，许逸凡等译，《天津租界史（插图本）》，天津人民出版社，2008 年。

48.（美）威罗贝著，王绍坊译，《外人在华特权和利益》，三联书店，1957 年。

49.（英）菲利浦·约瑟夫著，胡滨译，《列强对华外交：1894—1900》，商务印书馆，1959 年。

50.（美）费正清、刘广京，《剑桥中国晚清史（1800—1911）》，中国社会科学出版社，1985 年。

51.（英）魏尔特著，陆琢成等译，《赫德与中国海关》，厦门大学出版社，1993 年。

52.（美）保罗·福塞尔著，梁丽真等译，《格调：社会等级与生活品味》，中国社会科学出版社，1998 年。

53.（法）费尔南·布罗代尔著，顾良等译，《15 至 18 世纪的物质文明、经济和资本主义》，生活·读书·新知三联书店，2002 年。

54.（美）魏斐德著，芮传明译，《上海歹土——战时恐怖活动与城市犯罪，1937—1941》，上海古籍出版社，2003 年。

55.（比）比利时驻华大使馆、《使馆商社贸易快讯》杂志社编，《走进比利时》，世界在线外交传媒集团，2004 年。

56.（加）卜正民、格力高利·布鲁著，古伟瀛等译，《中国与历史资本主义：汉学知识的系谱学》，新星出版社，2005 年。

57.（德）马克斯·韦伯著，王容芬译，《世界宗教的经济伦理·儒教与道教》，广西师范大学出版社，2008 年。

58.（美）特拉维斯·黑尼斯三世、弗兰克·萨奈罗著，周辉荣译，《鸦片战争》序，三联书店，2008 年。

59.（美）刘易斯·芒福德著，宋俊岭等译，《城市文化》，中国建筑工业出版社，2009 年。

60.（美）史瀚波著，池桢译，《乱世中的信任：民国时期天津的货币、银行及国家—社会关系》，上海辞书出版社，2009 年。

61.（美）齐锡生著，杨云若、萧延中译，《中国的军阀政治（1916—1928）》，中国人民大学出版社，2010 年。

62.（美）阿尔弗雷德·考尼比斯著，刘悦译，《扛龙旗的美国大兵：美国第十五步兵团在中国 1912—1938》，作家出版社，2011 年。

63.（美）德龄著，顾秋心译，《清宫二年记》，中国人民大学出版社，2012 年。

64.（美）周策纵著，陈永明等译，《五四运动史》，世界图书出版公司，2014 年。

65.（比）约翰·麦特勒等著，刘悦等译，《比利时—中国：昔日之路（1870—1930）》，社会科学文献出版社，2021 年。

66. Austin Coates, *China Races*, Cambridge: Oxford University Press, 1984.

67. Roderick Floud, *Labour Marker Evolution, The Economic History of Britain Since 1700*, Cambridge University Press, 1994.

· 文章类 ·

1. 列岛编，《鸦片战争史论文专集》，三联书店，1958 年。

2.《中国近代经济史论文选集（二）》，上海师范大学历史系出版，1972 年。

3. 刘正刚，《清代以来广东人在天津的经济活动》，《中国经济史研究》2002 年第 3 期。

4. 刘莉萍，《社会变迁中的天津会馆》，《聊城大学学报（社会科学版）》2008 年第 4 期。

5. 来新夏，《天津早期民族近代工业发展简况及黄金时期资本来源的特点》，天津市政协文史资料未刊稿。

6. 王素香、李丽敏，《解放前天津历年水灾概况》，《天津档案史料》，1966 年创刊号。

7. 姚涵、潘乐，《十月革命"一声炮响"怎样传入中国》，《解放日报》，2021 年 06 月 29 日。

8. 涂晓原等，《辛亥革命后天津兵变发生的缘起及影响》，《天津史志》，

1998 年第 4 期。

9. 郭立珍，《近代天津居民饮食消费变动及影响探究——以英敛之日记为中心》，《历史教学》，2011 年第 3 期。

10. 杨丽娜、孙世圃，《浅论天津近代服饰变革及其在我国服装发展演变中的重要影响》，《中国轻工教育》，2009 年第 1 期。

11.（法）多米尼克·马亚尔，《第一次世界大战期间在法国的中国劳工》，《国际观察》，2009 年第 2 期。

12.（比）Dominiek Dendooven & Piet Chielens, *La Cinq Premiere Continents Guerre au Front Mondiale*, (Editions Racine, 2008)。

· 网上资料 ·

1. The China Years. http://www.webinche.com/china/grandparents.html

2. "The Queen's rejoin the China Station: 1930". https://www.queensroyalsurreys. org.uk/1661to1966/hongkong_china/hkc08_1.shtml

3. "中國北方外國人的"聖經"：《京津泰晤士報》（*Peking and Tientsin Times*）"。http://www.022tj.net/tianjinwei/article.php?itemid−12−type−news.html

4. 天津档案方志网。https://www.tjdag.gov.cn/zh_tjdag/jytj/jgsl/jgfq/details/ 1594032502517.html